# 刑事法判例の最前線

*The forefront of criminal law precedents*

前田 雅英 著

東京法令出版

# はしがき

　法律学とは、過去の蓄積、そしてそれが「発酵」したところから学ぶところの多い学問かもしれないが、一方で法の理論も変化していく。「法」とは、理論を踏まえながらも、法を必要とする社会の要請に応ずるものでなければならないからである。その意味では、法の変化の最前線を意識することが何より重要だともいえる。そして、「最前線」は、法理論研究の発展や立法の変化にも存在するが、法の変化は、圧倒的に判例を通して認識されることが多い。

　平成が終わり、令和を迎えた。伝統的な法学部では、創立130年を超えるところがいくつかある。日本の現在の大学の源流が、「進んだ西欧法の最新の議論を紹介し、学ぶ法学部」にあるといっても、あながち誇張ではない。そして、法律学は明治、大正、昭和、平成の時代を経て現在に至る。その中で、「外国を手本に正しい法理論を探求する」という流れがあった。法解釈学は、あくまでも日本社会を制御するための「道具」であり、外国法は、そのための参考にすぎない。昭和の時代からの認識は、徐々に強まってきてはいたが、平成の法の加速度的変化は、法律学の有り様にも大きなインパクトを与えた。裁判員裁判制度の導入、法科大学院の存在などにより、その方向への傾斜が強まった。

　これまでの年号は、中国の古典から借りてきたものであったが、令和は、国書から引用されたのである。法律学の変化を象徴しているとまではいえないが、法律学に生じていた変化を自覚させるものともいえる。

　もちろん、「生の法」をそのまま表現したら「理論」ではなくなる面がある。本書は、刑事法の領域で登場してきた判例を分析することにより、「法解釈」の最前線を把握しようとするものである。判例そのものの変化の紹介ではなく、変化の根底にあるものを、明らかにしようと試みたつもりである。

　刑法、刑事訴訟法にまたがり、多岐にわたる論点を検討するが、ま

さにそのことにより、現在の刑事法解釈のフロントラインが明らかになると考えている。

　読者として様々な方々を想定しているが、必ずしも専門的知識を前提としてはいない。最近の刑事法解釈の変化、さらにはそれを導く法意識の変化、より根底的には、社会の変化をできるだけ分かりやすく示したつもりであるが、その評価は読者に委ねるしかない。

　本書の完成は、東京法令出版の多くの方々の骨身を惜しまないご尽力によるものである。ここに厚く御礼を申し上げる次第である。

　令和元年5月

前田　雅英

# 目 次

## I 刑法総論

### 第1講 ▎ 罪刑法定主義と構成要件の実質的解釈 …………………… 2

① 構成要件解釈の限界
　―ストーカー規制法の解釈
　（東京高判平成24年1月18日）…… *2*

② 行政刑罰法規の実質的解釈と故意の認定
　（広島高岡山支部判平成28年6月1日）…… *8*

### 第2講 ▎ 構成要件と違法性 ……………………………………… 15

○ 主観的超過要素
　―行為者の性的意図の満足と強制わいせつ罪の成否
　（最大判平成29年11月29日）…… *15*

### 第3講 ▎ 未遂犯 …………………………………………………… 22

○ 実行の着手時期
　（最二小判平成26年11月7日）…… *22*

### 第4講 ▎ 故意と錯誤 ……………………………………………… 29

① 薬物の認識と故意の認定
　（東京高判平成28年11月4日）…… *29*

② 被害者の同意と錯誤
　―刑法202条の解釈
　（札幌高判平成25年7月11日）…… *35*

### 第5講 ▎ 現代社会の過失犯 ……………………………………… 43

① 過失不作為犯と作為義務
　（最一小決平成28年5月25日）…… *43*

② 急激な天候悪化と山岳事故の予見可能性
　（東京高判平成27年10月30日）…… *50*

### 第6講 ▍ 違法性阻却事由 …………………………………………………56

① 侵害の予見と急迫性
　　　（最二小決平成29年4月26日）…… *56*

② 緊急避難
　　　―覚せい剤の自己使用と緊急避難
　　　（東京高判平成24年12月18日）…… *63*

### 第7講 ▍ 責任能力の最前線 ………………………………………………70

○ 責任能力の総合判定
　　　（最二小判平成27年5月25日）…… *70*

### 第8講 ▍ 共犯論 …………………………………………………………77

① 同時傷害の特例と共同正犯の因果性
　　　（最三小決平成28年3月24日）…… *77*

② 承継的共同正犯
　　　（最三小決平成29年12月11日）…… *84*

③ 過失の共同正犯
　　　（最三小決平成28年7月12日）…… *91*

④ 精神的幇助
　　　（最三小決平成25年4月15日）…… *96*

### 第9講 ▍ 刑罰論 …………………………………………………………102

○ 1人を殺害しても死刑になる場合
　　　（最二小決平成27年2月3日）…… *102*

## Ⅱ 刑 法 各 論

### 第1講 ▍ 生命身体に対する罪 ……………………………………………112

○ 傷害の意義
　　　―医学の進歩と概念の相対性
　　　（最二小決平成24年7月24日）…… *112*

### 第2講 ▍ 業務に対する罪 …………………………………………………119

① 犯行予告による警察官の出動と業務妨害罪
　　　（東京高判平成25年4月12日）…… *119*

② 威力業務妨害罪と実質的違法性阻却
　　　　　（大阪地判平成26年7月4日）…… *126*

## 第3講 ▎財産に対する罪 ……………………………………… 133

① 詐欺罪の欺く行為と「重要な事実」
　　　　　（最二小判平成26年3月28日）…… *133*

② 詐欺罪の着手時期
　　　　　（最一小判平成30年3月22日）…… *141*

③ 詐欺罪の損害額
　　　　　（東京高判平成28年2月19日）…… *148*

④ 組織的犯罪処罰法と組織詐欺罪
　　　　　（最三小決平成27年9月15日）…… *156*

## 第4講 ▎偽造の罪 ……………………………………………… 163

① 名義人の承諾と文書偽造罪と財産犯
　　　　　（横浜地判平成29年3月24日）…… *163*

② 公正証書原本不実記録罪の「虚偽の申立て」と暴力団排除
　　　　　（最一小判平成28年12月5日）…… *170*

## 第5講 ▎風俗秩序に対する罪 ………………………………… 179

○ 刑法175条の「頒布」の意義と犯罪実行場所
　　　　　（最三小決平成26年11月25日）…… *179*

## 第6講 ▎公務に対する罪 ……………………………………… 187

① 公務執行妨害罪と職務の適法性
　　　　　（東京高判平成27年7月7日）…… *187*

② 公務員職権濫用罪
　　　　　（岐阜地判平成27年10月9日）…… *194*

## 第7講 ▎犯人蔵匿・証拠偽造罪 ……………………………… 200

① 犯人隠避罪
　　　　　（最二小決平成29年3月27日）…… *200*

② 参考人の供述調書作成と証拠偽造罪
　　　　　（最一小決平成28年3月31日）…… *206*

## Ⅲ 刑事訴訟法

第1講 | 任意捜査と強制捜査―留め置き
（東京高判平成22年11月8日）……………………… 218

第2講 | 「留め置き二分論」に消極的な判例
（札幌高判平成26年12月18日）……………………… 227

第3講 | いわゆる GPS 捜査の合憲性
（最大判平成29年3月15日）………………………… 235

第4講 | DNA サンプル採取目的を秘して行った行為の
強制処分性
（東京高判平成28年8月23日）……………………… 244

第5講 | 所持品検査の適法性
（大阪高判平成28年10月13日）……………………… 254

第6講 | 罪証隠滅のおそれと勾留請求却下
（最一小決平成26年11月17日）……………………… 264

第7講 | 接見交通の秘密性の確保と弁護活動
（岐阜地判平成25年10月25日）……………………… 271

第8講 | 抽象的事実の錯誤と訴因変更の要否
（東京高判平成25年8月28日）……………………… 280

第9講 | 税関の検査によって得られた証拠と令状主義
（最三小判平成28年12月9日）……………………… 288

第10講 | DNA 型鑑定
（最一小判平成30年5月10日）……………………… 296

第11講 | 違法収集証拠排除と違法な自白から得られた二次証拠
（東京高判平成25年7月23日）……………………… 305

第12講 | 捜査状況報告書の証拠能力
（最一小決平成27年2月2日）……………………… 312

判例索引……………………………………………………………… 321

## 判例等略語表

本書で引用する判例等は、次のように略記する。

| | |
|---|---|
| 大判（決） | 大審院判決（決定） |
| 最一小判（決） | 最高裁判所第一小法廷判決（決定） |
| 最大判（決） | 最高裁判所大法廷判決（決定） |
| 高判（決） | 高等裁判所判決（決定） |
| 地判（決） | 地方裁判所判決（決定） |

| | |
|---|---|
| 刑録 | 大審院刑事判決録 |
| 刑集 | 最高裁判所（大審院）刑事判例集 |
| 民集 | 最高裁判所（大審院）民事判例集 |
| 裁判集刑事 | 最高裁判所裁判集刑事 |
| 高刑集 | 高等裁判所刑事判例集 |
| 東高刑時報 | 東京高等裁判所刑事判決時報 |
| 高検速報 | 高等裁判所刑事裁判（判決）速報 |
| 高裁特報 | 高等裁判所刑事裁判特報 |
| 高判特報 | 高等裁判所刑事判決特報 |
| 下刑集 | 下級裁判所刑事裁判例集 |

| | |
|---|---|
| 判時 | 判例時報 |
| 判タ | 判例タイムズ |
| 刑月 | 刑事裁判月報 |
| 新聞 | 法律新聞 |
| 裁判所web | 裁判所ウェブサイト・裁判例情報<br>（http:www.courts.go.jp/app/hanrei_jp/search1） |
| WJ | ウエストロー・ジャパン<br>（https://www.westlawjapan.com/） |

# I 刑法総論

# 第1講 罪刑法定主義と構成要件の実質的解釈

## Focus

　刑罰法規を明確に定めて、恣意的に解釈されたのでは意味がない。**類推解釈の禁止**が要請されている。しかし他方で、形式的な文理解釈だけでは、刑法を具体的に運用できない。そして、裁判時点での国民の規範意識を離れた刑事司法制度は、有効に機能し得ない。規範意識を、議会（選挙）のみを通して吸い上げることが合理的だとは思われないし、そのようなことは不可能である。犯罪や刑罰の制度を国民から見て妥当なものとするには、刑事司法関与者が、罪刑法定主義の民主主義的機能を担うことが肝要である。法律家は、「現代社会における国民の考え」を理解し得る存在でなければならない。

## 1　構成要件解釈の限界
### ──ストーカー規制法の解釈
東京高判平成24年1月18日（判時2199-142、判夕1399-368）
上告棄却により確定

### 事　実

　ストーカー行為等の規制等に関する法律（以下「ストーカー規制法」という。）の構成要件解釈が争われた。被告人Xは、被害者Aと同じ会社に勤務していた平成16年頃、Aと知り合い、一旦は結婚を前提として同棲したものの、やがてAから同棲を解消された後、平成19年1月、Aから一切の接触を断られ、交際そのものを解消されるに至ったが、Aに対する恋愛感情を断ち難く、翻意を求めて繰り返し電子メールを送ったり、A方付近をうろついたりしたことから、Aが警察に相談した結果、ストーカー規制法による警告を受けたにもかかわらず、深夜ないし夜間、3回にわたり、約1分間から4分間程度、Aが居住する集合住宅の駐車場付近においてAが使用する自動車の存否を確認したりしたという事案である。
　原判決は、被告人の行為はいずれもストーカー規制法2条1項1号の「見張り」をする行為に該当するとした。
　被告人が控訴し、控訴審において弁護人は、本法2条1項1号の「見張

り」をする行為とは、「対象の動静をある程度継続した時間、監視、注視すること」をいうと解すべきであって、被告人は、Ａの使用する自動車の存否又はＡの居住継続の有無をごく短時間のうちに確認したにすぎず、原判示の各行為は「見張り」には該当しないなどと主張した。

**判旨**

東京高裁は、「見張り」行為について、次のように判示した。
「一般に、『見張り』とは、主に視覚等の感覚器官によって対象の動静を観察する行為をいうということができ、したがって、本法所定の『見張り』にも、その性質上ある程度の継続的性質が伴うというべきであり、本法に関する警察庁生活安全局長通達『ストーカー行為等の規制等に関する法律等の解釈及び運用上の留意事項について（通達）』（平成21年3月30日）も、『「見張り」とは、一定時間継続的に動静を見守ることをいう。』として、『見張り』が継続的性質を有するものであることを明らかにしているところである。しかしながら、**この継続性は、一般的な『見張り』の概念に内在する性質であって、それに付加して必要とされる要件ではない**。そして、観察にどの程度の時間を要するかは、観察する目的によって異なり、たとえば、相手方の使用する自動車の有無やＡの居室の照明等により**相手方が在宅しているかどうかを確認するような場合には、ごく短時間の観察で目的が達せられることも十分あり得る**ところであり、そのような行為を観察時間が短いことのみを理由に『見張り』に当たらないとして本法の規制の対象から除外すべき理由はない。また、相手方の動静を観察することは、必ずしも1回に相当程度の時間継続して観察しなくとも、ごく短時間の観察を繰り返すことによっても可能であるから、そのように**繰り返して観察する場合には、たとえその一環として行われる個々の観察行為自体は短時間であっても、個々の観察行為それぞれが継続的性質を有する『見張り』に当たる**ということができる。」
「原判示の各行為は、いずれも、**Ａが在宅しているか否か、転居しているか否か等その動静を観察するものであって、Ａの住居の付近で行われるこのような行為が、Ａに対し、その住居等の平穏が害され、行動の自由が著しく害される不安を覚えさせるようなものであることは明らかである**ことから、原判示の各行為がいずれも本法上の『見張り』に該当するとした原判決は正当である。」
「押し掛ける」行為についても、「法の目的や規制の趣旨に照らすと、『押し掛け』とは、『住居等の平穏が害されるような態様で行われる訪問であって社会通念上容認されないもの』をいい、より具体的には、**相手方が拒絶し、又は拒絶することが予想されるのに、相手方の住居等に行く行為をいうものと解される**ところ、被告人が立ち入ったのはＡの居住する集合住宅の3階の同女方付近通路であり、同所がＡの住居そのものではないにしても、Ａの『通常所在する場所』（本法2条1項1号）に当たることは明らかである

から、Aの意に反して上記場所に立ち入った被告人の行為が『押し掛ける』行為に該当することは明らかである。以上と同旨と認められる原判決は、正当である。」

そして、「被告人が、夜間ないし深夜に、Aの住居の付近で見張りをしたり、出入口等に『居住者及び関係者以外立入禁止』の表示がされた前記集合住宅に立ち入ってA方玄関付近まで押し掛けたりする行為が、Aに対し、住居等の平穏が害され、又は行動の自由が著しく害される不安を覚えさせるようなものであることは明らかであり」とし、「被告人は、Aに被告人がその場に滞在していることを知られることのないように行動していたから、本法2条2項に規定する方法により行われた場合に該当しないと主張するが、同条1項1号ないし4号の行為は、**直接相手方に向けられるとは限らないものであっても、当該行為が相手方の日常の生活圏で行われるものであることから、相手方においてこれを認識する機会が十分にあるとともに、そのため相手方に上記不安を覚えさせることになると考えられるもの**であって、前記本法の目的及び趣旨に鑑みれば、同項所定の方法に当たるかどうかは、**当該行為の時点で相手方がそれを認識していたかどうかを問わず、相手方が当該行為を認識した場合に相手方に上記不安を覚えさせるようなものかどうかという観点から判断すべきものと解される**」とし、原判決には、法令適用の誤りや事実の誤認はないとした。

## 解　説

### 1　ストーカー行為処罰の合憲性

　ストーカー事案の認知件数は年々増加し、平成25年にはストーカー規制法の施行後初めて2万件を超えたほか、ストーカー事案の検挙件数、警告・禁止命令等の件数のいずれも法施行後最多を記録した。そして、平成25年6月、ストーカー規制法が改正され、連続して電子メールを送信する行為が規制対象に追加され、禁止命令等をすることができるようになるなど、実態を踏まえた法改正が行われ、さらに平成28年に、2条2項が3項に繰り下がるなどの改正が加えられた。

　しかし、平成25年10月に東京都三鷹市で発生した女子高校生被害殺人事件等を始めとして重大事案が相次いで発生し、国民から一層強いストーカー問題への対応が要請されていた。

　ストーカー規制法には、立法当初から、その処罰範囲が広すぎるなどの批判が寄せられてきた。この点についての判例の態度が明示されたのが、最一小判平成15年12月11日（刑集57-11-1147）であった。事案は、X（22歳男性）が、かつて交際していた当時21歳の女性に対し、恋愛感情を充足する目的で、その女性の自宅に2回にわたりバラの花束を配達させてその受取方を要求し、更に

その後約半年の間に、5回にわたり、同女あての郵便物を送ってXとの接触、連絡を要求し、つきまとい等を反復していたとして、ストーカー規制法違反の罪に問われた。

　最高裁は、刑罰法規の合憲性に関する最大判昭和60年10月23日（刑集39-6-413）等を引用しつつ、「ストーカー規制法は、ストーカー行為を処罰する等ストーカー行為等について必要な規制を行うとともに、その相手方に対する援助の措置等を定めることにより、個人の身体、自由及び名誉に対する危害の発生を防止し、あわせて国民の生活の安全と平穏に資することを目的としており、この**目的**は、もとより**正当**であるというべきである。そして、ストーカー規制法は、上記目的を達成するため、**恋愛感情その他好意の感情等を表明するなどの行為のうち、相手方の身体の安全、住居等の平穏若しくは名誉が害され、又は行動の自由が著しく害される不安を覚えさせるような方法により行われる社会的に逸脱したつきまとい等の行為を規制の対象**とした上で、その中でも相手方に対する**法益侵害が重大**で、**刑罰による抑制が必要な場合に限って、相手方の処罰意思に基づき刑罰を科すこととした**ものであり、しかも、これに違反した者に対する法定刑は、刑法、軽犯罪法等の関係法令と比較しても特に過酷ではないから、ストーカー規制法による規制の内容は、合理的で相当なものであると認められる。以上のようなストーカー規制法の目的の正当性、規制の内容の合理性、相当性に鑑みれば、同法2条1項、2項、13条1項は、憲法13条、21条1項に違反しないと解するのが相当である」と判示した。

　さらに最高裁は、ストーカー規制法2条2項（現3項）の「反復して」の文言は不明確であるから憲法13条、21条1項、31条に違反する旨の主張に対しては、「反復して」の文言は、つきまとい等を行った期間、回数等に照らし、おのずから明らかとなるものであり、**不明確であるとはいえない**とした。

　最高裁は、ストーカー規制の内容について、①限定解釈を加えるまでもなく**規制対象が限定されていること**、②**法定刑が過酷ではないこと**を理由に、規制の内容は合理的で相当なものであると判断したのである。

　そのような解釈の背景にあるのは、悪質なつきまとい等を繰り返すストーカー行為が社会問題化し、中にはこれがエスカレートし、殺人等の凶悪事件に発展する事案が見受けられるようになり、国民からストーカー行為に対する規制の要望が強くなったという事情である。これを踏まえた立法であり、そのような法益保護のために相当な規定であるという評価であると考えられる。

　ただ、当初は、条文を実質的に解釈して、例えば**メール**による脅迫を対象とすることは論外であり、立法的な対応を待つべきであるとされていた（そして、平成25年改正で対応されることになった）。そして、「**電話、ファクシミリ等**」という条文を設けることも、罪刑法定主義を侵すものとして、厳しく排除されたのである。

## 2　法2条2項（現3項）にいう「反復してすること」の意義

　そして、**最二小決平成17年11月25日（刑集59-9-1819）**は、ストーカー規制法2条2項にいう「**反復してすること**」の意義に関し、「同条1項1号から8号までに掲げる「つきまとい等」のうち、いずれかの行為をすることを反復する行為をいい、特定の行為あるいは特定の号に掲げられた行為を反復する場合に限るものではない」として、若干処罰範囲を拡げる解釈を行った。

　本件の事案では、被告人は、同棲していた女性との間で別れ話が決定的となった後に、女性に交際中の費用負担を求めるなどして電話やメールを繰り返し、着信拒否されたため、その解除を求め、解除しなければ何らかの行動を起こすような趣旨の手紙を4回にわたり郵便受けに投函するなどし、うち1回は、パソコンで印刷した多数の写真を同封し、その中に、以前撮影した女性の裸体の写真画像が多数含まれていた。そこで、手紙の投函等はストーカー行為等の規制等に関する法律2条1項3号の「面会、交際その他の義務のないことを行うことを要求すること」に、写真の投函は同8号の「その性的羞恥心を害する文書、図画その他の物を送付し若しくはその知り得る状態に置くこと」に該当し、これらを反復してストーカー行為をしたとして起訴された。3号該当行為は複数回行ってそれ自体を反復しているが、8号該当行為だけをみれば1回しか実行していない。

　被告人は一貫して、8号該当行為につき、「法2条1項が『つきまとい等』を1号から8号までの8個に類型化して規定し、ストーカー行為は同一類型の『つきまとい等』を反復した場合に成立すると解されるから、1回だけで反復していない8号該当行為はストーカー行為に当たらない」と主張して争ったが、1、2審判決ともに、法の趣旨や、様々な嫌がらせ的な行為を繰り返すストーカー行為の特質等を理由に、**法2条1項各号に定められた行為が全体として反復されたと認められれば、各号所定の行為がそれぞれ反復されていなくても、同条2項の要件は満たされる**と判示し、8号該当行為を含めてストーカー行為に当たると判示した。

　平成12年の本法立法当時は、刑事的介入の謙抑性の視点が強く、立法者は法2条1項の各号に類型化された同じ号の該当行為を反復する必要があるとの解釈を前提にしていたように思われる（檜垣重臣・警察学論集53巻7号88頁）。①法2条1項が「つきまとい等」を8つの号に類型化して規定し、②法文も、「次に掲げる行為」でなく「次の各号のいずれかに掲げる行為」と規定しており、③法4条以下に、警察や公安委員会がする警告や禁止命令といった行政規制が規定され、それが同一類型行為の繰り返しを対象としていると解されることなどからみて、自然なところであった。

　しかし、ストーカーは、一つの行為に固執して繰り返すとは限らず、徐々に

行為をエスカレートさせ、様々な手段を使うケースも多く、被害者の身体、自由及び名誉も、一連のものとして評価すべき事案が見られ、その当罰性は否定しがたくなっていく。罪刑法定主義と刑罰謙抑主義を強調すれば、「特定の行為を繰り返す場合に限る」との解釈論も、論理的には可能であるが、その後のストーカー問題の流れは、同法の解釈をむしろ、実質的に行う方向に導いたといえよう。本決定は、そのことを明確に表している。

　警察庁でも、本件の原審の結論も踏まえ、平成17年11月に法2条1項各号に定められた行為が全体として反復されたと認められれば、ストーカー行為が成立すると解するように運用を見直す生安局長通達が発せられている。

## 3　本判決の意義

　本判決は、やはり、処罰範囲を拡げる方向での実質的解釈を示し、定着していくと思われる。一般に「見張り」とは、主に視覚等の感覚器官によって対象の動静を観察する行為をいい、ストーカー規制法2条1項1号の「見張り」にもその性質上ある程度の継続的性質が必要だとするのも、十分説得性のある解釈である。警察庁生活安全局長通達「ストーカー行為等の規制等に関する法律等の解釈及び運用上の留意事項について（通達）」（平成21年3月30日）も、「『見張り』とは、一定時間継続的に動静を見守ることをいう。」として、「見張り」に継続的性質を要求していた。確かに、行動監視する以上、一定時間が必要だと思われる。

　しかし、東京高裁は、この継続性は、一般的な「見張り」の概念に内在する性質であって、それに付加して必要とされる要件ではないとし、観察する目的によってはごく短時間でも「見張り」になり得るし、反復して観察する場合には、個々の観察行為自体はごく短時間でも足りるとしたのである。

　また、「押し掛ける」行為についても、「住居等の平穏が害されるような態様で行われる訪問であって社会通念上容認されないもの」をいい、より具体的には、「相手方が拒絶し、又は拒絶することが予想されるのに、相手方の住居等に行く行為をいう」と、本法の目的を勘案して、「押し掛ける」の通常の理解よりは広く解した上で、被害者の「通常所在する場所」（同法2条1項1号）である被害者Aの居住する集合住宅の3階の同女方付近通路に被害者の意に反して立ち入った被告人の行為は「押し掛ける」行為に該当するとしたのである。

　このような、裁判所の解釈の傾向は、警察の現場でも十分留意しなければならないのは当然であるが、法改正の際にも、変化の方向性を慎重に見極めて、それを踏まえなければならないといえよう。

## ② 行政刑罰法規の実質的解釈と故意の認定
広島高岡山支判平成28年6月1日（WJ）

### 事　実

　被告人Xは無許可で、産業廃棄物である廃墓石のうち、棹石を除く台石等について収集運搬したとして、廃棄物処理法25条違反の罪で起訴された。

　同法14条は、「産業廃棄物（中略）の収集又は運搬を業として行おうとする者は、当該業を行おうとする区域（中略）を管轄する都道府県知事の許可を受けなければならない」と定め、25条で、無許可の産業廃棄物収集・運搬・処分を業として行った者を処罰している。

　そして、同法2条は「この法律において「廃棄物」とは、ごみ、粗大ごみ、燃え殻、汚泥、ふん尿、廃油、廃酸、廃アルカリ、動物の死体その他の汚物又は不要物であつて、固形状又は液状のもの（放射性物質及びこれによつて汚染された物を除く。）をいう」とし、同条4項が「産業廃棄物」を「事業活動に伴つて生じた廃棄物のうち、燃え殻、汚泥、廃油、廃酸、廃アルカリ、廃プラスチック類その他政令で定める廃棄物……」とし、廃棄物処理法施行令2条は、政令で定める廃棄物の例として、9号に「工作物の新築、改築又は除去に伴つて生じたコンクリートの破片その他これに類する不要物」を挙げている。

　本件では、廃墓石の台石等が、同法施行令2条9号の「コンクリートの破片その他これに類する」「物」に当たるか否かが争われた。原審は、無許可収集運搬の事実について有罪としたのに対し、弁護側が主として争ったのは、以下の点である。

　(ア)　同法施行令2条9号は「コンクリートの破片」を例示しており、コンクリートやレンガ等は、人為的に生成した人工物であり、元来自然界には存在しないことから、これを投棄することにより生活環境及び公衆衛生に悪影響を及ぼす可能性があるから規制対象とされたものである。それに対し、本件で問題となった墓石は自然石で、元来土に帰ることで環境等に悪影響を及ぼさない。そうすると、同法施行令2条9号の「その他これに類する」「物」とは人工物を指すものであって、自然石は含まれず、自然石である本件台石等は含まれないので、産業廃棄物に当たるとした原判決には法令の解釈適用に誤りがある。

　(イ)　被告人は、本件台石等は廃棄物ではないと信じており、違法性を意識する可能性がなかったと主張した。

　これに対し、広島高裁岡山支部は、以下のように判示して控訴を棄却した。

**判旨**

(ア) 構成要件該当性について

広島高裁岡山支部は、コンクリートの破片に類する物は人工物に限られると解さなければならないわけではなく、「物」には自然石も含まれると解されるとして以下のように判示した。

「施行令2条9号のいう『工作物』の典型例は、家屋、ビル、橋などの建造物であるが、これらの組成物に自然石が含まれていることがあるのは周知の事実である。建造物の組成物ともなる自然石を同号の規定する『物』から除外する旨の規定は存在しない。かえって、同6条3号イ(5)は、同2条9号を『がれき類』と読み替えることにしているところ、通常、がれき類に自然石は含まれる。また、同2条2号は、工作物の新築、改築又は除去に伴って生じた木くずは産業廃棄物にあたると定め、工作物から生じる産業廃棄物は人工物に限らないことを示している。

そして、施行令2条9号が『コンクリートの破片』しか例示していないことは、廃棄物処理法の趣旨からすれば、以下のように理解できる。

すなわち、工作物の典型である建造物には、ビルや港湾施設、橋梁など巨大な建造物が多くあり、その大半がコンクリートを用いているため、除去等の際には大量のコンクリート破片が生じる。これを無秩序に投棄することが環境に与える影響は大きい。コンクリート破片は、現代においては、工作物に関する廃棄物として最も一般的な物であって、このことから典型例として例示されているとみられ、このことは合理的かつ自然である。

結局、上記のような廃棄物を規制する法の趣旨からすれば、施行令2条9号の「コンクリートの破片」の例示から、これに類する廃棄物が人工物に限られると解さなければならない理由を見出すことはできない。

所論は、自然界には存在しない人工物の投棄が生活環境及び公衆衛生に悪影響を及ぼすが自然石はこのような悪影響を及ぼさないという。しかし、廃棄物処理法が保護法益とする『生活環境』は、直ちに住民の生活や健康に影響を及ぼさない場合でも、無法な投棄が『環境破壊』をもたらすことから広くその危険行為を処罰するという趣旨のものであることは明らかである。このような側面から見てコンクリートと自然石とを区別する理由はない。所論のいうような悪影響という点も、原料や安定性という面からみてコンクリート破片と自然石を区別しなければならない理由もない。したがって、廃棄物処理法の保護法益や趣旨から、施行令2条9号に自然石が含まれないとはいえない。

以上によれば、施行令2条9号の工作物の除去等から生じる『コンクリート破片その他これに類する』「物」には、自然石も含まれ、本件台石等もこれに該当する。」

(イ) 故意について

「被告人は、石材業者の資材置場に山積みされたり、ぞんざいにも扱われたりしていた廃墓石を、料金を受け取って不要物として受け取り、これを山

中に埋めるなど投棄をしたのであり、被告人自身も不法投棄に当たるのではないかと危惧したこともあることなどからすれば、被告人は自分がやっていることが、不法投棄であると認識し、あるいは未必的に認識しながら、これを行っていたことは明らかであり、廃墓石を「廃棄物」として扱っていたものと認められる。特に、台石や墓を構成する周辺の石材等については、棹石に比べれば、「宗教的感情の対象物」として取り扱われないのが一般的であると考えられ（被告人も棹石は供養する旨述べている。）、……、通常廃棄物に当たると認めるのが相当であり、このような台石等について廃棄物性を認識できないような事情はみあたらない。」

「以上によれば、**被告人は、少なくとも本件台石等が廃棄物に当たることを未必的に認識していたことは明らかであり、違法性を意識する可能性があったと認められる。**

## 解　説

### 1　行政刑罰法規の故意の実質的解釈

「墓石は産業廃棄物ではない」と思っていた場合には、客観的には産業廃棄物を無許可で運搬等しても、故意は認められないのであろうか。この場合の錯誤は、法律の錯誤なのであろうか。行政刑罰法規に関して古くから争われてきた問題の一例のように見える。

問題の中心は、法律の錯誤の処理、すなわち制限故意説・責任説を採用するか、判例に従うかにあるように考えられている面がある。しかし、実質的には「犯罪事実の認識があるが法的評価を誤ったのか」それとも「そもそも犯罪事実の認識が欠けるのか」が最も重要な争点なのである。事実の錯誤と法律の錯誤の区別は微妙である。

そして、その前提として、行政刑罰法規の場合には特に、構成要件のどの部分を、どの程度認識する必要があるのかが曖昧なのである。それは、そもそも、客観的な構成要件の範囲に争いがある場合が含まれていることが多いことに基因する面もある。

そこで、学説上、犯罪事実の認識では故意の範囲を限定せずに、「違法性の意識の可能性」により故意の成立範囲を判断する考え方が有力化する。しかし、実務上は、当該刑罰法規の故意犯が成立するには、構成要件のどの部分をどのように認識する必要があるのかが争点となる。本件では、「産業廃棄物である」との認識の認定が問題なのである。そして、そもそも、「産業廃棄物とは何か」が争われることになる。

Ⅰ　刑法総論

## 2　行政刑罰法規の実質的解釈

　廃墓石（土台）が、産業廃棄物に該当するか否かというような、行政刑罰法規の構成要件該当性判断も、形式的に決まるわけではない。廃棄物処理法施行令2条9号の「コンクリートの破片その他これに類する物」という例示の仕方からは、廃棄物が人工物に限られるようにも見える。弁護士の主張する「自然界には存在しない人工物の投棄が生活環境及び公衆衛生に悪影響を及ぼすが自然石はこのような悪影響を及ぼさない」という議論も一定の説得性を有する。しかし、本判決の述べるように、廃棄物処理法が保護する「生活環境」は、自然石の無法な投棄によっても「破壊」され得るのであり、同法施行令2条9号に自然石が含まれないとはいえない。

　この点に関する先例として重要なのが、最二小決平成9年7月10日（刑集51-6-533）である[1]。Xは、自然公園法17条3項3号（現20条3項4号）により「土石を採取すること」が禁止されているY国立公園の第1種特別地域に指定されている海岸において、その波打際の岩場に散在し、その海岸の岩場の地形を構成している握りこぶし大から直径約50センチメートルの塊の石サンゴ（サンゴの死殻）を773個拾い集めて採取し、自然公園法の同条項違反で起訴された事案で、Xは、採取した石サンゴは採取禁止の土石ではないと考えたのであるから、故意がなかった等と主張したが、1・2審ともに犯罪の成立を認めた。そして最高裁も、故意の成否に直接触れることはなく、国立公園の第1種特別地域に指定された海岸で石さんごを採取した行為が自然公園法17条3項3号（現20条3項4号）にいう「土石を採取すること」に当たるとした原判断は正当であるとした。

　確かに、自然公園法17条（現20条）の「土石」も実質的に解釈されねばならない。自然公園法は、「すぐれた自然の風景地を保護するとともに、その利用の増進を図り、もって国民の保健、休養及び教化に資すること」を目的とし（旧1条）、一定の区域を国立公園として、その区域内に特別地域を指定することができる旨定めた（旧17条1項）。そして、特別地域内では、環境庁長官の許可を受けない工作物の新築、改築、増築、木材の伐採、鉱物の掘採、そして土石の採取が禁じられているのである。

　そこで「土石の採取」の意義は、風景の維持という視点から判断されるべきで、対象となる特別地域に存在する土石は、特別地域の自然景観又は文化景観を変更するか否かという観点から保護されねばならない。その意味では、石サンゴは海岸の地形を形成し景観の構成要素であり、しかもXの採取した石さんごは、直径40〜50センチメートルの大きさのものも含まれ、かなりの量に上る

---

1）　今崎幸彦・法曹時報51-12-237参照。

のであるから、「土石を採取すること」に当たると解すべきである。

廃棄物の処理及び清掃に関する法律の趣旨を勘案して、「コンクリートの破片その他これに類する物」という例示の仕方であっても、自然石を含むとした本判決も、従来の判例の線に沿ったものといってよい。

### 3　行政刑罰法規の故意の認定

ただ、最決平成9年7月10日の実質的争点は、Xが「石サンゴは土石ではない」と考えていた場合には、故意が欠けるのではないかという点であった。確かに、海岸の何か固形物を採取したという認識のみでは、自然公園法17条3項3号の故意に欠ける。しかし、**同条項に触れる違法行為であることの認識**はもとより、**自己の行為が違法であると認識していること**も、故意の要件とはいえない。

行政刑罰法規の場合も、故意責任を基礎づけるためには、「一般人ならばその罪の違法性を意識し得るだけの重要な犯罪事実の認識」は必要であり、その内容が、具体的な犯罪類型ごとに検討されなければならない。

最決平成9年7月10日の事案の場合でも、やはり故意の認定には、「土石の採取」の認識が必要である。ただ、法文上の「土石」に当たらないと考えていても、現に採取した物の形状の認識から、自然公園法の禁じた「土石採取の罪」の故意は認められるのである。一般人ならば、海岸の地形を形成し景観の構成要素である石サンゴを多量に採取する行為の認識があれば、当該罪の故意は認定し得る。実質的に当該犯罪の主要部分の認識を有しながら、法文へのあてはめを誤っても、故意は認められるのである[2]。

### 4　判例の故意概念

判例は、故意責任を問うには、違法性の意識までは不要であるものの、「一般人ならばその罪の違法性を意識し得るだけの重要な犯罪事実の認識」は要求している。それを、具体的な犯罪類型ごとに吟味することが、実務上の故意論の中核であり、形式的に「犯罪事実の認識」を認定した上で、違法性の意識の可能性の有無により「故意」「責任」の有無を判断することは実践的ではない

---

[2] なお、故意の成立に必要な認識を検討する際には、当然のことであるが、「過失非難ではなく故意非難を可能とする認識」という視点が重要である。例えば、海水を採取しようとして不注意で石サンゴを採取してしまった場合に、一般人なら土石の採取を認識できたはずだとしても故意非難はできない。確かに、「一般人が注意すれば土石を現認できたはずで、当該犯罪の違法性を意識し得たはずだ」という意味では、責任非難は可能であるが、それは過失を基礎づけ得る責任非難にすぎない。

のである（なお、大阪高判平21.1.20判タ1300-302参照）。

故意に関するリーディングケースである**最三小判平成元年7月18日（刑集43-7-752）**は、県知事の許可を受けないで業として公衆浴場を経営したという事案に関し、①担当課長補佐から変更届及びこれに添付する書類の書き方などの教示を受けてこれらを作成し保健所に提出し、②その受理前から、課長補佐・保健所長らから県がこれを受理する方針である旨を聞いており、③受理後直ちにそのことが県議を通じて連絡されたので、④Xとしては、この変更届受理により被告会社に対する営業許可がなされたものと認識していたこと、⑤市議会で変更届受理が問題になり新聞等で報道されるようになるまでは、本件浴場の定期的検査などを行ってきた保健所からはもちろん誰からも被告会社の営業許可を問題とされたことがないこと、⑥県知事から被告会社に対して変更届ないしその受理が無効である旨の通知がなされる以前に自発的に本件浴場の経営を中止していることを認定し、「以上の事実が認められ、Xが変更届受理によって被告会社に対する**営業許可があったとの認識のもとに本件浴場の経営を担当していたことは明らかというべきである**」として、故意の成立を否定した。

同事案は、変更届受理は認識していても正式の許可が下りていないことも認識している以上無許可の認識はあり、禁止された無許可営業を「許されている」と誤信した法律の錯誤の問題とすべきようにも思われる。しかし最高裁は、無許可営業の認識が欠けるとしたのである。故意の存否、そして事実の錯誤と法律の錯誤の区別は、自然的な事実の認識の有無の審査により形式的には決定し得ない。

無許可営業罪の故意非難を基礎づける事実の認識は、①権限のある者に相談して許可申請を行い、②県議などから許可申請が受理されることを聞いており、③許可が無効である旨の通知がある以前に経営を中止していること等の事実をもとに認定されるのである。

### 5　本件故意判断において重要な事実

広島高裁岡山支部は、「廃墓石はおよそ廃棄物として扱われないという誤解を生じさせたとしても不思議はない」としつつ、故意を認めた。**被告人は自分がやっていることが、不法投棄であると、少なくとも未必的には認識し、これを行っていたことは明らかであり、廃墓石を「廃棄物」として扱っていたものと認められる。台石や墓を構成する周辺の石材等については、廃棄物性を認識できないような事情はみあたらない**と判示した。

その根拠として重視された認定事実は、平成25年12月頃から**廃墓石が産業廃棄物に当たるとの指摘や指導を受けていたという点**であり、その時点で、廃墓

**石が産業廃棄物に当たることを具体的にも認識できたとした。**
　ただ、それ以外にも、①以前から、石材業者から「廃墓石を引き取って、埋めたり並べたりしたらいいお金になる。」と言われて、廃墓石を山中に埋めるなどしており、②墓石を不法投棄して捕まったというニュースを聞き、墓石の回収をしても大丈夫だろうかと思っていたこと、③廃墓石を置いていた土地の所有者から複数回撤去を求められたこと、④石材業者が廃墓石を山積みし、ぞんざいに扱っている業者もいることも知っていたこと、⑤被告人は、収集運搬等の際、棹石と台石等を分けていたこと、⑥県民局は、本件の約1年前に本件投棄現場に赴き、被告人らの大量の廃墓石投棄を確認し、平成26年11月に被告人を県民局に呼び出した際には、口頭で、廃墓石の投棄は不法投棄に当たるので撤去するよう指導するなどし、被告人は片付けると述べたこと、⑦県民局は、平成26年3月5日に、廃墓石が産業廃棄物であり収集運搬には許可が必要である旨が明記されている『産業廃棄物の収集運搬について（指導）』と題する書面を作成し、被告人に交付したこと、⑧被告人は、廃墓石に関係した土地の所有者から、一緒に産業廃棄物の処理の許可を取りに行こうと勧められたことが認定されている。
　これは、**故意を阻却する事由**に当たらないことを論証するようにも見えるが、「**本件台石等が廃棄物に当たることを未必的に認識していたこと**」を基礎づけるためのものといってよい。「**故意を阻却するという場合**」という「**阻却事由**」を問題にしているようにも見えるが、それは「**本件墓石が廃棄物になるとの認識に当たるか否か**」を問題とするものといえよう。

# 第2講 構成要件と違法性

## 主観的超過要素
――行為者の性的意図の満足と強制わいせつ罪の成否
最大判平成29年11月29日（刑集71-9-467）

### Focus

　故意は、基本的に、客観的犯罪事実の認識であるが、それを超えた主観的事情が必要とされる場合がある。その典型として、強制わいせつ罪の成立には「性的意図」が必須だとされてきた点が挙げられる。しかし、最高裁は判例を変更させたのである。それは、理論的な「主観的構成要件要素の要否」の問題というより、国民の性犯罪に関する考え方、男女平等に関する考え方の転換を象徴するものだったのである。

### 事　実

　被告人Xは、インターネットを通じて知り合ったAから金を借りようとしたところ、金を貸すための条件として被害女児とわいせつな行為をしてこれを撮影し、その画像データを送信するように要求されたので、被害者（当時7歳）が13歳未満の女子であることを知りながら、被告人方において、被害者に対し、Xの陰茎を触らせ、口にくわえさせ、被害者の陰部を触るなどのわいせつな行為をしたという事案で、強制わいせつ罪に当たるとして起訴された。

　第一審は、弁護側が援用する「強制わいせつ罪の成立に、犯人の性的意図が必要である」とする最一小判昭和45年1月29日（刑集24-1-1）を相当でないとし、「被告人に性的意図があったと認定するには合理的な疑いが残る」ものの、強制わいせつ罪は成立するとした。

　そして、原審の大阪高判平成28年10月27日（裁判所 Web）も、「犯人の性欲を刺激興奮させ、または満足させるという性的意図の有無によって、被害者の性的自由が侵害されたか否かが左右されるとは考えられない」とし、「最判昭和45年1月29日の判断基準を現時点において維持するのは相当ではない」と断じた。

上告を受けて、当初、第三小法廷に配点されたが、大法廷に回付された。

**判旨**

　最高裁大法廷は、弁護側の上告に対し、「昭和45年判例は、被害者の裸体写真を撮って仕返しをしようとの考えで、脅迫により畏怖している被害者を裸体にさせて写真撮影をしたとの事実につき、平成7年法律第91号による改正前の刑法176条前段の強制わいせつ罪に当たるとした第1審・第2審判決に対し、『刑法176条前段のいわゆる強制わいせつ罪が成立するためには、その行為が犯人の性欲を刺戟興奮させまたは満足させるという性的意図のもとに行なわれることを要し、婦女を脅迫し裸にして撮影する行為であっても、これが専らその婦女に報復し、または、これを侮辱し、虐待する目的に出たときは、強要罪その他の罪を構成するのは格別、強制わいせつの罪は成立しないものというべきである』としたものであるが、以下の理由から、その解釈は維持し難い」とした。

　まず、法文上強制わいせつ罪の成立要件として性的意図といった故意以外の行為者の主観的事情を求める趣旨の文言が規定されたことはなく、性的意図がない場合には、強要罪等の成立があり得るとする昭和45年判例の説明は、性的意図の有無によって、強制わいせつ罪が成立するか、法定刑の軽い強要罪等が成立するにとどまるかの結論を異にすべき理由を明らかにしていない。また、**強制わいせつ罪の加重類型と解される強姦罪の成立には故意以外の行為者の主観的事情を要しないと解されてきたこととの整合性**に関する説明もないので、「昭和45年判例は、その当時の社会の受け止め方などを考慮しつつ、強制わいせつ罪の処罰範囲を画するものとして、同罪の成立要件として、行為の性質及び内容にかかわらず、犯人の性欲を刺激興奮させ又は満足させるという性的意図のもとに行われることを一律に求めたものと理解できるが、その解釈を確として揺るぎないものとみることはできない」とした。

　そして、「刑法等の一部を改正する法律」（平成16年）や、「刑法の一部を改正する法律」（平成29年）は、性的な被害に係る犯罪やその被害の実態に対する社会の一般的な受け止め方の変化を反映したものであることを挙げ、「今日では、強制わいせつ罪の成立要件の解釈をするに当たっては、被害者の受けた性的な被害の有無やその内容、程度にこそ目を向けるべきであって、行為者の性的意図を同罪の成立要件とする昭和45年判例の解釈は、その正当性を支える実質的な根拠を見いだすことが一層難しくなっているといわざるを得ず、もはや維持し難い。」と判示した。

　そして、最高裁は「刑法176条にいうわいせつな行為と評価されるべき行為の中には、強姦罪に連なる行為のように、行為そのものが持つ性的性質が明確で、当該行為が行われた際の具体的状況等如何にかかわらず当然に性的な意味があると認められるため、直ちにわいせつな行為と評価できる行為がある一方、**行為そのものが持つ性的性質が不明確で、当該行為が行われた際**

の具体的状況等をも考慮に入れなければ当該行為に性的な意味があるかどうかが評価し難いような行為もある。その上、同条の法定刑の重さに照らすと、**性的な意味を帯びているとみられる行為の全てが同条にいうわいせつな行為として処罰に値すると評価すべきものではない。そして、いかなる行為に性的な意味があり、同条による処罰に値する行為とみるべきかは、規範的評価として、その時代の性的な被害に係る犯罪に対する社会の一般的な受け止め方を考慮しつつ客観的に判断されるべき事柄であると考えられる**」とし、「刑法176条にいうわいせつな行為に当たるか否かの判断を行うためには、行為そのものが持つ性的性質の有無及び程度を十分に踏まえた上で、事案によっては、当該行為が行われた際の具体的状況等の諸般の事情をも総合考慮し、社会通念に照らし、その行為に性的な意味があるといえるか否かや、その性的な意味合いの強さを個別事案に応じた具体的事実関係に基づいて判断せざるを得ないことになる。したがって、そのような**個別具体的な事情の一つとして、行為者の目的等の主観的事情を判断要素として考慮すべき場合があり得ることは否定し難い。しかし、そのような場合があるとしても、故意以外の行為者の性的意図を一律に強制わいせつ罪の成立要件とすることは相当でなく、昭和45年判例の解釈は変更されるべきである**」とした。

そして、本件行為は、「行為そのものが持つ**性的性質が明確な行為であるから、その他の事情を考慮するまでもなく、性的な意味の強い行為として、客観的にわいせつな行為であることが明らか**であり、強制わいせつ罪の成立を認めた第1審判決を是認した原判決の結論は相当である。」とし、昭和45年判例を変更し、原判決を維持するのを相当と認めるとした。

## 解説

### 1　本判決の意義

本判決は「判例変更」の生じる典型例を示したものといえるように思われる。事案について先例と大きく異なる事案についての判断を迫られたわけではなく、法規範そのものが変更されてもいないが、国民の規範意識が徐々に変化した結果、「逆」の結論に至ったのである。そして、その結論の差を導いたのは、強制わいせつ罪における「犯人の性欲を刺戟興奮させまたは満足させるという性的意図」の要否の判断であった。変更された最判昭和45年1月29日（刑集24-1-1）は、女性を裸にさせて写真撮影しても、専らその女性に報復し、又は、これを侮辱し、虐待する目的であったときは、強制わいせつの罪は成立しないとしたのである[1]。それに対して、本判決は「性的意図を一律に強制わいせつ罪の成立要件とすることは相当でない」とし、金を借りるため、被害女児とわいせつな行為をしてこれを撮影する目的で7歳の女児に陰茎を触らせ、口にくわえさせるなどした行為を、わいせつな行為としたのである。両事案で、

「わいせつ性」が明確か否かにつき微妙な差があるともいえるが、本件事案に「行為者の性欲を刺戟興奮させまたは満足させるという性的意図」が認定できない以上、最判昭和45年1月29日の規範では、強制わいせつ罪は成立し得ないのである。

## 2 主観的構成要件（違法）要素

本判決の要点が、「性的意図を一律に強制わいせつ罪の成立要件とすることは相当でない」とした点にあることはいうまでもないが、構成要件解釈、さらには法益侵害性の有無の判断において、行為者の主観的事情を排除し、客観的にわいせつな行為をしていることと、その認識（故意）があればよいとしているわけではない。

最高裁は、①当該行為が行われた際の具体的状況等をも考慮に入れなければ当該行為に性的な意味があるかどうかが評価し難いような行為があり、②法定刑の重さに照らし、性的な意味を帯びているとみられる行為の全てを処罰に値すると評価すべきではなく、③処罰に値するわいせつ行為は、その時代の性的な被害に係る犯罪に対する社会の一般的な受け止め方を考慮しつつ、個別具体的な事情を踏まえた規範的評価として、客観的に判断されるべきだとする。そして、④そのような個別具体的な事情の一つとして、行為者の目的等の主観的事情を判断要素として考慮すべき場合があり得ることは否定し難いとする。そのような意味で、本判決も、わいせつ性判断において主観的違法（構成要件）要素を考慮すべきだとしているのである[2)・3)]。

1) 最判昭和45年1月29日の第1審は、強制わいせつ罪の被害法益は相手の性的自由であり、行為者の性欲を興奮、刺戟、満足させる目的に出たことを要するいわゆる目的犯と解すべきではなく、報復、侮辱のためになされても同罪が成立するとした。Xはこれを不服として控訴したが、原審も「背部にオーバーをまとっているにもせよ、このような裸体写真をとる行為が被害者の性的自由を侵害するわいせつな行為に該当することはいうまでもない」として、控訴を棄却した。この判断を最高裁は覆したのである。
2) 確かに、「外形上は医師が乳がん検診の女性の乳房を触る行為」であっても、内心にもっぱらわいせつ目的があるような場合、強制わいせつ罪の成否が問題となるのではないかが、「傾向犯」の要否に関連して論じられてきた。しかし、実際上は、客観的事情でわいせつ性を判断し得ることが多いであろう。
3) この点、本件原審は、「強制わいせつ罪におけるわいせつな行為の該当性を検討するに当たっては、被害者の性的自由を侵害する行為であるか否かを客観的に判断すべきであるから、処罰範囲が不明確になるとはいえない。」とし、大法廷の判断とは微妙に異なる。なお原審は、「性的な事柄についての判断能力を有しない乳幼児にも保護されるべき性的自由は当然認められるのであり、その点で既に失当である上、犯人の性的意図の要否と乳幼児に対する強制わいせつ罪の成否とは特段関連する問題とは考えられないから、保護法益を純粋に性的自由とみて性的意図を不要と解釈すると乳幼児の保護に欠ける事態になるとの批判は当たらない。」としている。

ただ、わいせつ性が、主観を考慮するまでもなく明白な場合には、行為者の性的意図が欠けていても強制わいせつ罪は成立し得るとしたのであり、その範囲で昭和45年判例を変更したのである。

### 3　条文解釈

　判例変更に至った最大のポイントは、**「性的意図を一律に強制わいせつ罪の成立要件とすること」を否定した点**にある。一般人から見て「わいせつ行為」とみられる場合でも、性的意図を欠く場合には、強制わいせつ罪を成立させないという価値判断を採用しなかったのである。

　本判決は、本例変更の理由として、①法文上強制わいせつ罪の成立要件として性的意図といった「故意以外の行為者の主観的事情」を求める趣旨の文言が規定されたことはなく、②強制わいせつ罪について、行為者自身の性欲を刺激興奮させたか否かは何ら同罪の成立に影響を及ぼさないとの見解も主張されていた。③昭和45年判例は「性的意図がない場合には、強要罪等の成立があり得る」とするが、性的意図の有無によって強制わいせつ罪と強要罪の法定刑の大きな差が生じるのは不合理であり、また、④強制わいせつ罪の加重類型と解される強姦罪の成立には故意以外の行為者の主観的事情を要しないと一貫して解されてきたこととの整合性も欠くと批判する。

　これらの論拠は、十分に合理的なものではあるが、既に昭和45年判決当時に、このような解釈論は展開され、３対２の僅差で前述の多数意見が形成され、その後「判例」として、50年近く司法界を支配してきたのである。

　条文解釈の重要性を否定するつもりはないが、今回の判例変更にとって重要なのは、条文解釈の説得性というよりは、「性的な被害に係る犯罪規定あるいはその解釈には、社会の受け止め方を踏まえなければ、処罰対象を適切に決することができないという特質がある」という点である。

### 4　判例変更をもたらしたもの

　判例変更をもたらしたのは、国民のわいせつ犯罪に関する規範意識の変化であった。この点、本判決も、昭和45年以降のドイツにおける法改正を挙げ、「性的な被害に係る犯罪規定がその時代の各国における性的な被害の実態とそれに対する社会の意識の変化に対応していることを示すものといえる」としている。ただ、ドイツの法改正等が、日本の国民の意識の変化に直接影響したとすることは難しい。「刑法学説」には影響した、強制わいせつ罪の処罰範囲を画するものとしての日本の規範意識の変化は、ドイツ流の「性的自己決定」の視点等がそのまま浸透したことによるものと見ることはできない。英米などで

も、性犯罪に関し国ごとの変化が見られる。「ドイツの法解釈が昭和45年当時の学説に影響を与えていた」という指摘は正しいが、問題は、その後の50年の変化なのである。
　「昭和45年判例が、当時のドイツに影響されて主張された有力な学説に反する内容であった」という事実から、「その解釈を確として揺るぎないものとみることはできない」とすることも妥当ではない。ドイツ型の学説に反しても、「犯人の性欲を満足させる性的意図を要する」という価値判断を多数意見に導いた「当時の規範意識状況」がなぜ変わったかが問題なのである。
　この点、性犯罪に関する平成16年の刑法改正をもたらした「女性に対する性犯罪被害に係る犯罪に対する国民の規範意識の変化」が重要である。その延長線上にある平成29年の刑法改正は、男女いずれもが、強姦の客体あるいは主体となり得るとした点で画期的に見えるが、本件との関係では、法定刑をさらに引き上げた点と、監護者わいせつ罪及び監護者性交等罪を新設した点が、性犯罪についての社会の一般的な受け止め方の変化を反映したものであるといってよい。ここに結実した被害意識の変化などが、強制わいせつ罪の解釈にとって重要な、被害者の受けた性的な被害の有無やその内容を決めてくるのである。行為者の性的意図を同罪の成立要件とする昭和45年判例の解釈は、国民の意識と乖離してきていたのである。
　このような意識の変化を形成し、同時に意識の変化によって動いてきたのが、男女共同参画社会の深化であり、その一端である「女性法曹の増加」であるように思われる。

### 5　女性被害者の視点と判例変更

　昭和45年判例の考え方の基礎には、被害者に法益侵害性が生じても、行為者に破廉恥な動機・目的・内心傾向がない場合には、処罰する必要が無いという価値判断があったとも考えられる。行為者の性的道義秩序違反性が加わってはじめて処罰に値する法益侵害があると考えていたといってもよい。しかし、そのような、性秩序違反が加わらなくても、処罰に値する法益侵害性が認められると考えられるようになったのである。それは、「裸にされて写真を撮られて恥ずかしいと感じている女性」の視点が、「性的満足を得るためでなく復讐するためだから強制わいせつ罪が成立しない」という説明に納得しなくなったといってもよい。もともと納得などしていないのだが、観念的に「性的目的の有無を認定しなければ、強制わいせつ罪の構成要件の外延を画し得ないので、わいせつ傾向が理論的に必要だ」と説明されても、「おかしい」と声を上げるようになってきたのだと思われる。そのような「わいせつ傾向」を持たない者は、犯罪を犯す危険性が少ないという説明も、現に被害に遭った者には説得性

を欠くのである。

　そして、下級審判例は具体的事案を通して、規範意識を判決に投影させていった。昭和45年判例から20年後、東京地判昭和62年9月16日（判タ670-254）が登場する。女性を無理矢理全裸にして写真撮影し、その写真の公表等を恐れる同女の性的羞恥心を利用して、従業員として働くことを承諾させようと、暴行を加え傷害を負わせた事案について、強制わいせつ致傷罪を認めたのである。全裸にして写真を撮る行為は、性的羞恥心を与える明らかに性的意味のある行為であり、そのことを認識しながら行った以上、強制わいせつ（致傷）罪に該当するとした[4]。

　確かに、強制わいせつ罪の保護法益は、単純に被害者個人の「性的自由」「被害者の羞恥感情」に尽きるものではない。「風俗」「倫理」も、その犯罪性に影響するといわざるを得ない。ただ、現代の日本社会では、本件のような行為を、性的満足を得る意思なしで行っても、処罰に値する法益侵害性が認められる。わいせつ傾向が欠け、その意味で「反倫理性の低い」被告人でも、「本件のような行為を故意に行えば、強制わいせつ罪は成立する」としても異論は少なくなったのである。「報復目的なのだから、わいせつ犯罪の類型には当たらない」という結論と、「わいせつの傾向がないのだから、さらにわいせつな行為を行う危険性は低く、倫理的な非難も処罰に値する程度に達しない」という説明は、恥ずかしい思いをした被害女性に限らず、一般人にとっても、説得性を欠く。その不当さを、被害女性に限らず、国民の大多数が共有することになってきたから判例が変更されたと考えるべきなのである。

---

[4]　さらに、東京高判平成26年2月13日（高検速報3519）も、客観的に被害者の性的自由を侵害する行為がなされ、行為者がその旨認識していれば、犯人の性的意図の有無は、「被害者の性的自由」という強制わいせつ罪の保護法益とは関係しないと判示している。

# 第3講 未遂犯

## 実行の着手時期
最二小判平成26年11月7日（刑集68-9-963）

> **Focus**
>
> 未遂論は、共犯論と並んで、刑法解釈の学派の最も基本的な対立点とされてきた。かつては、着手時期に関する、主観説と客観説の対立が華々しかったが、主観説は1960年代以降の日本では、支持が少なくなっていったといってよい。現在着手時期は、**構成要件の実現に至る現実的危険性発生時点**とされ、それ自体についての争いは少なくなってきている。問題は、「現実的危険性」の具体的内容なのである。

### 事 実

被告人Ｘは、Ａ等と共謀の上、税関長の許可を受けないで、うなぎの稚魚を中華人民共和国に不正に輸出しようと考え、平成20年3月29日、千葉県成田市所在の成田国際空港第2旅客ターミナルビル3階において、香港国際空港行き日本航空731便の搭乗手続を行うに当たり、税関長に何ら申告しないまま、うなぎの稚魚合計約59.22キログラム在中のスーツケース6個を機内持込手荷物である旨偽って同所に設置されたエックス線装置による検査を受けずに国際線チェックインカウンターエリア内に持ち込み、あらかじめ入手した保安検査済みシールを各スーツケースに貼付するなどした上、同カウンター係員に本件スーツケース6個を機内預託手荷物として運送委託することにより、税関長の許可を受けないでうなぎの稚魚を輸出しようとしたが、税関職員の検査により本件スーツケース内のうなぎの稚魚を発見されたため、その目的を遂げなかったという事実に対し、第1審判決は、無許可輸出の未遂罪に当たるとして、被告人を罰金88万円に処した。

被告人は、第1審判決に対して量刑不当を理由に控訴したが、原判決は、控訴理由に対する判断に先立ち、無許可輸出罪の実行の着手時期に関し、職権で以下のとおり判示した上、本件は無許可輸出の予備罪にとどまるとして第1審判決を破棄し、被告人を罰金50万円に処した。

実行の着手とは、「犯罪構成要件の実現に至る現実的危険性を含む行為を開始した時点」であって、本件のような事案においては、本件スーツケース 6 個について運送委託をした時点と解すべきである。航空機の搭乗手続の際に、機内預託手荷物として運送委託をすれば、特段の事情のない限り、自動的に航空機に積載されるため、その時点において本件スーツケース 6 個が日航731便に積載される現実的危険性が生じるからである。この点に関し、検察官は、「積載する行為」又は「積載する行為に密接に関連し、かつ、積載に不可欠な行為」があれば、この時点で実行の着手を認めるべきとの一般論を前提とし、チェックインカウンターエリア内で本件スーツケース 6 個に検査済みシールを貼付すれば、「輸出行為が既遂に至るまでに何ら障害のない状況が作出された」と主張するが、肝心の運送委託をしない限り、そのような状況が作出されたと客観的に断ずることはできない。そうすると、「検査済みシールを本件スーツケース 6 個に貼付するなどした」までの事実をもって、無許可輸出の未遂罪が成立するとはいえず、単に無許可輸出の予備罪が成立するにとどまるというべきであり、第 1 審判決には明らかな法令適用の誤りが存するとした。これに対し、検察側が上告した。

**判旨**

　最高裁は、原判決を破棄し、第 1 審判決を維持したが、本件における実行の着手の有無について、以下のように判示した。
　「(1)　上記認定事実によれば、入口にエックス線検査装置が設けられ、周囲から区画されたチェックインカウンターエリア内にある検査済みシールを貼付された手荷物は、航空機積載に向けた一連の手続のうち、**無許可輸出が発覚する可能性が最も高い保安検査で問題のないことが確認されたもの**として、チェックインカウンターでの運送委託の際にも再確認されることなく、通常、**そのまま機内預託手荷物として航空機に積載される扱いとなっていた**のである。そうすると、本件スーツケース 6 個を、機内預託手荷物として搭乗予約済みの航空機に積載させる意図の下、機内持込手荷物と偽って保安検査を回避して**同エリア内に持ち込み、不正に入手した検査済みシールを貼付した時点では、既に航空機に積載するに至る客観的な危険性が明らかに認められる**から、関税法111条 3 項、 1 項 1 号の無許可輸出罪の実行の着手があったものと解するのが相当である。
　(2)　したがって、本件が無許可輸出の予備罪にとどまるとして第 1 審判決を破棄した原判決には、法令の解釈適用を誤った違法があり、この違法は判決に影響を及ぼすことが明らかであって、原判決を破棄しなければ著しく正義に反するものと認められる。」

解　説

### 1　実行の着手時期に関する判例の立場

　本件は、実行の着手の判断において、第１審と原審で結論が分かれた事案で、最高裁が東京高裁の判断を破棄したものである。

　現在、有力とされる未遂の客観説は、着手時期を行為の客観面から説明する。客観説を形式的に構成すると、「盗む行為」などの構成要件行為の開始が必要だということになる（**形式的行為説**）。ただ、物に直接、犯人の手が触れない限り窃盗の着手はないとするのは、少なくとも我が国では、具体的妥当性を欠くと考えられた。そこで、着手を「構成要件行為及びこれに**接着する行為**」とか「行為の犯罪計画上構成要件行為の直前に位置する行為」の開始とすることにより一定の修正がなされている。

　判例も、客観説を採用し、窃盗の目的をもって家宅に侵入し、屋内において金品物色のため箪笥に近寄ったときは、財物に対する事実上の支配を侵すにつき密接な行為をなしたものとして窃盗罪の着手があったものとする（大判昭9.10.19刑集13-1473）。その結果、実行の着手を**構成要件の実現に至る現実的危険性を含む行為を開始したこと**と定義する説が有力化した[1]（大塚仁『刑法概説総論第４版』156頁、さらに福田平『全訂刑法総論第４版』210頁）。その意味で、**実質的行為説**と呼ばれる。

### 2　現在の判例の未遂の考え方

　ただ現在の判例は、実行の着手を実質的に捉える見解（**実質的客観説**）を採用しているといってよい。最三小決昭和45年７月28日（刑集24-7-585）は、ダンプカーにＹを同乗させたＸが、通行中のＡ子（当時23歳）を認め、「車に乗せてやろう」等と声をかけながら約100メートル尾行し、Ｙが下車して同女に近づいて行くのを認めると、付近の交差点西側の空地に車を停めて待ち受け、Ｙが同女を背後から抱きすくめてダンプカーの助手席前まで連行して来るや、Ｙが同女を強いて姦淫する意思を有することを察知し、ここにＹと強姦の意思を相通じたうえ、必死に抵抗する同女をＹとともに運転席に引きずり込み、発進して同所より約６キロメートル離れた護岸工事現場において、運転席内で同女の反抗を抑圧して姦淫した事案に関し、「ＸがＡ子をダンプカーの運転席に

---

[1] ただ、財物に対する事実上の支配を侵すにつき密接なる行為という表現は、形式説というより、次の実質説と呼ぶべきようにも思われる。ただ、実質的な「結果発生の危険性の発生する**行為の開始時点**」に着手を求め、行為者の手を離れた時点に「着手」はありえないと考える。

引きずり込もうとした段階においてすでに**強姦に至る客観的な危険性が明らかに認められる**から、その時点において強姦行為の着手があつた」とした。

　最一小決平成16年３月22日（刑集58-3-187）も、実行犯３名がクロロホルムを吸引させてＡを失神させた上（第１行為）、その失神状態を利用して、Ａを港まで運び自動車ごと海中に転落させて溺死させる（第２行為）という殺害計画を実行した事案で、第１行為を開始した時点で、既に**殺人に至る客観的な危険性が明らかに認められる**から、その時点において殺人罪の実行の着手があったと解し得るとした。第１行為は第２行為を確実かつ容易に行うために必要不可欠なものであったといえること、第１行為に成功した場合、それ以降の殺害計画を遂行する上で障害となるような特段の事情が存しなかったと認められることや、第１行為と第２行為との間の時間的場所的近接性などを根拠とする。

　学説においても、実行の着手を「**未遂犯の結果としての危険性が認定し得る時点**」、すなわち、「**危険性が具体的程度（一定程度）以上に達した時点**」に認める説が、有力化した（平野龍一『刑法総論』331頁）。「実行行為」を規範的・実質的に理解するならば、行為者の手を離れた後の時点で「実行が始まった」と評価できる場合は存在し得る。

　ただ、**一定程度の（具体的）危険性**という基準は、理念的・抽象的で、理論的説明にすぎないといえよう。未遂犯の処罰範囲の実務上の具体的基準としては実践的有用性に欠ける。各構成要件の文言を基礎に、未遂犯として処罰をすべき範囲を具体的に類型化する作業が必要となる。その際には、国民の規範意識の中にある法益保護の要請の強さなどが反映される。その作業は、結局、外形的には形式的行為説に近づくことになる。ただ、例えば「構成要件に接着する行為」を、構成要件ごとに類型化するに際しては、当該犯罪の未遂犯として処罰に値するだけの法益侵害の危険性の有無が最も考慮されなければならないのである。

### 3　現実的危険の判断　本件の結論の妥当性

　本件の原判決は、実行の着手を「犯罪構成要件の実現に至る現実的危険性を含む行為を開始した時点」であると定義し、大判昭和９年10月19日（刑集13-1473）の言い回しを用いているように見える。そして、その規準の具体的あてはめにおいては「本件スーツケース６個について運送委託をした時点」を現実的危険性を含む行為を開始した時点としたのである。確かに、原審の指摘するとおり、航空機の搭乗手続の際に、機内預託手荷物として運送委託をすれば、特段の事情のない限り、自動的に航空機に積載されるから、その時点においては、スーツケースが日航731便に積載される現実的危険性が生じる。

　しかし問題は、検察官が主張するように、チェックインカウンターエリア内

で本件スーツケース６個に検査済みシールを貼付した段階で「**輸出行為が既遂に至るまでに何ら障害のない状況**が作出された」といえるかにある。原判決は、運送委託をしない限り、検査済みシールを本件スーツケースに貼付するなどしても無許可輸出の予備罪が成立するにとどまるとしたのである。

それに対し**最高裁**は、入口にエックス線検査装置が設けられ、周囲から区画されたチェックインカウンターエリア内にある検査済みシールを貼付された手荷物は、無許可輸出が発覚する可能性が最も高い保安検査で問題のないことが確認されたものとして、通常、そのまま機内預託手荷物として航空機に積載される扱いとなっていたとして、保安検査を回避して同エリア内に持ち込み、検査済みシールを貼付した時点では、既に航空機に積載するに至る**客観的な危険性が明らかに認められる**としたのである。

原審と最高裁の結論の差は、「**現実的危険性を含む行為を開始した時点**」なのか「**危険性が具体的・現実的程度に達した時点**」なのかという理論の差から導かれるというよりは、本件のような行為がなされれば、無許可輸入罪の未遂として処罰すべきなのかという規範的評価にかかっているのである。理論は、その結論を合理的に説明し得るものが「正しい」ということになる。もとより、いずれの規範的評価が妥当かが判断し得ないから、「理論に解決してもらう」と考えられてきた。しかし、問題は「なぜその理論が正しいのか」にある。「実行の着手」である以上、実行「行為」を開始した時期に限るとすることも、一定の説得性はある。しかし、そのような形式論で、「運送委託をしない限り、検査済みシールを本件スーツケースに貼付するなどしても無許可輸出の予備罪にすぎない」という結論を完全に正当化し得るとは思われない。具体的事実を踏まえて、「**現在の国民の意識から見れば、無許可輸入罪の未遂として処罰する必要があるか**」を、他の判例の比較をも踏まえて、慎重に検討されなければならないのである。

### 4 最近の最高裁判例との比較

**最三小判平成20年３月４日**（刑集62-3-123）は、本件と同じく、第１審は未遂罪の成立を認めたのに対し、原審が実行の着手が認められないとして予備罪を認定した事案について、本件とは逆に、実行の着手は認められないとした（覚せい剤取締法41条に関する事案である）。

事案は、北朝鮮において覚せい剤を密輸船に積み込み、日本近海で海上に投下し、覚せい剤を小型船舶で回収して陸揚げするという方法で覚せい剤を輸入しようとし、密輸船は島根県沖に到達し、覚せい剤の包みを、目印のブイや重しを付けるなどして海上に投下したが、回収担当者は、荒天で回収のための小型船舶をＳ港岸壁から出港させることができず、さらに回収するため、再度、

小型船舶で出港したが、海上保安庁の船舶が哨戒するなどしていたことから、回収を断念したというものである。

　最高裁は、上記事実を前提に「本件においては、回収担当者が覚せい剤をその実力的支配の下に置いていないばかりか、その可能性にも乏しく、覚せい剤が**陸揚げされる客観的な危険性**が発生したとはいえないから、本件各輸入罪の実行の着手があったものとは解されない」とした。

　**最三小判平成20年3月4日**は、「覚せい剤が陸揚げされる客観的危険性が発生していない」という理由により、未遂罪の成立を否定した。ただ、船舶やGPSの機能の進歩などを勘案すると、他の船で回収する方法を予定して船舶から海上に投下した時点で輸入罪の着手が認められることもあり得るように思われる。その場合には、投下場所と陸揚げ場所との距離のみでなく、回収の容易性と、回収後の陸揚げの容易性が大きく影響するように思われる。本件では、荒天により回収が困難な状況であったことが重要である。最高裁は、このような形で、実行の着手時期を実質的に解しているのである。海上投下時に、荒天でなく「失敗がなければほぼ回収できる」という事情が存在すれば、かなり距離が離れていても着手は認められるように思われる。

## 5　実行の着手と主観的事情　犯人の計画と実行行為性

　実行の着手時期のみならず、実行行為性の評価には、広く、行為者の主観面が大きく影響する。そして、行為者の有する計画も重要な意味を持つ。前述最決平成16年3月22日（刑集58-3-187）は、殺人既遂罪を認めた。①第1行為は第2行為を確実かつ容易に行うために必要不可欠なもので（必要不可欠性）、②第1行為成功後は、それ以降の殺害計画を遂行する上で障害となるような特段の事情が存せず（遂行容易性）、③第1行為と第2行為との間の時間的場所的近接性などに照らすと、第1行為は第2行為に密接な行為であり、第1行為開始時点で既に殺人に至る客観的な危険性が明らかに認められるから、その時点において殺人罪の実行の着手があったとしたが、一個の実行行為といえるためには、犯意が継続しており、前述の必要不可欠性にも、「行為者の計画」が重視されている。

　そして、最決平成16年3月22日は、行為者が第1行為自体によってＡが死亡する可能性があるとの認識を有していなかったと明言した上で故意を認めている。もとより、実行行為の始まる時点で故意が存在していなければならない。「第1行為を開始した時点で殺人罪の実行の着手があったもの」と判示したということは、最高裁は、その時点で「故意」を認めた。この故意の中には、**「第1行為の後に第2行為を行う」という計画**が組み込まれているのである。一連の「第1行為と第2行為」を行う認識が故意であり、死の結果を意図し、

殺害の危険性を帯びた行為をそれと認識して実行すれば故意は存在し得る。故意と実行行為性は、不可分に結びついているのである。

# 第4講 故意と錯誤

## ① 薬物の認識と故意の認定
### 東京高判平成28年11月4日（WJ）

### Focus

　近時、捜査機関から、「故意の認定も厳しくなっている」という話を聞くことが多い。治安の改善の影響が推定される。また、「薬物の知情性の欠如を理由とする無罪判例」には、裁判員裁判の影響も見られるように思われる。裁判員裁判での全面無罪判決のかなりの部分を覚せい剤密輸事件が占めているのである。営利目的の覚せい剤密輸入事件は、もともと職業裁判官による裁判においても、立証がかなり困難であったが、裁判員裁判においては、これまでの「専門法曹」の中で形成されてきた事実認定における経験則を、裁判員と共有できるかが問題となってきたようにも見える。裁判員に「経験則」をいかに説明するかが、捜査機関や公判遂行を担う検察官、そして裁判官にとって枢要な課題となった。

### 事　実

　本件公訴事実の要旨は、被告人XとYはともにタイ国籍を有する者であるが、氏名不詳者らと共謀の上、営利の目的で、タイ王国の空港において航空機に搭乗する際、覚せい剤1,628.53グラムを隠し入れた浄水器用フィルター3個及び覚せい剤741.14グラムを隠し入れたコーヒーメーカー5個を収納したスーツケースを持って、航空機でタイから日本へ渡航して覚せい剤を輸入するとともに、税関検査を通過して覚せい剤を日本に輸入しようとしたが、税関職員に発見されたため、その目的を遂げなかったというものである。

　覚せい剤取締法違反、関税法違反により起訴された。第一審において、所持していた浄水器用フィルター及びコーヒーメーカーの内部に覚せい剤が隠匿されていたという外形的事実については争いはなかったが、X、Yは、「以前から親交のあった知人Aにタイから日本まで商品見本として浄水器用フィルターを運搬する仕事を依頼され、さらに、渡航の過程で浄水器用フィルターのほかコーヒーメーカーを渡され、それらを運搬したにすぎない」と

して、それらの内部に覚せい剤を含む違法薬物が隠匿されているとは認識しておらず、覚せい剤取締法違反及び関税法違反の故意を欠くと主張した。

これに対し原審は、X、Yの供述する「2、3週間前に、浄水器等の商品見本をタイから日本への団体ツアーに参加して運搬すれば、その際の渡航・滞在費用も全て負担し、2人分の報酬5万バーツ（当時1バーツは約3.6円）を支払うという依頼」の内容からすると、通常であれば、商品見本の中に覚せい剤等が隠匿されているかもしれないことに気付くはずであるとした。

ただ、①Yは、Aを姉のように慕い、Aに対しかなりの程度心を許していたので、被告人両名は、本件依頼を経済的合理性に基づく純粋なビジネスとは考えていなかった可能性が高く、②X、Yは、依頼の内容と報酬・経費等との経済的な不均衡について十分に検討できなかった可能性が高い。さらに、③Yは、約1万バーツの月収もあり、5万バーツ程度の報酬目当てに違法薬物の運び屋を引き受ける強い動機があったとはうかがえない。④フェイスブック上でのメッセージのやり取りの中でも、運搬することについて疑問を投げかけるようなメッセージ等は見られず、⑤X、Yは、本件浄水器を隠そうとした様子はなかったという各事実が認められ、⑥X、Yが、いずれも若年で社会経験を十分に有しておらず、それまでほとんど経験のなかった海外旅行への期待感に浮足立っていたことも加味すれば、本件依頼に関し、Aの言葉を完全に信じてしまったため、違法薬物の運搬ではないかという疑いを一度も抱かなかったという両名の弁解について、一概に不自然不合理であるとまでいうことはできないとして、X、Yに対し無罪を言い渡した。

**判旨**

検察官の控訴に対し、原判決の判断は相当であって、原判決に事実誤認があるとはいえないとして、控訴を棄却した。

東京高裁も、「本件依頼の内容は、浄水器の商品見本を多額の費用をかけてわざわざ人が携行して運搬することなどが相当に不自然であって、本件依頼の内容のみに注目すれば、違法薬物の運搬であると気付く可能性が十分にあり得た」とした上で、「しかしながら、(1) 依頼者との関係を見ると、本件依頼をしたAは、被告人両名とは、単にインターネット上のやり取りで知り合ったり、初対面であったりした者ではなく、被告人Yのかつての同僚であり、Xも会ったことのある、目上の者であって、本件依頼の前の時期は頻繁には連絡を取り合ってはいなかったものの、被告人両名にとっては、信頼できる姉のような存在であったことが認められる。したがって、被告人両名が、本件依頼の内容に関し、経済的な不合理性や、違法性をうかがわせるような怪しさや、情報の乏しさなどについて疑うことのないまま、Aの話を信じてしまった可能性も十分にあり得ると考えられ、同旨の原判決の判断が不合理であるとはいえない。

(2) また、関係者との連絡内容を見ると、XとAとの間では、本件の約3

週間前にフェイスブックのメッセージにより本件依頼がされて以降、280近くのメッセージがやり取りされているところ、その内容を見ると、原判決が指摘するように、ＸがＡに対し日本へ商品見本を運搬することについて疑問を投げかけるような内容や、運搬の対象物について関心を示すような内容などの違法薬物の隠匿の認識をうかがわせるメッセージは送られていない。そればかりか、Ａからは、仕事の内容は簡単であること、同様の仕事を友達にも依頼したことがあること、言葉ができなくても問題ないことなど、本件依頼に関しＸを安心させる内容のメッセージが、ダイエットの話題や恋愛関係への助言などの親近感を強める内容のメッセージと織り交ぜて送られており、他方で、Ｘからは良い仕事の依頼を受けたことについて感謝し、日本に旅行できることを楽しみにしている様子が認められる内容のメッセージが送られており、これらのメッセージのやり取りは、被告人ＹがＡに商品見本の運搬であると言葉巧みにだまされて違法薬物の隠匿に気付かなかったことを強くうかがわせるものである。

　Ｘは、Ａから、Ｙの元の職場の知人であるＢも過去に同様の仕事をしたと聞いて、Ｂに対し『彼女（Ａ）が行くようにさせた時何をしに行ったんですか？』というメッセージを送ったり、Ａに対し『（Ｙが）行きたがっています。でも怖いと言いました。Ａ姉さん（Ａ）も一緒に行ってほしいと言っていました。』というメッセージを送ったりしている。しかしながら、ＸがＡに送った『日本ですか。出来るかな。言葉できないです。』、『会話できるかな。』などの複数のメッセージから、言葉の問題に対し強い不安を有していたことが裏付けられていることにも照らすと、Ｂに質問したり、Ａに同行を求めたりしたメッセージは、Ｘが原審公判で供述するように、被告人両名が、旅行先の日本での行動や、その際の言葉の問題に関し、不安を感じていたことを示すに過ぎないものとも解釈でき、前記各メッセージをもって、違法薬物の隠匿の認識を示す事情であると解することはできない。

　(3)　さらに、被告人両名の社会経験について見ると、海外旅行の経験がほとんどなく、20代前半の若年のカップルで社会経験自体も豊富でなく、旅行者に対し違法薬物を携帯品に隠匿して運搬させるなどの密輸組織の手口に関する知識を十分に有していたとは認められない。そうすると、被告人両名は、信頼していた人物から、違法薬物の密輸に関し、言葉巧みにうその話をされれば、だまされやすい人物らであったことがうかがわれ、ＸＹの社会経験等をも考慮して違法薬物の隠匿の認識を否定した原判決に誤りはない。

　以上のとおり、依頼者との関係、関係者らとの連絡内容、ＸＹ両名の社会経験等に関する本件の事実関係の下では、被告人両名に違法薬物の隠匿の認識を認めるには合理的な疑いが残るとした原判決の認定は、論理則、経験則等に照らし不合理であるとはいえず、事実誤認があるとはいえない。」と判示した。

## 解　説

### 1　薬物事犯と故意論

　刑事訴訟法の世界では、捜査法のみならず証拠法においても、薬物事犯の影響は大きなものがあった。そして、刑法理論に関しても、例えば、昭和50年代からの薬物事犯の多発化は、故意論に多大の影響を与えた[1]。

　そして、薬物の認識は、「一定の概括的な認識を有していれば故意が認められる」という形で、「故意概念の実質化・抽象化」をもたらした。例えば、覚せい剤の認識は、平成に入り、「覚せい剤を含む身体に有害で違法な薬物類であるとの認識（最二小決平2.2.9判時1341-157）があれば足りる」とされるようになっていく（前田雅英『刑法総論講義第7版』187頁）。

　近時の争点は、この認識の「立証」に移ってきた。一般論としては、①被告人のそれまでの違法薬物に関する知識や経験、②犯行に至る経緯（とりわけ、違法薬物入手の相手方及びその者と被告人のやり取り、違法薬物を入手した際の物の形態・形状、対価の有無・程度等）、③当該事犯の所持や使用の犯行態様などの間接事実を基に、経験則を踏まえながら総合的に検討していくことになるのである。

### 2　薬物の「知情性」の争いの類型

　実務上、覚せい剤事犯において故意の立証に困難を伴うケースの典型は、Ⅰ　覚せい剤使用事犯において、被告人の尿から覚せい剤成分が検出されたとの鑑定結果はあるものの、自分は覚せい剤を使った認識がないと被告人が弁解しているケースと、Ⅱ　覚せい剤所持事犯において、所持していた粉末・結晶等が覚せい剤であるとは認識していなかったと弁解して争うケースである（合田悦三・前掲警察学論集70巻第12号54頁）。

　薬物の知情性の争いは、主としてⅡの類型で問題となるといってよい。特に、本件のような**営利目的輸入事犯**で問題となることが多い。そして、**覚せい剤営利目的輸入事案**には、(1)被告人が覚せい剤を携帯・携行して輸入した者である類型（**携帯・携行型**）と、(2)覚せい剤が隠匿された輸入物品を日本国内で受領するなどした者が被告人となる場合がある（**受け取り型**）。本件は**携帯・携行型の典型**といってよい。

---

1) 前田雅英「薬物密輸事犯の故意の認定と経験則」捜査研究757号2頁以下。裁判員裁判制度の3年目の見直し検討会においても、一般国民には、違法薬物の密輸事件はイメージしにくく、密輸組織の実態も分からないから、経験則を有しておらず、対象事件にしておくのは適切ではないのではないかという議論もなされた。

「輸入」の事案の場合、覚せい剤がどのような経路をたどって日本に持ち込まれたかについては、証拠上明らかになるものの、それ以外の準備段階での事情等については、日本の捜査機関による解明は期待できず、証拠が乏しいという特徴がある。そこで、明らかに不自然・不合理であるとして排斥できない限り、被告人の言い分を前提として、間接事実による故意の認定が可能かどうかを検討せざるを得ない。そこで、経験則による推認の比重が相対的に大きくならざるを得ないのである。「通常は薬物だと認識していると推認される」という場合には、例外としての「（通常ではない）特段の事情」が存在すれば、推認し得なくなるのである。

### 3 　携行型密輸事犯の経験則と特段の事情（知情性の具体的認定）

　この問題に関する最も重要な先例は、**最一小決平成25年10月21日**（刑集67-7-755。なお、捜査研究757号2頁以下参照）である。
　ウガンダ在住のイギリス人Ｘが機内預託手荷物として日本国内に持ち込んだスーツケースの内部から約2,500グラムの覚せい剤が発見されたが、覚せい剤の存在を認識していなかったと主張した事案である。ただ、スーツケースから覚せい剤が取り出されたときに、驚いた様子は示さなかったこと、仕事や観光等の旅行目的をうかがわせる物を所持しておらず、所持していた現金は少なく、宿泊予約もされていなかったことが認定されている。
　このような事実を踏まえて第1審判決は、①スーツケースの外観等から、Ｘがスーツケース内の隠匿物に気付いたはずであるとは認められず、②渡航経路・渡航目的が不自然であるともいえないし、③覚せい剤が出てきた際のＸの態度も、直ちに知情性と結び付くものではなく、④Ｘの供述の中核部分は初期段階から一貫しており、直ちに虚偽の供述として排斥するだけの証拠はないので、知情性が間違いなくあるとはいえないとし、故意の成立を否定した。
　最高裁は、覚せい剤の量や隠匿態様に照らし、覚せい剤密輸組織が関与しているとし、**密輸組織の場合**、目的地到着後に覚せい剤を確実に回収する措置を講じている等の特別な事情がない限り、**運搬者に回収方法等について指示等を与えた上で運搬を委託したものと認定するのが経験則**であるとし、故意の成立を認めた。そして、スーツケース内に違法薬物が隠匿されている点の認識につき、費用を掛け、発覚の危険を冒してまで秘密裏に日本に持ち込もうとする物で、本件スーツケースに隠匿し得る物として想定されるのは、覚せい剤等の違法薬物であるから、少なくとも、本件スーツケースの中に覚せい剤等の違法薬物が隠匿されているかもしれないことを認識していたと推認できるとし、このような推認を妨げる事情もないとした。

## 4　本件の判断について

　これに対し本件は、最一小決平成25年10月21日（刑集67-7-755）の事案とは微妙に異なり、第三者から覚せい剤の隠匿された手荷物や物品の**運搬の依頼がなされたことは認めた上で**、**依頼されたとおりの物品等を運搬するつもりだった**との主張が認められた。

　覚せい剤の量はかなりのものであるが、**密輸組織の介在**が問題とはなっておらず、最決平成25年10月21日の「密輸対象物の回収方法について必要な指示等をした上で、覚せい剤が入った荷物の運搬を委託するのが通常である」との経験則は適用にならない。しかし、かなり以前からの国際物流の態様の変化を勘案すれば、本件依頼内容である「浄水器の商品見本を多額の費用を掛けてわざわざ人が携行して運搬すること」、「渡航費用や滞在費用も全て負担した上、被告人の月収の５倍の報酬を支払うこと」は、非常に不自然であって、特段の例外的な事情がない限り、基本的には、違法薬物の運搬であると気付く可能性が十分にあり得たと考えられる。

　それに対し、東京高裁もこの経験則を認めつつ、この推認を破る**特段の事情**として、(1)依頼者Aは、目上の者であって、X、Yにとって信頼できる姉のような存在で、Aの話を信じてしまった可能性もあり、(2)本件依頼がされて以降のやりとりの内容を見ると、Aに対する疑問、違法薬物の隠匿の認識をうかがわせるメッセージはなく、Aに言葉巧みにだまされていたことを強くうかがわせるもので、(3)X、Yは20代前半のカップルで、密輸組織の手口に関する知識を十分に有していたとは認められず、だまされやすい人物らであった点を挙げた[2]。

## 5　経験則の適用と総合的・規範的評価

　ただ、合田判事は、薬物の知情性に関する「故意を推認させる経験則」とその例外となる「特段の事情」に関し、「物を運ぶだけの仕事で高額の報酬が支払われ、あるいはその約束がされることは、違法な物の密輸入ではないかと疑う契機になる」とされる。

　さらに、「税関検査時の挙動」の項で、「覚せい剤が発見されても驚かない様子であったこと等は、知情性を推認させる」とされる。しかし、東京高裁は、「内心が態度や表情等にどう表れるかは個人差があると考えられる上、Xが、

---

2) 確かに、本件のような不自然な運搬委託型の事案において、本判決が採用した「特段の事情」である、「依頼者が運搬役との親しい関係を利用した場合」も、違法薬物の未必的認識の存在の推認を破る例外的な「特段の事情」と認め得る場合があるとの指摘もある（前掲高嶋智光・警察学論集67巻11号63頁、長瀬敬昭＝太田寅彦・判タ1422-20）。

覚せい剤が発見された後も、違法薬物の隠匿の認識がなかった旨を正直に述べれば罪に問われることはないなどと思い、比較的落ち着いた態度を示していた可能性や、覚せい剤が発見されたことに困惑していた態度が比較的落ち着いて見えた可能性なども考えられるから、その態度をもって違法薬物の運搬の認識を強く推認することは困難である」としているのである。ただ、「違法薬物の認識を強く推認するものではない」としても、「違法薬物の認識を推認する方向に機能する材料」とはいえると思われる。

　これらの事情は、薬物の認識を推認させる経験則（本件では「不自然な依頼内容」が中心）と、それを破る特段の事情の有無の判断に、全く影響しないのであろうか。最終的には、「薬物の認識を有していたと合理的に推認できるか否か」に関連してくるのではないであろうか。法的評価である以上、やはり総合的な視点が必要であるように思われる。

　「被告人が違法薬物の認識を有したとすれば情況証拠が合理的に説明ができる」ということのみで、故意を認定することは明らかに誤りである。ただ、逆に、違法薬物の存在を認識していたと常識的に考えて間違いないだけの「1個の間接事実」が存在しない限り故意は認定できないとするのも、誤りである。「明らかに認識はなかった」という証拠がない場合において、薬物の存在を認識していたと推認させる事実が多数重なり合えば、故意は認定できるのである。問題は、その「可能性」がどこまで高まったときに故意を認定するかの基準であり、その基準は、社会の変化に合わせて、そして社会通念に合わせて動かすものなのである。ただ、動かした内容は、国民の視点から「説得性のあるもの」でなければならないのである。

## ② 被害者の同意と錯誤
――刑法202条の解釈
札幌高判平成25年7月11日（裁判所 Web）

### *Focus*

　錯誤のうち、主観面と客観面が異なる構成要件に当てはまる場合を抽象的事実の錯誤という。違法性を阻却する事情に関する齟齬も、連続した問題といえる。本件は、被害者Aは、真意では殺害されることに同意しながらそれを秘し、Xはその言を信じて、「傷害（暴行）の範囲で嘱託を得ている」と認識して、「Aの顔を口と鼻から気泡が出なくなるまで浴槽に張ったお湯の中に沈め」るという実行行為を行い、Aを死亡させたという事案である。

　これを、客観的に見れば、形式的に実行されたのは、同意傷害の結果、

意図しない死の結果まで生じたので嘱託傷害致死罪に該当し、被害者には死の結果についても完全な同意があった場合ということになる。Xの主観面を中心に考えれば、完全な嘱託傷害致死罪ということになりそうである。しかし、本件事案が、客観的に202条後段に該当するとすることが妥当なのかが問題となる。

## 事 実

　　被告人X男（23歳）は、アルバイト先のカラオケ店で、客として来ていたA女（30歳）と知り合った。Aは、Xに対し、芸能事務所の副社長を務めているなどとうそを言い、モデルにならないかと勧めた。そして、Aは、モデル契約を締結するには、XとAが偽装心中したところを撮影し、F社に見せ、2人が死亡したと思わせる必要がある、その撮影の際、XとAは実際に気絶するくらいのことをしなければならないが、スタッフによる救命態勢が整っているので命の危険はないなどとうそを言った。XとAは、偽装心中をして写真撮影をすることを「自殺ごっこ」と呼び、Xは、モデルデビューのために「自殺ごっこ」を実行しようと決意した。

　　そこで、XとAは、「自殺ごっこ」を実行すべく、Aは、Xに対し、生命に危険が及ぶ事態が生じればすぐに助けに入って救命措置を取る手はずとなっているなどとうそ説明をして、その旨Xに誤信させ、Xに対し、8月21日未明頃、Aの腹部をペティナイフで刺した上、睡眠薬を服用するようにと指示したが、Xは睡眠薬を服用した後うまく刺すことができないまま寝入ってしまい、「自殺ごっこ」を遂げるには至らなかった。

　　Xは、同日午後3時頃になって目を覚まし、Aと相談して再び「自殺ごっこ」を実行することになり、ホテル内で、お湯を張った浴槽内に仰向けに横たわったAの頸部をバスローブの帯で絞め、1分ほど絞めると、Aが左手を挙げたため、Xは力を緩めたが、Aは、いまだ気絶するに至っておらず、息を荒げながら、Xに対し、もう少しで気絶しそうだった、次はもっと長い時間首を絞めて欲しいなどと言った。そこで、Xが、1分半ほどバスローブの帯でAの首を絞めたところ、それまで激しく動いていたAの手が小刻みに震えるような動きに変わった。Xは、Aが気絶したものと考えて手の力を緩め、さらに、本件指示に従って、Aの顔を口と鼻から気泡が出なくなるまで浴槽に張ったお湯の中に沈めた。その後、Xは、従前の指示どおり、睡眠薬を服用してベッドで眠った。

　　Aは、頸部圧迫による窒息又はこれと溺水による窒息の複合により死亡したことが判明し、Xは、傷害致死罪で起訴された。

　　第1審は、AがXに依頼した本件行為は、それ自体、生命に対する危険性の高いもので、Aは、自らが死に至ることを分かった上で、本件行為をXに

依頼したことは明らかであるし、本件のように、殺害する嘱託を受けて、暴行又は傷害の故意で、その人に対して暴行を加え、結果としてその人を死亡させた場合（「**嘱託傷害致死類型**」）は、一見すると、行為者に傷害致死罪が成立するようにも思えるが、そのように解すると、殺意がない場合の方が、殺意がある場合よりも重い法定刑を前提として処罰されることになり不合理であると、傷害致死罪を定める刑法205条は、その法定刑に照らすと、被害者が自うの殺害行為を嘱託した場合を想定していない（すなわち、刑法205条は、「被害者が自らの殺害行為を嘱託していないこと」を書かれざる構成要件要素としている。）とし、本件は、刑法202条後段が定める「人をその嘱託を受け……殺した」場合に該当すると判示した。そして、被害者の同意という違法性阻却事由の錯誤が問題となる場合には、誤信した事実を含め、行為者の認識に従って判断する必要があるとし、本件では、Aが嘱託した経緯を十分考慮し、Xが誤信・認識していた救命態勢等が実際に存在するとしても、違法性阻却事由の錯誤による故意の阻却は認められないと判示した。

　これに対し、弁護人が、Xの認識を前提とすれば、本件行為の危険性は低く、社会的相当性の範囲内の行為であるから、故意の阻却を否定して、無罪であると主張して控訴した。また検察官は、「刑法202条後段所定の『殺した』の文言は殺意のない場合を含まないと解すべきであり、本件行為について同条を適用した原判決はその文理に反している」などと主張して控訴した。

### 判　旨

　原判決破棄。「原判決は、「嘱託傷害致死類型は、文理上、刑法202条後段が定める『人をその嘱託を受け……殺した』場合に該当するから、同条が適用される。『殺した』との文言は、日常用例に照らし、殺意がない場合をも含み得るものであって、同様の文言使用例として、刑法204条が、傷害の故意がある場合のほか、傷害の故意がなく暴行の故意にとどまる場合も含めて『人の身体を傷害した』と規定していることが想起されるべきである」と説示する。

　しかしながら、刑法は、「第26章　殺人の罪」に殺人罪と並んで嘱託殺人罪を規定し、同じ「人を殺した」との文言を用いており、他方、傷害致死罪については、「第27章　傷害の罪」の中に規定し、「人を死亡させた」との文言を用いているのであって、このような各規定の体系的位置や文言（刑法は、殺意がなく人を死亡させた場合については「人を死亡させた」（刑法205条、210条など）との文言を用い、刑法199条及び同法202条後段所定の「人を殺した」との文言と明確に区別している）からみても、**刑法202条後段の「人を殺した」との文言は、同法199条と同じく、殺意のない場合を含まないと解すべきことが明らかである**。

　そして、「殺した」との文言は日常用例に照らし、**殺意がない場合をも含**

第4講　故意と錯誤

37

み得るという原判決の説示部分は、許容される拡張解釈の限界に関し、言葉の可能な意味の範囲に含まれるか否かの検討において考慮される事項であり、仮にこの意味において肯定されたとしても、**刑法の解釈として許容される拡張解釈ということにはならない**」とし、刑法202条後段の「人を殺した」に殺意のない場合を含むという原判決の法令解釈は同条の体系的位置や文言に反するとした。

　さらに、札幌高裁は、原判決が、傷害致死罪の法定刑は3年以上の有期懲役であるから、殺意がない場合の方が、殺意がある通常の嘱託殺人罪よりも重い法定刑を前提として処罰されることになるので、刑法205条は、「被害者が自らの殺害行為を嘱託していないこと」を書かれざる構成要件要素としているとした点に関し、「傷害致死罪の構成要件に被害者による殺害行為の嘱託がない傷害致死行為が含まれることは争いのないところであり、その中で特に違法性及び責任が重いものを処罰することを予定して法定刑の上限が定められていると解されるから、傷害致死罪の法定刑の上限が嘱託殺人罪のそれより重いことは何ら不合理とはいえない」とした。

　その上で、原判決が適法に認定した事実に法令を適用すると、被告人の判示所為は刑法205条に該当するとし、刑法66条、71条、68条3号を適用して酌量減軽をした刑期の範囲内でXを懲役2年に処した（執行猶予4年）。

## 解説

### 1　事案の整理と裁判員裁判

　本件事案に抽象的事実の錯誤論を援用し、Xは、重い傷害（致死）罪の故意で、客観的には軽い刑法202条後段の罪に該当する事実を実現したとして、本件に適用されるべき罰条は、軽い刑法202条後段のみであると解することも考えられる。判例は、主観面と客観面が構成要件的に重なり合う範囲でのみ犯罪成立を認める法定的符合説の立場を採用しており、傷害致死罪と嘱託殺人罪とは、殺意を除いた傷害致死罪の範囲で重なりあっているように見え、軽い傷害致死罪を認めることになりそうである。しかし、法定刑が3年以上の有期懲役である205条が、6月以上7年以下の202条より軽いといえるのか、また、「殺意のある場合は、殺意のない場合を含む」ということだけで、構成要件の重なり合いを考えてよいのかは微妙である。

　「形式的抽象的事実の錯誤」は、結局、①当該事案について何罪が成立し得るのか、②その罪が成立するための故意は認定できるのかを、個別の構成要件ごとに具体的・実質的に解釈すべきである。

## 2  同意の錯誤

　本件は、客観的には殺害についてまで完全な同意・嘱託があったのに、主観的に暴行（傷害）についての同意があると思っていた場合である。その意味で、抽象的には、「被害者の同意という正当化事由について、事実を誤信した場合に故意が阻却されるか」という問題といえないことはない。

　そこで、本判決も原審も、「違法阻却事由の錯誤」について触れている。ただ、「主観的に正当防衛状況が存在し相当な行為を行っている」と認識して行う誤想防衛が故意を阻却するのと同様に、殺害の同意があると完全に誤信した場合には故意の存在が否定される余地があるようにも見えるが、「真摯な同意があっても処罰する」のが202条なのである。

　確かに、監禁罪や名誉毀損罪のような場合に、被害者の完全な同意があると誤信すれば故意は否定されるであろうが、それは、「違法阻却事由としての同意」についての誤信があるからではない。完全な同意のある場合には、それぞれの構成要件該当性が否定され、そのような客観的事実の認識では、故意は認められないからなのである。

　同意傷害については、説が分かれ得るが、判例は、「承諾は、保険金を騙取するという違法な目的に利用するために得られた違法なものであって、これによって当該傷害行為の違法性を阻却するものではない」としている（最決昭55.11.13刑集34-6-396）。同意が存在することに加え、目的・手段などを勘案して相当な行為であることが要請されているといってよいであろう。

　そこで本件原審は、嘱託・承諾殺人罪に該当する行為は、「同意による正当化」は考えられないが、本件のような「嘱託傷害致死行為」においては、「行為者は被害者が死ぬことを認識しておらず、その行為の生命侵害の危険性の程度も事例により様々であるから、事例ごとに違法性阻却の可否を判断すべきである」とし、「単に嘱託が存在するという事実だけでなく、嘱託した行為の生命侵害の危険性の程度、被害者が行為者を行為に及ばせた経緯など諸般の事情を照らし合せて決すべきものである」とする。そして、「Aが本件行為を嘱託した経緯を十分考慮しても、さらには、被告人が誤信・認識していた救命態勢等が実際に存在するとしても、生命を保護するという刑法の目的に照らし、本件行為は違法と評価せざるを得ない。したがって、本件について違法性阻却事由の錯誤による故意の阻却は認められない」としたのである。

　札幌高裁も、「事後的に救命する態勢が整っていたとしても、そのような救命態勢が必要になるほどの一歩間違えば生命を脅かす危険性が高い行為に及んでよいということにはならない。被害者のうそにより心理的に追い詰められていたとはいえ、『自殺ごっこ』をするという動機、目的でなされた本件行為が、首を絞め、顔を水中に沈めるという行為態様に照らし、社会的相当性の範

囲内の行為であるといえないことは明らかである」とし、「違法性阻却事由の錯誤による故意阻却を認めないという原判決の判断」は是認できるとした。

## 3　殺害への同意の存在と202条の構成要件該当性

　嘱託に基づく傷害（致死）の場合に、違法阻却事由の錯誤として故意責任が否定されるためには、原審、本判決とも、単に被害者の嘱託を誤信しただけでは足りず、相当な行為態様であることの認識が必要だとしている。違法阻却事由の錯誤論としてはそれで完結していると考えてよいであろうが、同意・嘱託を、正当化事由として検討するのみでは問題の解決としては不十分で、むしろ構成要件解釈の問題が重要なのである。

　確かに、被害者の真意に基づく同意はないものの、同意があるものと誤信して殺害した場合には、殺人罪と同意殺の構成要件が重なる範囲内で軽い罪（同意殺）を認め得る（名古屋地判平7.6.6判時1541-144）。しかし、殺害したところ、たまたま相手が殺して欲しいと思っていた事案は、199条の故意で202条の結果を生ぜしめたのだから、抽象的事実の錯誤の問題として処理し、両構成要件の重なる範囲で、軽い202条の既遂犯が成立するという形で単純に処理し得ない。被害者の同意・嘱託は202条の構成要件の重要な要素なので、その事実について認識を欠く以上、構成要件の重要部分を認識していない以上202条の故意は認め得ないとすることも考えられるからである。

　そこで、実質的視点を加味した解釈論が必要とならざるを得ない。そうすると、客観的には、殺人の実行行為を行う中に、嘱託殺人の実行行為も含まれていると考えることは十分に可能であり、主観的にも、「殺人」の認識には、軽い「嘱託殺」の認識が包摂されているとして、同罪の故意非難を行うことは国民の規範意識には反しない。このことを別の形で表現すれば、202条の故意非難を行うには、「同意の認識」は必須ではないということになる。

　ここで、「殺人罪の故意で殺人行為を行ったが、客観的には死に関する同意があったので、意思に反する殺害という『殺人罪の結果』が欠けている場合」と解し、殺人罪の未遂として処断することも考えられる。殺人罪の故意で傷害罪の結果を生ぜしめた場合には、殺人未遂罪とするからである。このように、重い罪の意思で軽い犯罪を犯した場合は、重い罪の未遂と軽い罪の既遂の選択の問題が生じ、通常は、重い罪の実行行為性が認められる範囲で、重い罪の未遂罪が成立すると解されている。しかし、普通殺の故意で同意殺を犯した場合には、「被害者の意思に反して生命を奪う危険性」が存在しない以上、普通殺に向けての客観的な実行行為性が認められない。一般人も被害者が死に同意していることを認識し得ないときには、「一般人から見れば結果発生の危険性のある行為を行った」ということになり、具体的危険説を形式的にあてはめれ

ば、殺人未遂罪を認めることになりそうである。しかし、現在の判例の処罰範囲の感覚からすれば、同意殺の既遂が成立するにとどまるということになりそうである。

### 4 殺害の嘱託が存在する場合に傷害致死罪は成立し得るか

それでは、本件のような、「同意殺」ではなく「同意傷害」の事案で、被害者には殺害についてまでの同意・嘱託が存在した場合は、どのように処断されるべきなのであろうか。

殺害する寸前までの暴行の嘱託を受けた者（客観的には殺害の嘱託が存在した場合）が、暴行又は傷害の故意で暴行を加え、結果として人を死亡させた場合（嘱託傷害致死類型）には、傷害致死罪（法定刑は3年以上の有期懲役）が成立すると考えるのが、自然である。

しかし、本件第1審は、**殺害の嘱託を受けた者**が、暴行又は傷害の故意で暴行を加え、結果として人を死亡させた場合（嘱託傷害致死類型）に、傷害致死罪（法定刑は3年以上の有期懲役）が成立すると解すると、殺意がある嘱託殺人罪（法定刑は6月以上7年以下懲役又は禁錮）よりも、殺意がない嘱託傷害致死類型の方が重い法定刑を前提として処罰されることになるという不合理が生じるとする（そして、この不合理は、訴訟において看過できない不合理をもたらす可能性があるとする）。そこで、傷害致死罪は、嘱託傷害致死類型を想定しておらず、「**被害者が自らの殺害行為を嘱託していないこと**」を書かれざる構成要件要素としていると解すべきであり、また、嘱託傷害致死類型は、文理上、刑法202条後段が定める「人をその嘱託を受け……殺した」場合に該当するから（後述5参照）、結局、本件には刑法202条後段のみが適用されると解すべきであるとしたのである。

これに対し、本件札幌高裁判決は、嘱託殺人罪の法定刑の上限の懲役7年に対し、傷害致死罪のそれは懲役20年で、後者の構成要件に被害者による殺害行為の嘱託がない傷害致死行為が含まれることは争いのないところであり、その中で特に違法性及び責任が重いものを処罰することを予定して法定刑の上限が定められていると解されるから、傷害致死罪の法定刑の上限が嘱託殺人罪のそれより重いことは何ら不合理ではないとした。

そして、刑法205条の法定刑の下限が3年であるため、処断刑が懲役1年6月を下回ることができず、不合理であるという原審の判示に関しては、最近の嘱託殺人の量刑資料には、懲役1年6月を下回る量刑がなされた事例は見当たらないとし、少なくとも嘱託殺人既遂において、懲役1年6月を下回る量刑が相当である行為類型は例外的であるとした上で、本件のように、殺害の嘱託を知らないまま、暴行又は傷害の故意で嘱託された行為に及んで被害者を死亡さ

せた場合は、量刑傾向を踏まえると、懲役1年6月未満の刑をもって臨むのが相当であるとは到底いえないとし、懲役2年に処した（執行猶予4年）。

## 5 202条後段の「殺した者」の意義

　第1審は、本件行為は、刑法202条後段は殺意がない場合を含んでいると判示する。その論拠に、刑法204条の「人の身体を傷害した」との文言には、暴行の故意のみしかなく傷害の故意がない場合を含むと解されていることを挙げる。そして、逆に、刑法240条は「強盗が、人を……死亡させたとき」と規定しているが、暴行の故意しかない場合のみならず、殺意がある場合をも含むと解されていることも挙げ、「条文文理は、必ずしも故意の有無についての解釈の決め手にはならない」とする。

　確かに、「殺した」との文言には、日常用例に照らすと、殺意がない場合も十分含み得る。しかし、問題は、202条後段の「承諾を得て殺した者」に殺意のない者を含めることの妥当性なのである。

　この点に関し札幌高裁は、刑法典第26章「殺人の罪」においては、殺人罪と並んで嘱託殺人罪が規定され、同じ「人を殺した」との文言を用いていること、他方、傷害致死罪については、第27章「傷害の罪」の中に規定されて、「人を死亡させた」との文言を用いているのであって、このような各規定の体系的位置や文言（刑法は、殺意がなく人を死亡させた場合については「人を死亡させた」（刑法205条、210条など）との文言を用い、刑法199条及び同法202条後段所定の「人を殺した」との文言と明確に区別している）からみても、刑法202条後段の「人を殺した」との文言は、同法199条と同じく、殺意のない場合を含まないと解すべきことが明らかであるとする。

　確かに、条文上の文理解釈だけでは絶対的な決め手にはならないが、原審がある意味で最も重視する「202条で処断すべき現実的・具体的な要請」は、さほど強くはない。というよりも、刑法205条を適用する方が自然なのである。そうだとすれば、あえて、刑法202条後段の「人を殺した」との文言を、基本となる構成要件である刑法199条と別異に解釈する必要はないように思われる。少なくとも、本件のように、被告人が殺害の嘱託を認識せず、暴行又は傷害の故意で嘱託された行為に及んで被害者を死亡させた場合の処理に当たって、第1審のような「新しい構成要件解釈」を試みる必要性はないといえよう。

# 第5講 現代社会の過失犯

## ① 過失不作為犯と作為義務
最一小決平成28年5月25日（刑集70-5-117）

### Focus

過失犯を不作為的構造として捉える説もあるが、過失犯にも、当然、作為犯は存在する。猟友会員が、熊と思って人をライフルで誤射して殺害した場合、実行行為は「不注意なライフル発射作為」であり、命中しないようにすべきなのにしなかった不作為ではない。だが、過失犯にも故意犯同様、不作為的な態様は十分考えられる。本件判決では、まさに不作為の過失犯が問題となった。

### 事　実

被告人Xは、S温泉施設の建設工事を請け負った建設会社の設計業務担当者で、設備の保守管理につき説明する職責を負い、温泉管理者に加え、施工部門の担当者に対しても、的確な説明をすべき立場にあった。

本件温泉施設は、客用温泉施設A棟と温泉の温度調整等を行う処理施設B棟で構成され、くみ上げた温泉水についてB棟ガスセパレーターでメタンガスを分離させた後、A棟へ供給するとともに、分離したメタンガスをガス抜き配管を通してA棟側から屋外へ放出する構造になっていた。ガス抜き配管は低い位置にあり、そこに、メタンガスが配管内を通る際に生じる結露水が貯まる構造となっていた。そして、結露水によりガス抜き配管が閉塞することを防ぐため、ガス抜き配管の下部に結露水抜きのバルブが取り付けられていた。Xは、メタンガスの爆発事故を防止するため結露水の排出が重要であることを認識できたが、他者に結露水排出の意義等について説明せず、温泉水のくみ上げ開始以来本件爆発事故に至るまで、水抜きバルブが開かれたことは一度もなかった。

その結果、結露水で配管が閉塞し、行き場を失ったメタンガスが、B棟地下に漏出・滞留してスイッチの火花に引火・爆発し、3名が死亡、3名が負傷した。

Xは、施工担当者に対して、排ガス処理のための指示書として、手書きしたスケッチを送付したが、結露水排出の意義や必要性について明示的な説明はされなかった。また、本件スケッチの水抜きバルブには、通常開いておくことを示す「常開」と記載されていたが、それが結露水を排出する目的のものであることの説明はなかった。

　その後、Xは、施工担当者から、水抜きバルブを「常開」とすると硫化水素が漏れると指摘され、「常閉」に変更するように指示した。この結果、手作業で各水抜きバルブを開いて結露水を排出する必要性が生じたが、Xは、水抜き作業の必要性などについて説明しなかった。

　第1審・原審とも、Xに業務上過失致死傷罪の成立を認めたのに対し、弁護側が上告した。

## 判　旨

　Xの上告に対し、最高裁はそれを棄却した上で、Xの過失の有無について、職権で判断し、以下のように判示した。

　「そこで検討すると、本件は、上記のとおり、ガス抜き配管内での結露水の滞留によるメタンガスの漏出に起因する温泉施設の爆発事故であるところ、Xは、その建設工事を請け負った本件建設会社におけるガス抜き配管設備を含む温泉一次処理施設の設計担当者として、職掌上、同施設の保守管理に関わる設計上の留意事項を施工部門に対して伝達すべき立場にあり、**自ら、ガス抜き配管に取り付けられた水抜きバルブの開閉状態について指示を変更し**、メタンガスの爆発という危険の発生を防止するために安全管理上重要な意義を有する各ガス抜き配管からの結露水の水抜き作業という**新たな管理事項を生じさせ**た。そして、水抜きバルブに係る指示変更とそれに伴う水抜き作業の意義や必要性について、施工部門に対して的確かつ容易に伝達することができ、それによって上記爆発の危険の発生を回避することができたものであるから、Xは、**水抜き作業の意義や必要性等に関する情報を、本件建設会社の施工担当者を通じ、あるいは自ら直接、本件不動産会社の担当者に対して確実に説明し、メタンガスの爆発事故が発生することを防止すべき業務上の注意義務**を負う立場にあったというべきである。本件においては、**この伝達を怠ったことによってメタンガスの爆発事故が発生することを予見できたということもできるから、この注意義務を怠った点について、Xの過失を認めることができる。**

　なお、所論は、設計担当者であるXは、施工担当者から本件不動産会社に対して水抜き作業の必要性について適切に説明されることを信頼することが許される旨主張する。しかし、Xは、本件建設会社の施工担当者に対して、結露水排出の意義等に関する記載のない本件スケッチを送付したにとどまり、その後も水抜きバルブに係る指示変更とそれに伴う水抜き作業の意義や必要性に関して十分な情報を伝達していなかったのであるから、**施工担当者**

の適切な行動により本件不動産会社に対して水抜き作業に関する情報が的確に伝達されると信頼する基礎が欠けていたことは明らかである。したがって、Xに本件爆発事故について過失があるとして、業務上過失致死傷罪の成立を認めた第1審判決を是認した原判決は、正当である（大谷直人裁判官の補足意見がある。）。

## 解 説

### 1 過失犯と不作為

本件は、T建設株式会社が完成させて引き渡し、U不動産（建築依頼主）により営業が開始された女性専用温泉施設Sにおいて、温泉水から分離されたメタンガスが、地下の機械室に漏出、滞留し、スイッチの火花が引火して爆発し、施設従業員3名が死亡し、2名が重傷を負い、B棟付近道路にいた通行人1名が重傷を負ったというガス爆発の事案である。

刑事責任を問われたのは、T社で衛生・空調設備の設計を行っており、本件施設も担当したXであった。Xは、ガス抜き配管に取り付けられた水抜きバルブの開閉状態について指示を変更して「常時開」から「常時閉」として、メタンガスの爆発防止のために重要な意義を有する結露水の水抜き作業という新たな管理事項を生じさせ、そのことによって水抜き作業の意義や必要性等に関する情報を、本件建設会社の施工担当者を通じ、あるいは自ら直接、本件不動産会社の担当者に対して確実に説明し、メタンガスの爆発事故が発生することを防止すべき業務上の注意義務を負う立場にあったにもかかわらず、「伝達を怠った」という不作為により死傷結果を生ぜしめたとして、業務上過失致死傷罪の罪責を問われたのである。

そして最高裁は、この不作為によってメタンガスの爆発事故が発生することを予見できたから、この注意義務を怠った点について、Xの過失を認めることができるとし、具体的な予見可能性を認定した。ただ、本件のような不作為による過失犯の場合、結果の予見可能性の前に、実行行為性のある不作為、すなわち作為義務をどのように設定するかが、問題となる。そして、この作為義務は、作為の過失犯にも共通して要求される、「注意義務」とかなり重なり合うことに注意しなければならない。

### 2 不安感説・危惧感説と判例

本件は、①メタンガスによる爆発の因果の機序そのものが、第1審裁判時においても争われていた、複雑かつ微妙なものであり、②ガスが地下室に漏出し

た原因が、「結露水」によるという、やや分かりにくい事情があり、③結露水を除去する為の「水抜き配管及び水抜きバルブ」が設置されていたにもかかわらず、管理会社がそれを利用して結露水を除去しなかったという事態が介在し、④メタンガスの滞留を防止するために設置したＢ棟排気ファンの故障が重なったことにより爆発が生じたという、非常に複雑なものであった。弁護側の主張するとおり、Ｘとしては、多重的な予防装置を設計していたことは否定できず、その多重的な予防装置が重畳的かつ同時に機能しない状態となることは、設備設計者として予見不可能であるようにも見えるのである。少なくとも、現に生じた因果の機序を含めた予見可能性の認定は困難なように思われる事案であった。

しかし、１審、控訴審そして最高裁も、業務上過失致死傷罪の実行行為（不作為）として、「結露水を抜く作業の意義・必要性等の情報を、担当者を通じ、あるいは自ら直接、管理の担当者に対して確実に説明し、メタンガスの爆発事故が発生することを防止すべき業務上の注意義務」を認め、この義務を怠ったことによって爆発事故が発生することは予見できたとして予見可能性を認めたのである。

このような結論は、「ある種の危険が絶無であるとして無視するわけにはいかないという程度の危惧感・不安感」で足りるとする考えを前提としているわけではない。判旨は、「構成要件的結果発生の具体的予見可能性」が必要だとしている判例の枠内の判断だといえる（前田雅英『刑法総論講義第７版』224頁）。

ただ、本件の大谷補足意見にもあるように、「結果発生に至る因果のプロセスにおいて、複数の事態の発生が連鎖的に積み重なっているケースでは、過失行為と結果発生だけを捉えると、その因果の流れが希有な事例のように見え具体的な予見が可能であったかどうかが疑問視される場合でも、中間で発生した事態をある程度抽象的に捉えたときにそれぞれの連鎖が予見し得るものであれば、全体として予見可能性があるといえる場合がある。これまでの裁判実務においては、このような考え方に立って過失の有無が論じられてきた事例が存在する」のである。本件の論点の内、予見可能性に関しては、「因果の流れが希有な事例のように見え具体的な予見が可能でないように見える場合でも、中間で発生した事態をある程度抽象的に捉えたときにそれぞれの連鎖が予見し得るものであれば、全体として予見可能性を認めうる」としてきた判例の流れに沿ったものなのである。

### 3　予見可能性判断

判例は、因果関係の基本的部分の予見可能性を重視している。ただ、結果の

予見可能性に加えて、因果経過の予見可能性がなければ過失犯が成立しないとしているわけではない。判例は、「結果」の予見可能性を直接吟味することが困難な場合に、それを認識すれば一般人ならば結果を予見し得るだけの**中間項**を設定し、中間項の予見可能性があれば最終結果の予見可能性があるとする。この中間項を「因果経過の基本的（重要）部分」と表現しているように思われる。この中間項は、その予見があれば、一般人ならば次の中間項ないし最終結果の認識が十分に可能なものでなければならない。そのことを前提としてはじめて、中間項の予見可能性を結果の予見可能性に置き換えることができるのである（前田雅英『刑法総論講義第7版』225頁）。

　本判決では、「結露水の水抜きの必要性・重要性の伝達を怠ったこと」によってメタンガスの漏出が予見でき、多量のガス流失が予見できれば、「どこに、どのような形で滞留する」ということの予見はできなくても、爆発事故が発生することを予見できるとしたといえよう。

　結露水の水抜き作業に関する情報に関しては、Xが伝達しなくても、施工会社から管理会社に的確に伝達されると考えられ、ガスの漏出は予想外の事態という被告側の主張については、最高裁は「施工担当者の適切な行動により本件不動産会社に対して水抜き作業に関する情報が的確に伝達されると信頼する基礎が欠けていたことは明らかである」と判示した。原審も、「信頼することが相当とされるような特段の事情は認められず、U不動産及び保守管理業者において、適切に水抜き作業を行うと信頼することが相当とされるような事情も全くなかった」としている。信頼の原則の問題として論じることも可能ではあるが、本件事例におけるXの立場を前提とすれば、Xが的確に伝達しない限り、施工会社・管理会社の適切な対応は期待できず、その意味で、「伝達を怠ったこと」によってメタンガスの漏出は予見可能なのである。信頼の原則とは、注意義務を限定する法理ではあるが、予見可能性が低減することにより、過失責任が限定されるとも考えられる（前田雅英『刑法総論講義第7版』216頁）。しかし、本件では、その基礎となる事実が認定できないとされたのである。

　弁護側は、滞留したメタンガスを排出する排気ファンが、前日から停止したという「事故」が介在したことも、予見可能性を否定する事情として挙げている。確かに、予想外の特異な事故が介在した場合には、予見可能性が否定される場合も考えられる。しかし、原審は、排気ファンや警報盤等の機械設備については、停電や電気系統の故障、点検等の何らかの原因で停止したり、警報が発報しなかったりするような事態が起きることも十分考えられるとし、また機器の不作動の具体的な原因、内容についてまで予見できなければならないとする理由はないとする。この判断は妥当なものである。

## 4  注意義務と作為義務

　本判決の意義は、予見可能性の判断というより、注意義務の具体的内容の設定の点にあるといってよい。予見可能性の判断が、ある程度具体的なものでなければならないのと同様に、過失の実行行為である「注意義務違反の行為（不作為）」も、結果発生の一定程度の危険性を内包するものでなければならない。

　本件で、例えば「メタンガスが含まれる温泉である以上、爆発を防ぐ注意義務」というものでは、余りに抽象的に過ぎるのである。そこで、本件では、「T建設の施工部門の担当者に対し直接その事実を伝えるとともに、これら施工部門の担当者を通じ、あるいは自ら直接、常時閉の場合の水抜き作業の意義、必要性等の情報をU不動産に伝え確実に説明すべき業務上の注意義務」を設定したのである。ここには、不作為犯における作為義務に関する判例の考え方が、投影されている。

　この義務を導く上では、①Xが発注者に対して、設備の保守管理につき説明する職責を負い、施工部門の担当者に対しても、その点につき的確な説明がされるよう、**設計上の留意事項を伝達すべき立場**にあったこと、②自ら水抜き作業という重要な意義を有する新たな管理事項を生じさせたという**先行行為**が存在すること、③**伝達を的確かつ容易**に行うことができたことが認定できることが重要である。

　そして、注意義務の内容を確定することが、予見可能性の判断をも規定していく。大谷補足意見は、結果発生に至る因果のプロセスにおいて、複数の事態の発生が連鎖的に積み重なっているケースでは、具体的な予見が可能であったかどうかが疑問視される場合でも、中間で発生した事態をある程度抽象的に捉えたときにそれぞれの連鎖が予見し得るものであれば、全体として予見可能性があるといえる場合があるし、これまでの裁判実務においては、このような考え方に立って過失の有無が論じられてきた事例が存在するとしつつ、本件に関しては、本件の注意義務を前記のように理解するとき、「本件は、上記のような予見可能性の判断手法、すなわち、連鎖的な事態が発生していることを捉えて『因果関係の基本的部分』は何かを検討する手法によるのがふさわしい類型とはいえないと思われる。『基本的部分の予見可能性』というポイントは、**メタンガス処理の安全対策としての本件設計の意義をどのようなものと認識するか**という検討に解消されているということもできよう」として、過失犯については、結果の予見可能性、回避可能性という大枠によって成否を判断するのがこれまでの確立した考え方であるが、「その争点化に当たっては、具体的にどのような基準等が有用な判断要素になるかにつき、この種事案特有の多様な事件類型に応じて、適切な抽出が求められる」とされる。

　そして、大谷補足意見は、「第一義的な安全装置として設計されたシステム

の機能についてその後問題点を生じ得る事情が判明した場合に、設計担当者としては、その点の改善の必要性を伝達するか、仮にそれを放置するのであれば、当然に、二次的、三次的に設けられた予防装置が当初の設計のままでよいのかについての見直し作業を行うことが求められるはずである。そうした行動をとることを怠ったXについて、排気ファン等の存在をもってその過失責任を否定することはできない。」と指摘するのである。

## 5 注意義務の特定と信頼の原則

大谷裁判官の指摘された、複数当事者が関与する場合の「注意義務の特定」の問題は、本件でもそうであるように、信頼の原則と関連して論じられることが多い。そして、監督過失の問題と連続的なのである[1]。

本件Xの場合、「監督者」として、施工会社・管理会社にきちんと情報伝達すべき監督義務が、その立場と知識量の差異からも、存在したといえよう[2]。

本件は、Xに関し、①～③の事情が認められるのみならず、設計全体への関与の度合いが圧倒的に強い。本件では、施行会社や管理会社の社員などの、よ

---

1) 札幌高判昭和51年3月18日（高刑集29-1-78）は、当時2歳半の患者の手術に際して、その手術自体は成功して患者の障害を除くことができたものの、手術に用いられた電気メスのケーブルを誤接続したため、患者の右下腿部に重度の熱傷が生じ、そのために同下腿部切断のやむなきに至った事案に関し、手術に当たった執刀医と、電気メスに関する器具の操作に当たった介助看護婦が起訴され、介助看護婦には電気メス側ケーブルと対極板側ケーブルとを誤接続した過失があるとした。しかし、執刀医については、「ベテランの看護婦を信頼し接続の正否を点検しなかったことが当時の具体的状況のもとで無理からぬものであった」として、注意義務の違反を否定した。

これに対して、最二小決平成19年3月26日（刑集61-2-131）は、患者を取り違えて手術をした医療事故に係る業務上過失傷害の事案において、取り違えた看護師に加えて、麻酔導入前に患者の同一性確認の十分な手立てを執らず、麻酔導入後患者の同一性に関する疑いが生じた際に確実な確認措置を執らなかった大学病院の麻酔科医師に、注意義務違反が認められた。役割分担、特に患者の同一性の確認担当者が明確に特定されておらず、さらに麻酔医なども、患者の入れ違いに気付き得る立場にあった以上、過失責任は免れないとされた。

最一小決平成17年11月15日（刑集59-9-1558）では、週1回投与すべき抗がん剤を連日投与するとともに、その副作用に適切に対応することなく患者を死亡させた医療事故において、患者の主治医に対する耳鼻咽喉科科長の監督責任を認めた。その症例が極めてまれであり、科長を始めとして同科に所属する医師らに同症例を取り扱った経験がなく、抗がん剤による治療も未経験でその毒性、副作用等について十分な知識もなかったなどの事実関係の下では、治療方針等の最終的な決定権を有する同科長には、抗がん剤による治療の適否とその用法・用量・副作用などについて把握した上で、投与計画案の内容を具体的に検討して誤りがあれば是正すべき注意義務を怠った過失と、主治医らの抗がん剤の副作用に関する知識を確かめ、的確に対応できるように事前に指導するとともに、懸念される副作用が発現した場合には直ちに報告するよう具体的に指示すべき注意義務を怠った過失があるとしている。

り直接的にガス漏れの原因に関与した者ではなく、全体のガス爆発に至る機序を予見することができ、支配し得る立場にあったXに、「不作為の正犯」としての刑事責任を問い得ると考えられるのである。

## ② 急激な天候悪化と山岳事故の予見可能性
東京高判平成27年10月30日（判タ1421-146）

### Focus
過失犯論でもっとも主要な課題は、「結果の予見可能性」である。行為者に結果が予見・回避可能でなければ、刑事過失責任は問い得ない。過失非難を基礎付ける予見可能性の程度について、判例も「構成要件的結果発生の具体的予見可能性」が必要だとしている（最二小決平成12.12.20刑集54-9-1095）。しかし、問題はその具体的な内容で、最近の山岳事故を例に、検討を加える。

### 事実

被告人Xは、山岳ガイドの業務に従事していたが、富山県黒部市内から北アルプスを縦走する5泊6日の有料登山ツアーを企画、主催し、当時53歳から67歳までの5名の女性登山客を引率し、1名の山岳ガイド見習いを随行させたところ、その登山道上で、天候の急激な悪化のため、上記登山客らを強風、みぞれ、吹雪等にさらさせて、追従、歩行ができない状態に陥らせ、そ

2）本件により近い土木工事の事案に関して最二小決平成13年2月7日（刑集55-1-1）は、C県が発注したトンネル型水路建設工事において、発注者である県から派遣されていた監督者で、トンネル坑口に設置されていた締切状の構造物（「仮締切」）の管理者について、豪雨のため周辺の河川からあふれ出た水がトンネル坑口前の掘削地にたまり、仮締切の決壊が迫ったにもかかわらず作業員を退避させる指示を出さずに、トンネル内にいた作業員ら7名を溺死させたとして、過失責任を認めた。土木工事に関しては、建設請負工事の発注者に、請負人に対する指示監督権が認められていても、工事の安全確保は請負人が一次的な義務を負うとされてきたが、大事故や大規模火災による多数の死傷結果を経験し、刑事において監督過失や安全体制確立義務が広く認められるようになり、大阪高判平成3年3月22日（判タ824-83）は、〇市地下鉄の建設工事現場で、堀削中の坑内に露出宙吊りされていた300ミリ中圧ガス導管の継手部が突如抜け出して大量のガスが漏出し滞留充満したガスに引火して生じた大爆発により、住民等76名が死亡し、397名が負傷した事故に関し、建設会社関係者、ガス関係者に加え、発注者である交通局の担当者にも過失責任を認めた。土木工事の発注者に過失責任を認めるには、①当該工事が危険であり、②発注者が地域住民の安全確保に最大限の努力を払う義務を有し、③発注者自身が当該工事の技術的専門性を有するなどの事情を要すると解すべきであろう。このような点の存在があってはじめて作為（監督）義務が認められる。

のうち4名を低体温症で死亡させるに至ったという事案である。Xの行為が、業務上過失致死罪に当たるとして起訴された。

原判決は、本件登山の前日には気象状態の悪化を予想する天気情報が出ていたこと、登山開始時から降雨が続いていたこと、この時期の北アルプスの天候、登山コースの地形的特徴、被害者らの装備などに照らせば、Xと同等の立場にある通常の山岳ガイドとしては、登山を続行すれば天候悪化により被害者らが稜線上で強風、みぞれ、吹雪等にさらされて凍死に至る危険性を予見することができたから、Xには、遅くとも清水尾根の途中において登山を中止して不帰岳の避難小屋に引き返すなどして遭難事故の発生を未然に防止すべき業務上の注意義務があるとして、Xの過失を認め、4名に対する業務上過失致死罪が成立するとした。

原審では、これに対し、弁護人は、現に生じたような著しい天候の悪化により移動を困難とするような厳しい暴風雪となることまで予見することができない限り、Xに過失は認められないなどと主張して、控訴した。

## 判　旨

東京高裁は、以下のように判示して、控訴を棄却した。「本件遭難事故は、本件有料登山ツアーを企画、主催し、山岳ガイドとして登山客らを引率していたXが、本件登山を続行する中で天候の悪化に見舞われて発生したものであるから、登山客を引率して登山を続行したXの行為が遭難事故の原因となったものといえる。このようなXに対して過失責任を問うためには、普通に注意をしていれば天候の悪化による遭難事故の発生を予見することができたにもかかわらず、必要な注意を欠いてその予見をせずに登山を続行した、といえることが必要と考えられる。そして、遭難事故となる危険性のあるような天候の悪化が予見できれば、遭難事故を避けるために登山を中止することが期待できるのであるから、過失判断の前提としての**予見の内容**としては、『**遭難事故となる危険性のあるような天候の悪化の可能性**』で足り、それ以上に『**現に生じたような著しい天候の悪化の可能性**』**は予見の対象とならない**というべきである。これと概ね同旨の原判決の判断は正当であり、所論は理由がない。」

そして、遭難事故の危険性のある天候の悪化の可能性が予見できたかについて、以下のように判示した。

「Xと同等の立場にある通常の山岳ガイドであれば、本州南岸の温帯低気圧が発達を続けながらゆっくりと北上することによって、**本州付近が冬型の気圧配置になり、天候が悪化し、本件登山コース上で、登山客らが強風、みぞれ、吹雪等にさらされ、低体温症に陥って、追従、歩行が困難となり、遭難事故により死亡するに至る危険を予見することは可能であった**と考えられる。」として、結果の予見可能性を否定する所論は理由がないとした。

そして、結果の回避義務についても、弁護人の、①清水岳山頂直下に至る

第5講　現代社会の過失犯

51

までには登山の続行が困難な状況はなく、その後雨が雪に変化したときも生命、身体に危険が及ぶような状態ではなく、②被害者らは、現に着用していた服以外にもＸの指示に基づき防寒用の服をリュック内に携帯しており、Ｘは、不帰岳の避難小屋や清水岳山頂直下付近で休憩をとった時に着用を指示したり注意したりしており、その機会もあったのであるから、それなりの登山経験があった登山客において、Ｘの指示、注意の有無にかかわらず、気温の低下や天候の変化をみながら、適宜、着衣を調整することも期待し得たものといえると主張したのに対し、以下のように判示した。

「Ｘには、遅くとも、被害者らの生命、身体に対する危険を生ずる結果を回避することが可能であったと認められる清水尾根の途中において、本件登山を中止して不帰岳山頂直下の避難小屋に引き返すなどの対応をとる義務があったものというべきである」とし、さらに「有料登山ツアーでは、登山者が自己の責任で行う通常の登山の場合と異なり、登山客は、登山中の安全の確保についてツアーの引率者に依存するところが大きいと考えられるから、所論のように登山客が自らの判断で着衣を調整することを期待することはできないのであって、山岳ガイドには、登山客の服装、装備について絶えずチェックし、暑さ、寒さの程度や天候の変化の見込みに応じて脱ぎ着を指示し、確認することが求められるというべきである。」とし、Ｘは、「天候状況を的確に予測し、登山コースの地形的特徴等を考慮し、被害者らの装備の状況を把握するなどして被害者らの遭難事故による凍死という結果の発生を予見し、清水尾根の途中で引き返すなどしてその結果の発生を回避する義務があったにもかかわらず、これに違反し、漫然被害者らを不十分な装備のまま引率して本件登山を続行した過失により被害者らの死亡という結果を招いたものであって、被告人に原判示の業務上過失致死罪が成立するとの原判断は正当」であるとした。

## 解説

### 1 結果の予見可能性と因果経過の予見可能性

**過失責任の有無は、予見可能性の程度と、予想される被害の重大性・国民が求める結果回避義務の高度さ、回避の可能性・容易性との相関で決定される。**予見可能性は「あるか、ないか」ではなく、このような**結果回避義務を基礎付けるだけの程度に達しているか**が吟味されなければならない。

そして、「具体的結果の予見」が必要であるといっても、例えば、特定の被害者が何日何時何分に死亡したことの予見を問題にするわけではない。一定の抽象化が認められる。また、因果経過の基本的部分を含んだ具体的予見可能性が必要であるとされることが多い。しかし、判例は、具体的な結果の予見可能性にプラスして、因果経過の予見可能性がなければ過失犯が成立しないとして

いるわけではない。判例は、最終結果の予見可能性を直接判断することに代えて、「それを認識すれば、一般人ならば結果を予見し得るだけの中間項」を設定し、中間項の予見可能性があれば最終結果の予見可能性があるとするにすぎない。判例は、この中間項を「因果経過の基本的（重要）部分」と表現している。本判決においては、「**天候の悪化による遭難事故の発生**」がこれに当たる。

### 2　結果回避義務と予見可能性の対象

　弁護人は、本件においては、死亡に至る因果的経過において、現場で移動困難なほどの強風が吹いていたことが大きな要素となる以上、その予見可能性が必要であるとする。単に冬型の気圧配置からの天候の悪化のおそれを認識し得たというだけではなく、人命を奪うような風速30メートル以上の暴風雪を受ける可能性を認識し得たことを要すると主張したのである。そして、遭難当日に現実に生起した「日本の南岸にあった温帯低気圧が、三陸沖を通過する際に台風並みに発達した」という**特異な気象状況**のために、想定される吹雪を超えた激しい暴風雪がもたらされたとした。確かに、ここまで具体的な事実の予見が可能であれば、本件遭難死について、Xを非難することは可能であろう。

　ただ、予見可能性の対象は、「可能な結果回避措置との関係で特定してくる」ことに注意を要する。設定し得る「結果回避義務」を導き得る「結果の予見可能性」があれば足りるのである。

　東京高裁は、Xには、「本件登山に際し、天候状況を的確に予測し、登山コースの地形的特徴等を考慮し、被害者らの装備の状況を把握するなどして被害者らの遭難事故による凍死という結果の発生を予見し、清水尾根の途中で引き返すなどしてその結果の発生を回避する義務があった」とし、この注意義務に違反し、漫然被害者らを不十分な装備のまま引率して本件登山を続行した過失により被害者らの死亡という結果を招いたとするのである。この注意義務は、本件の「特異な気象状況」を予見できなくても、導き得るといえよう。問題は、**天候の悪化による遭難事故の発生**という中間項の予見可能性の認定にある。

### 3　中間項の予見可能性の認定

　この点、東京高裁は、①10月上旬の時期に、温帯低気圧が三陸沖に北上すれば本州付近は冬型の気圧配置となって天候が悪化し、本件現場では吹雪等となる可能性があることは、山岳ガイドであれば当然に承知している事柄であり、Xもそのこと自体の認識に欠けていたわけではない。そして、②遭難事故の前日には、本州南岸の温帯低気圧が発達を続けながらゆっくりと北上するとの**気**

象予報も出されており、③本件登山コースは、不帰岳山頂直下の避難小屋をすぎ清水尾根を進むと、風雨をさえぎるもののない稜線上を進行する状態となり、夏山の晴天時も4時間30分程度を要するとされるこの行程の途中には避難する場所はないことをXも熟知していたし、④被害者らは、強風や吹雪にさらされても耐えられるような防寒具は着用しておらず、外気が10℃以下で皮膚表面が濡れ、風に当たるという条件が重なると低体温症になり、死に至る危険があることを、Xも認識していたとして、**天候の悪化による遭難事故の発生**は、十分予見可能であるとしたのである。

### 4 山岳ツアーガイドの刑事過失

本件に類似する事案に関し、**札幌地小樽支判平成12年3月21日**（判時1727-172）も、業務上過失致死傷罪の有罪を言い渡している。雪上散策ツアー中の雪崩事故により2名が死傷した事案について、雪崩による遭難事故の発生を未然に防止すべき業務上の注意義務を怠ったとして、ツアーガイドに過失責任を認めた。

弁護人は、雪崩は自然現象であり、その発生メカニズム等についてもいまだ学問的解明が尽くされておらず、当時の具体的状況下で被告人両名が本件雪崩の発生を予見することは不可能であったと主張した。しかし、札幌地裁は、「具体的な予見可能性は必ずしも発生メカニズムの学問的解明を前提とするものではない」とした。判例の予見可能性の考え方からすれば、当然の判示といえよう。

弁護人は、さらに、「抽象的に辛うじて予見し得たとしても、本件雪崩の規模は当時予想することができない程に大規模で、これが被告人両名が被害者らと共にいた場所まで到達することは当時全く予見することができず、被告人両名において、本件結果の発生を予見することは不可能であった。したがって、被告人両名には過失の前提となるべき結果予見可能性がなく、過失が認められない」と主張した。

しかし、札幌地裁小樽支部は、現場の地形、積雪状態等、被告人両名の知識・経験・認識のほか被告人両名の業務の性格、冬山関係者の供述等に照らし、本件の具体的状況の下で、本件雪崩の発生及びその雪崩が本件休憩地点に到達し遭難の事態となることを当然予見すべきであり、かつ、そのように予見することが十分可能であったと認めたのである。「中間項」として「遭難の事態となる雪崩の発生」が設定されていたのである。

**札幌地判平成16年3月17日**（裁判所Web）も、羊蹄山登山ツアーの添乗員に、ツアー客2名が集団から遅れて凍死したことに業務上過失致死罪の成立を認めた。ツアー客が同山登山の経験がなく、登山道の状況等を熟知していない

者であり、添乗員から離れて適切な引率を受けられない場合には、登山道を見失って山中を迷走し、著しい気温低下により凍死する可能性があったのであるから、ツアー客を引率する添乗員としては、ツアー客が自集団に合流するのを待ち、その安全を図るべき業務上の注意義務があるとした上で、予見可能性について、「**因果の経過に関する予見可能性としても、その細部にわたって予見が可能である必要はなく、被告人の適切な引率を受けられずに状況判断を誤った結果として死亡するという程度の基本的部分について予見が可能であれば足りる**というべきであり、その予見可能性も認められる」としたのである。

第5講　現代社会の過失犯

# 第6講 違法性阻却事由

## ① 侵害の予見と急迫性
最二小決平成29年4月26日（刑集71-4-275）

### Focus

　正当防衛の主要要件である「侵害の急迫性」に関しては、(1)侵害を予見していても急迫性は失われず、(2)行為者に積極的加害の意思があるような例外的な場合には、急迫性が欠けるという基準で、比較的に容易に対応し得るものと考えられてきた。
　しかし最高裁は、急迫性の要件を、**①行為者と相手方との従前の関係、②予期された侵害の内容、侵害の予期の程度、③侵害回避の容易性、④侵害場所に出向く必要性、⑤侵害場所にとどまる相当性、⑥対抗行為の準備の状況、⑦実際の侵害行為の内容と予期された侵害との異同、行為者が侵害に臨んだ状況及びその際の意思内容**等を総合的に考量して判断すべきだとした。この判示は、従来の判例の流れからは自然なものであるが、日本の正当防衛判断の最大の特徴である退避義務を、改めて認識させられるという意味で、非常に重要なものなのである。

### 事実

　最高裁は、第1審判決及び原判決の認定並びに記録を基に、事実関係を以下のようにまとめている。
　(1)　被告人は、知人A（当時40歳）から、平成26年6月2日午後4時30分頃、不在中の自宅（マンション6階）の玄関扉を消火器で何度もたたかれ、その頃から同月3日午前3時頃までの間、十数回にわたり電話で、「今から行ったるから待っとけ。けじめとったるから。」と怒鳴られたり、仲間と共に攻撃を加えると言われたりするなど、身に覚えのない因縁を付けられ、立腹していた。
　(2)　被告人は、自宅にいたところ、同日午前4時2分頃、Aから、マンションの前に来ているから降りて来るようにと電話で呼び出されて、自宅にあった包丁（刃体の長さ約13.8センチメートル）にタオルを巻き、それをズ

ボンの腰部右後ろに差し挟んで、自宅マンション前の路上に赴いた。
　(3)　被告人を見付けたＡがハンマーを持って被告人の方に駆け寄って来たが、被告人は、Ａに包丁を示すなどの威嚇的行動を取ることなく、歩いてＡに近付き、ハンマーで殴りかかって来たＡの攻撃を、腕を出し腰を引くなどして防ぎながら、包丁を取り出すと、殺意をもって、Ａの左側胸部を包丁で１回強く突き刺して殺害した。

### 判　旨

　正当防衛及び過剰防衛の成否について、職権で、以下のように判示し、上告を棄却した。
　「刑法36条は、急迫不正の侵害という緊急状況の下で公的機関による法的保護を求めることが期待できないときに、侵害を排除するための私人による対抗行為を例外的に許容したものである。したがって、**行為者が侵害を予期した上で対抗行為に及んだ場合、侵害の急迫性**の要件については、侵害を予期していたことから、直ちにこれが失われると解すべきではなく（最三小判昭和46年11月16日・刑集25巻８号996頁参照）、**対抗行為に先行する事情を含めた行為全般の状況に照らして検討すべきである。**具体的には、事案に応じ、**行為者と相手方との従前の関係、予期された侵害の内容、侵害の予期の程度、侵害回避の容易性、侵害場所に出向く必要性、侵害場所にとどまる相当性、対抗行為の準備の状況（特に、凶器の準備の有無や準備した凶器の性状等）、実際の侵害行為の内容と予期された侵害との異同、行為者が侵害に臨んだ状況及びその際の意思内容等**を考慮し、行為者がその機会を利用し積極的に相手方に対して加害行為をする意思で侵害に臨んだとき（最一小決昭和52年７月21日・刑集31巻４号747頁参照）など、前記のような刑法36条の趣旨に照らし許容されるものとはいえない場合には、侵害の急迫性の要件を充たさないものというべきである。」とし、**事実**にまとめた事実関係によれば、「被告人は、Ａの呼出しに応じて現場に赴けば、Ａから凶器を用いるなどした**暴行を加えられることを十分予期**していながら、Ａの**呼出しに応じる必要がなく**、自宅にとどまって**警察の援助を受けることが容易**であったにもかかわらず、包丁を準備した上、Ａの待つ場所に出向き、Ａがハンマーで攻撃してくるや、包丁を示すなどの威嚇的行動を取ることもしないままＡに近づき、Ａの左側胸部を強く刺突したものと認められる。このような先行事情を含めた本件行為全般の状況に照らすと、被告人の本件行為は、**刑法36条の趣旨に照らし許容されるものとは認められず、侵害の急迫性の要件を充たさないものというべきである。**したがって、本件につき正当防衛及び過剰防衛の成立を否定した第１審判決を是認した原判断は正当である」と判示した。

## 解　説

### 1　本判決の意義

　現実の正当防衛解釈の核心部分は、不正な侵害に対応した攻撃ではあっても、**回避・退避することが可能かつ容易なのに、あえて防衛状況の場に臨んだ場合**や**防衛状況を自ら惹起した場合**において、正当防衛の成立を否定すべき範囲にある。

　法秩序は、単に正義を実現するばかりでなく、国民生活の維持安定のため、攻撃者の利益と防衛者の「法的に保護に値する利益」との**調整・調和**を、可能な限り実現しなければならない。そのような観点からは、「侵害者・防衛者の利益の最大限の存置」を目指し、「両利益のいずれかを否定せざるを得ない状況」「緊急状態」を、できれば回避することが望ましい。それは、必ずしもその場に行くことが違法と評価できる場合に限られない。もちろん、実際上重要なのは、「回避することによる全体利益の増加」と「回避しやすさの程度」の具体的考量であり、その際には、侵害を誘発するなどの「回避すべき」と評価される**規範的要素**も勘案されることになるのである。

### 2　ドイツ型の正当防衛理解

　日本の刑法は、近代西欧刑法を土台とする部分が圧倒的に多く、正当防衛の概念についても、ヨーロッパ、とりわけドイツの法意識をまねてきた面が強い。しかし、「どこまでの行為を正当防衛とするか」は、国や時代により異なり得る。

　かつては、正当防衛の正当化根拠として、①**自己保存本能**、すなわち不法な攻撃に対しとっさに反撃するのは人間の本能である以上許されるという説明がかなり有力であったし、②**緊急は法を持たない**という言い方もなされてきた。ただ、このような説明は「広い正当防衛の成立」という価値判断を先取りしたものであることに注意を要する。正当化根拠として援用されることの多い③**法確証の原理**も、同様の説明である。正義を明確に示すために不正の侵害に対し防衛を行うことが許されるという考え方で、不正に対しては、どのような防衛も許されるべきだということになりやすい。

　この他、④**社会秩序の維持・安定**の要請とは、不正の排除は国家機関ばかりではなく私人も行うべきであるとする考え方も、**法確証の原理**と近似するものといえよう。これらの「正当化根拠」を強調すると、正当防衛の成立範囲はかなり広がることになる。

　しかし、日本においては、法秩序の侵害は、原則として国家権力により回復

Ⅰ　刑法総論

されるべきであり、私人による「法確証」はできる限り制限すべきであるという意識が、欧米に比較して強いように思われる（このような意識を支える治安状況の差も無視できないように思われる。）。そして、そのような規範意識は、「克服」されるべきものとは思われない。「権利行使」「権利主張」が、手本である欧米諸国のように積極的であるべきであるとは、必ずしもいえない。少なくとも、「ドイツ型の権利意識に基づいた正当防衛論の方が妥当だと」する論拠は、明示されていないように思われる。「人質の生命に危険が及ぶ状況の中で、人質犯等への警察の対応」は、日本とドイツではかなり違う。不正な侵害者は徹底して攻撃してよいとはいえないのである。

### 3　判例の正当防衛概念

「不正の侵害に対しては徹底して反撃し正義を実現すべきである」「侵害者の法益の保全は二次的なもので良い」という規範意識は、日本では共有されていない。実務の正当防衛概念・解釈は、その投影であるといってよい。

少なくとも、判例においては、急迫不正の侵害が認められる状況下においても、不正な侵害者の利益が、法的に完全に否定されるわけではない。著しい不均衡の場合には、やむを得ずにした行為ではなく相当性を欠くとして、「正」が「不正」を甘受することを要請している（前田雅英『刑法総論講義第7版』252頁）[1]。

判例は、急迫不正の侵害に対する防衛行為が「侵害に対する**防衛手段として相当性を有するものであること**」とし、「防衛する手段として**必要最小限度のものであること**」としている（最判昭44.12.4刑集23-12-1573）。

かつては、ドイツに倣って「防衛者の反撃が侵害行為を排除するために必要な合理的手段の一つであること」という意味での必要性があればよいとする学説も有力であった。「防衛に不要でない行為」は正当防衛となるとする説も見られた。しかし、日本の実務では、**必要最小限度の行為**でなければならないとされている。「相手の侵害から退避可能な場合には常に退避する必要がある」とはいえないが、できるだけ加害・危険の少ない手段が選択されなければならないとする考えが有力なのである。

前述のように、法秩序には、攻撃者・防衛者の「法的に保護に値する利益」

---

1）　例えば大阪高判平11.10.7（判タ1064-234）は、シンナーの乱用を断ち切れないでいる長男A（当時32歳）からシンナーを奪おうとしたところ、頸部下部を押さえつけられ罵倒された母親Xが、憤慨し殺意をもってガラス製の灰皿で同人の頭部を約10回にわたって強打した上、仰向けに倒れた同人の頸部に電気コードを巻いて絞め付けAを窒息死させたという事案に関し、反撃行為は余りにも過剰である上、Xは確定的殺意をもって右行為に及んでいるのであるから、もはや過剰防衛も成立しないとした。

との**調整・調和**が要請されている。「両利益のいずれかを否定せざるを得ない状況」「緊急状態」を、可能な限り回避するため、判例は、「急迫不正の侵害」、「防衛のため」、「やむを得ずにした行為」、さらに「反撃行為に出ることが正当とされる状況」という要件を用いて、「不正の侵害に対する反撃でも許されない場合」を確定しようとしてきたといえよう。

その際重要なのは、「回避することによる全体利益の増加」と「不正の侵害を甘受すべき不利益」との考量であり、「回避しやすさの程度」が重要な意味を持つ。そして、それに加えて、「侵害を誘発する等の退避を要請すべき事情」等の**規範的要素**も勘案される。

### 4　侵害の予見と急迫性

通常、急迫の侵害とは予期せぬ不意の攻撃を意味する。しかし、本判決も判示しているように、攻撃をあらかじめ予期しており、その通りの侵害が発生したため防衛行為を行った場合でも、正当防衛となり得る。最三小判昭和46年11月16日（刑集25-8-996）は、以前からいざこざのあったAを訪ねたところ、Aからいきなり手拳で殴打され、さらに立ち向かってきたので、八畳間の障子まで後ずさりし、その際同障子の鴨居の上に隠してあったくり小刀のことを思い出し、とっさに右くり小刀を取り出して殴りかかってきたAの左胸部を突き刺しAを死亡させた事案で、**その侵害があらかじめ予期されていたものであるとしても、そのことから直ちに急迫性を失うものと解すべきではない**として、Aの加害行為が被告人の身体にとって「急迫不正ノ侵害」に当たるとした。

いかに前もって予期されていたとしても急迫性がなくなるわけではない（前田・前掲書257頁）。例えば、強盗がよく出没するというので護身用に木刀を準備していたとしても、現に強盗に襲われれば急迫だといわざるを得ない。しかし、本判決は、そこから先の議論を要求している。予見があれば、退避義務の存否に影響し、急迫性の有無も変化し得るのである。

### 5　急迫性と防衛の意思

ただ、最判昭和46年11月16日は、「防衛のため」を、**防衛の意思を持って行為すること**と明示し、「攻撃を受けたのに乗じ積極的な加害行為に出たなどの特別な事情」が認められる場合には防衛の意思は認められないとした（結論としては、防衛の意思を認めた。）。すなわち、**攻撃に乗じ積極的な加害行為に出た場合**には、防衛の意思が欠けるとしたのである[2]。確かに加害の意図という主観的事情は、防衛の意思の有無の判断に際して論ずるのが自然である[3]。

この点、本判決は、最判昭和46年11月16日とほぼ同様の事案であるにもかか

わらず、「行為者がその機会を利用し積極的に相手方に対して加害行為をする意思で侵害に臨んだとき」には**急迫性が欠ける**としている点が注目される。判例における「積極的加害意図」と「急迫性」「防衛の意思」の関係が混乱しているようにも見えるのである。

　もともと判例は、単なる予期にとどまらず、侵害に対する十分な準備の存する場合には急迫性が欠けるとしていた（最三小判昭30.10.25刑集9-11-2295）。相手の仕打ちに憤慨して、謝罪させようと相手のいる飲食店に赴き、攻撃してきたら反撃しようと、日本刀を抜き身で持ち、付近の草むらに潜んでいたところ、相手がやにわに出刃包丁で切りかかってきたので日本刀で反撃し殺害した（傷害致死）という事案であった。もっとも、最高裁は、急迫性を欠くとしたが、むしろ防衛の意思の欠如を問題にすべきであるとする学説も有力であった。

　これらの判例の合理的な説明としては、(イ)不正の侵害に対し現に反撃行為に及ぶ時点、すなわち**防衛（反撃）行為の実行時**における本人の意思内容については防衛意思の問題であり、(ロ)不正の侵害を予期した事前の時点、すなわち**反撃行為に及ぶ以前**（反撃行為の予備ないし準備段階）における意思内容が問題とされる場合は、急迫性の問題であるという見解が示されている（安廣文夫・法曹時報41-3-305）。しかし、被害者（攻撃者）に前から恨みを持っていたような場合、加害意図が防衛時に生じたか否かの区別は微妙である。また、「防衛時」を厳格に解すると、防衛の意思の問題は余り考えられないことになるように思われる。本判決が、積極加害意思を急迫性の問題として論じたこともそのことを示している。

　逆に、昭和46年判例にも示されているように、積極的加害意思があるか否かを論じる必要があるのは、「**憎悪の念をもち攻撃を受けたのに乗じ積極的な加害行為に出たなどの特別な事情**」の存否が問題となる場合に限られるように思われる。防衛の意思の有無の判断に、予見の程度に加えそこに出向く必要性や準備状況等の考量を取り込むことには無理がある。

> 2) 「刑法36条の防衛行為は、防衛の意思をもってなされることが必要であるが、相手の加害行為に対し憤激または逆上して反撃を加えたからといって、ただちに防衛の意思を欠くものと解すべきではない。これを本件についてみると、前記説示のとおり、……更に本件広間西側に追いつめられて殴打されようとしたのに対し、くり小刀をもって同人の左胸部を突き刺したものであることが記録上うかがわれるから、そうであるとすれば、かねてからXがAに対し**憎悪の念をもち攻撃を受けたのに乗じ積極的な加害行為に出たなどの特別な事情**が認められないかぎり、Xの反撃行為は防衛の意思をもってなされたものと認めるのが相当である」と判示した。
>
> 3) その後の判例は、積極的加害意思と防衛の意思について、攻撃を受けたのに乗じ**積極的な加害行為に出た場合には防衛の意思が欠ける**が、**攻撃の意思が併存していても防衛の意思は認められる**とし（最三小判昭50.11.28（刑集29-10-983）、**専ら攻撃の意思に出たものであれば防衛の意思が欠ける**とするに至る（最判昭60.9.12刑集39-6-275）。

逆に、急迫性の問題とされる「積極的加害意図」の問題は、①行為者と相手方との関係、②予期された侵害内容、予期の程度、③回避容易性、④出向く必要性、⑤とどまる相当性、⑥準備の状況、⑦予期したものと実際の侵害行為の内容の異同、⑧行為者の意思内容等の総合的評価であり、これを「意図・意思の有無」として処理することは、かなり苦しいものである。

### 6　自招侵害と急迫性

　積極加害意思の事案とされるものには、挑発行為等を伴う場合が含まれている（**自招侵害**）。そして判例は、当初から相手の反撃行為を十二分に予見・予定し、それが容易に回避できるのに計画通り積極的に加害をした類型については、**急迫性を欠く**として正当防衛の成立を否定する。

　ただ判例は、当初から反撃を予期・予定し回避可能なのにあえて積極的に加害した積極加害型以外の、**故意行為で侵害を誘発した場合**の事案についても正当防衛を制限する。そしてその制限基準は、積極的加害型の場合とは異なるように見える。**最二小決平成20年5月20日（刑集62-6-1786）**は、AとXが言い争いとなり、XがいきなりAの左頬を手拳で1回殴打し立ち去ったのに対し、Aが自転車で追い掛け約100メートル弱進んだ歩道上で追い付き、自転車に乗ったまま、水平に伸ばした右腕で、後方からXの背中の上部又は首付近を強く殴打し、Xは前方に倒れたが起き上がり、護身用に携帯していた特殊警棒を取り出し、Aに対しその顔面や左手を数回殴打する暴行を加え加療約3週間を要する傷害を負わせたという事案に関し、Aの攻撃は「**Xの暴行に触発された、その直後における近接した場所での一連、一体の事態**ということができ、Xは不正の行為により**自ら侵害を招いたもの**といえるから、Aの攻撃がXの暴行の程度を大きく超えるものでない」ので、「本件傷害行為は、Xにおいて何らかの**反撃行為に出ることが正当とされる状況における行為とはいえない**というべきである」とした。

　判例は、①挑発行為（故意）に触発された攻撃で、②直後の近接した場所での一連、一体の事態なので、自ら侵害を招いたものといえ、③Aの攻撃が被告人の挑発に対しその程度を大きく超えない場合、④**反撃行為が正当とされる状況における行為とはいえない**とする。

　**最決平成20年5月20日**が、「反撃行為に出ることが正当とされる状況における行為とはいえない」として、積極加害型の事案のように、「急迫性が欠ける」として処理しなかったのは、Aの反撃行為が正当（不正ではない）とは言い切れなかったからであろうが、裁判員にとってより理解しやすい、「反撃行為に出ることが正当といえる状況か」という、「急迫性」や「不正」と一応切り離された、やや抽象的な概念を用いたとも考えられる。裁判員裁判においては、

侵害の予期や積極的加害意思、そして自招の侵害があった旨の主張がされた場合には、「**正当防衛が認められるような状況にあったか否か**」という大きな判断対象を提示する方法が適当と考えたのかも知れない。ただそうだとすると、「防衛のためのものなのか」といった方が、より判断しやすいように思われる。退避義務が関わる問題は、「防衛のための行為なのか」ということなのである。

正当防衛解釈の核心部分は、不正な侵害に対応した攻撃ではあっても、**回避・退避することが可能かつ容易なのに、あえて防衛状況の場に臨んだ場合**や**防衛状況を自ら惹起した場合**において、正当防衛の成立を否定すべき範囲にあるといってよい。その意味で、積極加害型の事案も、自招侵害の場合も、①十分に予見し準備していたという事情や挑発行為を行ったという行為者側の事情、②回避容易性・義務性（自招の場合は回避が容易で、かつ、回避すべきと考えられる場合が多い。）、③予想された、挑発に誘発された相手の侵害行為の重大性、④反撃行為の必要性・相当性を、⑤行為者の具体的意思内容等を総合して評価する点では同一なのである。それを「急迫性」で処理するか「正当防衛が認められるような状況にあったか否か」で扱うかは、結論にとっては必ずしも、重要ではないのである。

「正当防衛が認められるような状況にあったか否か」という要件が、どの程度定着し、射程を拡げていくかは、慎重に見守る必要があろう。

## ② 緊急避難
―覚せい剤の自己使用と緊急避難
東京高判平成24年12月18日（判時2212-123）

### Focus

刑法37条は、現在の危難を避けるため、やむを得ずにした行為を処罰しないと定める。同じ緊急行為である正当防衛との最大の違いは、急迫「不正」の侵害ではなく、現在の危難に対する行為である点である。正当防衛が「正（防衛者）」対「不正（攻撃者）」であるのに対し、緊急避難は「正（避難者）」対「正（被害者）」なのである。正当防衛と異なり、「他に方法がない」という**補充性**が必要で、日本の刑事司法においては、実際に正当化されることは、ほとんどない。

### 事実

被告人Xは、平成24年1月9日に別件傷害事件によりK県T警察署に通常

逮捕され、同署の留置施設内に留置中の同月12日、警察官の求めに応じて尿を提出し、その尿から覚せい剤の成分が検出され、覚せい剤を自己の身体に注射して使用したとして覚せい剤取締法違反の罪により起訴された事案である。被告人は、薬物犯罪に関する情報提供者で、覚せい剤注射を強要されたという事案である。

### 判旨

東京高裁は、覚せい剤使用罪の成否に関して以下のように判示した。

「(1) Xは、覚せい剤を使用し興奮状態にある捜査対象者からけん銃を頭部に突き付けられ、覚せい剤の摂取を強要されるという状況下において覚せい剤を摂取したものであって、自らの意思に基づいて覚せい剤を摂取したとはいえないから、覚せい剤使用罪の構成要件に該当しないというのである。しかしながら、Xは、心理的に覚せい剤の摂取を強要される状況にあったとはいえ、覚せい剤が入っている注射器を、それと認識しながら、自分で自己の身体に注射したのであるから、Xの行為は、客観的にも主観的にも覚せい剤使用罪の構成要件に該当するものと認められ、所論は失当である。

(2) 次に、所論は、Xの本件覚せい剤使用行為は、自己の生命に対する現在の危難を避けるため、やむを得ずした行為であるから、Xには、少なくとも、刑法37条1項本文の緊急避難が成立する、という。

そこで、検討すると、Xは、覚せい剤を使用してその影響下にある捜査対象者Yから、けん銃を右こめかみに突き付けられ、目の前にある覚せい剤を注射するよう迫られたというのである。関係証拠上、本件けん銃が真正けん銃であったか否かや、実弾が装塡されていたか否か等は不明であるが、逆に、本件けん銃が人を殺傷する機能を備えた状態にあったことを否定する事情もなく、Xの供述する状況下では、Xの生命及び身体に対する危険が切迫していたこと、すなわち、現在の危難が存在したことは明らかというべきである。

次に、Xが自己の身体に覚せい剤を注射した行為が、現在の危難を避けるためにやむを得ずにした行為といえるかについて検討すると、『**やむを得ずにした行為**』**とは、危難を避けるためには当該避難行為をするよりほかに方法がなく、そのような行為に出たことが条理上肯定し得る場合をいう**と解される（最大判昭和24年5月18日裁判集刑10号231頁参照）ところ、本件においては、覚せい剤の影響下にあった捜査対象者が、けん銃をXの頭部に突き付けて、目の前で覚せい剤を使用することを要求したというのであるから、**Xの生命及び身体に対する危険の切迫度は大きく、深夜、相手の所属する暴力団事務所の室内に2人しかいないという状況にあったことも考慮すると、Xが生命や身体に危害を加えられることなくその場を離れるためには、覚せい剤を使用する以外に他に取り得る現実的な方法はなかった**と考えざるを得ない。また、本件において危難にさらされていた法益の重大性、危難の切迫

度の大きさ、避難行為は覚せい剤を自己の身体に注射するというものであることのほか、本件においてXが捜査対象者に接触した経緯、動機、捜査対象者による本件強要行為がXに予測可能であったとはいえないこと等に照らすと、本件においてXが覚せい剤を使用した行為が、条理上肯定できないものとはいえない。

そして、本件において、Xの覚せい剤使用行為により生じた害が、避けようとしたXの生命及び身体に対する害の程度を超えないことも明らかであるから、Xの本件覚せい剤使用行為は、結局、刑法37条1項本文の緊急避難に該当し、罪とならない場合に当たる」とし、Xに対し無罪を言渡した。

## 解　説

### 1　本件事案の特殊性

本件は、情報提供者が覚せい剤注射を強要されたという、警察にとっては非常に深刻な事案である。そして、薬物自己使用者が、緊急避難により無罪とされたという特殊な事案である。

緊急避難では、避難行為によって生じた害が避けようとした害の程度を超えなかったかが必要である（**法益の権衡**）。その程度を超えた行為は、**過剰避難**となり、違法性は阻却されないが情状によりその刑を減軽又は免除することを得る（刑法37条1項ただし書）。さらに、正当防衛と異なり、**補充性**が要求されているのである（後述3参照）。

「強要された」という意味では本件と類似するオウム真理教幹部に取り囲まれ、教祖Yの指示によりAをロープで頸部を締め付け続け窒息死させた事案に関し、東京地判平8年6月26日（判時1578-39）は、Aの殺害を拒否し続けた場合にはX自身が殺害された可能性も否定できないが、XがA殺害を決意し、その実行に及ぶ時点では、Xは、Yから口頭でAを殺害するように説得されていたにすぎず、Xの生命に対する差し迫った危険があったとは認められないし、また、仮にXがA殺害を拒否しても、直ちにXが殺害されるという具体的危険性も高かったとは認められないのであるから、Xの生命に対する現在の危難は存在しなかったとして、生命まで奪うのは法益権衡を欠くので**過剰避難**とされた。このような状況でも、緊急避難による正当化は認められないのである。

監禁等下で暴力団幹部らから強要され、改造けん銃を製作したという事案に関しても、東京高裁は、現在の危難の存在を肯定したものの、適切な逃避の道をとる余裕はあり、やむを得ない行為と認めることはできないとした（東京高判昭53.8.8東高刑時報29-8-153）。

そのような中で、本件東京高判（平24.12.18）は、覚せい剤自己使用罪で起

訴された事案に関し、覚せい剤を使用してその影響下にある捜査対象者からけん銃を右こめかみに突き付けられ、目の前にある覚せい剤を注射するよう迫られたという事実を認定し、緊急避難に当たるとしたのである。

## 2 現在の危難を避けるため

**危難**とは、法益に対する侵害、ないしその差し迫った危険のことをいう。刑法37条は正当防衛の急迫に代えて**現在**の危難を避けるための行為でなければならないと規定する。しかし、その内容は36条の急迫と同一のものと解されている。つまり、**危難が現在するか間近に押し迫っている場合**には、緊急避難が可能である。

本件東京高判平成24年12月18日は、けん銃を突き付けられていれば、生命及び身体に対する危険が切迫していたことは明らかであるとした。けん銃が真正けん銃であったか、実弾が装塡されていたか等は不明であるが、本件けん銃が人を殺傷する機能を備えた状態にあったことを否定する事情もなかった以上、現在の危難であるとしたのである。

ただ、危難の現在性に関し、被告人の主張が退けられた判例が多い。最判昭和39年8月4日（判時380-2）は、韓国元内務部長官等の亡命の事案に関し、革命立法の施行時期が切迫し重刑に処せられることを予想していたとしても、現在の危難と断定することはできないとした。神戸地判昭和45年12月19日（判タ260-273）も、政治亡命者の受ける可能性のある不利益は現在の危難に該当しないと判断している。広島高松江支判平成13年10月17日（判時1766-152）も、中国で行われている一子政策の下で計画外妊娠をしたXの身体（と胎児の生命）・自由・財産に対する現在の危難を避けるためやむを得ずに日本に密入国したと主張する中国人に対し、密入国は日本で働くためであり日本で安全に子供を産みたいと思う気持ちは付随的なものにすぎなかったと認定し、危難を避けるため密入国したとは認めることができないから、過剰避難も認めることはできないとしている。

「正」対「正」の対立である緊急避難は、生じた害が避けようとした害の程度を超えなかった場合に限り正当化される。本件では、覚せい剤使用罪が侵害する法益は、衡量しにくい面があるが、けん銃による自己の生命の危険が認められる以上、法益の権衡は認められる。

## 3 補充性

「やむを得ずにした行為」という要件は、36条と同じ文言であるが、正当防衛に比較して厳しく解されている。何ら不正の侵害を行っていない者に向けら

れた重大な法益侵害行為を正当化するには、本判決も引用しているように「**当該避難行為をする以外には他に方法がなく、かかる行為に出たことが条理上肯定し得る場合**〔最大判昭24.5.18刑集3-6-772〕」でなければならない（**補充性**）。ただ、故意に生命を奪うことが許されるような場合には補充性は必須であるが、犯罪類型によっては、正当防衛よりは厳格なものの、避難のための行為であり、相当性が認められれば、補充性を欠いても緊急避難となり得る余地があり、相当性の程度を超えた場合には、結果的に過剰避難が認められ得る。補充性がなければ、緊急避難はもとより過剰避難も一切成立し得ないとすると、不合理な結論に至る。

　本件東京高判平成24年12月18日は、補充性に関し、①けん銃を頭部に突き付けて覚せい剤使用を要求され、生命及び身体に対する危険の**切迫度**は大きく、②深夜、相手の組事務所内に２人しかいないという状況にあったので、③覚せい剤を使用する以外に他に取り得る現実的な方法はなかった。また、④危難にさらされた法益の重大性、危難の切迫度の大きさに対し、避難行為は覚せい剤を自己の身体に注射することであり、本件において被告人が捜査対象者に接触した経緯、動機、捜査対象者による本件強要行為が被告人に予測可能であったとはいえないこと等に照らすと、本件において被告人が覚せい剤を使用した行為が、条理上肯定できないものとはいえないとしたのである。

## 4　薬物捜査の限界

　最近の薬物捜査の手法が法的に問題とされた例として、東京高判平成19年６月１日（高検速報3340）を挙げておく必要がある（宮本康博・刑事法ジャーナル11号131頁参照）。大麻の密売人と接触してサンプルを入手し、大麻樹脂所持の事実及び譲渡意思の確認を行い、買い手を探している状況があれば所持量・値段を聞き出すなどの任意捜査において、サンプルの入手時に逮捕することなく、その３日後に残りを受け取ることとした捜査経過は、違法なおとり捜査ではなく、その３日後に残りを受け取る際に現行犯逮捕等の強制捜査を行うことは、捜査機関に許容されているとされた。ただ、被告人らが当初から大量の大麻樹脂の売却を企図していて、サンプル交付は、その後の大量の大麻樹脂の売却のための準備行為であると認められるという点が認定されている点に十分留意しなければならない。この種の捜査が許容される前提として、最も重要なのが「被告人らの本件大麻所持の犯罪行為が誘発されたといった関係にないことは明らかである」という点である。

　この点、おとり捜査に関するリーディングケースである最一小決平成16年７月12日（刑集58-5-333）を確認しておく必要がある。捜査協力者Ａが、服役中に知り合ったＸから、大麻樹脂の買手を紹介してくれるよう依頼され、その旨

麻薬取締官事務所に連絡し、同事務所の麻薬取締官とAとで打合せを行い、新大阪駅付近のホテルでAがXに対し麻薬取締官を買手として紹介し、麻薬取締官は、Xに対し何が売買できるかを尋ねたところ、「東京に来れば大麻樹脂を売ることができる」と答えたので麻薬取締官は、Xの方で大阪に持って来れば大麻樹脂2キログラムを買い受ける意向を示し、東京から大麻樹脂約2キログラムを運び役に持たせて室内にこれを運び入れたXは、あらかじめ捜索差押許可状の発付を受けていた麻薬取締官の捜索を受け、現行犯逮捕されたという事案である。

最高裁は、「おとり捜査は、捜査機関又はその依頼を受けた捜査協力者が、その身分や意図を相手方に秘して犯罪を実行するように働き掛け、相手方がこれに応じて犯罪の実行に出たところで現行犯逮捕等により検挙するものであるが、少なくとも、**直接の被害者がいない薬物犯罪等の捜査**において、**通常の捜査方法のみでは当該犯罪の摘発が困難である場合**に、**機会があれば犯罪を行う意思があると疑われる者**を対象におとり捜査を行うことは、刑訴法197条1項に基づく**任意捜査として許容される**ものと解すべきである。

これを本件についてみると、……麻薬取締官において、捜査協力者Aからの情報によっても、被告人の住居や大麻樹脂の隠匿場所等を把握することができず、他の捜査手法によって証拠を収集し、被告人を検挙することが困難な状況にあり、一方、被告人は既に大麻樹脂の有償譲渡を企図して買手を求めていたのであるから、麻薬取締官が、取引の場所を準備し、被告人に対し大麻樹脂2キログラムを買い受ける意向を示し、被告人が取引の場に大麻樹脂を持参するよう仕向けたとしても、おとり捜査として適法というべきである」としたのである[1]。

## 5 捜査協力者への対応の重要性

本判決で最も重視しなければならないのは、東京高裁が、Xの供述の信用性を認めた根拠の一つとした、「Xは、Yに会って情報を取ってほしいとは言わ

---

1) おとり捜査に関しては、「道警おとり捜査訴訟」に関する札幌高判平成23年2月24日（WJ・損害賠償事件）が、「けん銃1丁等を所持したとの銃刀法違反の罪により懲役2年の実刑判決を受けた1審原告Xが、警察官による違法なおとり捜査等によって前記判決を受けたとして、1審被告北海道等に対し、国家賠償法1条1項に基づき、損害賠償を請求する等した事案において、直接の被害者がいない犯罪の捜査において、一定の場合、機会があれば犯罪を行う意思があると疑われる者を対象におとり捜査を行うことは、刑事訴訟法197条1項に基づく任意捜査として許容される」としている点（ただし、警察官の虚偽の捜査関係書類の作成等や偽証については違法性を認めている。）を確認しておく必要がある（原審の、札幌地判平成22年3月19日（判時2095-87）も、本件捜査が違法なおとり捜査であったとは断定できないとしている。）。

れていないが、同人らに会わなければ、情報を得ることができないと思い、B警察官もそれを分かった上で依頼しているものと思った」旨供述しており、この供述は両警察官の「Yと直接接触して情報を得ることを依頼した」という供述と矛盾していないとした点である。

「Yに直接接触しろ」と言っていないことは確かだが、情報を得ることは依頼したのであり、依頼時に相当な確率で、「直接会って情報を取得する事態に至る」ということは認識していたといわざるを得ない。「Yに直接接触しろ」と言っていないことを強調しすぎると、裁判所からの捜査官の信頼性が揺らぐだけではなく、協力者からの信頼を失うことになる。

第1審裁判所は、「情報提供者に対して、Yに接触してもらうなどの深入りをさせることは、情報提供者を危険にさらすことになることや、捜査情報がYに漏れる危険があること等を理由に、そのような依頼はしていない」という警察側の証言を、合理的で説得的であると評価した。他方東京高裁では、「両者の関係からすると、情報提供者を捜査に深入りさせることはしないなどという警察官らの証言が合理的であり、信用できるかどうかについては、たやすく判断し難いものといわざるを得ない」と指摘されている。

警察全体としては、情報提供者を危険にさらすことのないような配慮・教養がなされていることは承知しているが、その具体化と徹底を図る必要がある。

ここで、東京高判平成20年7月17日（東高刑時報59-1～12-69）が、インターネット上に開設したホームページに密売のための広告を載せて注文を募るなどの方法により違法薬物の密売が敢行されていることを把握した場合に、違法薬物を注文するなどして、その犯人を被告人であると特定する捜査方法を適法としていることを、十分認識しておく必要がある。ネットを介して薬物の購入を申し出る行為は、当然であるが、適法な捜査である。

薬物のみならず銃器対策においても、捜査情報の収集は非常に困難である。その意味で、ネット上の販売情報などは、通信の秘密に関する漠然とした不安感やネット情報には捜査上の価値の低いものが数多く含まれていることもあり、取組が消極的であった面がある。刑事・組対部門もネット情報対応要員を増やし、現在以上に捜査の端緒として重視すべきであろう。ネットに端緒を求め得る事件が多くないことは認めざるを得ないが、現在の国民生活の形態からして、少なくとも薬物のネット利用での購入情報の取得の道は断つ必要性が高い。そのようなサイトを削除させるだけでは不十分で、そこから販売者を摘発し、「ネットに載せれば捕まる」という認識を持たせる必要がある[2]。

---

2) 捜査協力者への対応に関し、佐賀おとり捜査訴訟に関する福岡高判平成23年2月3日（判タ1372-101）、佐賀地判平成22年8月27日（判タ1372-103）も参照されたい。

# 第7講 責任能力の最前線

責任能力の総合判定
最二小判平成27年5月25日（判時2265-123、判タ1415-77）

### Focus

　心神喪失・心神耗弱は最終的には裁判官が規範的評価を加えて判断する（最決昭33.2.11刑集12-2-168）。しかし、実際の処理においては、鑑定医が医学上・心理学上の知見を基礎に行為時に統合失調症であったとすると、ほぼ無条件で心神喪失とした裁判所も見られたことを認識しておく必要がある。昭和40年代までは精神医学者の、特に生物学的要素についての鑑定結果が事実上強い影響力を持ってきた。司法精神医学者の判断に、一定の拘束性が認められていたのである。

　しかし、最近は、鑑定結果が退けられ、裁判所が被告人の犯行当時の病状、犯行前の生活状態、犯行の動機・態様等を総合して、法律的・規範的見地から心神喪失・心神耗弱を否定する例も目立ってきた。鑑定者の専門性と法的評価の関係が問題となる。

### 事　実

　被告人は、平成16年8月2日の未明、被告人が、自宅の東西に隣接する2軒の家屋内等において、親族を含む隣人ら8名を、順次、骨すき包丁で突き刺すなどして、7名を殺害し、1名に重傷を負わせた後、母親が現住する自宅にガソリン等をまいて放火し、全焼させたという事案である。

　第1審で被告人の精神鑑定を命じられた山口医師は、被告人は、本件犯行当時、妄想性障害・被害型（パラノイア）に罹患していたと診断した上、理非判断能力が著しく侵されていたと判断するのが妥当であるとの意見を述べた。

　これに対し、2回目の精神鑑定を命じられた山上医師は、被告人は、情緒不安定性人格障害と診断されるにとどまるが、心神耗弱を認められても必ずしも不当ではないような精神状態にあったと考えられるとの意見を述べた。

　第1審は、被告人が精神障害に罹患していたとは認められないとして完全

責任能力を認め、被告人を死刑に処した。
　原審で、山口医師及び山上医師の各鑑定意見についての鑑定を求められた五十嵐医師は、妄想性障害に罹患していたとして精神障害の罹患を否定する山上鑑定意見は適切でないとした。そこで原審も、第１審判決の「妄想性障害に罹患していなかった」とする点は是認できないとした。ただ、五十嵐鑑定意見中、「判断能力に著しい程度の障害を受けていた」とする部分は、採用することができないとし、被告人の殺意は十分了解可能で、本件犯行当時、被告人の事理弁識能力、行動制御能力が著しく低下していたとは認められないとする第１審判決には、十分な合理性があり、是認することができるとした。

### 判　旨

　最高裁は、以下のように判示して、上告を棄却した。
「１　被告人の精神状態が心神喪失又は心神耗弱に該当するかどうかは**法律判断であって専ら裁判所に委ねられるべき問題**である（最三小決昭和58年9月13日判時1100-156）が、**責任能力判断の前提となる生物学的要素である精神障害の有無及び程度並びにこれが心理学的要素に与えた影響の有無及び程度について、専門家たる精神医学者の意見が鑑定等として証拠となっている場合には、これを採用し得ない合理的な事情が認められるのでない限り、裁判所は、その意見を十分に尊重して認定すべきである**（最二小判平成20年4月25日刑集62巻5号1559頁）。（一部略）
　２　五一嵐医師は、被告人が７名もの人間を連続的に殺害するというのは尋常なことではなく、妄想性障害の影響で衝動性や攻撃性が高まっていたところに、きっかけとなる隣人との口論があって、爆発的に興奮したからこそできたのではないか、その原因となる妄想性障害がなければ本件犯行は行われなかったのではないかという趣旨の意見を述べ、本件犯行時の被告人は、妄想性障害によりその判断能力に著しい程度の障害を受けていたと結論付けている。しかしながら、同意見は、原判決が指摘する以下のような事情を十分に考慮しないものである。
　⑴　被告人は、子供の頃から短気で、些細なことに興奮しやすい性格で、小学生から高校生までの間に、嫌がらせをしてきた相手を包丁を持って追いかけたり、刃物で斬り付けたりするなど、自分に対し侮蔑的な態度を見せる相手に対しては強い攻撃性を見せる一方で、自分を尊重してくれる相手とは特にトラブルを起こすことはなかった。
　⑵　被害にあった家族との間では、いずれも本件犯行の数年前に比較的大きなトラブルを起こしており、被告人は、それらのトラブルをきっかけとして、被害者らに対する殺意を抱くようになり、本件犯行の日まで殺害の機会をうかがっていた旨の供述をしているところ、そのような供述は、上記⑴のような被告人の性格傾向や、被害者らとの長年にわたる確執を考慮に入れれ

ば、十分了解可能で、不自然、不合理とはいえない。

(3) 被告人の唯一の精神症状である妄想は、被害者らが自分たちを除け者にし、陰口をたたいたり、監視したりしている、あるいは、自分たちを追い出そうと画策しているというものであって、自分たちの生命、身体を狙われていて、攻撃しなければ自分たちがやられるといった差し迫った内容のものではなかった。また、被告人らの居住する地区は、住民同士の付き合いが濃厚で、他人の言動がうわさ話になりやすい土地柄であったところ、被告人が被害者ら隣人から疎まれ、警戒されていたことは事実であり、被告人の家族ですら、疎外されているとか、様子を探られているとか感じていたから、被告人の妄想は、現実とかけ離れた虚構の出来事を内容とするものでもなかった。

(4) 本件犯行の際の被告人の行動は、合目的的で首尾一貫している。また、犯行時の記憶に大きな欠落はみられない。

(5) なお、被告人は、口論になった隣人を後回しにして、被害者らを襲うことにした理由について、最も強い恨みや憎しみを感じていた被害者らに逃げられてはいけないと考えたためである旨供述しており、そこにも特段の異常性はみられない。

3 上記2(1)ないし(5)に掲げた事情からすれば、本件犯行は、長年にわたって被害者意識を感じていた被告人が、母屋の飼い犬の件や西隣の家族の長男の駐車の件といったトラブルにより被害者らに対する怒りを募らせ、殺意を抱くにまで至り、犯行前夜の自宅北側に居住する別の隣人との口論をきっかけに、この際被害者らの殺害を実行に移そうと決断し、おおむね数年来の計画どおりに遂行したものであって、**その行動は、合目的的で首尾一貫しており、犯行の動機も、現実の出来事に起因した了解可能なものである。被告人が犯行当時爆発的な興奮状態にあったことをうかがわせる事情も存しない。被告人は、妄想性障害のために、被害者意識を過度に抱き、怨念を強くしたとはいえようが、同障害が本件犯行に与えた影響はその限度にとどまる上、被告人の妄想の内容は、現実の出来事に基礎を置いて生起したものと考えれば十分に理解可能で、これにより被害者意識や怨念が強化されたとしても、その一事をもって、判断能力の減退を認めるのは、相当とはいえない。**

そうすると、被告人が、妄想性障害により、その判断能力に著しい程度の障害を受けていたとする五十嵐鑑定意見は、その結論を導く過程において、妄想の影響の程度に関する前提を異にしているといわざるを得ない。五十嵐鑑定意見につき、本件犯行に特有な事情について十分な考察がないまま結論を下しているとする原判決は、これと同様の判断を示したものと理解できる。また、以上によれば、被告人の事理弁識能力及び行動制御能力が著しく低下していたとまでは認められないとする原判決は、経験則等に照らして合理的なものといえ、所論がいうような事実誤認があるとは認められない。」

I 刑法総論

## 解　説

### 1　医師の評価と法的評価

　本件は、7名を殺害し、1名に重傷を負わせた後、母親が現住する自宅にガソリン等をまいて放火し、全焼させた事案であり、その被害の重大性や計画性に鑑みれば、第1審、原審、最高裁のいずれも、被告人に死刑を認めたのは、当然のように思われる。問題は被告人の責任能力である。心神喪失でなくとも、心神耗弱でも死刑は科し得ないが（刑法39条2項）、鑑定医師によっては「妄想性障害」に罹患していると診断されている被告人が行為時に、心神耗弱の状態にあったとも認め得ないのかにあった。本判決は、かなり具体的な判断を示して、死刑の結論を認めた。本決定自ら強調した最二小判平成20年4月25日（刑集62-5-1559）を援用しつつ「**裁判所は、その意見を十分に尊重して認定すべき**」としたのである。実務上の責任能力論においては、鑑定意見を法律家がどのように評価するかが課題となる。

　この点で最も重要なのが、最三小決昭和58年9月13日（判時1100-156）である。同決定は、「被告人の精神状態が刑法39条にいう**心神喪失又は心神耗弱に該当するかどうかは法律判断であって専ら裁判所に委ねられるべき問題**であることはもとより、その前提となる**生物学的、心理学的要素についても、右法律判断との関係で究極的には裁判所の評価に委ねられるべき問題である**」とし、最三小決昭和59年7月3日（刑集38-8-2783）も、「原判決が、所論精神鑑定書の結論の部分に被告人が**犯行当時心神喪失の情況にあった旨の記載があるのにその部分を採用せず**、右鑑定書全体の記載内容とその余の精神鑑定の結果、並びに記録により認められる**被告人の犯行当時の病状、犯行前の生活状態、犯行の動機・態様等を総合して、被告人が本件犯行当時精神分裂病の影響により心神耗弱の状態にあったと認定したのは、正当として是認することができる。**」としたのである。

### 2　鑑定意見を採用し得ない合理的な事情

　鑑定人は、鑑定事項について必要な特別の知識経験を持ち、公正な判断をなし得る立場にある者から、裁判所が選定する。ただ鑑定も、あくまで証拠資料の一つにすぎないから、その証明力は裁判官の自由心証に任せられるのであり（刑事訴訟法318条）、裁判所の判断は鑑定の結果に拘束されないことは当然である。しかし、「責任能力に関する専門家」に依頼しておきながら、合理的な根拠もないのに鑑定の結果と相反する認定をすれば、経験則や論理法則に反するといえる場合が生じ得るし、刑事司法の協働関係からも、厳に慎むべきであ

ろう。その意味で、最判平成20年4月25日が、「**責任能力判断の前提となる生物学的要素である精神障害の有無及び程度並びにこれが心理学的要素に与えた影響の有無及び程度**について、専門家たる精神医学者の意見が鑑定等として証拠となっている場合には、これを採用し得ない合理的な事情が認められない限り、裁判所は、その意見を十分に尊重して認定すべき」としたのは当然である。

ただ、医師の判断が尊重されなければならない「責任能力判断の前提となる生物学的要素である精神障害の有無及び程度並びにこれが心理学的要素に与えた影響の有無及び程度」と、法的・規範的評価を加えて認定すべき「**鑑定を採用し得ない合理的な事情**」の限界は微妙である。

### 3 最二小判平成20年4月25日の精神医療学説の評価

前述の最判平成20年4月25日の事案では、①捜査段階で簡易鑑定を担当した佐藤医師は、本件行為当時、被告人は統合失調症による幻覚妄想状態にあり、少なくとも心神耗弱相当であるとの所見を示した。②次に、第1審の鑑定人坂口医師は、心神喪失の状態にあったとし、被告人が合理的に見える行動をしている点は、精神医学では「二重見当識」等と呼ばれる現象として珍しくはないとした。これに対し、③控訴審では、保崎医師が心神耗弱にとどまるとの所見を示した。一方、④控訴審で深津医師は、統合失調症が介在しなければ本件行為は引き起こされなかったこととし、仮に事物の理非善悪を弁識する能力があったとしても、この弁識に従って行動する能力は全く欠けていたと判断されるとした。

原審は、少なくとも「二重見当識」によるとの説明を否定し得ないとし、心神耗弱にとどまっていたと認めた。これに対し最高裁は、被告人が正常な判断能力を備えていたように見える事情も相当程度存する事案であり、佐藤・深津鑑定と異なる見解の有無、評価等、この問題に関する精神医学的知見の現状が必ずしも明らかではないので、精神医学的知見も踏まえて更に検討して明らかにすることが相当であるとして、高裁に差し戻したのである。

これに対して、差し戻し審である東京高判平成21年5月25日（判時2049-150）は、佐藤鑑定及び深津鑑定が前提としている、「二重見当識」による説明は、現在の精神医学の世界では一般的であるとはいい難いとし、坂口鑑定及び深津鑑定には、「その信用性に問題がある」とした。医学界での学説の状況を分析した上で、裁判所が依拠すべき説を選別し得るとしたのである[1]。一見すると、精神医学の専門領域において、非専門家が専門家的言明を行っているようにも見えるが、一般人を基準にした場合に当然疑問になる点を指摘したものともいえよう。

## 4　最一小決平成21年12月８日（刑集63-11-2829）

　そして、**最一小決平成21年12月８日**（刑集63-11-2829）は、「裁判所は、特定の精神鑑定の意見の一部を採用した場合においても、**責任能力の有無・程度について、当該意見の他の部分に事実上拘束されることなく、上記事情等を総合して判定することができる**というべきである」とした。

　**最決平成21年12月８日**では、捜査段階で鑑定した中山医師が、統合失調型の人格障害であり、是非弁別能力・行動制御能力の著しい減弱を考えさせる所見はないとしたのに対し、佐藤医師は、犯行時、妄想型統合失調症に罹患し、犯行は直接支配されて引き起こされたもので責任能力を欠くとした。

　原審は、佐藤鑑定を尊重すべきとしつつ、犯行が統合失調症の病的体験に直接支配されて引き起こされているとした点は、採用しなかった。

　大阪高裁は、佐藤鑑定は、**犯行前後の被告人の言動についての検討が十分でない上、本件犯行時に一過性に幻覚妄想が本件犯行を直接支配して引き起こさせたという機序について十分納得できる説明をしていない**とし、病的体験に強い影響を受けたことを認めるにせよ心神耗弱の状態にあったとした。

　確かに、**医学の側から見れば**、「治療の客体である精神障害者に該当するか否か」という視点がどうしても入ってくる。その意味で「統合失調症であれば『原則として』心神喪失である」という「慣行」は、分からないわけではない。しかし、**被害者を含めた国民の側から見れば**、「妄想に支配されており、自らの行為とは言い得ない」という例外的事情の存在を示すべきだと考えるのである。

　最高裁も、幻覚妄想が本件犯行を直接支配していたか否かの説明が必要だとし、統合失調症による病的体験と犯行との関係、被告人の本来の人格傾向と犯行との関連性の程度等を、裁判所が自ら検討すべきであり、原審の判断手法に誤りはないとしたのである。

　ここに示された、責任能力判断の手法は、結局は、国民から見て責任非難を欠くとするだけの「幻覚妄想による支配」の有無を検討しようとするものであり、裁判員にも十分判断し得るものであるといえよう。

---

1）　東京高裁は、さらに踏み込んで、現在の司法精神医学界では、精神障害が人の意思や行動の決定過程にどのように影響するかを判定することはできないとする立場（不可知論）を徹底する者はおらず、影響を判定し得るとする可知論が有力だとし、佐藤・深津鑑定は、幻覚妄想状態を重視するあまりに、相応の判断能力を有していたと見る余地のある事情を軽視したとした。

## 5　本判決の意義

　本判決は、以上の判例の流れに沿ったものであることは明らかである。不可知論に立脚する山口鑑定は、臨床精神医学的には妥当であっても、妄想性障害が本件犯行に与えた影響に関する考察は十分とはいえないとして、可知論に立つ五十嵐鑑定を採用した。しかし、「妄想性障害により、その判断能力に著しい程度の障害を受けていたとはいえない」として、五十嵐鑑定意見を実質的には退けたのである。その根拠は、被告人と被害者側との長期にわたる確執、それが深刻になった地域的社会的背景要因、被告人の元来の性格特徴と動機形成との関連性など、本件犯行に特有な事情についての考察が不十分だという点にある。

　「責任能力判断の前提となる生物学的要素である精神障害の有無及び程度並びにこれが心理学的要素に与えた影響の有無及び程度」に関し、医師の判断が尊重されなければならないことを前提に、そのような「医学的評価の前提となる事実（事情）」を法律家から見て、正しい形に修正したということなのである。もとより、いずれの鑑定医も、地域的社会的背景要因、被告人の元来の性格特徴等を見落としていないことは明らかであろう。これらと動機形成との結びつきの評価が、裁判所と異なるということなのである。

　「鑑定を採用し得ない合理的な事情」は、鑑定医の側で、判例を学び、その基準を理解することにより、減少することも考えられないことはない。しかし、少なくとも当面は、医療者の視点と刑事司法の視点の乖離は、残らざるを得ないのである。

　二重見当識の理解、可知論・不可知論の対立などについては、非専門家である法律家は、一歩退いて判断すべきであろう。基本的には、学説の大勢を慎重に見極める必要がある。いずれが優勢か明確でない場合も生じ得るであろうが、その場合にも、常に被告人に有利になる選択肢、すなわち責任能力を否定する方向での判断が正しいわけではない。責任能力に関しての判断は、有罪・無罪（刑の重さ）の結論に直結し、医療理論の選択は、刑事司法上の結論の選択を行っていることを自覚すべきである。「疑わしきは被告人の利益に」という原則の理解の仕方にもよるが、無罪とする医療学説が一つでも存在する以上、無罪にすべきだということにはならない。

# 第8講 共犯論

## ① 同時傷害の特例と共同正犯の因果性
最三小決平成28年3月24日（刑集70-3-1）

### Focus

　共犯（共同正犯）は、「結果発生と因果性」が認められるから処罰されるとの説明もみられるが、因果性が立証し得ない場合にも共同正犯の成立を認めるのが刑法207条である。それゆえ、同条は責任主義に反するとの批判も見られ、さらに、現実的に解釈すべきとの学説も多い。例えば、「死亡させた結果について、責任を負うべき者がいなくなる不都合を回避するための特例」と解すべきで、責任を負う者が認定できる場合には、因果性を立証できない他の関与者に同条を適用し得ないと主張する。しかし、判例はそのような限定を認めない。

### 事実

　被告人X、Yが従業員を務めるバーに、午前4時半頃、A（被害者）が女性2名とともに訪れ飲食したが、クレジットカードでの代金の決済ができず、一部の支払ができなかった。話がつかないままAが店外に出たので、X・Yは後を追いエレベーターホールで追いつき、約20分間にわたり、意思を通じて、Aの背部を蹴って3階へ至る階段踊り場に転落させ、さらにAをエレベーターに乗せ、顔面をエレベーターの壁に打ち付けて4階エレベーターホールに引きずり出し、Yがスタンド式灰皿にAの頭部を打ち付けるなどの暴行を加えた。その上、Xは仰向けに倒れているAの顔面を拳や灰皿の蓋で殴り、頭部をつかんで床に打ち付け、Yも、Aを蹴ったり殴るなどした（第1暴行）。

　Aは、しばらく同店内の出入口付近の床に座り込んでいたが、午前7時49分頃、突然、走って店外へ出て行った。従業員Bは、直ちにAを追いかけ、4階から3階に至る階段の途中で、Aに追いつき取り押さえた。同店で飲食していてその間の経緯をある程度認識していたZは、BがAの逃走を阻止しようとしているのを見て、5分間に渡り、Aに対し、階段の両側にある手す

りを持って、自身の身体を持ち上げ、寝ている体勢のＡの顔面、頭部、胸部付近を踏み付けた上、Ａの両脚を持ち、3階までＡを引きずり下ろし、サッカーボールを蹴るようにＡの頭部や腹部等を蹴り、いびきをかき始めたＡの顔面を蹴り上げるなどした（第2暴行）。

Ａは病院に救急搬送され、開頭手術を受けたが、急性硬膜下血腫に基づく急性脳腫脹のため死亡した。いずれの暴行からも死因となった急性硬膜下血腫を発生し得るが、いずれの暴行から死因となった急性硬膜下血腫が発生したかは判明しなかった。

第1審判決は、仮に第1暴行で既にＡの急性硬膜下血腫の傷害が発生していたとしても、第2暴行は、同傷害を更に悪化させたと推認できるから、いずれにしても、Ａの死亡との間に因果関係が認められることとなり、「**死亡させた結果について、責任を負うべき者がいなくなる不都合を回避するための特例である同時傷害致死罪の規定（刑法207条）を適用する前提が欠けることになる**」として、本件に同条を適用することはできないとし、それゆえ、ＸとＹは、共謀の上、Ａに対し、第1暴行を加えて傷害（傷害の内容等については、証拠上、判示第1の程度にしか認定できない。）を負わせたものとして傷害罪が成立し、Ｚには傷害致死罪が成立することとなるとした。

これに対し、名古屋高裁は、死因となった「急性硬膜下血腫の傷害」についてのＸ、Ｙの行為（第1暴行）とＺの行為（第2暴行）は、そのいずれもがＡの急性硬膜下血腫の傷害を発生させることが可能なものであり、かつ、実際に発生した急性硬膜下血腫の傷害が上記両暴行のいずれによるか不明で、両暴行に機会の同一性が認められるので、「3名全員が、両暴行のいずれか（あるいはその双方）と因果関係がある急性硬膜下血腫の発生について、共犯として処断されることになることに疑いはない。」と判示した。そして、3名が急性硬膜下血腫の傷害の発生について共犯としての刑責を負う以上、急性硬膜下血腫を原因として生じたＡの死亡についても、3名は共犯としての刑責を負うことになると解すべきであって、結局、3名は、上記死亡を内容とする傷害致死罪の共犯として処断されることになるとしたのである（原審については、捜査研究778号59頁以下も参照）。

## 判旨

最高裁は、以下のように判示して、上告を棄却した。

「(1) 第1審判決は、仮に第1暴行で既にＡの急性硬膜下血腫の傷害が発生していたとしても、第2暴行は、同傷害を更に悪化させたと推認できるから、いずれにしても、Ａの死亡との間に因果関係が認められることとなり、『死亡させた結果について、責任を負うべき者がいなくなる不都合を回避するための特例である同時傷害致死罪の規定（刑法207条）を適用する前提が欠けることになる』と説示して、本件で、同条を適用することはできないと

した。
　(2)　しかし、**同時傷害の特例を定めた刑法207条は、二人以上が暴行を加えた事案においては、生じた傷害の原因となった暴行を特定することが困難な場合が多いことなどに鑑み、共犯関係が立証されない場合であっても、例外的に共犯の例によることとしている。同条の適用の前提として、検察官は、各暴行が当該傷害を生じさせ得る危険性を有するものであること及び各暴行が外形的には共同実行に等しいと評価できるような状況において行われたこと、すなわち、同一の機会に行われたものであることの証明を要するというべきであり、その証明がされた場合、各行為者は、自己の関与した暴行がその傷害を生じさせていないことを立証しない限り、傷害についての責任を免れないというべきである。**
　そして、共犯関係にない二人以上による暴行によって傷害が生じ更に同傷害から死亡の結果が発生したという傷害致死の事案において、刑法207条適用の前提となる前記の事実関係が証明された場合には、各行為者は、同条により、自己の関与した暴行が死因となった傷害を生じさせていないことを立証しない限り、当該傷害について責任を負い、更に同傷害を原因として発生した死亡の結果についても責任を負うというべきである（最一小判昭和26年９月20日・刑集５巻10号1937頁参照）。このような事実関係が証明された場合においては、本件のようにいずれかの暴行と死亡との間の因果関係が肯定されるときであっても、別異に解すべき理由はなく、同条の適用は妨げられないというべきである。
　以上と同旨の判断を示した上、第１暴行と第２暴行の機会の同一性に関して、その意義等についての適切な理解の下での更なる審理評議を尽くすことを求めて第１審判決を破棄し、事件を第１審に差し戻した原判決は相当である。」

## 解　説

### 1　本決定の意義

　まず、いずれの暴行が原因か分からないが、傷害が生じその結果被害者が**死亡した場合**にも刑法207条が適用になるとして、最高裁の判断（最一小判昭26年９月20日刑集5-10-1937）が再確認された点は、この点に関する論争に、終止符を打つことに近い意味を持つように思われる。
　しかし、その点以上に、最高裁が、刑法207条の同時傷害の特例は、共犯関係が立証されない場合であっても、「各暴行が当該傷害を生じさせ得る危険性を有するものであること及び各暴行が外形的には共同実行に等しいと評価できるような状況において行われたこと、すなわち、同一の機会に行われたものであること」の証明がされた場合、「各行為者は、自己の関与した暴行がその傷

害を生じさせていないことを立証しない限り、傷害についての責任を免れない」と判示したことの意義は重大である。より具体的には、本件第1審判決が、刑法207条を「死亡させた結果について、責任を負うべき者がいなくなる不都合を回避するための特例である」としたことを、明示的に否定し、「共犯の因果性」について極めて重大な判示を行った。本判決により、本件第1審にも影響を与えたと思われる最二小決平成24年11月6日（刑集66-11-1281）を評価し直す必要が生じたと思われる。

　これまでは、同時傷害の特例について、「因果性の立証責任」を修正し、「疑わしきは被告人の利益に」という原則に抵触するおそれのある規定であり、できるだけ限定的に解釈すべきであるとする考え方も有力で、「生じた傷害（その結果）に責任を負うべき者がいなくなる不都合を回避するための特例である」とする見解が、下級審や一部の学説において主張されてきた（その間の判例・学説に関しては、山中敬一『刑法各論第3版』59頁以下参照）。本件は、正面からそれを否定したものである。具体的な事例に関する判断を超え、さらに単に刑法207条の解釈のみならず、日本の共同正犯の理解について、重要な判断といえよう。

　本件の原審である名古屋高判平成27年4月16日（高検速報766）については、捜査研究778号59頁以下で、かなり詳しく触れた。そして、本判決は、この原審判断を維持したものである。しかし、最高裁判例として、上記内容を確定させたことの意味は重い。裁判所内部への影響はもとより、学説に対しても、強く影響することになろう。

## 2　本件第1審の判断　責任を負うべき者がいなくなる不都合の回避

　本件第1審は、「第1暴行後に、Aが、b店の店内でXらと会話をし、第1暴行の発端となった料金トラブル等に関して示談書に署名指印をしたことや、第2暴行を受ける直前にb店から逃走し、階段を駆け下りることができた事実を踏まえても、第1暴行と第2暴行は、それぞれ単独で、又は両暴行が相まって、本件の死因である急性硬膜下血腫を発生させた可能性がある」とする。その上で、「仮に第1暴行で既にAの急性硬膜下血腫の傷害が発生していたとしても、Zの行った第2暴行は、第1暴行によって生じていた傷害を更に悪化させたと推認できるから、Aの死亡との間に因果関係が認められることとなり、死亡させた結果について、**責任を負うべき者がいなくなる不都合を回避するための特例**である同時傷害致死罪の規定（刑法207条）を適用する前提が欠けることになる」として、本件に同条を適用することはできないとし、「XとYは、共謀の上、Aに対し、第1暴行を加えて傷害を負わせたものとして傷害罪が成立し、Zには傷害致死罪が成立することとなる」としたのである。

これに対し、本件原審は、1審に対し、「第1暴行によって既に急性硬膜下血腫の傷害が発生していたとしても、第2暴行によってこれが更に悪化したと認められるから、第2暴行と死亡との間の因果関係が認められる」としても、そのことは、「第1暴行と急性硬膜下血腫によるAの死亡との間に因果関係があることを否定する理由にならないことは、いうまでもない」とした[1]。

　確かに、X・Yによる第1暴行と急性硬膜下血腫の発生・悪化の因果性、そしてその傷害結果と死との因果性は、X・Yの側で不存在の立証をしない限り、否定し得ない。第1暴行と第2暴行のいずれかによって死因となる傷害が発生したことは認められるが、そのいずれによって同傷害が発生したかは不明であり、他方で、同傷害と死との間に因果関係があることは明らかである事案では、両暴行と「死」との関係を吟味する前に、死因となった傷害との間の因果関係を検討しなければならない。そして傷害について、同時傷害の特例を適用する要件を満たす場合には、全員が傷害罪の共犯となり、その結果、同傷害を原因として生じた死亡の結果についても、全員がその刑責を負うことになる。この点が、本件最高裁決定により確認されたといえよう。

## 3　因果性判断と規範的評価

　刑法解釈論は、「認定できたことを前提に、いかに理論構成するか」というものである。しかし、実務では「確実には認定できない場合をどうするか」という問題に直面し、処理せざるを得なかったのであり、少なくとも、刑法207条においては、そのことが論じられてきたはずであった。そして「どちらが原因か認定できない」といえるか否かの認定にも、困難さは伴うのである（東京高判平25.8.1高検速報3503[2]）。

　一方、学説は「疑わしきは被告人の利益に」という建前論で、形式的に処理してきた嫌いがある。しかし、その形式論を徹底していくと、刑法207条の存在を否定することになるのである。刑法207条は、刑法・刑事訴訟法、さらに

---

1)　第1審の考え方では、「急性硬膜下血腫の傷害の発生について、結局は誰も責任を問われないことになる結果となることを看過したものである」とするのである。

2)　東京高判平成25年8月1日は、本件致命傷のうち、急性硬膜下血腫は、被告人の暴行のみによって発症した可能性は極めて低く、脳の腫脹については、被告人の暴行のみによって、死因となる程の脳の腫脹が発症した可能性は認められないのみならず、被告人の暴行が、脳の腫脹の発症に寄与した可能性もほとんどなかったと認定できるので、一方の行為の暴行により、致命傷である急性硬膜下血腫及び脳の腫脹が発症したものと認めるのが相当であり、本件は、被告人について、刑法207条にいう「それぞれの暴行による傷害の軽重を知ることができない」場合、「傷害を生じさせた者を知ることができない」場合のいずれにも該当しないから、被告人に、同条に基づく傷害致死罪は成立せず、暴行罪の限度で責任を負うというべきであり、傷害致死罪（同時犯）を認定した原判決には、判決に影響を及ぼすことが明らかな事実の誤認があるとした。

は憲法にも矛盾する規定であり限定的に解釈すべきであるという「解釈論」も、十分成り立ち得るものではあるが、問題は、本件のような事案について、被告人Ｘ、Ｙに刑事責任を認めることの妥当性なのである。すなわち、刑法207条の立法の趣旨を、「現在の日本」においてどのように捉えることが妥当なのかという問題である。

「刑法207条は例外的規定であるから、限定する程良い」とか「責任を負うべき者がいなくなる不都合を回避するための特例である」とすることは、「刑事責任を認めることは妥当でない」とする結論をそのまま述べていることと、ほとんど変わらない。「責任を負うべき者がいても、同時に行った者に帰責さるべきだ」とする主張を退けることはできないのである。

## 4 判例における「責任を負うべき者がいなくなる不都合の回避論」

刑法207条の解釈における「傷害結果に責任を負うべき者がいなくなる不都合の回避」という視点は、学説でも主張されていたものではあるが、大阪高判昭和62年7月10日（高刑集40-3-720）の以下の判示の影響も大きいように思われる。

「刑法207条の規定は、……傷害が右いずれかの暴行（又は双方）によつて生じたことが明らかであるのに、共謀の立証ができない限り、**行為者のいずれに対しても傷害の刑責を負わせることができなくなるという著しい不合理を生ずることに着目し、かかる不合理を解消するために特に設けられた例外規定**である」。

大阪高判昭和62年7月10日は、「先行者の行為（及び結果）を認識・認容するに止まらず、犯罪遂行の手段として積極的に利用する意思のもとに、先行者の犯罪に途中から共謀加担し、右行為等を現にそのような手段として利用した場合」にのみ承継的共同正犯が認められるとし、具体的な判断においては、既に生じていた傷害結果については、利用する意思・事実を認めることは困難で承継的共同正犯の刑責を問うことはできないとした。

そして、この「既に存在した傷害結果は承継しない」とする結論の正当性を論証するために、刑法207条は、**二人以上で暴行を加え人を傷害した場合において、行為者のいずれに対しても傷害の刑責を負わせることができなくなるという著しい不合理が生じることを回避するための例外規定**と解し、大阪高判昭和62年7月10日の事案では、「後行者たる乙が先行者甲との共謀に基づき暴行を加えた場合は、傷害の結果を生じさせた行為者を特定できなくても、少なくとも甲に対しては傷害罪の刑責を問うことができるのであつて、刑法の右特則の適用によつて解消しなければならないような著しい不合理は生じない」ので、加担後の行為と傷害との因果関係を認定し得ない後行者たる乙について

は、暴行罪の限度でその刑責を問うことは不当でないと説明したのである。

## 5　刑法207条と共犯関係

　そして、まさにこの考え方が、本件最高裁決定により正面から否定されることになったのであるが、既に大阪地判平成９年８月20日（判タ995-286）が、大阪高判昭和62年７月10日の考え方を、実質的に否定する判示を行っていた。
　乙がＡに激しい暴行を加え、その後、先を歩いていた甲等が異変に気付き、乙に加勢しようとして暴行現場に駆け寄り、甲乙等が共謀の上でＡの頭部等を多数回足蹴にするなどの暴行を加え、Ａに骨折等の全治約１か月の傷害を負わせたが、当該傷害結果は甲が乙に加勢する前後いずれの暴行により生じたのか不明であったという事案に関し、大阪地裁は、「甲は、先行する乙の暴行を自己の犯罪遂行の手段として積極的に利用したり、そのような意思を有していたという事実は認めることはできないから、甲には傷害の承継的共同正犯は成立しない」と判示した上で、刑法207条を適用して、甲に傷害罪の成立を認めた。「傷害の結果が、全く意思の連絡がない２名以上の者の同一機会における各暴行によって生じたことは明らかであるが、いずれの暴行によって生じたものであるのかは確定することができない場合には、刑法207条により傷害罪の共同正犯として処断される」ことと対比すると、「本件のように**共謀成立の前後にわたる一連の暴行により傷害の結果が発生したことは明らかであるが、共謀成立の前後いずれの暴行により生じたものであるか確定することができないという場合にも、右一連の暴行が同一機会において行われたものである限り、刑法207条が適用され、全体が傷害罪の共同正犯として処断される**」とした[3]。承継的共同正犯を基礎付ける因果性は欠けるが、同時傷害の特例として「傷害罪として処罰に値するだけの刑事上の因果性」は認められるとしたのである[4]。結論は、大阪高判昭和62年７月10日とは逆なのである。
　乙の暴行後に、甲が意思を通じて暴行に加わった場合と、乙の暴行後に意思の連絡なしに甲が暴行を加え傷害結果を生ぜしめた場合では、当罰性はむしろ

---

[3]　そして「**単独犯の暴行によって傷害が生じたのか、共同正犯の暴行によって傷害が生じたのか不明である**という点で、やはり『その傷害を生じさせた者を知ることができないとき』に当たることにかわりはないと解される」と判示したのである。

[4]　大阪地裁は、この事案に刑法207条を適用すべきであるとしたが、大阪地裁は同時に、「後行者において、先行者の行為及びこれによって生じた結果を認識・認容するに止まらず、これを自己の犯罪遂行の手段として積極的に利用する意思のもとに、実体法上一罪を構成する先行者の犯罪に途中から共謀加担し、右行為等を現にそのような手段として利用した場合に限られる」とし、傷害結果を承継しないので共同正犯性を否定した。しかし刑法207条を適用するということは、結果として「共同正犯としての帰責」を認めるのである。ただ、そうなると、刑法は207条により「共同正犯としての帰責」認める根拠としての「因果性」と「承継的共同正犯における因果性」との関係が問題となる。

前者の方が高く、少なくとも、意思の連絡を欠く後者のみを刑法207条の対象とすべきとする実質的根拠はない。そして、両者を区別すべき条文上の根拠も存在しない。共犯関係があるということが、刑法207条を排除する理由にもならない。

最高裁は、本件**最決平成28年３月24日**において、大阪地判平成９年８月20日の結論の妥当性を判示したといえよう。

## ２　承継的共同正犯
最三小決平成29年12月11日（刑集71-10-535）

### Focus
承継的共同正犯の成否自体に、理論的争いがあるが、詐欺罪の欺罔行為が既になされ、被害者が交付する財物を受け取る行為にのみ、意思を通じて関与した者にも詐欺罪の共同正犯が成立するのかが争われた判例が多数存在し、積極・消極の判断が対立したが、最高裁は、詐欺未遂罪の共同正犯の成立を認めた。

### 事　実

被告人Ｘは、氏名不詳者（Ｙ）らと共謀の上、「数字選択式宝くじ（ロト６）に必ず当選する特別抽選」に選ばれたと誤信しているＡに、Ｙが電話で、「Ａさんの100万円が間に合わなかったので、立て替えて払ったが、別人が送ったことがばれて、297万円の違約金を払わなければいけなくなりました。半分の150万円を準備できますか。」などとうそを言って150万円の交付を要求し、ＡにＯ市内の空き部屋に現金120万円を配送させ、Ｘが配送業者から受け取る方法により、現金をだまし取ろうとした。

ただ、Ａはうそを見破り、警察官に相談して「だまされたふり作戦」を開始し、現金が入っていない箱を指定された場所に発送した。一方、Ｙから報酬を条件に荷物の受領を依頼されたＸは、詐欺の被害金を受け取る役割である可能性を認識しつつこれを引き受け、だまされたふり作戦を認識せず、Ａから発送された荷物を受領した。

第１審判決は、Ｘと共犯者Ｙらとの間では、本件公訴事実記載の詐欺につき、事前共謀は成立しておらず、Ｙによる欺罔行為後に共謀がされたと認められるが、Ｘの共謀加担前に共犯者が欺罔行為によって詐欺の結果発生の危険性を生じさせたことについては、それをＸに帰責することができず、かつ、Ｘの共謀加担後は、だまされたふり作戦が開始されたため、ＸとＹらに

おいて詐欺の実行行為がなされたということはできず、Xは詐欺未遂罪の共同正犯の罪責を負うとは認められないとして、Xに対し、無罪の言渡しをした。

　検察官が控訴したところ、原判決は、Xが欺罔行為後の共謀に基づき被害者による財物交付の部分のみに関与したという事実関係を認定し、これを前提として、だまされたふり作戦の開始にかかわらず、Xについては詐欺未遂罪の共同正犯が成立するとし、これを認めなかった第１審判決には、判決に影響を及ぼすことの明らかな事実誤認があるとして、第１審判決を破棄し、Xを懲役３年、５年間執行猶予に処した。これに対し、弁護側が上告した。

### 判旨

　最高裁は、上告を棄却し、「特殊詐欺におけるいわゆるだまされたふり作戦（だまされたことに気付いた、あるいはそれを疑った被害者側が、捜査機関と協力の上、引き続き犯人側の要求どおり行動しているふりをして、受領行為等の際に犯人を検挙しようとする捜査手法）と詐欺未遂罪の共同正犯の成否について、職権で判断する」として、原判決の認定を踏まえ、本件事実を次のようにまとめた。

　「Cを名乗る氏名不詳者は、平成27年３月16日頃、Aに本件公訴事実記載の欺罔文言を告げた（以下『本件欺罔行為』という。）。その後、Aは、うそを見破り、警察官に相談してだまされたふり作戦を開始し、現金が入っていない箱を指定された場所に発送した。一方、Xは、同月24日以降、だまされたふり作戦が開始されたことを認識せずに、氏名不詳者から報酬約束の下に荷物の受領を依頼され、それが詐欺の被害金を受け取る役割である可能性を認識しつつこれを引き受け、同月25日、本件公訴事実記載の空き部屋で、Aから発送された現金が入っていない荷物を受領した（以下『本件受領行為』という。）」。その上で以下のように判示した。

　上記事実関係によれば、「Xは、本件詐欺につき、**共犯者による本件欺罔行為がされた後、だまされたふり作戦が開始されたことを認識せずに、共犯者らと共謀の上、本件詐欺を完遂する上で本件欺罔行為と一体のものとして予定されていた本件受領行為に関与**している。そうすると、だまされたふり作戦の開始いかんにかかわらず、Xは、その**加功前の本件欺罔行為の点も含めた本件詐欺につき、詐欺未遂罪の共同正犯としての責任を負うと解するのが相当である。**」

　「したがって、本件につき、Xが共犯者らと共謀の上被害者から現金をだまし取ろうとしたとして、共犯者による欺罔行為の点も含めて詐欺未遂罪の共同正犯の成立を認めた原判決は、正当である。」

解　説

## 1　特殊詐欺の捜査と本判決の意義

　いわゆる「特殊詐欺事犯」の摘発とそれによる被害の防止が、現在においても、日本の刑事司法・刑事捜査の取り組むべき最重要課題であるといってよい。そこで本件で問題となった、いわゆる「だまされたふり作戦」が登場する。被疑者を錯誤に陥らせるものではあるが、一定の範囲で許されることが確定しているおとり捜査（最一小決平成16.7.12刑集58-5-333）と類似しているが、積極的に相手の犯意を誘発するような働き掛けはなく、その意味で手続法的問題性は少ないと考えられている。ただ、同作戦により検挙されたいわゆる「出し子」「受け子」に対し、無罪を言い渡す下級審裁判例が、短期間に多数登場した[1]。その過半は高裁で覆されたが、実務上の動揺は、平成29年末まで残っていたといえよう。その中で、だまされたふり作戦により検挙された受け子に詐欺罪の承継的共同正犯の成立を認めた本件最高裁決定が出されたことは、一連の動きに一応の決着をつけたものとして、大きな意味を持つ。

　そして、刑法理論的には、詐欺罪の欺罔行為終了後に、財物を受け取る行為のみについて関与する共謀に加わった者にも、詐欺罪の承継的共同正犯が成立し、しかも、「だまされたふり捜査により現金の詐取の可能性がなくなった時点」で共謀に加わった場合にも、詐欺未遂罪の承継的共同正犯が成立することが明らかになったことが重要である。下級審の議論（さらに検察官の主張）の中には、不能犯論がしばしば登場するが、あくまでも、共同正犯の成否が争点で、「『具体的危険説』を採用するから詐欺未遂罪の承継的共同正犯が成立する」という整理は、正確ではないであろう。

## 2　本件第1審判決の特徴

　本件第1審の福岡地判平成28年9月12日が、特殊詐欺の受け子について、詐欺未遂罪の承継的共同正犯の成立を否定した。福岡地裁は、「Xが、共謀加担後、詐欺の結果が生じる危険性を発生させることについて何らかの因果性（寄与）を及ぼしたとはいえず、詐欺未遂の承継的共同正犯の罪責を負うとは認められない」と断じた。福岡地裁は、(1)行為当時、行為者が特に認識した事情及び一般人に認識可能な事情を基礎とし、一般人の視点で判断すべきとするが（具体的危険説）、(2)危険性の判断の主体は、「犯人側の状況と共に、それに対応する被害者側の状況をも観察し得る『一般人』でなければならない」という独自の主張を展開し、犯人検挙のためにだまされたふりをすることにして犯人を捕捉するために本件荷物を発送しXがそれを受け取ったという事実経過は、

特段の科学的知見などを用いることなく認識し得ると考えられ、この点を前提とすれば、Xの本件荷物受取り行為は、詐欺罪の結果発生の危険性を有しないとし、Xが、共謀加担後、詐欺の結果が生じる危険性を発生させることについて何らかの因果性（寄与）を及ぼしたとはいえず、詐欺未遂の承継的共同正犯の罪責を負うとは認められないとしたのである。

　しかし、Xの立場に立つ一般人から「ダミーの物が送られていること」が予見可能であるとすることは妥当ではない。少なくともそれは、実質的には、事後的に客観的全事情を考慮して危険性を判断することに近づく。しかし、それは判例の採用するところではない（最三小判昭和51.3.16刑集30-2-146。さらに、前田雅英『刑法総論講義第7版』122頁）。

　しかし、それ以上に問題なのは、承継的共同正犯論において客観的因果性を極端に強調し、因果的影響を及ぼしたことが具体的に認定し得る範囲でしか共同正犯性を持ち得ないとする点である。主観的事情も併せて考えれば、例えば暴行が加えられて反抗が抑圧されている者から、その事情を知って先行者と意思を通じて財物を奪う行為も、強盗罪の共同正犯たり得る。

## 3　本件原審と最高裁の判示

　これに対し、本件の原審である福岡高判平成29年5月31日（判タ1442-65）は、財物交付の部分のみに関与した場合でも、先行する欺罔行為と相まって、財産的損害の発生に寄与し得ることは明らかなので、いわゆる承継的共同正犯として詐欺罪の成立を認め得るとする。

　その上で、第1審のように「犯人側と共に、それに対応する被害者側の状況をも観察し得る一般人」を想定するのではなく、一般人が、その認識し得た事情に基づけば結果発生の不安感を抱くであろう場合には、法益侵害の危険性があるとして未遂犯の当罰性を肯定してよく、本件で「だまされたふり作戦」が行われていることは一般人において認識し得ず、被告人ないし本件共犯者も認識していなかったから、これを法益侵害の危険性の判断に際しての基礎事情から除けば、被告人が本件荷物を受領した行為を外形的に観察すれば、詐欺の既遂に至る現実的危険性があったということができるとした。

　ただ、本件を「不能犯論の類推」で、すなわち客観的な「結果発生の可能性の程度」のみで処理するのは妥当ではない。本件の問題は、詐欺未遂罪の（承継的）共同正犯を認めるか否かにある。同じく「結果が発生し得ない事情」が存在しても、先行行為の存在とそれによって生じた状態を知って（さらにはそれを積極的に利用する意思で）関与したか否かも、共同正犯性（先行事情の承継の可否）に大きく影響する。また、不能犯論の具体的危険説を前提にしても、第1審と原審のように「逆の結論」に至り得る。欺罔行為時に一般人から

見て一定程度の危険性があれば、受取にのみ関与した者も、全て詐欺未遂罪の共同正犯に当たるとすることも、妥当でない。関与（承継）の客観的・主観的態様の総合的吟味が必要なのである。

そのような中で、最高裁が、「共犯者による本件欺罔行為がされた後、だまされたふり作戦が開始されたことを認識せずに、共犯者らと共謀の上、本件詐欺を完遂する上で本件欺罔行為と一体のものとして予定されていた本件受領行為に関与したXは、その加功前の本件欺罔行為の点も含めた本件詐欺につき、詐欺未遂罪の共同正犯としての責任を負う」と判示した。

詐欺未遂罪の共同正犯の成否には、①**欺罔行為がされた後に、だまされたふり作戦が開始され、それを後行者が認識しなかったことがあっても**、②**具体的に認定された内容の共謀があり**、③**関与した本件受領行為が、本件詐欺を完遂する上で欺罔行為と一体のものとして予定されていたことなどが総合的に考慮されなければならないことが示されたのである**。

## 4　承継的共同正犯の成立範囲

共謀加担前に既に生じさせていた傷害結果については、後行者は共謀及びそれに基づく行為がこれと因果関係を有することはないから、傷害罪の共同正犯としての責任を負うことはないといってよい（最二小決平24.11.6刑集66-11-1281）。しかし、強盗罪のような結合犯の場合、判例は、後から財物奪取・姦淫行為のみに関与した者を強盗罪・強姦罪の承継的共同正犯とするものが多い（東京高判昭57.7.13判時1082-141、東京地判平7.10.9判時1598-155、さらに前述最決平24.11.6刑集66-11-1281参照）。

さらに、監禁罪・略取誘拐罪や詐欺罪・恐喝罪等の「単純一罪」への途中からの関与については、結合犯のように分けて独立に評価しにくい面もあり、「一個の実行行為」に途中から関与したものとして、承継的共同正犯が認められてきた（監禁罪について東京高判昭34.12.7高刑集12-10-980、略取誘拐罪について東京高判平14.3.13東高刑時報53-1～12-31参照）。

詐欺罪の場合も、欺罔行為時には参加していなくても、先行の事情を知ってそれを利用する意思で金銭受取を担当した者が、詐欺罪の共同正犯に該当することには、現時点でも異論は少ない。後行者の参加時には財産権侵害の可能性が消えていても、欺罔行為により詐欺未遂罪で処罰すべき危険性が一旦は発生して、その危険の違法性を認識して、当該詐欺行為において重要な位置を占める行為に意図的に加われば、詐欺未遂罪の共同正犯として処断すべきなのである。

1） 特殊詐欺に関し、だまされたふり捜査の手法が導入された後、平成28年に、同捜査が行われて検挙された被告人の無罪判例が続出した。①福岡地久留米支判平成28年3月8日（判時2338-118）、②名古屋地判平成28年3月23日（判時2363-127）、③名古屋地判平成28年4月18日（裁判所 Web）、④福岡地判平成28年9月12日（判時2363-133）（本件第1審）等である。

①福岡地久留米支判平成28年3月8日（判時2338-118参考収録）は、Aから荷物の受領を依頼された被告人が、A及び氏名不詳者と共謀の上、当時78歳の被害者を電話でだまして現金50万円をゆうパックで送付させようとしたが、被害者において当該電話を不審に感じて警察に通報したため、その目的を遂げなかったという詐欺未遂被告事件に関し、被告人・被害者の供述の信用性に疑問があるとし、詐欺の故意・詐欺罪に関する共謀が認定できないとして無罪とした。

これに対し、控訴審の福岡高判平成28年12月20日（判タ1439-119）は、受け子につき詐欺の未必的故意を認めた上で、詐欺未遂罪の共同正犯の成立を認めた。本件受領行為は、**詐欺罪を構成するために不可欠な犯罪行為の一部である**とした上で、「未遂犯としての可罰性の有無を決するためには、いわゆる不能犯における判断手法により、当該行為の時点で、その場に置かれた一般通常人が認識し得た事情及び行為者が特に認識していた事情を基礎として、当該行為の危険性の有無を判断するのが相当である」として、被害者がだまされたふりをしているとの事情は一般人は認識し得ないといえるから、行為の危険性を判断する際の基礎事情から排除・捨象して考えれば、被告人は、被害者においてだまされたが故に発送した本件荷物を受領したということになるから、被告人の本件受領行為に実行行為性を肯定することができ、未遂犯としての可罰性があることは明らかであるとした（**具体的危険説**からの論証）。

ただ、（承継的）共同正犯を認める上では、未遂として処罰に値する危険性を説明できるという点以上に、「本件受領行為は詐欺罪を構成するために不可欠な犯罪行為の一部である」という高裁の判示が重要なのである。一部しか関与しない後行者に共同正犯を帰責するには、成立する罪の中でのいかなる部分に関与したかが重要である。さらには、先行事情に関しての認識・積極利用の意図の有無も重要となる。

②名古屋地判平成28年3月23日（判時2363-127）も、詐欺罪の故意、共謀に欠けるとして、受け子を無罪にした。荷物を受け取ることを包括的に合意して、詐欺の概括的な共謀を遂げたと認めることもできないとしたのである。

ただそれに加えて、共謀が認定できたとしても、被告人は、だまされたふり捜査として被害者側が模擬現金を郵送依頼した後に共謀参加しており、「被告人が荷物を受け取ることを承諾した行為が、Aが**荷物配達依頼者の行為に何らかの影響を与えたと認めることはできない**」、「詐欺既遂の現実的危険という本件詐欺未遂の結果が既に発生し終わった後に、被告人が関与したことになるから、詐欺未遂の結果と因果関係を有することはなく、本件詐欺未遂の共同正犯の責任を負わせることはできない」と判示した。

そして、検察官が、不能犯の具体的危険説を援用して、「配達依頼をした荷物の中に現金が存在していないことは一般人が知り得ないことなどの事情に照らすと、荷物を受け取る行為は、なお詐欺の結果発生の具体的危険性のある行為といえ、詐欺未遂の共謀をしたといえる」と主張したのに対し、本件では、うその電話をかけて詐欺既遂の現実的危険が生じており、詐欺未遂自体は成立しているのであって、「その後に関与した被告人に詐欺未遂の共同正犯としての罪責を問うことができるかが問題となっているのであるから、犯罪の成否自体を問題とする不能犯とは、その問題状況を異にしている」とした上で、**模擬現金の配達が依頼された後に、これを受け取ることを依頼され受け取る行為をしたとしても、結果を発生させる客観的危険に何ら寄与するものではなく、被告人の受領行為を詐欺罪の一部と見ることはできない**としたのである。

この点に関し、控訴審の名古屋高判平成28年9月21日（WJ）は、「被害者が詐欺に気付いて模擬現金入りの荷物の配達依頼等をしたからといって詐欺既遂の結果発生の現実的危険は消失しておらず、その後に荷物を受領した被告人の行為は詐欺の実行行為に当た

り、詐欺未遂の成立する余地がないとしたのは誤りである」と判示した。

そして、「行為時の結果発生の可能性の判断に当たっては、**一般人が認識し得た事情及び行為者が特に認識していた事情を基礎とすべきである**」として、だまされたふり捜査は、一般人が認識し得たともいえないから、詐欺既遂の結果発生の現実的危険の有無の判断に当たっての基礎事情とすることはできないとし、被告人に詐欺未遂罪が成立し得るとしたのである。

ただ、詐欺罪の財物受取にのみ関与した者が詐欺罪の共同正犯たり得るかは、関与時の財産侵害の客観的可能性も影響するが、本件詐欺罪の中での受取行為の重要性、先行事情についての認識等も考慮する必要があるとした。

ただ、名古屋高裁は、共謀の事実が認定できないとして無罪としたのである。

③だまされたふり捜査により検挙された者を無罪とした第3の判例が、**名古屋地判平成28年4月18日**（裁判所Web）である。バイク便を営む被告人が氏名不詳者らと共謀の上、氏名不詳者らが電話でうそを告げて現金を送付させようとしたが、電話相手が警察に相談したためその目的を遂げなかったとして詐欺未遂罪に問われた事案において、警察に相談した被害者に関しては、相談した時点で詐欺による結果惹起は不能となっているため、その後に荷物の受取・運搬の依頼を受けた被告人が詐欺の共謀を遂げたとは認められないとして、無罪とした。被害者が警察に相談した時点で一旦生じていた詐欺既遂の現実的危険が消失し、結果惹起は後発的に不能となっていたとしたのである。

これに対し、控訴審である**名古屋高判平成28年11月9日**（WJ：名古屋高判平成28年9月21日と同一の裁判長）は、結果発生が後発的に不可能になった後に共謀関係に加わった者の犯罪の成否は、**共犯関係に入った時点**で結果発生の現実的危険があるか否かによって判断すべきであると考えられるので、不能犯論と基本的に同じように考えて、一般人が認識し得た事情及び行為者が特に認識していた事情を基礎に行為時の結果発生の可能性を判断すべきとし、警察に相談して模擬現金入りの荷物を発送したという事実は、詐欺既遂の結果発生の現実的危険の有無の判断に当たっての基礎事情とはならないので、詐欺既遂の結果発生の現実的危険はあったとみるべきであるとした。そして、受け子が共謀した氏名不詳者らの詐欺の犯意は失われていなかったのであるから、詐欺未遂罪の共謀共同正犯が成立すると判示した。本判決においても、名古屋高裁は、「受領行為が実行行為か否かの点はひとまず措いたとしても、財物の騙取を実現するための重要な行為であり、氏名不詳者らと意思を通じ合ってこれを分担したのであれば、正犯者といえる程度に犯罪の遂行に重要な役割を果たしたものとして、少なくとも共謀共同正犯には当たり得る」と判示したのである。

## ③ 過失の共同正犯
最三小決平成28年7月12日（刑集70-6-411）

### Focus

判例は、過失の共同正犯の概念を正面から認めた上で、「業務上過失致死傷罪の共同正犯が成立するためには、共同の業務上の注意義務に共同して違反したことが必要である」と、その成立範囲の基準を明示した。もともと、最二小判昭和28年1月23日（刑集7-1-30）は、ウィスキーと称する液体をメタノールを含んでいるか否か十分検査せず販売した事案につき、飲食店を共同経営しており、意思を連絡して販売をしたというのであるから、過失によるメタノール含有飲料販売の罪の共同正犯が成立するとしていた。しかし、刑法犯について、過失の共同正犯の成立要件を正面から、はっきりとした言い回しで示した意義は大きい。

### 事実

(1) 本件は、平成13年7月21日、明石市民夏まつりで実施された花火大会において、参集した多数の観客が、花火大会が実施された公園と最寄りの駅とを結ぶ歩道橋に集中して過密な滞留状態となり、強度の群衆圧力が生じて、多数の者が折り重なって転倒するいわゆる群衆なだれが生じ、11人が死亡し、183人が負傷した事故（明石市花火大会歩道橋事故）に関するものである。

この事故について、花火大会を実質的に主催した明石市職員3名、明石警察署B地域官（現地警備本部指揮官）であった者、明石市と契約していた警備会社の支社長・警備統括責任者の計5名が業務上過失致死傷罪で起訴され、有罪とされた（明石警察署B地域官と警備会社支社長の2名が最高裁まで争ったが、最一小決平22.5.31刑集64-4-447で有罪が確定している）。

本件は、同事故に関し、上記5名に加えて、当時の明石警察署副署長Xが、改正検察審査会法に基づく強制起訴の最初の適用対象として、平成22年4月20日に業務上過失致死傷罪で起訴されたものである。

(2) Xは、警察事務全般にわたり署長を補佐していたが、本件警備計画の策定に当たっても、助言し、明石市側との検討会に出席するなどした。

本件事故当日、Xは警備副本部長として署長の指揮権を適正に行使させる義務を負い、現場の警察官との電話等により情報を収集し署長に報告、進言するなどしていた。

一方、B地域官は現場において配下警察官を指揮し、参集者の安全を確保すべき業務に従事し、警備会社の警備員の統括責任者らと連携して情報収集

することができ、現場付近に配置された機動隊の出動についても、自己の判断で緊急を要する場合は自ら直接要請する方法により実現できる立場にあった。

本件事故については、最終の死傷結果が生じた平成13年7月28日から公訴時効が進行し、公訴時効停止事由がない限り、同日から5年の経過によって公訴時効が完成する。そこで、検察官の職務を行う指定弁護士は、明石警察署B地域官が平成14年12月26日に業務上過失致死傷罪で起訴され、平成22年6月18日に同人に対する有罪判決が確定した点に着目し、XとB地域官が刑訴法254条2項にいう「共犯」に該当し、Xに対する関係でも公訴時効が停止していると主張した。

**判旨**

最高裁は、検察官の職務を行う指定弁護士の、XとB地域官は刑訴法254条2項にいう「共犯」に該当するとの主張に対し、職権で以下のような判断を示した。

「本件において、XとB地域官が刑訴法254条2項にいう『共犯』に該当するというためには、XとB地域官に業務上過失致死傷罪の共同正犯が成立する必要がある。

そして、業務上過失致死傷罪の共同正犯が成立するためには、**共同の業務上の注意義務に共同して違反したことが必要**であると解されるところ、以上のような明石警察署の職制及び職務執行状況等に照らせば、B地域官が本件警備計画の策定の第一次的責任者ないし現地警備本部の指揮官という立場にあったのに対し、Xは、副署長ないし署警備本部の警備副本部長として、A署長が同警察署の組織全体を指揮監督するのを補佐する立場にあったもので、B地域官及びXがそれぞれ分担する役割は基本的に異なっていた。本件事故発生の防止のために要求され得る行為も、B地域官については、本件事故当日午後8時頃の時点では、配下警察官を指揮するとともに、A署長を介し又は自ら直接機動隊の出動を要請して、本件歩道橋内への流入規制等を実施すること、本件警備計画の策定段階では、自ら又は配下警察官を指揮して本件警備計画を適切に策定することであったのに対し、Xについては、各時点を通じて、基本的にはA署長に進言することなどにより、B地域官らに対する指揮監督が適切に行われるよう補佐することであったといえ、本件事故を回避するために**両者が負うべき具体的注意義務が共同のものであったということはできない**。Xにつき、B地域官との業務上過失致死傷罪の共同正犯が成立する余地はないというべきである。」とし、B地域官に対する公訴提起によって公訴時効が停止するものではなく、原判決がXを免訴とした第1審判決を維持したことは正当であるとした。

I 刑法総論

## 解　説

### 1　過失共同正犯に関する学説

　最二小判昭和28年1月23日（刑集7-1-30）の存在にもかかわらず、昭和40年代までは、過失の共同正犯否定説が圧倒的であった（団藤重光『刑法綱要総論第3版』393頁）。当時の通説である犯罪共同説からは、「犯罪」を共同する必要がある以上、「結果に対応する意思のないところに、その共同ないし共同実行ということはあり得ない」とされた（小野清一郎・刑事判例評釈集15巻5頁）。たとえ犯罪構成要件以前の自然的行為を共同する意思があっても、「犯罪」についての相互の了解が欠ける以上、過失の共同正犯は認められないとするわけである。

　これに対し、行為共同説は、「行為を共同にする意思があれば足り、結果を共同にする意思、従って、故意の共同を必要としないから、結果的加重犯については行為を共同にするという意思の共同があれば共同者のすべてが結果に対して責任を負うことになり、又、過失犯の共同正犯を認める」と主張した（木村亀二『刑法総論』405頁）。

　しかし、行為共同説が相対的に有力化するとともに、犯罪共同説の側からも、過失の共同正犯を認める学説が登場してくる。目的的行為論・新過失論を土台に、過失犯にも固有の実行行為性があるとし、「この実行行為を共同するという『過失犯の共同正犯』が認められよう」とするのである（福田平『新版刑法総論』202頁、大塚仁『刑法概説（総論）〔改訂版〕』254頁参照）。

　過失犯においても、「行為を共同して結果に影響を与える場合」は考えられるであろう。過失単独正犯でも結果の認識は要求されない以上、過失共同正犯においても「結果についての意思の連絡」を必須とすることはできないという認識は、定着していく。

### 2　過失行為の意思の連絡

　一方、共同正犯論においては、「『共同』の中心が無意識的部分なのか意識的部分なのか」という対立が存在する。共同正犯の実質につき物理的因果性重視し、片面的共同正犯を認めるような立場は、過失の共同正犯を認めやすい。逆に心理的因果性を中心に考えれば、「犯罪についての意思の連絡」は認めにくいという対応関係も考えられる。そして、共謀共同正犯が広く認められることに象徴されるように、判例においては共同実行の意思、すなわち心理的因果性が重視されており、実務上は、過失共同正犯の成立がかなり限定されたものとなってきたのである。

ただ、過失の共同正犯の典型例とされる、「高いところから共同して石を下に落とし通行人を負傷させた事例」で、Xは人が通り危険だと知っていたが、Yにはそのような危険を知る余地がなかった場合を考えてみると、「石を落とすこと」についての意思の連絡だけでは、Yに傷害結果を帰責することが不合理であることは明らかである。石が当たった場合にYを過失致死罪に問擬し得ないからである。そこで、「危険性の共同認識」ないし、「共同過失」が要求されることになる。別の言い方をすれば、**共同する実質的危険行為を相互に危険だと認識し得るだけの事情**の存在も必要なのである。過失の共同正犯に積極的な有力学説も、共に販売しただけでは足りないが、「共に不注意にもメタノールを含んでいないと軽信して販売したことが必要」だとしてきた（内田文昭『刑法における過失共働の理論』61頁参照）。

### 3　過失共同正犯の判例の流れ

　大審院は、過失の共同正犯に消極であったといえよう（大判明44.3.16刑録17-380、大判大3.12.24刑録20-2618。なお、大判昭10.3.25刑集14-339参照）。
　しかし、最二小判昭和28年1月23日（刑集7-1-30）が、過失共同正犯を認める。名古屋高判昭和31年10月22日（高裁特報3-21-1007）、京都地判昭和40年5月10日（下刑集7-5-855）等が過失の共同正犯を認めた後、名古屋高判昭和61年9月30日（高刑集39-4-371）は、一方が電気溶接する間他方が監視し、その役割を逐次交代しており、いずれの溶接行為の火花が原因かは特定できなかったが、両名は遮蔽措置を講じなくても大丈夫であろうとの相互の意思連絡の下に、現住建造物を焼燬した事案について[1]、溶接作業という実質的危険行為を共同して本件溶接作業を遂行したものと認められるので、業務上失火罪の共同正犯の責任を負うべきだとした。
　「**相互の意思連絡の下に本件溶接作業という一つの実質的危険行為を共同して本件溶接作業を遂行したものと認められる場合、共同正犯としての責任を負うべき**」としたのである。
　東京地判平成4年1月23日（判時1419-133）も、地下で炎を用いる作業に従事していた2人が、洞外に退出するに当たりランプを確実に消火したことを相互に確認せずに立ち去り、火災を発生させた事案について、過失の共同正犯を認めた。「危険かつ重大な結果の発生することが予想される場合においては、

---

[1]　鉄鋼所の従業員であるT、Nが鋼材の電気溶接作業を行うに当たり、一方が庇の上で溶接する間他方が地上で火花の飛散状況を監視し、途中で各人の役割分担を交代するという方法で溶接作業を実施した際、発生した輻射熱又は火花などによって周囲の可燃物を発火させ、現住建造物を焼燬したがいずれの溶接行為の火花が原因かは特定できなかったという事案であった。

相互利用・補充による共同の注意義務を負う共同作業者間において、その注意義務を怠った共同の行為があると認められる場合、その共同作業者全員に対し、過失犯の共同正犯の成立」を認めるべきだとしたのである。

　札幌地小樽支判平成12年3月21日（判時1727-172）は、ガイドである被告人両名が、雪崩に巻き込まれる危険性がある場所で休憩したため、ツアー参加者2名が雪崩によって死傷した事案で、被告人らは、ツアー参加者の死傷結果を回避すべき共同の注意義務に違反したものであるとし、東京地判平成12年12月27日（判時1771-168）は、看護師Xが血液凝固防止剤を投与する際に、他の患者に対して使用する消毒液を誤って準備し、看護師Yがこれを確認せずに被害者に投与したため、被害者を死亡させた事案で、看護師Xは、患者に投与する薬剤を準備するにつき、両者の過失の相重なり合いによる業務上過失致死罪の共同正犯の成立を認めた。

　奈良地判平成24年6月22日（判タ1406-363）は、病院長と勤務医は、肝臓外科専門医ではなく、患者の腫瘍を肝臓がんであると誤診した上、肝臓背部側の腫瘍の切除手術を安全に実施するための人員態勢として不十分であることを認識しつつ執刀し、患者を死亡させた事案に関し、切除術が安全に実施できるものと軽信してその旨意思を通じ、不十分な人員態勢のまま本件手術を開始したという注意義務に違反する共同過失行為があったとしての業務上の共同注意義務違反を認めた。

## 4　共同注意義務の共同違反

　藤木英雄博士は、「危険の予想される状態において、事故防止の具体的対策を行うについての相互利用・補充という関係に立ちつつ結果回避のための共通の注意義務を負う者の共同作業上の落度が認められたときが過失犯における共同実行である」とされた（藤木英雄『刑法講義総論』294頁、さらに、大塚仁『刑法総論Ⅰ』381頁参照）。すなわち、「相手にも守らせるような義務を相互に含む注意義務」が認められる場合に、つまり他方の行為についてまで注意しなければならない場合に過失の共同正犯が成立するとされたわけである。

　本件決定が、過失の共同正犯の要件として明示した「**共同の業務上の注意義務に共同して違反したこと**」は、上記学説と、基本的には同様のものと考えてよい。最高裁はその上で、本件は**具体的注意義務が共同のものであったということはできない**としたのである。それは、本件が**同種義務併存型**の事例ではなかったということによる面が大きい。

　最決平成22年5月31日は、午後8時以降の状況では、強い流入規制等を行わなければ、花火大会終了の前後から歩道橋内において双方向に向かう参集者の流れがぶつかり、雑踏事故が発生することを容易に予見し得たものと認められ

るとして、地域官Bは、直ちに、配下警察官を指揮するとともに、機動隊の出動を要請することにより、歩道橋内への流入規制等を実現して雑踏事故の発生を未然に防止すべき業務上の注意義務があったとした。それに対して、本決定は、Xについては、各時点を通じて、基本的にはA署長に進言することなどにより、B地域官らに対する指揮監督が適切に行われるよう補佐することであったといえ、本件事故を回避するために両者が負うべき具体的注意義務が共同のものであったということはできないとしたのである。

さらに、その前提となる警備計画の策定段階に関しても、B地域官が本件警備計画の策定の第一次的責任者であったのに対し、Xは、副署長（署警備本部副本部長）として、あくまでA署長が組織全体を指揮監督するのを補佐する立場で、B地域官及びXがそれぞれ分担する役割は基本的に異なっていたとし、Xについて本件事故発生の防止のために要求され得る行為は、各時点を通じて、基本的にはA署長に進言することなどにより、B地域官らに対する指揮監督が適切に行われるよう補佐することであったといえ、本件事故を回避するために負うべき具体的注意義務がB地域官と共同のものであったということはできないとしたのである。

確かに、Xには、直接の責任者である地域官Bと「共同の注意義務」は認められないといえよう。そして、Xについては、直接正犯として業務上過失致死傷罪の成立を基礎づける注意義務違反も認定し得ないように思われる。

「注意義務の共同」を強調すると、「事故防止という共通の目的に下に参画した者は、事故発生に関し、全て共同過失を認め得る」ということになりかねない（前述京都地判昭40.5.10参照）。しかし、一個の過失行為を共同しない類型、不作為型の類型では、同一の注意義務の認定が慎重に行われる必要がある。その際には、過失（共同正）犯として処罰に値するだけの注意義務の認定が必要であり、形式上は構成要件に該当し得る数多くの行為の中から可罰性のある行為を選別する過失犯の場合には、過失単独犯を成り立たせるだけの注意義務に「近いもの」が、共同正犯の成立にも要求されているのである。

## ④ 精神的幇助
最三小決平成25年４月15日（刑集67-4-437）

### Focus

刑法典は60条で、２人以上が共同して犯罪を実行する共同正犯を定め、61条で人を教唆して犯罪を実行させる教唆犯を規定する。刑法62条は、正犯を幇助した者を従犯とし、63条は、従犯の刑は正犯の刑を減軽すると定めている。幇助とは、他人の犯罪を容易ならしむるものであるが、その具

体的な内容が明らかにされなければならない。

## 事実

(1) 被告人Ｘ（当時45歳）及び被告人Ｙ（当時43歳）は、運送会社に勤務する同僚運転手であり、同社に勤務するＡ（当時32歳）とは、仕事の指導等をする先輩の関係にあるのみならず、職場内の遊び仲間でもあった。

(2) 被告人両名は、平成20年２月17日午後１時30分頃から同日午後６時20分頃までの間、飲食店でＡらと共に飲酒をしたところ、Ａが高度に酩酊した様子をその場で認識したばかりでなく、更に飲酒をするため、別の場所に向かってＡがスポーツカータイプの普通乗用自動車（以下「本件車両」という。）で疾走する様子を後から追う車内から見て、「あんなに飛ばして大丈夫かな」などと話し、Ａの運転を心配するほどであった。

(3) 被告人両名は、目的の店に到着後、同店駐車場に駐車中の本件車両に乗り込んで、Ａと共に同店の開店を待つうち、同日午後７時10分前後頃、Ａから、「まだ時間あるんですよね。一回りしてきましょうか」などと、開店までの待ち時間に、本件車両に被告人両名を同乗させて付近の道路を走行させることの了解を求められた折、被告人Ｘが、顔をＡに向けて頷くなどし、Ｙが、「そうしようか」などと答え、それぞれ了解を与えた。

(4) これを受けて、Ａは、アルコールの影響により正常な運転が困難な状態で、上記駐車場から本件車両を発進させてこれを走行させ、これにより、同日午後７時25分頃、埼玉県熊谷市内の道路において、本件車両を時速100ないし120キロメートルで走行させて対向車線に進出させ、対向車２台に順次衝突させて、その乗員のうち２名を死亡させ、４名に傷害を負わせる本件事故を起こした。被告人両名は、その間、先に了解を与えた際の態度を変えず、Ａの運転を制止することなく本件車両に同乗し、これを黙認し続けていた。

第１審は、被告人両名にいずれも危険運転致死傷幇助罪の成立を認め、それぞれ懲役２年を言い渡したのに対し、弁護人らが事実誤認等を理由に控訴したが、控訴審は、控訴を棄却した。

弁護側は、Ｘ、ＹはＡによる本件車両の運転を了解し、その走行を黙認しただけでは両名に危険運転致死傷幇助罪は成立しない等と主張して上告した。

## 判旨

　　上告棄却。「**刑法62条１項の従犯とは、他人の犯罪に加功する意思をもって、有形、無形の方法によりこれを幇助し、他人の犯罪を容易ならしむるものである**（最高裁昭和24年10月１日第二小法廷判決・刑集３巻10号1629頁参照）ところ、……Ａと被告人両名との関係、Ａが被告人両名に本件車両発進につき了解を求めるに至った経緯及び状況、これに対する被告人両名の応答態度等に照らせば、**Ａが本件車両を運転するについては、先輩であり、同乗している被告人両名の意向を確認し、了解を得られたことが重要な契機となっている一方、被告人両名は、Ａがアルコールの影響により正常な運転が困難な状態であることを認識しながら、本件車両発進に了解を与え、そのＡの運転を制止することなくそのまま本件車両に同乗してこれを黙認し続けたと認められるのであるから、上記の被告人両名の了解とこれに続く黙認という行為が、Ａの運転の意思をより強固なものにすることにより、Ａの危険運転致死傷罪を容易にしたことは明らかであって、被告人両名に危険運転致死傷幇助罪が成立するというべきである**。これと同旨の原判断は相当である。」

## 解説

### 1　幇助の意義

　　刑法62条１項の従犯とは、本判決が明示しているように、**他人の犯罪に加功する意思をもって、有形、無形の方法によりこれを幇助し、他人の犯罪を容易ならしむるものである**。幇助の場合は、正犯者との間に意思の連絡は必ずしも必要ではない。友人の窃盗行為を、見て見ぬ振りをし一方的に手助けするような**片面的幇助**も認められる。正犯者Ｘが賭場を開くことを知って、Ｙがこれを手伝うつもりでＸには何も告げずに客を案内する行為は賭博場開張罪の幇助であり（大判大14.1.22刑集3-921）、Ｘが投票活動に干渉する事実を現認しながらそれを放置したＹについても、投票干渉罪の幇助犯の成立が認められた（大判昭3.3.9刑集7-173）。日本に向けて拳銃を隠したテーブルの発送を依頼された者が、拳銃の存在を途中から未必的に認識したにもかかわらず手伝った行為も、密輸の幇助となる（東京地判昭63.7.27判時1300-153）。学説上も、ＸがＡ女を強姦しようとしている際、ＹがＡの足を押さえていたので犯行が容易になった場合、ＸがＹの行為を全く認識していなくても、Ｙは幇助になるとされている（平野龍一『刑法総論Ⅱ』392頁参照）。ただ、ＸがＡを銃で殺害しようとしているのを片面的に手助けしようとＹも銃でＡを射ったが、結局Ｘの弾丸のみが命中してＡが死亡した場合には、Ｙは幇助犯とはならないであろう。幇助の場合にも、原則としては、因果性が必要である。

## 2　精神的幇助

　幇助行為は、非常に多様なものを含み得るので、処罰に値する程度のものの類型化が必要であり、さらに、幇助の故意による処罰範囲の限定も重要である（ホテトル宣伝冊子を印刷した印刷業者に売春周旋罪の幇助を認めた東京高判平2.12.10判タ752-246参照）。幇助行為は、本来は有形的なものである。道具や場所を与えるなどが典型といえよう。しかし、無形的なものとしては、**犯罪に関する情報提供**をしたり**精神的に犯意を強める**ことも含む。

　なお、激励したり情報提供するような無形的幇助は、教唆との限界が問題となりそうに見える。理論的説明としては、「犯意を新たに生ぜしめたのか（教唆）」、「既に存在する犯意を強めたのか（幇助）」で区別されることになり、そのいずれか微妙な場合も想定できないことはない。しかし、日本では、「教唆」がほとんど認定されていないことを認識しておく必要がある。犯意を生ぜしめる当罰性の高い事案は共同正犯とされ、教唆は本当に例外的なのである。それに比して、幇助はある程度適用されている。

　本判決は、職場の後輩がアルコールの影響により正常な運転が困難な状態であることを認識しながら、車両の発進を了解し、同乗して運転を黙認し続けた危険運転致死傷に関与した事案について、①正犯者の**先輩**であり、②被告人両名の**了解が重要な契機**となり、③**正常な運転が困難な状態であることを認識**しながら車両発進に**了解を与え**、④運転を制止することなくそのまま**本件車両に同乗してこれを黙認し続けた**ということが、**運転の意思をより強固なものにし危険運転致死傷罪を容易**にしたとして、被告人両名に危険運転致死傷幇助罪が成立するとした。不作為の態様の幇助には、(ア)正犯行為（結果）惹起との結びつきの程度（①②④）と(イ)その認識（③）に加え、(ウ)作為義務の有無（①④）が考慮される。

　原審も指摘するように、X・Yの了解・黙認が幇助行為として処罰の対象とされるのは、単に危険運転行為に了解・黙認したとの一事によるのではなく、本犯者との関係、犯行に至るまでの経緯等の状況に照らしてその了解・黙認が処罰に値する実質が備わった幇助行為と認められたからである。

## 3　幇助の因果性

　幇助の「因果性」の重点は、**物理的因果性**より**心理的因果性**にある。そして、「因果性」を形式的に解し、「それをしなければ結果は発生しなかったであろう」と評価し得る幇助以外は不可罰であるとすると、一般に処罰に値すると考えられる幇助行為を処罰し得なくなり不合理である。深夜に侵入窃盗を実行する正犯者の見張りを務めたがその間誰も付近を通行せず、正犯者に何の連絡

もしなかったような場合も、窃盗罪の幇助を構成することに異論は少ない。殺そうとして刀で切りつけ被害者に重傷を負わせた正犯者に、とどめをさすためのピストルを貸す行為は、幇助といわざるを得ない。

　かつて、幇助犯は**危険犯**であり、結果との因果性は論じる必要はないという説明もなされたが、昭和50年代以降の「因果性の重視の流れ」の中で支持は少なかった。また、結果を非常に具体的に厳密に認定することにより、幇助行為と結果に因果性が認定できるという説明もなされた。しかし現在は、**結果を促進（容易に）したか否か**という基準を用いることが多い。結果を可能にしたりその実現を早めた場合の他に、結果発生を導く行為を物理的・心理的に促進した場合も幇助だとする。本件原審も「Yの了解・黙認が本犯者の犯行を容易にした」といえるとしている。

　夜間見張りをする行為は何の連絡をする事態も生じなくとも、正犯者が、見張りがいたから窃盗を実行し得た場合はもとより、見張りがいると考えて安心して遂行できた場合にも、見張り行為は「正犯行為を促進した」と説明し得る。また、例えば正犯者Xが被害者を殺害するに当たり、Yから借りた散弾銃を使用したが、念のためにZからもピストルを借りていた場合、Xが「散弾銃の他にピストルがあるので、殺害する気になった」という場合や、「散弾銃で殺し損ねても、ピストルがあるので安心だ」と考えて犯行に及んだことが立証された場合も、Zのピストル貸与行為が犯行を促進したといい得る。

　ただ、どの程度の影響があれば、「促進した」と言い得るかは、犯罪類型の特徴も加味して、実質的に判断されなければならない（福岡高判平16.5.6高検速報1443参照）。

　東京高判平成2年2月21日（判タ733-232）は、Yから「宝石を奪うので倉庫を使わせてもらいたい」といわれたXが、Yの為に、音が洩れないよう目張りをしておいたところ、Yは結局その倉庫を使用せずに強盗行為に及んだ事案について、幇助行為とは行為**それ自体が正犯者を精神的に力づけ犯意を維持ないし強化することに役立ったことを要する**として、目張り行為について幇助の成立を否定した。確かに、Xの目張行為は、物理的に役立たなかったことはもとより、心理的にも、YがXの行為を認識していない以上、犯意が強まったり安心して実行行為を遂行したとは認められない。ただ、東京高裁は、その後Xが、強盗殺人の実行を助けることになるのではないかと認識しながら、Yの乗っている乗用車に追従して殺害現場に至った行為については、Yも「**Xが自己の後から追従して来ることを心強く感じていたこと**」が認められ、Xの強盗殺人幇助罪は成立するとしたのである。

## 4 不作為と幇助

本事案の実行行為は、「車両発進に了解を与え、そのAの運転を制止することなくそのまま本件車両に同乗してこれを黙認し続けた」ということであり、作為と構成されているが、作為と不作為の複合したものとみることもできる。

もとより、不作為による幇助も、**不作為に対する幇助**も、ともに認められる（札幌高判平12.3.16判時1711-170）。ただ、正犯が実行行為を終了した後は、従犯は考えられない。

授乳しない親に働きかけて犯意を強めることは考えられ、**不作為犯に対する幇助**の存在は否定し得ない。しかし、実際の問題となるのは**不作為による幇助**である。「作為の幇助と同視し得るだけの作為義務」が認められれば、不作為による幇助は成立する（**作為義務説**）。

札幌高判平成12年3月16日（判時1711-170）は、夫による息子A（当時3歳）へのせっかんを制止せず、それにより子どもが殺害された母親の行為について、傷害致死罪の不作為の幇助犯の成立を認めた。原審が、暴行に及ぶことを阻止すべき作為義務があったと認められるが妊娠中のXは夫の強度の暴行をおそれており、その作為義務の程度は極めて強度とまではいえずYの暴行を実力により阻止することは著しく困難な状況にあったとして不作為による傷害致死幇助罪の成立を否定したのに対して、札幌高裁は、Yの暴行を実力により阻止することが著しく困難な状況であったとはいえないし、不作為の幇助犯には「犯罪の実行をほぼ確実に阻止し得たにもかかわらずこれを放置した」という要件は必ずしも必要ないとしている。

不作為の幇助犯の成立には、**作為により結果発生を容易にしたと同視し得ることの立証**があれば足りる。本件ではAの側に寄ってYが暴行を加えないように監視する行為や、Yの暴行を言葉で制止する行為もしなかったと認定されており、母親であることを勘案すれば、作為により結果発生を容易にした（犯行を促進した）と評価することも可能である。

# 第9講 刑罰論

## 1人を殺害しても死刑になる場合
最二小決平成27年2月3日（刑集69-1-1）

### Focus

死刑と無期の限界についての判断は、裁判員裁判において非常に重要な課題となっている。裁判員裁判の死刑の結論を高裁が覆した事件について、最高裁は、高裁の判断を妥当とした。そこでは、1人を殺害した場合にも死刑になり得るかが問われた。

### 事実

被告人Ｘは、金品を強奪する目的で、東京都港区南青山のマンションの被害男性方居室に無施錠の玄関ドアから侵入し、室内にいた当時74歳の被害男性を発見し、同人を殺害して金品を強奪しようと決意し、殺意をもって、その頸部をステンレス製三徳包丁で突き刺し、同人を頸部刺創に基づく左右総頸動脈損傷による失血により死亡させた。

第1審判決は、最二小判昭和58年7月8日（刑集37-6-609）（永山事件判決）に示された死刑選択の際の考慮要素やそれ以降の量刑傾向を踏まえ、殺意が強固で、強盗目的を遂げるため抵抗の余地のない被害者を一撃で殺害するなど、殺害の態様等が冷酷非情なものであること、結果が極めて重大であること、2人の生命を奪った殺人の罪等で懲役20年に処された前科がありながら、出所後半年で金品を強奪する目的で被害者の生命を奪ったことは、刑を決める上で特に重視すべきであり、酌むべき事情がないか慎重に検討しても、死刑とするほかないとした。

それに対し、原判決（東京高判平25.6.20高刑集66-3-1）は、第1審判決を破棄し、被告人を無期懲役に処した。本件では、殺意が強固で殺害の態様等が冷酷非情であり、結果が極めて重大ではあるが、被害者が1名であり、侵入時に殺意があったとは確定できず、殺害について事前に計画したり、当初から殺害の決意を持っていたとはいえず、前科を除く諸般の情状を検討した場合、死刑を選択するのが相当とは言い難い。被殺者が1名の強盗殺人罪

のうち死刑が選択された事案の多くは、①無期懲役に処され仮釈放中の者が、再度、前科と類似性のある強盗殺人罪に及んだという事案、②無期懲役に準ずる相当長期の有期懲役に処された者であって、その前科の内容となる罪と新たに犯した強盗殺人罪との間に顕著な類似性が認められる事案であり、本件被告人の前科は、利欲目的の本件強盗殺人とは社会的にみて類似性は認められず、また、改善更生の可能性がないことが明らかとは言い難く、実際にも、被告人が更生の意欲を持って努力したが、前科の存在が就職にも影響して何事もうまくいかず、自暴自棄になった末の犯行の面があることも否定できないとして、死刑を選択することには疑問があるとした。これに対し、検察官が上告した。

判旨

上告棄却。最高裁は、「死刑が究極の刑罰であり、その適用は慎重に行われなければならないという観点及び**公平性の確保の観点**からすると、**同様の観点で慎重な検討を行った結果である裁判例の集積から死刑の選択上考慮されるべき要素及び各要素に与えられた重みの程度・根拠を検討しておくこと、また、評議に際しては、その検討結果を裁判体の共通認識とし、それを出発点として議論することが不可欠**である。このことは、裁判官のみで構成される合議体によって行われる裁判であろうと、裁判員の参加する合議体によって行われる裁判であろうと、変わるものではない。」

「死刑の科刑が是認されるためには、死刑の選択をやむを得ないと認めた裁判体の判断の具体的、説得的な根拠が示される必要があり、控訴審は、第１審のこのような判断が合理的なものといえるか否かを審査すべきである。」として、第１審判決に対して以下の疑問を呈した。

まず、①刑を決める上で特に重視すべき事情として、「**殺意が強固で殺害の態様等が冷酷非情であり、その結果が極めて重大であること**」を指摘しているが、本件は、**被害者方への侵入時に殺意があったとまでは確定できない事案であり、殺害について事前に計画し、又は当初から殺害の決意をもって犯行に臨んだ事案とは区別せざるを得ない**。本件では**計画性が認定できてはいない**。

②第１審判決は、重視すべき事情として、「**２人の生命を奪った殺人の罪等で懲役20年に処された前科がありながら、金品を強奪する目的で被害者の生命を奪ったこと**」を挙げているが、第１審判決が重視する前科の内容は、**口論の上妻を殺害し、子の将来を悲観して道連れに無理心中しようとした犯行で、本件とは関連が薄い上、被告人は、刑の執行を受け終わり、更生の意欲をもって就職するも前科の存在が影響して職を維持できず、自暴自棄となった末に本件強盗殺人に及んだとみる余地がある**ので、前科の存在を過度に重視するのは相当ではないと指摘した。

その上で、以下のように判示した。「前科を除く諸般の情状からすると死

> 刑の選択がやむを得ないとはいえない本件において、被告人に殺人罪等による相当長期の有期懲役の前科があることを過度に重視して死刑を言い渡した第1審判決は、死刑の選択をやむを得ないと認めた判断の具体的、説得的な根拠を示したものとは言い難い。第1審判決を破棄して無期懲役に処した**原判決は、第1審判決の前記判断が合理的ではなく、本件では、被告人を死刑に処すべき具体的、説得的な根拠を見いだし難いと判断したものと解されるのであって、その結論は当審も是認することができる。**したがって、原判決の刑の量定が甚だしく不当であり、これを破棄しなければ著しく正義に反するということはできない。」

## 解　説

### 1　死刑と無期の今後の判断に与える影響

　最高裁の第二小法廷は、同日にいわゆる「松戸女子大生殺害事件（刑集69-1-99）」についても、第1審の死刑判決を覆し、無期刑を言い渡した東京高裁の判断を維持した。しかも、原審は同じ高裁刑事部の判断であり、事件自体も重大なもので、その上告審の判断の行方が、マスコミなどにも強い関心が持たれていた。特に、裁判員が死刑の判断を示したにもかかわらず、これを覆したという点が、最も注目されていた。

　最大判平成23年11月16日（刑集65-8-1285）は、「法曹のみによって実現される高度の専門性は、時に国民の理解を困難にし、その感覚から乖離したものにもなりかねない側面を持つ」とし、裁判員裁判は「国民の視点や感覚と法曹の専門性とが常に交流することによって、相互の理解を深め、それぞれの長所が生かされるような刑事裁判の実現を目指すもの」とし、最一小判平成24年2月13日（刑集66-4-482）の白木裁判官補足意見が、控訴審の在り方について論じた中で、「裁判員裁判においては、ある程度の幅を持った認定、量刑が許容されるべきことになるのであり、そのことの了解なしには裁判員制度は成り立たない」とし、控訴審は、裁判員の加わった第1審の判断をできる限り尊重すべきとしていたのである。

　ところが最高裁は、「裁判員の判断の尊重」を微妙に修正した。最一小判平成26年7月24日（刑集68-6-925）の補足意見で、白木裁判官が、「処罰の公平性は裁判員裁判を含む刑事裁判全般における基本的な要請であり、同種事犯の量刑の傾向を考慮に入れて量刑を判断することの重要性は、裁判員裁判においても何ら異なるものではない」とし、「裁判員裁判においては、ある程度の幅を持った認定、量刑が許容されるべき」と述べたが、それは適切な評議が行われたことを前提としている」としたのである（捜査研究763号37頁参照）。

　**公平性の確保**の観点を強調し、本件の時点では、「職業裁判官による裁判例

の集積」から死刑の選択上考慮されるべき要素及び各要素に与えられた重みの程度・根拠を踏まえた評議が必要だとしたのである。先例の情報が重要なことはいうまでもないが、そこに含まれる「価値判断」についても尊重すべきことになる。

本件原審が第1審を覆し、無期としたことは違法とはいえない。まして、治安状況の変化や（捜査研究769号72頁参照）、裁判員裁判の判断尊重の流れの修正の中で、最高裁が高裁の判断を支持したのは理解できる。今回検討する最高裁の判断は、後述のように、異論を差し挟む余地がないわけではないが、今後の死刑の適用について、非常に大きな影響を持つことになろう[1]。

### 2  松戸女子大生殺害事件

最二小決平成27年2月3日のもう一方の平成25年（あ）第1729号（住居侵入、強盗強姦未遂、強盗致傷、強盗強姦、監禁、窃盗、窃盗未遂、強盗殺人、建造物侵入、現住建造物等放火、死体損壊被告事件）の事案は、以下のようなものであった。全て被告人の単独犯として認定されている。

(1) (ｱ) 深夜、当時21歳の女性方のマンションの居室に侵入し、帰宅した同女に対し、金品強取の目的で、同所にあった包丁を突き付け、両手首を緊縛するなどの暴行脅迫を加え、その反抗を抑圧して、金品を強取するとともに、殺意をもって、同女の左胸部を同包丁で3回突き刺すなどして殺害し、(ｲ) 合計3回にわたり、強取したキャッシュカード等を使用して現金を窃取し（ただ、2回は未遂）、(ｳ) 15名が現に住居に使用する前記マンションに放火し、女性の死体を焼損するなどして強盗殺人の犯跡を隠蔽しようと、居室内を焼損するとともに、同女の死体を焼損した。

(2) さらにその約2か月間に、(ｱ) 民家等への住居侵入の上、窃盗に及んだもの3件、(ｲ) 民家への住居侵入の上、当時76歳の女性に対して全治約3週間を要し後遺症が残る傷害を負わせた強盗致傷、(ｳ) 民家への住居侵入の上、当時61歳の女性に対して全治約8週間を要し後遺症が残る傷害を負わせた強盗致傷、帰宅した当時31歳の女性に対して全治約2週間を要する傷害を負わせた強盗強姦、監禁、さらに、強取に係るキャッシュカード等を使用した現金窃盗、(ｴ) 当時22歳の女性に対して全治約2週間を要する傷害を負わせた強盗致傷、

---

[1] これまで、量刑、死刑に関していくつかの論考を公表してきた。「被害者1名の殺人等の事案につき死刑の量刑が維持された事例」判例評論612（判時2060-189）号27頁（平成22年1月）、「死刑」警察学論集62巻10号64〜79頁（平成21年10月）のほか、「死刑と無期の限界（上）―1件の最高裁判例の意味」判例評論506（判時1737）号19頁（平成13年4月）「死刑と無期の限界（下）―1件の最高裁判例の意味」判例評論507（判時1740）号2頁（平成13年5月）等である。

(オ) 民家への住居侵入の上でした当時30歳の女性に対する強盗強姦未遂の各犯行に及んでいる。

　第 1 審判決（裁判員裁判）は、(1)の事件は、殺意が極めて強固で、殺害態様も執ようで冷酷非情であり、放火も類焼の危険性が高い悪質な犯行であり、その結果が重大である。(1)の事件以外の犯行も重大かつ悪質なものであり、生命身体に重篤な危害を及ぼしかねず、被害者らが受けた被害も深刻であるとし、出所後 3 か月足らずの間に本件各犯行に及んだことは強い非難に値し、一連の犯行を短期間に反復累行した被告人の反社会的な性格傾向は顕著で根深い。(1)の事件では被殺者が 1 人であり、その殺害自体に計画性は認められないが、短期間のうちに重大事件を複数回犯しており、被告人の性格傾向にも鑑みると被害者の対応いかんによってはその生命身体に重篤な危害が及ぶ危険性がどの事件でもあったという事情を考慮すると、死刑回避の決定的事情とはいえず、被告人は反省を深めているとはいえず更生可能性が乏しいので、死刑をもって臨むのが相当であるとした。

　これに対し、原判決（東京高判平25.6.20高刑集66-3-1）が第 1 審判決を破棄して無期懲役に処し、最高裁も、殺害された被害者が 1 名の強盗殺人の事案において、その殺害行為に計画性がない場合には死刑は選択されないという先例の傾向がみられ、合理的かつ説得力のある理由が示されない限り死刑は選択し得ないとしたのである。

### 3　1 人殺害の場合と死刑の適用

　最二小判平成 8 年 9 月20日（刑集50-8-571）は、1 人の殺害事案につき、被告人が殺人及び殺人未遂の実行や殺害方法の謀議にも関与しておらず、首謀者に引きずられて加わったもので、前科もないとして、死刑という極刑を選択することがやむを得ないと認められる場合に当たらないとした。保険金目的で、犯行の計画性も高いという事情が認められるが、保険代理店の経営者からの再三にわたる勧誘などがあったという事情もあり、主導的役割を果たしたとはいえないことが重視された。

　ただ、「**1 人しか殺害しなかった場合には、原則として死刑は適用にならない**」とは言い切れない。

　そして、その後の最高裁においても、1 人を殺害した場合にも、死刑は認められてきた。また最一小判平成10年 4 月23日（判タ972-151）は、身代金要求目的で誘拐し殺害した場合に死刑を認めている。

　また、「同種事犯での仮釈放中に犯した場合」に関し、最二小判平成11年12月10日（刑集53-9-1160）は、死刑を言い渡している。強盗殺人罪により無期懲役に処せられ、その仮出獄中であった被告人が、元職場の同僚と共謀の上、

顔見知りのＡ（当時87歳）の後頭部を石で強打して失神させ、ビニールひもで絞殺し、預金通帳等を強取するなどしたという事案である。１、２審とも(1)計画性が低く、(2)改善更生の余地があり、(3)仮出獄中に強盗殺人を犯し死刑が選択された従前の例に比し悪質さの程度が低いなどとして無期懲役を言い渡したのに対し、最高裁は、(1)準備の周到さや現場での態度などから計画性は認められ、(2)かなり恵まれた環境で仮出獄後の生活を始めながらパチンコに熱中して借金を重ね本件強盗殺人に至っており、自白し反省の情を示していることなどを大きく評価することは当を得ないなどとし、死刑を選択しない十分な理由があるとは認められないとしたのである。主導的役割を果たしたことや殺害態様、独り暮らしの老人の殺害という社会に与えた影響などを加味すれば、死刑相当であるとしたのである。計画性の認定も、実は微妙なのである。

　また、いわゆる逆恨み殺人事件に関する最二小判平成16年10月13日（判タ1174-258）は、殺人事件により懲役10年に処せられた前科を有していた事案で、反省の態度を示していることなどを十分考慮しても、被告人の罪責は誠に重大であり、無期懲役の第１審判決を破棄して被告人を死刑に処した原判断は、やむを得ないものとしてこれを是認せざるを得ないとした（前田雅英「死刑と無期刑の限界」原田古稀記念『新しい時代の刑事裁判』492-3頁）。最近の最高裁判例においても、前述の最二小判平成24年12月14日（裁判集刑事309-205）のように１人殺害でも、死刑は適用され得る[2]。

　このように判例は、方法の残虐性を含め、全ての事情の総合評価として死刑を認定している。前掲の２件の東京高判が指摘するように、同様の強盗殺人罪を犯して無期懲役を言い渡されて仮釈放中に再度殺害したような場合は、基本的に死刑と評価されてきたといえようが、そのような「類型化」は、死刑の判断においても、慎重でなければならない。

---

　[2]　普通殺人罪においても、被殺者１名の事案で死刑は認められている。最二小決平成20年２月29日（判タ1265-154）は、生きたまま焼殺し性被害も伴うことが、死刑を導く因子としてかなり重要な役割を果たしたと考えられるが、「周到な計画に基づく犯行」とは認められず、強姦の発覚をおそれ、仲間の所に早く行くため殺害することを決意したもので、姦淫する前から被害者の殺害を企図していたわけではなかった。また、２度の少年院送致のほか、覚せい剤取締法違反等の罪により有罪判決を受け、その猶予期間中に強盗致傷等を犯したことから懲役４年６月の実刑判決を受け、仮出獄を許されてから、わずか約９か月で本件犯行に至っているとして、前科が重視されて死刑が言い渡されている。類似の犯行を犯して、無期懲役の刑等を受けた直後ではないが（前掲最二小判平11.12.10刑集53-9-1160参照）、「被告人の根深い犯罪性向は更に深化、凶悪化しているといわざるを得ず、改善更生の可能性に乏しい」と評価され、犯行が周到な計画に基づかず反省の態度を示していることなどを勘案しても、死刑を是認せざるを得ないとされたのである。

## 4　本判決の理論構成

　今回の最高裁の判断の構造は、それぞれの原審である東京高判平成25年6月20日（高刑集66-3-1）と東京高判平成25年10月8日（高刑集66-3-42）に類似する。当初の争点は、そこでの判示内容が従来の判例の基準と合致しているかではなく、まさに転換しつつある「裁判員裁判の量刑判断」の在り方として、専門家集団としての裁判官の量刑判断がどうあるべきかが問われていたように思われる。

　今回の最高裁の示した、1名を殺害した強盗殺人罪の死刑の適用の判断構造は、以下のようなものといってよい。

　Ⅰ　死刑の選択は永山基準によりつつ、過去の先例の集積を踏まえる。
　Ⅱ　現実に生命を奪われた数、殺害の計画性の高さが重要で、⑴被殺者1名の強盗殺人の場合で、⑵殺害行為に計画性がない場合には、死刑は選択されないという判例の傾向。
　Ⅲ　前科を重視しⅡを修正する場合の多くは、㈺無期懲役刑に処せられ仮出所中、再度、前科と類似性のある強盗殺人罪を敢行したか、㈼無期懲役刑に準ずるような相当長期の有期懲役刑の前科の場合で、それが今回の強盗殺人罪との間に顕著な類似性が認められるような場合に限る。

　しかし、このような段階を踏んだ「チェック方法」は、原審裁判時においては、判例として確立していたとまではいえなかったように思われる。それぞれの段階の判断については、さほど問題はないといえようが、従来は、「事件の具体的な事実関係を踏まえ、前科の意味を実質的に評価し、他の量刑要素と共に総合的に判断した上で死刑選択の是非を決するのが判例の量刑判断」と考えてきたといえよう。東京高裁の判断方式は、「総合判断」を容易にし、客観性を持たせることを狙ったものであるが、段階に分けることによって、微妙な誤差が生じ得るとも考えられる。前科の点は、強盗殺人の場合でも、死刑を認めるには、「無期懲役刑に処せられ仮出所中、再度、前科と類似性のある強盗殺人罪を敢行したかそれに準じる場合に限られる」とは断言できないようにも思われる。

　本件の第1審は、強盗目的で包丁を用意し侵入し、いきなり首に包丁を刺突したもので、冷酷非情な犯行であり、緻密な犯行とはいえないが計画性があり、刺突の態様から極めて強い殺意をもって実行し、結果は極めて重大であり、遺族は極刑を望み、犯行に至る経緯等に酌むべき余地はかなり乏しいという事情に加えて、前科として「無理心中のため娘を焼死させ懲役20年の刑に服し、出所からわずか半年で本件に及んでいること」を加味して死刑を認めたのである。それに対し東京高裁は、前科の犯行は、利欲目的の本件強盗殺人とは類似性は認められないのであって、「人の生命を奪った前科」を過度に重視す

べきではないとする。ただ、前科が「社会類型的に類似の行為」ではなくても、「人を殺害し、長期に服役して出所後すぐに強殺を行った以上、他の事情と総合すれば死刑を適用すべき」とすることが「不合理」とまでは断定しにくい。

東京高裁は、そのような微妙な判断を明確化し、客観的基準を設けるためにも、①被殺者1人で当初からの計画性がある強殺でなければ、原則として無期刑であり、②死刑にするためには、前科として「無期懲役刑に処せられ仮出所中、再度、前科と類似性のある強盗殺人罪を敢行したかそれに準じる場合」が必要だとすればよいとしたのであろう。ただ、問題は、①②の基準が、それぞれ独立に評価して「絶対的に真である」とはいえない点である。このような「原則と例外」という二段階論は、「無期相当」という結論を部分的に先取りしている面があるのである。

**松戸女子大生殺害事件**の第1審も、殺意が極めて強固で、殺害態様も執ようで冷酷非情で、放火を伴い別に多くの重大・悪質事犯を実行しており、前刑出所後3か月足らずで本件各犯行に及んだものなので、被殺者が1人で、殺害に計画性がないことは死刑を回避すべき決定的事情とはならないとした。

それに対し、東京高裁は「被殺者が1人であり、被害者の殺害に計画性がない場合」は、原則として死刑にはしないのが先例だという点を強調する。しかし、他方で前科や併合審理されている他の犯罪行為との総合衡量も認める。つまり、原則の例外を認めるのであるが、その際に原審のような総合判断が、「最高裁の先例に明らかに矛盾する」ということは、示されていない。もちろん、死刑を認める方向での判断については謙抑的でなければならないが、問題は、「どの程度に謙抑的であるべきか」だったのである。そして、今回の最高裁の判断により、原審の規範的評価が「判例」となっていくことになった。

# Ⅱ 刑法各論

# 第1講 生命身体に対する罪

 **傷害の意義**
——医学の進歩と概念の相対性
最二小決平成24年7月24日（刑集66-8-709）

> **Focus**
>
> 捜査の現場で、どこまでの証拠を集めておくかは、正に現場の警察官にとって重要な課題である。誘拐された被害者に外傷がないかを厳密に吟味するのは当然である。その点の見落としは少ないかも知れない。しかし、近時は「心」の問題も非常に重視されるようになってきている。医学の進歩により、PTSD は、「法的」にも認知されたといってよいが、本決定により、PTSD の可能性を視野に入れない証拠集めは、原則として許されなくなったと考えるべきである。
>
> もちろん、最新の医学知識を頭に入れて捜査に臨まなければならないわけではないが、本件原審の「PTSD」に関する判示は、最高裁の判断の前提となる医学的な説明をまとめたものとして、重要な意味がある。

### 事実

　被告人Xは、電子メール等のやり取りを通じて知り合ったA女（当時17歳）と性的な関係を持つなどしていたが、同女が帰宅したいと言い出したことから、同女を監禁しようと企て、同ホテルの客室内において、同女に対し、「帰りたいと言うな」などと言った上、その頸部を手で強く絞め付け、「俺のために死んでみろ。殺してやろうか」などと申し向け、その顔面を平手で殴打するなどの暴行や脅迫を加えて、同女を同所から脱出することが困難な心理状態に陥らせた上、3日間、同ホテル客室内等において同女の行動を監視したり、帰ったら家族を殺す旨申し向けたりするなどの脅迫を加え、同女を上記各所から脱出することが困難な心理状態に陥らせ、脱出を不能にして不法に監禁し、その結果、同女に加療約2年3か月間を要する心的外傷後ストレス障害の傷害を負わせたという事案である。

　B女（当時18歳）、C女（当時22歳）、D女（当時23歳）にも同様の行為を

行ったが、C女に対しては、手拳でその顔面を殴りつけて、約1か月間の外来経過観察を要する鼻骨骨折の傷害を負わせた。

　第1審判決は、被害女性らの証言等からいずれも監禁に当たると認めた上で、同女性らが受けた被害の精神的影響について捜査段階で鑑定をした医師らの公判証言、鑑定書、意見書等に基づき、4名ともにPTSDないしはそれを含む傷害を負ったと認定して、各監禁致傷罪の成立を認め（うち1名の身体的傷害について傷害罪の成立も認めた。）、被告人を懲役14年に処した。

　Xは女性らに対し、PTSD等の傷害も負わせていないなどとして控訴したが、原判決（東京高判平22.9.24東高刑時報61-1～12-211）は、このうちPTSDの傷害該当性に関して、詳細な判示を行った上[1]で、1審判決の判断を是認し、Xのその他の主張も排斥して、控訴を棄却した。これに対し、被告人が上告した。

## 判　旨

　最高裁は、以下のように判示して、控訴を棄却した。
　「原判決及びその是認する第1審判決の認定によれば、被告人は、本件各被害者を不法に監禁し、その結果、各被害者について、監禁行為やその手段等として加えられた暴行、脅迫により、一時的な精神的苦痛やストレスを感じたという程度にとどまらず、いわゆる再体験症状、回避・精神麻痺症状及び過覚醒症状といった医学的な診断基準において求められている特徴的な精神症状が継続して発現していることなどから精神疾患の一種である外傷後ストレス障害（以下『PTSD』という。）の発症が認められたというのである。所論は、PTSDのような精神的障害は、刑法上の傷害の概念に含まれず、したがって、原判決が、各被害者についてPTSDの傷害を負わせたとして監禁致傷罪の成立を認めた第1審判決を是認した点は誤っている旨主張する。しかし、**上記認定のような精神的機能の障害を惹起した場合も刑法にいう傷害に当たると解するのが相当である。**したがって、本件各被害者に対する監禁致傷罪の成立を認めた原判断は正当である。」

第1講　生命身体に対する罪

---

1)　東京高判平成22年9月24日（東高刑時報61-1～12-211）は「PTSDは、医学上の概念であり、強い精神的外傷（生命や身体に脅威を及ぼし、強い恐怖、無力感又は戦慄を伴うような外傷体験）への暴露に続いて、特徴的ないくつかの症状が発現してくるものであるが、既に、精神医学の現状において特定の精神疾患として認知されているといってよい。」として、米国精神医学会のDSM-Ⅳ-TRや世界保健機関（WHO）によるICD-10のPTSD診断基準に依拠した適切な診断が行われる限り、その結果として判定されるPTSDは、単に精神的に一時的な苦痛あるいはストレスを被ったなどというレベルを超えたものと見ざるを得ず、刑法上の傷害に該当することは否定し難いとした。

## 解説

### 1　本件の意義

　犯罪構成要件解釈は、明確なものでなければならない。そして、国民の常識に沿ったものでなければならない。その意味で、「傷害罪の保護法益としての健康とは身体の健康を意味するのであり、そこには精神の健康は含まれない」として、精神的機能は生理的機能に当たらず、その障害は刑法上の傷害に当たらないとする見解（林幹人・判時1919-3～6）も有力であることには、十分留意しなければならない。被害者が「ショックで眠れなくなった」といっただけで傷害としていたら、被疑者、被告人は不安に思うであろう。少なくとも弁護士は、激しく争ってくる。そのことを十二分に意識した上で、早い段階での証拠収集の体制、医師との連携をきちんと行う必要がある。医学の最先端を知る必要はないが、「10年前の教科書」に従っていることは許されない。

### 2　傷害の伝統的理解とその変化

　傷害罪は、人の身体に傷害結果を生ぜしめることによって成立する。有形力が行使されたにもかかわらず傷害が生じなければ、暴行罪が成立するにとどまる。結果としての傷害の意義に関して判例は、**生理機能の障害**と解してきた（大判明45.6.20刑録18-896、最二小判昭27.6.6刑集6-6-795）。学説上は、生理機能の障害及び身体の外形の重大な変更とする説も有力に主張されてきた。判例は、主として身体の機能的側面を重視するのに対し、批判説は身体の外部的・外形的な完全性の侵害をも問題にするといってよい。一般の国民の常識からは、罪刑法定主義の観点からも、目に見える外形的なものが重視されることは当然であった。

　しかし、かなり前から「重大な生理機能」の侵害があれば、外部的完全性を損なわなくとも傷害に該当することは当然視されるようになった。最二小決平成17年3月29日（刑集59-2-54）は、自宅から隣家の被害者に向けて連日ラジオの音声等を大音量で鳴らし続け、慢性頭痛症等に陥らせた場合に傷害罪の成立を認めた（第1審の奈良地判平16.4.9判時1854-160も参照）。しかし、実は以前から下級審では、嫌がらせの電話で神経症に陥らせる行為等を、傷害罪に該当するとしてきたのである。

### 3　心的外傷後ストレス障害（PTSD）

　そして、本判決が、監禁や脅迫によりトラウマ（心的外傷）や恐怖心などが

継続する**心的外傷後ストレス障害（PTSD）を生ぜしめる場合も傷害になり得ること**を確定した。

　もとより、下級審では、PTSDを含めて、精神的機能の障害を刑法上の「傷害」と認めた事例は、相当数見られる。東京地判昭和54年8月10日（判時943-122）は長期間、多数回にわたる嫌がらせ電話により、相手の心身を極度に疲労させて精神衰弱症に陥らせた行為について傷害罪の成立を認めた。富山地判平成13年4月19日（判タ1081-291）は、3年以上にわたり嫌がらせ電話を繰り返しかけて重大な精神的ストレスを与え、被害者にPTSDを負わせた行為について、傷害罪の成立を認めた。東京地判平成16年4月20日（判時1877-154）も、被害者方に約2,000回に及ぶ無言電話等をかけ続けて、被害者のPTSDを増悪させる傷害を負わせた行為について、傷害罪の成立を認めた。そして、名古屋地判平6年1月18日（判タ858-272）は、被害者方に向かって怒号するなどの一連の嫌がらせ行為により、**不安及び抑うつ状態に陥らせた行為**について、傷害罪の成立を認めている。

　しかし、ただ、「傷害」に該当するといえる程度の障害といえるか否かの判断は、形式的には確定し得ない。福岡高判平成12年5月9日（判時1728-159）は、殴打されたことにより外出できなくなったり、不眠になった10歳の少年と34歳の女性について、暴行の程度が治療を要するほど強度のものではなく、受けた心理的ストレスも暴行罪の構成要件により評価できる範囲内のものであるとした。また、東京高判平成22年6月9日（判タ1353-252）も原審のPTSDに罹患しているという判断を、被害者がPTSDを発症した旨の医師による診断はあるものの、それらの診断は医学的診断基準に照らして疑問があるとして覆している。

　そのような流れの中で、最高裁は、本件で認定されたPTSDのような精神的機能の障害を惹起した場合も刑法にいう傷害に当たる旨明示した。社会の変化、下級審判例の傾向からは、ごく自然な結論であるが、確認しておかねばならないのは、本決定が、「被害者を不法に監禁し、その結果、各被害者について、監禁行為やその手段等として加えられた暴行、脅迫により、一時的な精神的苦痛やストレスを感じたという程度にとどまらず、いわゆる再体験症状、回避・精神麻痺症状及び過覚醒症状といった医学的な診断基準において求められている特徴的な精神症状が継続して発現していること」などからPTSDの発症が認められたという事実の認定を前提として、監禁致傷罪の成立を認めたという点である。捜査官においても、「いわゆる再体験症状、回避・精神麻痺症状及び過覚醒症状」などの存在を基礎づける事実の収集を意識しなければならない。

### 4　一時的意識障害（昏酔）と傷害

　心の問題は別としても、古くから、外形的侵害は必須とはされてこなかった。めまい・吐き気を起こさせた場合（大判昭8.6.5刑集12-736）、下痢を起こさせたりするような場合は、傷害罪が成立するとされてきたのである。メチルアルコールを飲ませて疲労・倦怠感を覚えさせた場合も、傷害に当たり（最判昭26.9.25裁判集刑事53-313）、その結果被害者が急性アルコール中毒などで死亡すれば、傷害致死罪が成立し得る（東京高判平21.11.18東高刑時報60-190参照）。

　しかし、問題はその程度である。睡眠導入剤を少量飲ませて少し眠気が生じたような場合にも、常に傷害罪が成立するとはいえないであろう。この点、やはり最近出された**最三小決平成24年1月30日（判時2154-144）**に注目しておく必要がある。

　医師Ｘは、病院臨床研究棟内において、すりつぶしておいた睡眠薬をシュークリームに混入させ、休日当直医Ａ女（同大学院生）に食べさせて、Ａに約6時間にわたる意識障害及び筋弛緩作用を伴う急性薬物中毒の症状を生じさせ、別の日に、医学研究中であったＡが机上に置いていた飲みかけの缶入りのお茶に睡眠薬の粉末及び麻酔薬を混入してＡに飲ませて、Ａに約2時間にわたる意識障害及び急性薬物中毒の症状を生じさせたという事案である。第1審、第2審ともに傷害罪の成立を認めたところ、Ｘ側は、昏酔強盗や女子の心神を喪失させることを手段とする準強姦において刑法239条や刑法178条2項（平成29年改正前）が予定する程度の昏酔を生じさせたにとどまる場合には強盗致傷罪や強姦致傷罪の成立を認めるべきでないから、その程度の昏酔は刑法204条の傷害にも当たらないなどと主張して上告した。

　それに対し、最高裁は、昏酔強盗罪等と強盗致傷罪等との関係についての解釈が傷害罪の成否が問題となっている本件の帰すうに影響を及ぼすものではないとし、「**睡眠薬等を摂取させたことによって、約6時間又は約2時間にわたり意識障害及び筋弛緩作用を伴う急性薬物中毒の症状を生じさせ、もって、被害者の健康状態を不良に変更し、その生活機能の障害を惹起したものであるから、いずれの事件についても傷害罪が成立する**と解するのが相当である。」としたのである。

### 5　準強姦罪・準強姦致傷罪（平成29年改正前）と抗拒不能

　確かに、刑法178条2項は、「女子の心神喪失若しくは抗拒不能に乗じ、又は心神を喪失させ、若しくは抗拒不能にさせて、姦淫した者」も、強姦罪の法定刑を適用する旨定めている。抗拒不能の状態にならしめて、姦淫行為をしたそ

の典型例が、催眠術や薬品を用いた場合であるといえよう。そうだとすれば、最決平成24年1月30日の事案の程度の薬品を被害者に飲ませて意識障害を生じさせることにより、姦淫行為に及んだ場合には、準強姦罪が成立することになる。

　ただ、181条2項は、準強姦罪（178条2項）についても、女子を死傷させた者を、無期又は5年以上の懲役に処する。そうだとすると、準強姦罪を犯す際に、昏酔させる手段として**最三小決平成24年1月30日**のような薬品を被害者に飲ませ、6時間にわたる意識障害及び筋弛緩作用を伴う急性薬物中毒の症状等を生じさせた場合には、181条2項に該当することになるのであろうか。この点、181条の傷害の意義に関しては、わいせつ行為・姦淫行為から生じた場合以外に、手段としての暴行等による致死傷を含むと解されている。死傷の結果は、姦淫行為のみならず手段としての暴行・脅迫、さらには昏酔させる行為から生じたものも含まれることに争いはない。

　しかし、姦淫目的で睡眠薬を用いて、最三小決平成24年1月30日のような意識障害を生ぜしめた場合には、181条2項に該当しないことも争いないであろう。181条の法定刑の高さからすると、睡眠薬で意識をもうろうとさせる行為の存在だけで、それ以上の、例えば、意識の喪失や身体の外形を毀損する等の結果を伴わない場合には、準強姦致傷罪の「傷害」には該当しないと解すべきである。ただ、そのことは、最高裁が指摘するように、「傷害罪の成否が問題となっている本件の帰すうに影響を及ぼすものではない」のである。

## 6　昏酔強盗罪との関係

　刑法239条は「人を昏酔させてその財物を盗取した者は、強盗として論ずる」と定めている。薬品や酒などを用いて被害者の意識作用に一時的又は継続的障害を生ぜしめ、財物に対し有効な支配を及ぼし得ない状態に陥らせて財物を奪う行為を強盗と同様に処断する。そして、同条の手段である昏酔させる方法には制限がない。泥酔させたり、睡眠薬、麻酔剤で昏酔させたり、（横浜地判昭60.2.8刑月17-1=2-11）、催眠術を施したりする場合が含まれ、最三小決平成24年1月30日の睡眠薬を飲ませる行為は、財物を奪う目的で行われれば、本罪の実行行為となり得る。昏酔は、完全に意識を喪失させる必要はないのである（東京高判昭49.5.10東高刑時報25-5-37）。

　そうなると、準強盗犯人が、「6時間にわたる意識障害及び筋弛緩作用を伴う急性薬物中毒の症状」を生ぜしめた場合には、刑法240条の強盗致傷罪に該当するのではないかという問題が生じる。そして、睡眠薬等を用いた昏睡強盗を繰り返し、飲酒酩酊下での薬効等により死亡させた場合には昏睡強盗致死罪（240条）が成立するのである（水戸地判平11.7.8判時1689-155）。睡眠薬中毒

により、難聴や失明などの重篤な後遺症が残れば、昏酔強盗致傷罪が成立するであろう。

しかし、財物を盗取する目的で、最決平成24年1月30日の事案の程度の睡眠導入剤を飲ませて一時的に意識障害等を生ぜしめても、昏酔強盗致傷罪には該当し得ない。準強盗の手段として評価し尽くされる「昏酔」である以上、240条を構成する傷害には該当しない。そこで、ここでも、意識障害等を生ぜしめる行為が、240条の「傷害」に該当しない以上、204条の傷害とはなり得ないという議論が生じ得る。しかし、それは昏酔強盗で処断することができる場合には、そのように処理するのが合理的だということにすぎず、204条の傷害罪を構成するか否かは、別論なのである。

睡眠薬を飲まされ眠気を感じるものの意識がはっきりしている場合、気分はともかく行動にほとんど不具合を感じないような場合には、昏酔強盗にも該当しないであろう。しかし、財物を奪うのに適する程度の意識障害と傷害罪を構成するだけの生理機能の障害は、尺度が異なる。昏酔強盗罪を構成しない程度の睡眠薬投与行為でも、傷害罪に該当することは十分考えられる[2]。

---

2) 240条の「人を負傷させた」とは、204条の「傷害」同様、人の生活機能に障害を与える一切の場合を包含するとされてきた。しかし、平成16年の刑法改正前は、240条の法定刑の下限が7年であったため、もし傷害の発生が認定されれば酌量減軽しても執行猶予を付すことができず、被告人に苛酷な場合が生ずるという問題が存在した。そこで戦後、強盗致傷罪における傷害は、顕著な生理的機能障害の発生を必要とし、その程度に至らない傷害は強盗罪における暴行の概念の中に包含されるとする判例が登場した（東京地判昭31.7.27判時83-27、名古屋高金沢支判昭40.10.14高刑集18-6-691、東京高判平13.9.12東高刑時報52-1〜12-47、大阪地判平16.11.17判タ1166-114）。確かに、「傷害」という同一の概念は、可能な限り統一的に解釈されるべきではあるが、それぞれの構成要件は、具体的事案を踏まえて、個別に解釈されなければならない。

少なくとも法定刑変更後においては、240条の負傷と204条の傷害を全く別異のものと解すべきではないし（東京高判昭59.10.4判タ550-292、東京高判昭62.12.21判時1270-159）、平成7年の刑法典の口語訳化により**負傷**という文言が用いられるようになったからといって、その内容に変化が生じたわけでもない。法定刑が変わった現在は、正に強盗手段としての暴行に評価し尽くせるごく軽微な傷害のみ、240条に該当しないと解される。

# 第2講 業務に対する罪

## ① 犯行予告による警察官の出動と業務妨害罪
東京高判平成25年4月12日（東高刑時報64-1～12-103）

### Focus

　業務妨害罪の構成要件は、不明確な面がある。特に、偽計と威力の限界は微妙である。漁場に障害物を沈める行為（大判大3.12.3刑録20-2322）や、水田中にガラス片を撒く行為（長崎地判大5.8.24新聞1180-29）は偽計業務妨害とされたのに対し、競馬場に釘を撒く行為は威力業務妨害であるとされた（大判昭12.2.27新聞4100-4）。現在、ネットなどでの業務妨害も散見されるようになり、「威力なのか偽計なのか」がより一層複雑化してきている。

### 事　実

　被告人Xは、2回にわたりインターネット上の掲示板に警察官を殺害する旨の虚偽の犯行予告の書き込みを行った。かかる虚偽予告を覚知した警視庁は、県警に連絡を取り、その結果、各警察署の署員3名、合わせて6名に警戒活動等を行わせることになり、本来行われるはずの業務の遂行が妨害された。
　原判決が偽計業務妨害罪の成立を肯認したところ、弁護側が控訴し、事実誤認、法令適用の誤り等を主張したが、東京高裁は、いずれも排斥して控訴を棄却した。

### 判　旨

　論旨は、要するに、強制力を行使する権力的公務である警察官の職務は刑法233条の業務妨害罪にいう「業務」には当たらないと解されるから、被告人の原判示の各行為が同罪に当たるとした原判決には、判決に影響を及ぼすことが明らかな法令適用の誤りがあるというのである。
　しかしながら、**一般的・抽象的に強制力を行使する権限を有していても、**

本件のような**インターネット上の掲示板に犯行予告を書き込むなどといった妨害行為に対しては、これを強制力によって排除することは不可能**であり、かかる妨害行為によって業務の遂行が妨げられることは、当該業務が「強制力を行使する権力的公務」であるかどうかにかかわらない。所論も引用する最一小決昭和62年3月12日（刑集41-2-140）、最二小決平成12年2月17日（刑集54-2-38）等において、「強制力を行使する権力的公務」でないことを理由に当該公務員に対する業務妨害罪の成立が肯定されている理由は、「強制力を行使する権力的公務」については、暴行・脅迫に至らない程度の威力や偽計による妨害行為に対しては、すみやかに当該強制力によってこれを排除することができるからであると解されるのであって（東京高判平21.3.12高刑集62-1-21参照）、以上と同旨の原判決は正当である。所論は、警察官には警察官職務執行法等の規定により妨害行為に対する一定の排除権限が与えられているとして、警察官の職務は一般的に業務妨害罪の対象とならないとするものであるが、採用できない。

　また、所論は、原判決のように、妨害の対象となる業務は妨害がなければ本来行うはずであった公務であるとすると、①最高裁が「強制力を行使する権力的公務」は業務妨害罪における業務に当たらないとしたことがほとんど無意味になってしまい、不当である、②本件において、妨害の対象となる業務が特定されているといえるか疑問である、③妨害者は本来行うはずであった公務を知らないのが通常であり、また、虚偽の犯行予告により非番の警察官を警戒活動に当たらせた場合には業務妨害罪が成立しなくなり、行為者の知らない事情によって犯罪の成否が左右されて不当であるとも主張するが、業務妨害罪の成立について実際に具体的な業務の遂行が妨げられたことが必要であるかどうかはさておき、**本来行うはずであった業務が実際に妨害によって行えなくなれば業務妨害罪が成立する**のは明らかである。上記①の点については、業務妨害罪の成立要件についての当裁判所の採用しない見解を前提とするもので、失当である。上記②の点については、原判決は、実際に妨害された業務として個々の警察官の具体的業務を証拠に基づいて摘示しており、これが業務妨害罪における結果の立証及び摘示として十分であることは明らかである。上記③の点については、被告人において関係する警察署の警察官の業務を妨害することになることの認識があれば足り、それ以上に現実に妨害されることになる個々の警察官の具体的業務まで認識・予見することは必要でないと解すべきであるから、所論は失当である。

## 解　説

### 1　威力業務妨害罪と偽計業務妨害罪

　**偽計とは、人を欺罔、誘惑し、あるいは他人の錯誤又は不知を利用する違法な行為**である[1]。威力とは**人の意思を制圧するに足りる勢力を用いること**で

（最判昭28.1.30刑集7-1-128）、暴行・脅迫に限らず、地位や権勢を利用する場合を含む[2]。昭和期の判例では、ピケットを張り会社の業務を妨害する行為が典型であった。

判例を整理すると、**相手の錯誤を誘発する行為が偽計で、相手の意思を制圧する行為が威力**であり、公然と相手方に障害の存在を誇示する態様の場合は威力に分類されている。砂場に針を入れておいてその旨電話で伝えて砂場の使用を不能にすれば、威力業務妨害罪となる。弁護士の記録などの入ったかばんを２か月間隠す行為も、意思を制圧するに足りる勢力を用いたといえる（最決昭59.3.23刑集38-5-2030）。例えば、列車の座席に針を刺しておく行為は、まち針を目に見える形で刺しその存在を誇示することにより乗客に不安感を生じさせて輸送業務を妨害するのであれば威力業務妨害罪であり、目に見えない形で刺してあれば、偽計業務妨害罪に当たる。

「Ａ店のいずれかの食品に毒を混入した」とネットに虚偽内容の投稿を行えば、Ａ店への偽計業務妨害罪が成立する（最三小判平15.3.11刑集57-3-293の第１審参照）。「Ｂ海水浴場に鮫が出た」と虚偽画像の投稿を行えば、Ｂ海水浴

---

1) 偽計による業務妨害の具体例としては、①駅弁が不潔、非衛生的であるという葉書を旧国鉄の旅客課長に出した行為（大判昭3.7.14刑集7-490）、②購読者を奪う目的で、紛らわしい名前に改名して体裁も酷似させた新聞を発行し続ける行為（大判大4.2.9刑録21-81）、さらに、④通話の際電話料金を課すシステムを回避するマジックホンという機械を電話に取り付けた行為（最三小決昭59.4.27刑集38-6-2584）、デパートの売り場の布団に前後16回にわたり計469本の縫針を混入させた行為（大阪地判昭63.7.21判時1286-153）、業務用電力量計に工作をしメーターを逆回転させて使用電力量より少ない量を指示させた行為（福岡地判昭61.3.3判タ595-95、福岡地判昭61.3.24判タ595-96）、しじみ蓄養場において、夜陰に乗じしじみ約38キログラムを密漁した行為（青森地弘前支判平11.3.30判時1694-157）、⑧暗証番号等を盗撮するためのビデオカメラを設置した現金自動預払機に客を誘導するためその隣にある現金自動預払機を、一般の利用客を装い１時間30分間以上占拠し続けた行為（最一小決平19.7.2刑集61-5-379）等を挙げることができる。また、３か月の間に970回の無言電話を中華料理屋にかけ相手を甚だしく困惑させる行為も、偽計に当たるとされた（東京高判昭48.8.7高刑集26-3-322）。確かに、誰からかかってきたか分からない以上電話に出ざるを得ないので、業務妨害といえる。

2) デパートの食堂に蛇を撒く行為（大判昭7.10.10刑集11-1519）、数人で食堂内で怒鳴り散らし騒然とさせる行為（大判昭10.9.23刑集14-938）、議場で発煙筒を焚く行為（東京地判昭36.9.13判時280-22）、参議院本会議場において首相が答弁している演壇に向かって傍聴席からスニーカーを投げつける行為（東京高判平5.2.1判時1476-163）、外国貿易展覧会の会場において同国指導者の写真に鶏卵を投げつける行為（大阪地判昭40.2.25下刑集7-2-230）、国会会場で掲揚された日の丸旗を引き降ろして焼失させた行為（福岡高那覇支判平7.10.26判時1555-140）、卒業式の開式直前に、国歌斉唱のときには着席してほしいなどと大声で呼び掛けを行い会場を喧噪状態に陥れた行為（最一小判平23.7.7刑集65-5-619）が、威力に該当するとされた。さらに、ロッカー内にあった消防長の作業服ポケットに犬の糞を入れ、事務机の引き出し内にマーキュロクロム液で赤く染めた猫の死骸を入れた行為（最二小決平4.11.27刑集46-8-623）や、公海上で日本国籍船舶に対して酪酸の入ったガラス瓶等を圧縮空気発射装置から発射し、船員の顔面等に酪酸を付着させて船員らの業務遂行を著しく困難にさせた行為（東京地判平22.7.7判時2111-138）等も、威力とされた。

場の営業主体への偽計業務妨害罪となる。しかし、スーパーやコンビニの棚に並んでいる食品にゴキブリの死骸を混入させれば威力業務妨害罪となる。ネットの掲示板に、文化センターの講座の教室に放火するかのような書き込みをする行為も、威力業務妨害罪に該当するとされた（東京高判平20.5.19東高刑時報59-1～12-40）。爆発を予告して祭のイベントを中止させる行為は、主催者への威力業務妨害罪となることは疑いない。

問題は、虚偽の殺人予告を行い、警察官が出動して警察の本来の業務が妨害された場合を、本判例が偽計業務妨害としている点である。

### 2　東京高判平成21年3月12日

本判決も引用する東京高判平成21年3月12日（高刑集62-1-21）は、インターネット掲示板に、そのような意図がないにもかかわらずJRのT駅において無差別殺人を実行する旨の虚構の殺人事件の実行を予告した行為者Xに対し、不特定多数の者に虚構の内容の書き込まれた掲示板を閲覧させ、閲覧者の通報を介して、警察署職員をT駅構内及びその周辺等への出動・警戒等の徒労の業務に従事させ、Xの予告さえ存在しなければ遂行されたはずの警ら、立番業務その他の業務の遂行を困難ならしめたとして偽計業務妨害の成立を認めた。

ここで注意しなければならないのは、業務妨害の対象を、出動した警察官の現に行った行為ではなく、**虚偽通報さえなければ遂行されたはずの本来の警察の公務（業務）** と設定した点である。東京高判平成21年3月12日は、本件のように、警察に対して犯罪予告の虚偽通報がなされた場合、直ちにその虚偽であることを看破できない限りは、これに対応する徒労の出動・警戒を余儀なくさせられるのであり、その結果として、警察の公務（業務）が妨害される（遂行が困難になる。）とする。本件でも、妨害の対象となる業務は、妨害がなければ本来行うはずであった公務であるとされたのである。

この点を捉えて、弁護側が、「妨害の対象となる業務」が特定されていないと批判したが、原判決は実際に妨害された業務として個々の警察官の具体的業務を証拠に基づいて摘示しており、これが業務妨害罪における結果の立証及び摘示として十分であることは明らかであるとした。

なお、殺害予告の対象となった者の活動が制限されて業務遂行に支障が生じた場合には、警察に対する偽計業務妨害罪に加えて、威力業務妨害罪が成立することになる。マラソン大会に爆弾を仕掛けたと予告を行ってレースを中止させれば、主催者に対する威力業務妨害罪になるが（爆弾が仕掛けられていなくても、成立する場合がある。）、虚偽の予告により警察官が出動して、警備活動を行わざるを得なくなった場合には、偽計業務妨害罪が成立する。予告通り爆

発物が仕掛けられていた場合には、警察官の公務に対する業務妨害罪は成立しないが、犯人は予告内容に応じた罪名に応じた刑で処断されることになる。

### 3　悪戯と偽計の限界

　東京高判平成21年3月12日は、「軽犯罪法1条31号は刑法233条、234条及び95条……の補充規定であり、軽犯罪法1条31号違反の罪が成立し得るのは、本罪等が成立しないような違法性の程度の低い場合に限られると解される。これを本件についてみると、Xは、不特定多数の者が閲覧するインターネット上の掲示板に無差別殺人という重大な犯罪を実行する趣旨と解される書き込みをしたものであること、このように重大な犯罪の予告である以上、それが警察に通報され、警察が相応の対応を余儀なくされることが予見できることなどに照らして、Xの本件行為は、その違法性が高く、『悪戯など』ではなく『偽計』による本罪に該当するものと解される」と判示した。

　本件の虚偽の犯行予告の書き込みは、インターネット上の掲示板になされたもので、本件被告人が直接警察に虚偽通報を行ったわけではないが、このような書き込みが、インターネットホットラインセンターなどを経由して警察に伝わることは当然で、被告人も「警察に伝わらない」等と思っていたわけではないことは明らかである。

### 4　公務と業務妨害罪

　本件において正面から争われたのは、警察官の職務という典型的な公務が、業務妨害罪の対象になるのかという点である。そして、本判決の意義は、「公務と業務」の関係について、判例の考え方がほぼ固まったという点である。

　公務員の職務を暴行・脅迫により妨害した場合について公務執行妨害（95条1項）が規定されているため、かつては、公務は業務に含まないとして、公務員たる校長の失脚を図って教育勅語の謄本を教室の天井裏に隠す行為に関し、業務妨害罪の成立が否定されていた（大判大4.5.21刑録21-663）。最高裁も戦後当初は、業務に公務は含まないとして、現行犯逮捕しようとした警察官に暴行・脅迫を加える行為に業務妨害罪は成立しないとしていたが（最大判昭26.7.18刑集5-8-1491）、昭和30年代に、旧国鉄職員の業務を妨害する行為について、非権力的私企業的公務なので業務妨害罪が成立するとした（**公務振分け説**：最二小判昭35.11.18刑集14-13-1713、最大判昭41.11.30刑集20-9-1076）。警察官の逮捕行為のような**権力的公務**は業務に含まれないが、鉄道の運行のような**非権力的・私企業的公務**は含まれるとしたのである。

　しかし、議会の活動や、消防署の事務（最二小決平4.11.27刑集46-8-623）

を「私企業的ではない」として、業務妨害の対象から除くことは妥当ではない。そこで判例は、**県議会の委員会の条例案採決等の事務**の妨害の事案に関し、**強制力を行使する権力的公務**ではないから業務に当たるとした（最一小決昭62.3.12刑集41-2-140）。公職選挙法上の選挙長の立候補届出受理事務（最二小決平12.2.17刑集54-2-38）、路上の段ボール小屋等を撤去するなどの環境整備工事自体（最一小決平14.9.30刑集56-7-395）は、強制力を行使する権力的公務ではなく「業務」に当たる。

確かに、議会の審議、選挙事務などに業務妨害罪の成立を認めつつ、公務執行妨害罪の成否について、警察官の逮捕等を「強制力を行使する権力的公務」として業務妨害罪の対象から除外するのは合理的である。実力による妨害行為を排除する制度（**自力執行力**）が準備されており、業務妨害罪による保護に適しない類型で、公務執行妨害罪が成立する場合があるにとどまる（**限定積極説**）。強制力行使が許される場合は、威力などによる妨害が当然予定されているともいえる。

現在、判例は「強制力を行使する権力的公務が、**強制力の行使により職務が執行されようとしている場合**には『業務』に当たらず、公務試行妨害罪が成立する場合があるにとどまるが、それ以外の公務は『業務』に該当し、威力業務妨害罪の対象となる」と解しているといえよう。

### 5 警察官の出動と偽計業務妨害罪

ただ、警察の110番に多数回無言電話を架ける行為や、119番への虚偽通報で消防車を出動させる行為は偽計業務妨害罪に該当する。パトカーの出動は強制力行使を伴う権力的公務に見えるが、通報を受けて出動の指令を行う事務は強制力を伴う権力的公務ではなく、出動そのものも**強制力の行使により職務が執行されようとしている場合**に該当しないと解される。国籍不明の外国人が海岸から不法入国した旨の虚偽の犯罪事実を通報し、巡視船艇の職員等の海域への出動、捜索等をさせた行為は、偽計業務妨害罪に該当する（横浜地判平14.9.5判タ1140-280）。

一方、警察官に偽計手段を用いて逮捕を免れるような場合は、**強制力の行使により職務が執行されようとしている場合**に該当し、業務妨害罪に問擬しない。逮捕には種々の抵抗が随伴するのであり、それを当然の前提として権限が付与されている。

そして、この点に関し**東京高判平成21年3月12日**（高刑集62-1-21）は、前述のように、**虚偽通報さえなければ遂行されたはずの本来の警察の公務（業務）が妨害される**とし、「妨害された本来の警察の公務の中に、仮に逮捕状による逮捕等の強制力を付与された権力的公務が含まれていたとしても、その**強**

制力は、本件のような**虚偽通報による妨害行為に対して行使し得る段階にはな**く、このような妨害行為を排除する働きを為しえない」として、妨害された警察の公務（業務）は、強制力を付与された権力的なものを含めて、その全体が、本罪による保護の対象になるとした。

　本判決の意義は、このような考え方を確定的なものとするとともに、より分かりやすく示した点にある。

　東京高裁は、「一般的・抽象的に強制力を行使する権限を有していても、本件のようなインターネット上の掲示板に犯行予告を書き込むなどといった妨害行為に対しては、これを強制力によって排除することは不可能」なのだから、その範囲で業務妨害により保護すべきだとした。「強制力を行使する権力的公務」であっても警察官の業務のうちには、「強制力によって排除することが不可能な妨害行為」によって業務の遂行が妨げられることは、十分考えられる。もとより、「強制力によって排除することが可能な行為」による業務の妨害は、業務妨害罪で対応する必要はない。最一小決昭和62年3月12日（刑集41-2-140）や、最二小決平成12年2月17日（刑集54-2-38）が「強制力を行使する権力的公務」でないことを理由に当該公務員に対する業務妨害罪の成立を肯定したのは、「強制力を行使する権力的公務」については、暴行・脅迫に至らない程度の威力や偽計による妨害行為に対しては、速やかに当該強制力によってこれを排除することができるからであると解されることの裏面からの説明なのである。「被告人らに対して強制力を行使する権力的公務ではないのであるから、業務妨害罪に該当する」というのは、被告人等の妨害に対して強制力を行使して排除し得ないのであるから、業務妨害罪を適用して保護する必要のある業務に当たるということをいっているのである。

　本判決においても、平成21年判決と同様に「暴行・脅迫に至らない程度の威力や偽計による妨害行為に対しては、すみやかに当該強制力によってこれを排除することができる」と判示しているのであり、公務に対する偽計について一般に業務妨害を認めるという説を否定したものであることにも注意を要する。強制力によって排除し得る偽計による妨害については、偽計業務妨害罪は成立し得ない。

## ② 威力業務妨害罪と実質的違法性阻却
大阪地判平成26年7月4日（判タ1416-380）

### Focus

業務妨害罪に関しては、戦後、かなりの数の無罪判例が判例集に登載されてきた。その事案の多くは、本件のように「抗議活動」に関するものであったり、争議の際に発生した事案であった。そして、犯罪の成立を否定する理由は、「構成要件該当性を欠く」とするものも見られたが、「違法性が欠ける」とするものが目立つ。そこには「実質的な違法性が欠ける」とするものと「可罰的違法性が欠ける」とするものがみられるが、両者の実質は酷似したものなのである。昭和37年以降は、「可罰的違法性を欠く」とするものが目立つようになる。

そしてそもそも、「威力」等の構成要件要素に該当しないとすることと、違法性が欠けるとすることを明確に分けることにどれだけの意味があるのかを考えさせられるものであった（前田雅英『可罰的違法性論の研究』547頁以下参照）。

### 事 実

(1) 第一の事実

被告人Xは、福島第1原子力発電所事故ののち、大阪市が大震災により生じたいわゆる震災がれきを受け入れて焼却し、焼却灰を埋立処分する方針であることを知り、これを阻止しなければならないと考え、大阪市の住民説明会で反対の意思を表明しようとしたが、説明会に参加できる者が大阪市民等に限定されたため、できなかった。大阪市は、午後7時から震災がれきの試験焼却に関する住民説明会を開催することを計画したのでXは説明会自体を阻止しなければならないと考えて、同日、同区民ホールに行った。同区民ホールには、Xと同様に、震災がれきの試験焼却を阻止しなければならないと考える者が多数集まっていた。

午後3時30分頃、大阪市環境局の職員らがホール出入口の扉の前に立っていたところ、Xは、Y、Z及び氏名の分からない者らと共謀の上、「開けろ」と言いながら、被害者を押したり、大ホールの扉をたたいたりして被害者の業務を妨害した。続いて、その頃から午後5時15分頃までの間、被害者やその他の職員らが会場設営のために同区民ホール南玄関ホール内に設置したパーテーションをその外に運び出し、さらに、トランジスタメガホン等を用いて「焼却反対」などと大声で連呼するとともに、笛や太鼓等の楽器を打ち

鳴らすなどして前記職員らを威嚇し、その業務を妨害した。
(2) 第二の事実
　Xが、午後3時頃から同日午後4時5分頃までの間、D駅E口付近において、同駅構内の秩序維持等のため無許可で同駅構内においてビラを配布する者やプラカードを掲げるなどして集まり同駅構内に立ち入ろうとする者などに警告を発し、制止するなどの警備・警戒の業務に従事していた同駅副駅長に対し、顔を近づけ、大声を出して威圧しながら執ように付きまとい、さらに、副駅長の足を踏みつけ、顔を近づけて大声で威嚇し、威力を用いて人の業務を妨害したというものである。
　大阪地裁は、同日午後3時過ぎ頃、Xを含む数十名の者がD駅E口付近で街頭宣伝活動をしていたが、そのうち数名がD駅F広場において無許可でビラの配布を始めたため、副駅長は、他の約20名のD職員等と共にこれを制止する業務を始めたこと、副駅長は、自ら同業務を行うとともに、上記約20名の業務を統括する立場にあったこと、その後間もなく、Xが副駅長に近づいて、20センチから50センチ程度の距離まで顔を近づけ、「ビラまきを制止するな。」「表現の自由や。じゃまするな。」などと大声で言い、その後短時間言い争いをしたこと、Xは、その後、副駅長をにらむなどしながら、午後4時頃に街頭宣伝活動が終わるまでの間、副駅長の近くに立っていたことを認定した。

### 判　旨

　第一の事実について、大阪地裁は、Xらの行為は、試験焼却による放射能汚染による健康被害からXらを含む処理施設周辺住民の生命身体を守る目的で行われた正当な行為であるから違法性がないとする主張に関し以下のように判示した。
　「仮にそのような健康被害が生じるおそれがあるとしても、これに対しては、Xらの人格権に基づく差止め訴訟を行い、仮処分を求めるなど、合法的に試験焼却を阻止する手段は残されていたのであって、Xらが本件妨害行為に及ばなければ阻止できないほどの緊急状態に置かれていたものではない。
　しかも、Xらの妨害行為は、これが続いていれば本件説明会の開催が困難になるほど激しいものであって、実力行使によって問題を解決しようとしたXの行為が社会通念上相当なものでもない」とし、Xらの行為は正当行為であるとはいえない。
　一方、第二の事実に関しては、副駅長よりもやや背が高く体格もよいXが、副駅長にかなり近い距離で大声を出しているが、現場は白昼のD駅前の屋外であり、人通りもあり、また、ビラを配布していた者は数名であるのに対してこれを制止する業務に従事していた者は副駅長を含めて約20名であり、近くには複数の警察官もおり、他の街頭宣伝活動参加者がこれに直接加勢したという事実は認められないとして、X 1人から顔を近づけられて大声

を出され、短時間言い争いをしたからといって、その立場にある普通の人が心理的な威圧感を覚え、円滑な業務の遂行が困難になるとまではいえないとし、「副駅長のビラ配布の制止業務に対するＸの行為は、威力を用いて業務を妨害する行為とはいえない。」とした。

さらに、大阪地裁は、副駅長には、鉄道営業法及び駅建物の管理権に基づいて、駅構内の秩序を維持するため、同コンコース内への立ち入りを認めればその秩序を乱すおそれがある者に対しては、立ち入りを制止する権限があるとした。しかし、同コンコースの公共性、多数の通行人が通り抜けのために同コンコースを利用しているという同駅の状況等を考慮すれば、「**駅構内の秩序が乱されるおそれがない場合には、単に通り抜けのためだけに同コンコースを利用しようとする者に対しても、その立ち入りを制止することはできないと解すべきである**」とした。そして、Ｘら街頭宣伝活動参加者の状況からすれば、**同コンコース内への立ち入りを認めてもその秩序が乱されるおそれがあったとは認められない**。また、実際に、参加者らが駅コンコース内を通過する際、他の駅利用者の通行の妨げになった訳でもないとし、「**駅構内の秩序が乱されるおそれがないにもかかわらず、副駅長が駅コンコース内への立ち入りを制止したことは、適法な業務の遂行とはいえない**。これに対し、Ｘがした行為は、同コンコース内への立ち入りという正当な目的に基づくものであり、その態様も同コンコース内に立ち入るための最小限度のものにとどまっており、違法なものとは認められない。」として、第二の事実については無罪を言渡した。

## 解　説

### 1　本判決の意義

本判決は、第一事実に関しては、業務妨害罪の成立を認めたものの、第二事実に関しては、足を踏みつけ、執ように付きまとうなどの公訴事実の一部を認定せず、大阪地裁が認定した事実関係の下において、Ｘの行為は威力を用いたとはいえないとして威力業務妨害罪が成立しないと判断した。本件では、第二事実が、威力業務妨害罪の構成要件該当性を欠くとする点が、注目に値する。そして、第一事実に関して示された、「本件妨害行為に及ばなければ阻止できないほどの緊急状態に置かれていたものではない。」と、「本件説明会の開催が困難になるほど激しいものであって、実力行使によって問題を解決しようとしたＸの行為が社会通念上相当なものでもない」という違法性判断と、第二事実に関し「駅構内の秩序が乱されるおそれがないにもかかわらず、副駅長が駅コンコース内への立ち入りを制止したことは、適法な業務の遂行とはいえない」と、第二事実の「威力」の解釈とがいかに関連するかを整理してみる必要がある。威力業務妨害罪の成否は、行為の実質的違法性と深く結びつき、構成要件

該当性を欠くとする場合にも、実質的衡量が行われるのである。そもそも、威力に当たるといえるかも、行為の威圧性の高さのみでなく、行為を行った目的、業務の要保護性と無関係ではないのである。

## 2　威力業務妨害罪の構成要件該当性判断の特色

　構成要件該当性判断に際しての実質的判断の考慮の存在を象徴するのが、最高裁が威力業務妨害罪の構成要件該当性を否定したとされる最三小判昭和31年12月11日（刑集10-12-1605、三友炭礦事件判決）であった。

　炭鉱での争議中に、組合の婦人部長が闘争から離脱して就業を開始した一部組合員の行動に憤慨し、既に他の組合委員の座り込みによって炭車の運転が阻止されているところに後から参加し、「ここを通るなら自分たちを轢き殺して通れ」等と怒号して、炭車の運転を妨害した行為を、1審は正当な争議行為とし、2審は期待可能性を欠くとして無罪と判示した。これに対して最高裁は、「かかる状況の下に行われた被告人の判示行為は、未だ違法に刑法234条にいう威力を用いて人の業務を妨害したものというにたりず」として無罪の結論を維持したのである。そして、この「違法に威力を用いて人の業務を妨害した」とはいえないという判示を捉えて、実質的な違法性を否定した判例と解する学説もあれば「構成要件該当性なしとしたもの」と評価される説も有力だったのである（藤木英雄『可罰的違法性の理論』120頁、なお、前田雅英『可罰的違法性論の研究』122頁参照）。

## 3　威力業務妨害罪の処罰範囲の限定傾向の変化

　昭和30年代から40年代は威力業務妨害罪の処罰範囲の限定の流れは定着していく。そして、**最三小判昭和45年6月23日（刑集24-6-311）**において、その傾向は頂点を迎えることになる。

　最高裁は、約40名で、札幌市交通局の車庫門扉付近において、市電の前に立ちふさがり、その進行を阻止して業務の妨害をした事案に関し、「このような行為は、それが争議行為として行なわれた場合においても、一般には許容されるべきものとは認められない」としつつ、札幌市役所関係労働組合の正当な経済的地位の向上を目指した団体交渉の要求を続けたにもかかわらず、札幌市当局が不当に団体交渉の拒否や引き延ばしを図ったという事情があり、組合としては、やむなく交通部門における市電・市バスの乗務員の乗車拒否を主眼とする同盟罷業に踏み切ったところ、突然、同じ組合員が、同盟罷業から脱落し市電を運転して車庫外に出ようとしたので、被告人らがとっさに市電の前に立ちふさがり、口々に、組合の指令に従って市電を出さないように叫んで翻意を

促し、これを腕力で排除しようとした当局側の者ともみ合ったというのであって、「このような行為に出たいきさつおよび目的が人をなっとくさせるに足りるものであり、その時間も、もみ合った時間を含めて約30分であったというのであって、必ずしも不当に長時間にわたるものとはいえないうえに、その間直接暴力に訴えるというようなことはなく、しかも、実質的に私企業とあまり変わりのない札幌市電の乗客のいない車庫内でのできごとであつたというのであるから、このような事情のもとでは、これを**正当な行為として罪とならない**とした原判断は、相当として維持することができる。」と判示した。

しかし、昭和48年を境に、これらの無罪判決がほとんど見られなくなった。組合の団結が乱され同盟罷業がその実効性を失うのを防ぐ目的が重く評価され、「行為に出たいきさつおよび目的が人を納得させるに足りるもの」であれば処罰すべき程のものではないという規範的評価は、支持を失っていったように思われる。

### 4 本判決と最近の判例との比較

現時点で、威力業務妨害罪の成否を考える上で最も重要な判例は、最一小判平成23年7月7日（刑集65-5-619）である。

都立高校の卒業式において、国歌斉唱の際、生徒、教職員を始め、来賓や保護者にも起立を求める都の教育長の発出した通達を受けた卒業式実施要綱が作成されていた中で、本件卒業式に来賓として出席することとなっていた同校の元教諭Xは、卒業式の開式前に、式場である体育館の中央付近に配置された保護者席を歩いて回りビラを配り、教頭の配布中止要求を無視し、さらに保護者らに、校長らに無断で、国歌斉唱のときにはできたら着席して欲しいなどと保護者らに呼び掛け、制止しようとする教頭、校長に対し怒号するなどした。その結果、卒業生が予定より遅れて入場し、本件卒業式は予定より約2分遅れの開式となったという事案である。

最高裁は、「Xが**大声や怒号を発する**などして、同校が主催する**卒業式の円滑な遂行を妨げたこと**は明らかであるから、Xの本件行為は、威力を用いて他人の業務を妨害したものというべきであり、**威力業務妨害罪の構成要件に該当する**」として、原審の判断を維持した[1]。

> 1) 刑法234条の罪に問うことは、憲法21条1項に違反するという主張に対しては、「本件行為は、その場の状況にそぐわない不相当な態様で行われ、静穏な雰囲気の中で執り行われるべき卒業式の円滑な遂行に看過し得ない支障を生じさせたものであって、こうした行為が社会通念上許されず、違法性を欠くものでないことは明らかである。したがって、Xの本件行為をもって刑法234条の罪に問うことは、憲法21条1項に違反するものではない」と判示した。

一方本件では、無許可で同駅構内において「震災がれきの焼却反対」の趣旨のビラを配布する者やプラカードを掲げるなどして集まり同駅構内に立ち入ろうとする者などに警告を発し、制止するなどの警備・警戒の業務に従事していた同駅副駅長に対し、顔を近づけ威嚇し、その後も、街頭宣伝活動が終わるまでの約1時間にわたり、副駅長をにらむなどしながら、副駅長の近くに立っていたという行為が、威力に該当しないとされた。
　「**X1人から顔を近づけられて大声を出され、短時間言い争いをしたからといって、心理的な威圧感を与える行為とはいえない**」とするのである。具体的論拠としては、このような行為では、**一般の人が心理的な威圧感を覚え、円滑な業務の遂行が困難になるとまではいえない**し、現に副駅長もXに対してきつい調子で言い返しているし、他の職員等によるビラ配布の制止業務が困難になったということもない点を挙げる。この判断は、最判平成23年7月7日と、必ずしも矛盾するものではない。確かに妨害の行為態様は異なる。
　しかし、業務妨害罪の成否の観点からは、駅のコンコースで生じる可能性のある混乱をどのように評価するかで、結論は異なり得るように思われる。この点で、大阪地裁が、多数の通行人が通り抜けのために同コンコースを利用している以上駅構内の秩序が乱されるおそれがない場合には、鉄道を利用する意思がなく、単に通り抜けのためだけに同コンコースを利用しようとする者に対しても、その立ち入りを制止することはできないとし、本件事案の際には、同コンコース内への立ち入りを認めてもその秩序が乱されるおそれがあったとは認められないし、実際に、参加者らが駅コンコース内を通過する際、他の駅利用者の通行の妨げになったわけでもないとする。
　駅利用者の通行の妨げに一切ならない態様の行為であれば、それを阻止する業務についての妨害罪は成立し得ないであろう。しかし、複数人による駅コンコース内でのビラの配布は、必ずしも通行の妨げにならないとはいえない。もとより、若干の妨げになる行為でも、その行為に正当な目的性と、それに対応する相当な行為であれば、そのような行為に対する制止は、業務としての要保護性が否定され得る（ビラ配布行為が正当なものとされる。）。
　ただ、大阪地裁は、第一事実に関し、「本件妨害行為に及ばなければ阻止できないほどの緊急状態に置かれていたものではない」「実力行使によって問題を解決しようとしたXの行為が社会通念上相当なものでもない」としている。もとより、第一事実と第二事実では、状況が異なる。しかし、試験焼却を阻止する手段として、駅コンコースで集まり、反対のビラを配布しなければならない必要性・緊急性は、説明会を阻止しなければならない必要性・緊急性とで大差はない。異なるのは、説明会が阻止されることによる業務妨害発生の蓋然性と、コンコースでの混乱の発生の可能性である。そして、ビラ配布活動という表現の自由に関わる行為の評価の問題である。その意味では、第一事実の方が

可罰性（当罰性）が高いことは明らかである。しかし、コンコースの安全の問題に詳しいはずの駅の管理者の意思に反してまで、コンコースでビラを配布しなければならない緊急性は低い。表現の自由といっても、ビラ配布等の許される態様、範囲には限界がないわけではない。

　大阪地裁も、第二事実に関するＸの行為が正当化されるとしているわけではない。威力に当たらないとし、被害者の制止業務は、保護に当たらないとするのである。そして、刑法234条にいう威力とは、人の意思を制圧するに足りる勢力を用いることで、暴行・脅迫に限らず、地位や権勢を利用する場合を含むと定義され（最判昭28.1.30刑集7-1-128参照）、その解釈は比較的容易だと考えられている。しかし、「顔を何センチにまで近づけたか」「どのような形相であったか」「どのような発言内容であったか」などで、形式的に判断し得るものではない。客体である業務の重要性、それが害される蓋然性も衡量される。そして、妨害行為を行う正当性と相当性も、「威力」の解釈と無関係ではないのである。威力以上に、明示された構成要件要素でない「業務の要保護性」は、実質的違法性判断と親近性を有する。

　もちろん、構成要件解釈である以上、他の要件と独立に形式的に判断し得ることが原則である。しかし、限界的な判断を行う場合には、関連事実についての総合的な評価が必要にならざるを得ないのである。

Ⅱ　刑法各論

# 第3講 財産に対する罪

## 1 詐欺罪の欺く行為と「重要な事実」
最二小判平成26年3月28日（刑集68-3-582）

### Focus

かつては、詐欺罪解釈の重点が、交付（処分）行為と、財産上の損害の有無に置かれていたが、近時は、欺く行為の重要性が高まっている。そして、社会の詐欺罪処罰の拡大の要請を踏まえ、欺く行為の射程が拡がりつつあるように思われる。その典型が、暴力団員の利用を排除している施設を、暴力団員であることを秘して利用する場合を詐欺罪で処罰することが確立したという点である。本講で紹介する最高裁判例により、反社会的勢力の様々な施設利用に制限を加える動きにはずみがつくことは疑いない。ただ、3件のうちの1件は、施設の暴力団排除の、「取組の不十分さ」を理由に詐欺罪の成立を否定していることも重く受け止めなければならない。その問題は、併せて、「欺く行為」「挙動による欺罔」の解釈を深める上で、非常に重要な意味を持っている。

### 事実

公訴事実は、
(1) 被告人X（暴力団員）は、D（暴力団員）と共謀の上、平成23年8月15日、ゴルフ場利用細則等により**暴力団員の利用を禁止しているB倶楽部**において従業員に対し、**暴力団員であることを秘し**、Dが「D」と署名し、Xが「A」と署名した「ビジター受付表」を、それぞれ提出してX及びDによる施設利用を申し込み、X及びDが暴力団員ではないと従業員に誤信させて、X及びDと同倶楽部との間でゴルフ場利用契約を成立させて同倶楽部の施設を利用し、
(2) Eと共謀の上、同年9月28日、利用約款等により**暴力団員の利用を禁止しているCクラブ**において、Xが**暴力団員であることを秘し**、Xが「A」と署名した「ビジター控え」を提出してXによる施設利用を申し込み、Xが暴力団員ではないと従業員に誤信させ、Xと同クラブとの間にゴルフ場利用

契約を成立させて、同クラブの施設を利用し、それぞれ**人を欺いて財産上不法の利益を得た**というものである。

　第1審判決は、暴力団員であることを秘してした施設利用申込み行為自体が、挙動による欺罔行為として、申込者が暴力団関係者でないとの積極的な意思表示を伴うものと評価でき、各ゴルフ場の利便提供の許否判断の基礎となる重要な事項を偽るものであって、詐欺罪にいう人を欺く行為に当たるとした。

### 判　旨

　最高裁は、原判決及び第1審判決の認定を基に、事実関係を以下のようにまとめる。
　(1)　Xは、暴力団員であったが、同じ組の副会長であったDらと共に、平成23年8月15日、予約した**B倶楽部**に行き、フロントにおいて、それぞれがビジター利用客として、備付けの「ビジター受付表」に氏名、住所、電話番号等を偽りなく記入し、これをフロント係の従業員に提出してゴルフ場の施設利用を申し込んだ。その際、**同受付表に暴力団関係者であるか否かを確認する欄はなく、その他暴力団関係者でないことを誓約させる措置は講じられていなかったし、暴力団関係者でないかを従業員が確認したり、Xらが自ら暴力団関係者でない旨虚偽の申出をしたりすることもなかった**。Xらは、ゴルフをするなどして同倶楽部の施設を利用した後、それぞれ自己の利用料金等を支払った。なお、同倶楽部は、**会員制のゴルフ場であるが、会員又はその同伴者、紹介者に限定することなく、ビジター利用客のみによる施設利用を認めていた**。Eは、同月25日、仕事関係者をM県に招いてゴルフに興じるため、自らが会員となっていたCクラブに電話を架け、同年9月28日の予約をした後、組合せ人数を調整するため、Xらを誘った。Xは、同月28日、同クラブに行き、フロントにおいて、備付けの「ビジター控え」に氏名を偽りなく記入し、これをフロント係の従業員に提出してゴルフ場の施設利用を申し込んだ。その際、同控えに暴力団関係者であるか否かを確認する欄はなく、その他暴力団関係者でないことを誓約させる措置は講じられていなかったし、暴力団関係者でないかを従業員が確認したり、Xが自ら暴力団関係者でない旨虚偽の申出をしたりすることもなかった。Xは、Eらと共にゴルフをするなどして同クラブの施設を利用した後、自己の利用料金等を支払った。なお、同クラブは、会員制のゴルフ場で、原則として、会員又はその同伴者、紹介者に限り、施設利用を認めていた。
　(2)　B倶楽部及びCクラブは、いずれも**ゴルフ場利用細則又は約款で暴力団関係者の施設利用を拒絶する旨規定**していたし、九州ゴルフ場連盟、M県ゴルフ場防犯協会等に加盟した上、**クラブハウス出入口に「暴力団関係者の立入り、プレーはお断りします」などと記載された立看板を設置**するなどして、暴力団関係者による施設利用を拒絶する意向を示していた。**しかし、そ**

れ以上に利用客に対して暴力団関係者でないことを確認する措置は講じていなかった。また、本件各ゴルフ場と同様に暴力団関係者の施設利用を拒絶する旨の立看板等を設置している**周辺のゴルフ場において、暴力団関係者の施設利用を許可、黙認する例が多数あり、Xらも同様の経験をしていた**というのであって、本件当時、警察等の指導を受けて行われていた**暴力団排除活動が徹底されていたわけではない**。

そして、上記の事実関係の下において、**暴力団関係者であるビジター利用客が、暴力団関係者であることを申告せず**に、一般の利用客と同様に、氏名を含む所定事項を偽りなく記入した「ビジター受付表」等をフロント係の従業員に提出して**施設利用を申し込む行為自体**は、申込者が当該ゴルフ場の施設を通常の方法で利用し、利用後に所定の料金を支払う旨の意思を表すものではあるが、それ以上に**申込者が当然に暴力団関係者でないことまで表しているとは認められない**。そうすると、本件におけるX及びDによる本件各ゴルフ場の**各施設利用申込み行為は、詐欺罪にいう人を欺く行為には当たらない**というべきである。

なお、Cクラブの施設利用についても、**ビジター利用客であるXによる申込み行為自体が実行行為とされており、会員であるEの予約等の存在を前提**としているが、この予約等に同伴者が暴力団関係者でないことの保証の趣旨を明確に読み取れるかは疑問もあり、また、Xにおいて、**Eに働き掛けて予約等をさせたわけではなく、その他このような予約等がされている状況を積極的に利用したという事情は認められない**。これをもって**自己が暴力団関係者でないことの意思表示まで包含する挙動があったと評価することは困難**である。

したがって、X及びDによる本件各ゴルフ場の各施設利用申込み行為が挙動による欺罔行為に当たるとして詐欺罪の成立を認めた第1審判決及びこれを是認した原判決には、判決に影響を及ぼすべき重大な事実の誤認があり、これを破棄しなければ著しく正義に反すると認められる。そして、既に第1審及び原審において検察官による立証は尽くされているので、当審において自判するのが相当であるところ、本件各公訴事実については犯罪の証明が十分でないとして、Xに対し無罪の言渡しをすべきである。

## 解　説

### 1　詐欺罪における「欺く行為」

刑法246条の「人を欺く行為」とは、**財産的処分行為の判断の基礎となるような重要な事項**を偽ることをいう（最三小決平19.7.17刑集61-5-521、最一小決平22.7.29刑集64-5-829参照）。錯誤の内容は、必ずしも、**直接的に財産（損害）に関わるものである必要はない**。

欺く行為は、言語・挙動、作為・不作為を問わない。不作為の詐欺の最近の

例としては、マンション販売会社代表取締役Ｘが、マンションの構造計算書の計算結果が虚偽であり、建物の安全性が確認されていないことを認識しながら、マンション居室買主から残代金の支払を受けた行為が、買主に対し建物の安全性に重大な瑕疵がある旨を告げるなどして残代金の支払請求を一時的にでも撤回すべき作為義務に反するものとして、不作為による詐欺罪に当たるとされている（東京高判平21.3.6高刑集62-1-23、東京地判平19.8.10判タ1251-112）。

それに対し、本稿で問題とする「暴力団員であることを秘して申し込む行為」は、**挙動による欺罔行為**と解されている。前述最決平成19年7月17日も、「第三者に譲渡する目的」を秘して通帳・カードの交付を受けた行為を、挙動による欺罔行為と捉えている。実務上、挙動による詐欺という概念がかなり広く認められている。支払意思がないのに注文したり宿泊したりする行為そのものが**挙動による欺罔行為**であり、これを不作為として構成すると、飲食、宿泊の際に、支払う旨明言する作為義務が生じてしまい不都合だと解されてきた。

## 2 欺罔行為と重要な事実の拡大

第三者に譲渡する意図を秘して**自己名義**の預金口座開設を申し込み、**預金通帳等の交付を受ける行為**は、詐欺罪における人を欺く行為である。「預金通帳及びキャッシュカードを第三者に譲渡する意図であるのにこれを秘して上記申込みを行う行為は、詐欺罪にいう人を欺く行為にほかなら」ない（前述最三小決平19.7.17刑集61-5-521）[1]としている。銀行は「第三者に譲渡する目的」が分かれば、預金口座の開設、通帳・カードの交付に応じることはなかったと認定されており、重要な事実の偽りが存在するといえよう。

正規の代金を支払って、第三者を搭乗させる意図を秘して自己に対する搭乗券の交付を請求する行為も、「搭乗券の交付を請求する者自身が航空機に搭乗するかどうかは、本件係員らにおいてその**交付の判断の基礎となる重要な事項**であるというべきであるから」、人を欺く行為にほかならない（**最一小決平**

---

[1] 平成15年1月に施行された「金融機関等による顧客等の本人確認等に関する法律」（本人確認法）により、マネーロンダリング防止の観点から、取引に当たって金融機関に顧客等の本人確認が義務付けられ、顧客等も本人特定事項を偽ってはならず、本人特定事項を隠蔽する目的でこれに違反した者に対して罰金が科されることになった。この規定は、犯罪による収益の移転防止に関する法律に引き継がれ、平成23年4月の改正の際に、1年以下の懲役若しくは100万円以下の罰金、又はその併科とされている（同法26条）。また、両罰規定による法人に対する罰金刑も、2億円に引き上げられている（同法29条3号（現31条3号））。

なお、犯罪による収益の移転防止法違反と詐欺罪の関係については、犯罪収益移転防止法違反とすべき見解もあるが、不正利用を含めた行為全体の犯罪性、口座・通帳の社会・経済的価値の高さもあり、本人確認法を超えた詐欺罪としての当罰性が認められる。

22.7.29刑集64-5-829)。処罰すべき欺罔行為に該当するか否かに際しては、航空券に記載されている以外の者の搭乗が運航の安全上重大な弊害をもたらす危険性を有することが考慮されている。

このような最高裁判例の流れの中で、下級審は、暴力団がその実態を隠して活動拠点を賃貸することを、詐欺罪に当たるとしたのである。

### 3 暴力団員であることを秘す行為と下級審判例

暴力団組織の活動拠点として使用する等の事情を秘し、不動産の賃借方を申し込んだ行為に詐欺罪の成立を認める判例が登場してくる（**大阪地判平17.3.29判タ1194-293**、神戸地判平20.5.28裁判所 Web）。

一方、「暴力団構成員であることを秘した点は、欺罔行為に当たらない」とした下級審判例も登場してくる（**札幌地判平19.3.1裁判所 Web**）。そのような中で、**最三小決平成26年4月7日**（刑集68-4-715）が登場する。

暴力団員である被告人が、自己名義の総合口座通帳及びキャッシュカードを取得するため、郵便局員に対し、**真実は自己が暴力団員であるのにこれを秘し**、総合口座利用申込書の「私は、申込書3枚目裏面の内容（反社会的勢力でないことなど）を表明・確約した上、申込みます。」と記載のある「おなまえ」欄に自己の氏名を記入するなどして、**自己が暴力団員でないものと装い**、前記申込書を提出して被告人名義の総合口座の開設及びこれに伴う総合口座通帳等の交付を申し込み、前記局員らに、被告人が**暴力団員でないものと誤信させて**被告人名義の**総合口座通帳1通の交付を受け**、さらに、同月18日、同人名義の**キャッシュカード1枚の郵送交付を受けた**という事案である。

最高裁は、①平成19年6月に、政府が「企業が反社会的勢力による被害を防止するための指針」等を策定したこと、②本件銀行においては、平成22年4月1日、貯金等共通規定等を改訂して、貯金は、預金者が暴力団員を含む反社会的勢力に該当しないなどの条件を満たす場合に限り、利用することができ、その条件を満たさない場合には、貯金の新規預入申込みを拒絶すること、③同年5月6日からは、申込者に対し、通常貯金等の新規申込み時に、**暴力団員を含む反社会的勢力でないこと等の表明、確約を求めることとしていたこと**、④本件銀行では、利用者が反社会的勢力に属する疑いがあるときには、関係警察署等に照会、確認することとされ、そして、⑤本件当時に利用されていた**総合口座利用申込書**には、1枚目の「おなまえ」欄の枠内に「私は、申込書3枚目裏面の内容（反社会的勢力でないことなど）を表明・確約した上、申込みます。」と記載があり、3枚目裏面には、「**反社会的勢力ではないことの表明・確約について**」との標題の下、自己が暴力団員等でないことなどを表明、確約し、**これが虚偽であることなどが判明した場合には、貯金の取扱いが停止され、又**

は、全額払戻しされても異議を述べないことなどが記載されていたという事実を指摘する。さらに、⑥被告人に応対した局員は、本件申込みの際、被告人に対し、前記申込書3枚目裏面の記述を指でなぞって示すなどの方法により、暴力団員等の反社会的勢力でないことを確認しており、その時点で、被告人が暴力団員だと分かっていれば、総合口座の開設や、総合口座通帳及びキャッシュカードの交付に応じることはなかったとしたのである。

このような事実を前提に、「総合口座の開設並びにこれに伴う総合口座通帳及びキャッシュカードの交付を申し込む者が**暴力団員を含む反社会的勢力であるかどうか**は、本件局員らにおいてその**交付の判断の基礎となる重要な事項である**というべきであるから、暴力団員である者が、**自己が暴力団員でないことを表明、確約して上記申込みを行う行為は、詐欺罪にいう人を欺く行為**に当たり、これにより総合口座通帳及びキャッシュカードの交付を受けた行為が刑法246条1項の詐欺罪を構成することは明らかである」としたのである（本件では、客体が通帳、キャッシュカード等の財物であり、1項詐欺罪となる。）。現在の金融機関の暴力団対策を前提とする限り、積極的に「暴力団員ではない」と表明しなくても、暴力団排除の文言を確認した上で署名するなどすれば、挙動による欺罔行為を構成することが確立したといってよいように思われる。

### 4 暴力団員であることを秘してのゴルフ場利用行為と2項詐欺

最高裁第二小法廷は、同決定の直前に、暴力団員であることを秘してのゴルフ場利用行為が2項詐欺罪に該当するという判断を示す（**最二小決平26.3.28**（平成25（あ）725号詐欺被告事件：刑集68-3-646）。

暴力団員が、本件ゴルフ倶楽部の会員であるAと共謀の上、平成22年10月13日、N県内の、暴力団員の入場及び施設利用を禁止しているゴルフ倶楽部において、暴力団員であるのにそれを秘し、Aが組合せ表を提出し、被告人の署名簿への代署を依頼するなどして、被告人によるゴルフ場の施設利用を申し込み、被告人が暴力団員ではないと誤信させて、ゴルフ場利用契約を成立させて同倶楽部の施設を利用し、人を欺いて財産上不法の利益を得たという事案である。

本件ゴルフ倶楽部では、暴力団員及びこれと交友関係のある者の入会を認めておらず、入会の際には「暴力団または暴力団員との交友関係」のアンケートへの回答を求めるとともに、「私は、暴力団等とは一切関係ありません。また、暴力団関係者等を同伴・紹介して貴倶楽部に迷惑をお掛けするようなことはいたしません」との誓約書に署名押印させていた。Aは、本件ゴルフ倶楽部の入会審査を申請した際、上記アンケートの項目に対し、「ない」と回答した上、上記誓約書に署名押印して提出し、同倶楽部の会員となった。

被告人は、Aから誘われ、その同伴者として、本件ゴルフ倶楽部を訪れ、ビジターでも「ご署名簿」に自署して施設利用を申し込むこととされていたにもかかわらず、Aは、施設利用の申込みに際し、被告人が暴力団員であることを申告せず、フロントにおいて、自分については、自ら署名しながら、被告人ら同伴者5名については、事前予約の際に本件ゴルフ倶楽部で用意していた「組合せ表」欄に、氏又は名を交錯させるなどして乱雑に書き込んだものを従業員に渡して「ご署名簿」への代署を依頼するという異例な方法をとり、被告人が署名せずに被告人分の施設利用を申し込み、会員の同伴者である以上暴力団関係者は含まれていないと信じた従業員に施設利用を許諾させた。

　最高裁は、「本件ゴルフ倶楽部においては、ゴルフ場利用約款で暴力団員の入場及び施設利用を禁止する旨規定し、入会審査に当たり上記のとおり暴力団関係者を同伴、紹介しない旨誓約させるなどの方策を講じていたほか、N県防犯協議会事務局から提供される他の加盟ゴルフ場による暴力団排除情報をデータベース化した上、予約時又は受付時に利用客の氏名がそのデータベースに登録されていないか確認するなどして暴力団関係者の利用を未然に防いでいたところ、本件においても、被告人が暴力団員であることが分かれば、その施設利用に応じることはなかった」とした上で、「以上のような事実関係からすれば、**入会の際に暴力団関係者の同伴、紹介をしない旨誓約していた本件ゴルフ倶楽部の会員であるAが同伴者の施設利用を申し込むこと自体、その同伴者が暴力団関係者でないことを保証する旨の意思を表している**上、利用客が暴力団関係者かどうかは、**本件ゴルフ倶楽部の従業員において施設利用の許否の判断の基礎となる重要な事項**であるから、同伴者が暴力団関係者であるのにこれを申告せずに施設利用を申し込む行為は、その同伴者が暴力団関係者でないことを従業員に誤信させようとするものであり、**詐欺罪にいう人を欺く行為**にほかならず、これによって施設利用契約を成立させ、Aと意を通じた被告人において施設利用をした行為が刑法246条2項の詐欺罪を構成することは明らかである」と判示した。

　本件では、会員に暴力団関係者の同伴、紹介をしない旨誓約させていることが重要である。同伴者の施設利用を申し込むこと自体、その者が暴力団関係者でないと表明したことになり、詐欺罪の実行行為性は明白となるのである。

## 5　挙動による欺罔行為の限界

　それに対して、本件前記の暴力団員を秘してのゴルフ場利用に詐欺罪を認めた判例と同日で同じ小法廷の**最二小判平成26年3月28日**（**刑集68-3-582**）は、同じくゴルフ場不正利用の事案について、詐欺罪の欺く行為に該当しないとした。

刑集68-3-646登載の判決と同様に、刑集68-3-582登載に関しても、本件倶楽部はゴルフ場利用細則・約款で暴力団関係者の施設利用を拒絶する旨規定し、防犯協会等に加盟した上、クラブハウス出入口に「暴力団お断り」の立看板を設置するなどして、暴力団関係者による施設利用を拒絶する意向を示していたとした上で、①それ以上に利用客に対して暴力団関係者でないことを確認する措置は講じていなかったことを重視し、②同じく立看板等を設置している周辺のゴルフ場において、暴力団関係者の施設利用を許可、黙認する例が多数あり、Xらも同様の経験をしていたということを指摘した上で、B倶楽部において、**暴力団関係者であるビジター利用客が**、暴力団関係者であることを申告せずに、氏名を含む所定事項を偽りなく記入して**施設利用を申し込む行為自体は、申込者が当然に暴力団関係者でないことまで表しているとは認められず、挙動による欺く行為には当たらないとした**[2]。

　無銭飲食の事案において、支払う意思がないのに注文すれば、挙動による欺罔に当たる。食堂などで食べ物を注文すれば、一般人から見れば、当然支払う意思があるものと考えられるから、支払意思が欠けていたことが認定できれば、「あるように装った」として、挙動による欺罔となる。代金を支払うという規範は、確立しているから、注文時にいちいち「支払意思」を確認する必要は無い。

　しかし、「暴力団員はゴルフをしてはならない」という規範が確立しているとまではいえない。現時点でも、暴排の表示などのないゴルフ場があったと仮定した場合、自己の名でビジターとしてプレーすれば、詐欺罪は成立し得ないであろう。もちろん、ゴルフ場においては、プレーを行う者が暴力団員か否かは、重要な事項であり、暴力団でないように装えば、すなわち、一般人から見て「暴力団員でないと積極的に表示したと同視できるような事情」があれば、欺罔行為である。積極的に欺罔しなくても、黙っていただけで挙動による欺罔に該当する場合は存在し得るのである。

　問題は、クラブ側の排除措置・暴力団排除意思の明示の程度である。725号事件では、暴力団等とは一切関係なく、暴力団関係者等を同伴・紹介しないと誓約させており、それなのに、暴力団員を同伴したから、「**同伴者が暴力団関係者でないことを従業員に誤信させようとした欺罔行為**」が認定されたのである。

　それに対し、3号事件では、クラブハウス出入口に「暴力団お断り」の立看

---

[2] また、CクラブにおけるビジターのXによる申込み行為についても、会員であるEの予約等に同伴者が暴力団関係者でないことの保証の趣旨を明確に読み取れないし、XがEに働き掛けて予約等をさせたわけではなく、予約等がされている状況を積極的に利用したわけでもないので、自己が暴力団関係者でないことの意思表示まで包含する挙動があったとは評価できないとした。

板を立てていたものの、それ以上の措置は講じていなかったため、挙動による欺罔とまでは認定されなかった。特に、本件のように、当時暴力団員のプレーを黙認していた地域では、刑事罰までは科し得ないと考えられたといえよう。

Cクラブの行為に関しては、会員であるEの予約等が725号事件の場合のように「同伴者が暴力団関係者でないこと」を強く担保し得るものではないと解されるので、詐欺罪の成立は否定されたものである。

本件には、反対意見も付されており、挙動による欺罔の認定等には異論も考えられるが、現実に「ゴルフ場の暴排対策の程度の差」で、詐欺罪の成否が分かれたことは、重く受け止める必要があろう。ゴルフ場などへの暴排についての協力要請・働き掛けは、大変な困難が伴うが、それが現実に、実践的な意味を持つことを認識しなければならない。

## (2) 詐欺罪の着手時期
最一小判平成30年3月22日（刑集72-1-82）

### Focus

詐欺罪の未遂が成立するためには、欺罔行為を開始しなければならないとされているが、詐欺被害に遭った直後の者に、さらに預金口座から現金を払い戻させ、その交付を受ける意図の下、「口座に残っているお金は今すぐ全部下ろした方がいいですよ。」「前日の100万円を取り返すので協力してほしい。」「2時前には到着できるよう僕の方で態勢整えますので。」などと嘘を言い、電話の相手が警察官であり、その指示に従う必要がある旨誤信させ、Aに預金口座から預金の払戻しをさせた後、警察官になりすまして現金の交付を受けようとした行為に詐欺未遂罪は成立するのであろうか。

### 事 実

第1審判決及び原判決の認定・記録を基に、最高裁のまとめた事実関係は、次のとおりである。

ア N市に住む被害者A（当時69歳）は、甥になりすました氏名不詳者からの電話で、仕事の関係で現金を至急必要としている旨の嘘を言われ、その旨誤信し、甥の勤務する会社の系列社員と称する者に現金100万円を交付した。

イ Aは、翌日午前11時20分頃、警察官を名乗る氏名不詳者からの電話で、「昨日、駅の所で、不審な男を捕まえたんですが、その犯人がAの名前

を言っています。」「昨日、詐欺の被害に遭っていないですか。」「口座にはまだどのくらいの金額が残っているんですか。」「銀行に今すぐ行って全部下ろした方がいいですよ。」「前日の100万円を取り返すので協力してほしい。」などと言われ（1回目の電話）、同日午後1時1分頃、警察官を名乗る氏名不詳者らからの電話で、「僕、向かいますから。」「2時前には到着できるよう僕の方で態勢整えますので。」などと言われた（2回目の電話）。

ウ　被告人Xは、氏名不詳者から指示を受け、同月9日朝、詐取金の受取役であることを認識した上でN市内へ移動し、同日午後1時過ぎ、氏名不詳者から、A宅住所を告げられ、「お婆ちゃんから金を受け取ってこい。」「29歳、刑事役って設定で金を取りに行ってくれ。」などと指示を受け、その指示に従ってA宅に向かったが、A宅に到着する前に警察官から職務質問を受けて逮捕された。

エ　警察官を名乗って前記イ記載の2回の電話を架けた氏名不詳者らは、前記ア記載の被害を回復するための協力名下に、警察官であると誤信させたAに預金口座から現金を払い戻させた上で、警察官を装ってA宅を訪問する予定でいたXにその現金を交付させ、これをだまし取ることを計画し、その計画に基づいて、Aに対し、前記イ記載の各文言を述べたものであり、Xも、その計画に基づいて、A宅付近まで赴いたものである。

第1審判決は、大要次のような犯罪事実を認定し、詐欺未遂罪の成立を認め、懲役2年4月に処したのに対し、Xが、量刑不当を理由に控訴したところ、原判決は、「Aに対し警察官を装って預金を現金化するよう説得する行為は、財物の交付に向けた準備行為を促す行為であるものの、Aに対し下ろした現金の交付まで求めるものではなく、詐欺罪にいう人を欺く行為とはいえず、詐欺被害の現実的、具体的な危険を発生させる行為とは認められない」として、無罪を言い渡した。

### 判　旨

最高裁は、検察側の上告に対し、原判決を破棄し、本件控訴を棄却するとした上で、職権で以下のように判示した。

「本件における、**事実**イ記載の各文言は、警察官を装ってAに対して直接述べられたものであって、預金を下ろして現金化する必要があるとの嘘（1回目の電話）、前日の詐欺の被害金を取り戻すためにはAが警察に協力する必要があるとの嘘（1回目の電話）、これから間もなく警察官がA宅を訪問するとの嘘（2回目の電話）を含むものである。上記認定事実によれば、**これらの嘘を述べた行為は**、Aをして、本件嘘が真実であると誤信させることによって、あらかじめ現金を被害者宅に移動させた上で、後にA宅を訪問して警察官を装って現金の交付を求める予定であった**Xに対して現金を交付させるための計画の一環として行われたものであり、本件嘘の内容は、その犯行計画上、Aが現金を交付するか否かを判断する前提となるよう予定された**

事項に係る重要なものであったと認められる。そして、このように段階を踏んで嘘を重ねながら現金を交付させるための犯行計画の下において述べられた本件嘘には、預金口座から現金を下ろしてＡ宅に移動させることを求める趣旨の文言や、間もなく警察官がＡ宅を訪問することを予告する文言といった、Ａに現金の交付を求める行為に直接つながる嘘が含まれており、**既に100万円の詐欺被害に遭っていたＡに対し、本件嘘を真実であると誤信させることは、Ａにおいて、間もなくＡ宅を訪問しようとしていたＸの求めに応じて即座に現金を交付してしまう危険性を著しく高めるものといえる。**このような事実関係の下においては、**本件嘘を一連のものとしてＡに対して述べた段階において、Ａに現金の交付を求める文言を述べていないとしても、詐欺罪の実行の着手があったと認められる。**」

## 解　説

### 1　本判決の意義

　本件の特殊詐欺に関して原審は、欺罔行為について厳格な解釈を行って、受け子Ｘを無罪にした。第１審が詐欺被害に遭った直後のＡに、さらに預金口座から現金を払い戻させ、その交付を受ける意図の下、「口座に残っているお金は今すぐ全部下ろした方がいいですよ。」等と申し向け、警察官になりすましたＸが、Ａから現金の交付を受けようとした行為に詐欺未遂罪の成立を認めたのに対し、そのような事実の認定では、詐欺未遂罪の構成要件該当性を欠くとしたのである。

　すなわち、①刑法246条１項にいう人を欺く行為とは、**財物の交付に向けて人を錯誤に陥らせる行為**をいうのであり、②警察官を装って預金を現金化するよう説得する行為は、財物の交付に向けた準備行為を促す行為にすぎず、Ａに対し下ろした現金の交付まで求めるものではないので、**詐欺罪にいう人を欺く行為とはいえず、③詐欺被害の現実的、具体的な危険を発生させる行為とは認められない**とした。

　それに対し、最高裁は、「このような事実関係の下においては、本件嘘を一連のものとしてＡに対して述べた段階において、Ａに現金の交付を求める文言を述べていないとしても、**詐欺罪の実行の着手があったと認められる**」と判示し、その判断を覆した。

### 2　財物の交付に向けて人を錯誤に陥らせる行為の拡張の余地

　本件の争点は、具体的事実関係の下で、詐欺罪の実行の着手を認めることができるかにあるが、それは、⑴「**財物の交付に向けて人を錯誤に陥らせる行**

為」という欺罔行為類型に該当するのかという問題と、(2)**詐欺未遂罪として処罰に値する詐欺被害の現実的、具体的な危険**を発生させたかという、具体的着手の有無の認定の問題に分けて論じるべきである。

まず、(1)類型性判断としては、原審が、本件行為は「財物の交付に向けた準備行為を促す行為に過ぎない」として、財物の交付を促す行為（欺罔行為）には当たらないとした点が問題となる。行為類型として欺罔行為に該当しない以上、詐欺罪の実行行為性を欠くことになり、未遂罪の成立の余地もないことになる。

窃盗罪の実行行為である窃取は、占有者の意思に反して占有を移す行為（大判大4.3.18刑録21-309）であるのに比し、詐欺罪の実行行為である欺罔行為といえるためには、**錯誤に陥れるような行為**である必要がある。駅員の隙をみて、切符なしで乗車する場合などは、錯誤に陥れるような行為が認められない。錯誤に陥れるような行為といえるかは、客観的・類型的に判断される。被害者が特に騙されやすいか等で左右されない。

さらに、「錯誤に陥れるような行為」は、それが相手の**処分・交付を導くよ うなもの**でなければならないとされてきた[1]。本件原審が、「人を欺く行為とは、**財物の交付に向けて人を錯誤に陥らせる行為**をいう」としたのも、このような考え方に従ったものである。人を欺いて注意を他にそらせその隙に財物の占有を奪う行為、例えば商店で洋服を試着している際にちょっと用足しに行くと言って逃走するような行為は、店主は洋服の占有を相手に移転しておらず、騙取とはいえないので窃盗罪となる（広島高判昭30.9.6高刑集8-8-1021）。

しかし、自動車販売店で購入客を装い試乗したいと申し出て営業員に単独試乗を勧められ、これを乗り逃げした事案では、単独で試乗させた時点で、自動車販売店の**試乗車に対する事実上の支配は失われた**ものとみるのが相当であり、同車に対する占有が被害者の意思により被告人に移転しているので詐欺罪が成立するとされ（東京地八王子支判平3.8.28判タ768-249）、代金支払の意思も能力もないのにテレホンカード80枚等を注文したXが、枚数を確認するように言われてこれを手に取って「外で待っている者にこれを渡してくる」と嘘を言って、カードを店外へ持ち去った行為について、直ぐ戻って来て代金を支払うとの嘘に騙されてテレホンカードを**交付した**として詐欺罪に該当するとした（東京高判平12.8.29判時1741-160）。騙されてカードの店外持ち出しを容認し

---

1) 詐欺罪の実行行為は、欺罔行為から財産上の処分に至る全体であり、形式的には欺罔行為を開始した時点が詐欺罪の実行の着手ということになる。しかし、何らかの詐欺的手段が講じられれば、それだけで実行の着手が認められるわけではない。虚偽の事実を告げて被害者の注意をそらしその隙に物を取る行為が詐欺罪を構成しないのは、被害者に交付行為が存在しないからではなく、交付に向けられた欺罔行為が存在しないからである。その意味で欺罔行為は、「人を錯誤に陥れる行為」というだけでは不十分で、処分を導くようなものでなければならない（福田平『注釈刑法(6)』199頁）。

たのであり、それによって、Xはカードの占有を得たと解し得る[2]）。

　さらに、最二小判昭和26年12月14日（刑集5-13-2518）は、Xの虚言を誤信して現金を入れた風呂敷包を被害者宅玄関の上がり口の所に置きXを玄関に残して現金を事実上自由に支配することができる状態に置いたまま便所に赴いたところ、Xがその隙に現金を持って逃走したという事案に関し、詐欺罪の成立を認めた。欺罔手段により交付させることのほか、犯人などの自由支配内に置かしめることも詐欺罪を構成するとしたといえよう。

　この「犯人などの自由支配内に置かしめること、犯人が容易に占有取得をし得る状態に置くことも財物の交付に該当する」とする欺罔行為の解釈も、判例の延長線上にあると考えれば、本件行為も「それに向けて人を錯誤に陥らせる行為」とする解釈も成り立ち得る。それと認識しつつ実行させる場合も、欺罔行為に当たると考えてよいように思われる[3]）。本判決が欺罔行為性を認めた基礎にはそのような解釈論も含意されていたと考えられないことはない。

### 3　計画内容の考慮

　しかし、最高裁が本件行為を欺罔行為とした際、行為者の「計画」を重視した点も見落としてはならない。**「現金を被害者宅に移動させた上で、警察官を装ったXに対して現金を交付させるための計画の一環」**だから欺罔行為なのである。もともと最高裁は、実行行為の認定・評価を行う際に「計画性」を重視するといえよう（最一小決平16.3.22刑集58-3-187）。本件でも、原審が、準備段階にすぎず欺罔行為とはいえないとした行為を、「『交付しろ』と明言しなくても、『交付させる計画』が認定され、そのかなりの段階まで進んでいるので、欺罔行為に当たる」としているといえよう。

　それは、銀行から自宅におけば、Xの求めに応じて即座に現金を交付してしまう危険性を著しく高めるものといえるから、詐欺罪の実行行為としての欺罔行為に当たるのである。「交付させる」という計画を別の角度から見ると、「銀行から引き出すよう指示することは、客観的に、交付させる危険性の高さ」を伴うものなのである。実行行為性は、実質的に判断されなければならない。

---

2）　これに対し、多額の資金を運用したいと申し出、取引を始める前に3,000万円を用意するよう要求し、ホテルの会議室で3,000万円を受け取り、お金を「検品したい」といって会議室を出て行方をくらませた場合には、現金を会議室外に持ち出した時点で窃盗既遂罪が成立するとした例がある（東京高判平20.3.11東高刑時報59-1～12-12）。

3）　ただ、占有侵害が発生した既遂の場合と、占有侵害が発生していない段階とでは、判断は微妙に異なり得る。「交付した」といえるか否かと、「交付に向けられた欺罔行為を行ったか否か」は、別個の判断となろう。そして、本件の場合は、交付させることが予定されており、占有侵害を目指す行為であっても「窃盗」として処断することは難しい事案であった。

ここで、Aの所持している高価な物を無価値のものと騙して捨てさせて後から拾う行為も、詐欺罪を構成することを想起すべきである。この事案については、人の占有を侵害した後、交付の形態ではなく事実上の支配を得たのであるから、詐欺ではなく窃盗であるとする説も存在するが（団藤重光『刑法綱要各論第3版』616頁）、後から取得する意図で「はずれ馬券だから」といって当たり馬券を捨てさせるのは、「はずれだから」と騙してもらうのと同視し得る場合があり得る。また、交付は相手に直接手渡す必要はなく、第三者に渡す場合も含む。その意味でAに交付が認められ、詐欺罪が成立するのである。

　本判決は、既に、警察官になりすまし、Aから現金100万円を騙し取ったという状況を前提に、1回目の電話で、①警察官を名乗って、捕まった不審者がAの名前を言っているが、詐欺の被害に遭っていないか、②口座に残っている金額は今すぐ全部下ろした方がいい、③100万円を取り返すので協力してほしい、などと申し向け、100分後の2回目の電話で、④2時前には到着できるよう態勢を整えると伝えた行為を、一連の虚言としてまとめて、それを欺罔行為と捉え、「現金を被害者宅に移動させた上で、警察官を装ったXに対して現金を交付させるための計画の一環」であり、本件嘘の内容は、Aが現金を「交付するか否かを判断する前提となるよう予定された事項に係る**重要なもの**」で、欺罔行為に該当するとしたのである。

## 4　処分行為の判断の基礎となる重要な事実を偽る行為

　刑法246条の実行行為である人を欺く行為（欺罔行為）とは、**財産的処分行為の判断の基礎となるような重要な事項を偽ること**をいう（最決平19.7.17刑集61-5-521、最決平22.7.29刑集64-5-829）。本判決が、「交付するか否かを判断する前提となるよう予定された事項に係る重要なもの」であるという点を重視したのも、近時の詐欺罪解釈の流れからいって、ごく自然なことである。欺罔行為の実質は、相手方がその点につき錯誤に陥らなければ財産的処分をしなかったであろうような**重要な事実を偽る行為**なのである。錯誤の内容は、必ずしも、直接的に財産（損害）に関わるものである必要はない。

　判例は、預金通帳等を第三者に譲渡する意図や暴力団員であることを秘して自己名義の預金通帳・カード等の交付を受けても詐欺罪の成立を認め（最三小決平19.7.17刑集61-5-521、最三小決平26.4.7刑集68-4-715）、正規の代金を支払って、第三者を搭乗させる意図を秘して自己に対する搭乗券の交付を請求する行為（最一小決平22.7.29刑集64-5-829）、暴力団排除を明示しているのに同伴者が組員であることを秘してゴルフ場でプレーする行為も詐欺罪を構成するとし（最二小決平26.3.28刑集68-3-646）、「重要な事実」の解釈により、詐欺罪の処罰範囲は微妙に拡張されてきている（本書136頁参照）。

本判決は、嘘の内容は、Ａが現金を「交付するか否かを判断する前提となるよう予定された事項に係る重要なもの」で、欺罔行為に該当するとした。この判断は一連の重要事項に関する先例から見て、当然のものといえよう。

## 5　具体的な危険発生の有無

　本判決は、既に一度、詐欺被害に遭っていたＡに対し、本件のような嘘を告げることは、Ａにおいて、「**間もなくＡ宅を訪問しようとしていたＸの求めに応じて即座に現金を交付してしまう危険性を著しく高めるもので、本件嘘を一連のものとしてＡに対して述べた段階において、Ａに現金の交付を求める文言を述べていないとしても、詐欺罪の実行の着手があったと認められる**」としている。この判断は、従来の詐欺罪における実行の着手時期の判断をより早めるものなのであろうか。

　この点、大判昭和7年6月15日（刑集11-859）は、保険金騙取の目的で放火したがいまだ保険料支払の請求をしないときは、詐欺の実行の着手があったとはいえないとしている。確かに、火を放っただけで詐欺の着手は認めるべきではないであろうが、明示的な保険料支払請求がなされなければ詐欺未遂罪が成立しないとするのであれば、本判決は微妙に着手時期を早めているといえないこともない。

　しかし、最二小判昭和29年10月22日（刑集8-10-1616）は、八百長競輪に関し、選手が他の選手（又は第三者）と通謀して「八百長」を行い、それにより賞金及び払戻金を受領する行為は詐欺罪を構成し、八百長レースを通謀した選手らがスタートラインに立った時に実行の着手が認められるとした。レース結果も出ておらず、賞金などを得る可能性が高いとはいえないようにも思われるが、八百長を計画している以上、レース開始時点で、かなりの確率で賞金を得ることができると考えたのである[4]。

　そして、本件判例の着手時期の妥当性を考える上では、カードによる引き出し行為に関する窃盗の着手時期の判例が参考となる（名古屋高判平13.9.17高検速報694、名古屋高判平18.1.24高検速報718）。窃取したキャッシュカードを使用して現金自動預払機等から現金を窃取するため、預貯金の残高照会をした

---

　4）　関連する判例として、最三小判昭和26年5月8日（刑集5-6-1004）は、見物人が1の数字を書いた紙玉を拾い上げれば賭金の3倍を取得させる条件で、見物人には1の数字を書いた紙玉を落とし入れると称して金を賭けさせながら、実はこれを多数の紙玉中に落とし入れる際、巧に手中で他の数字を書いた紙玉と取り替えて落とし入れるいわゆる「モミ」賭博において詐欺行為を共謀した被告人等が、客に勝負をすすめあるいはサクラの役をつとめあるいは見張り等をして、見物人の一人がその欺しの手に乗って勝負しようと決心したところで、詐欺罪の実行の着手が認められるとしたものがある。本件事案は最判昭和29年10月22日より、結果発生の危険性が高いものといえよう。

段階で、窃盗罪の実行の着手に当たるとしたものである。残高の確認作業は、財物の取得行為そのものではなく、窃取の準備行為の段階に当たるように見えるにもかかわらず、実行の着手を認めた。「スリ犯のアタリ行為」に相当するもので着手はないとも考えられるが、ATMの実際上の利用形態からすると、残高確認は独立の客体存否確認行為ではなく、自動預払機内の金銭窃取の開始と評価すべきであると解されたのである。通常、残高証明作業を行ってから引き出すのは自然のことであり、払戻しとこれに先立つ残高照会とは、類型的に一連のものといえよう（**実行行為の一連一体性**）。

　一度被害にあった者の心理状態を前提にした上で、前述③で検討した「計画性」に基づく「交付させる危険性」が認定できれば、Aに現金の交付を求める文言を一切述べていないとしても、本件の一連の嘘をAに対して述べた段階において、詐欺罪の実行の着手があったと認められるとした判断は妥当なものである。そして、この最高裁の判断には、多発する特殊詐欺に対する国民の意識の反映も見られるのである。

## ③ 詐欺罪の損害額
東京高判平成28年2月19日（判タ1426-41）

### Focus

公的給付費を水増し請求した行為は、受け取った全額について詐欺罪が成立するかが争われ、水増し請求分についてのみ成立するとした裁判例である。特別法の補助金等不正受交付罪については、水増し部分についてのみ犯罪が成立するという最高裁判例が出されていたが、刑法典上の詐欺罪については、やや漠然とした形ではあるものの、「全額」について成立すると考えられてきた面があり、本判決の結論は、注目すべきものである。

### 事実

　被告人は、障害福祉サービス事業等を営む特定非営利法人の会長として、同法人が運営する就労継続支援事業所の業務全般を統括していたものであるが、改正前の障害者自立支援法に基づく訓練等給付費の給付制度を利用して同給付費をだまし取ろうと考え、真実は、前記事業所において、5名の障害者に就労継続支援等を提供した事実はないのに、平成22年8月から平成24年8月までの間、24回にわたり、被告人方において、前記法人職員をして、県国民健康保険団体連合会職員を介して市社会福祉課職員に対し、前記5名に就労継続支援等を提供した旨の内容虚偽の介護給付費・訓練等給付費等明細

書及び就労継続支援提供実績記録票等の電子情報を送信させて訓練等給付費の支払を請求し、市社会福祉課長に、前記介護給付費・訓練等給付費等明細書記載のとおりに前記事業所において前記5名に就労継続支援等の提供がされたものと誤信させて訓練等給付費の支給を決定させ、よって、平成22年9月から平成24年9月までの間、24回にわたり、市から前記連合会を介して、前記法人理事被告人名義の普通預金口座に、前記5名に就労継続支援等を提供した旨の虚偽の請求に基づく訓練等給付費合計1,217万1,360円を含む合計4,204万3,890円を振込入金させ、もって人を欺いて財物を交付させた。

第1審では事実関係に争いはなく、第1審判決は、公訴事実のとおりに罪となるべき事実を認定の上、懲役2年4月を言い渡したところ、被告人が控訴し、量刑不当の主張がされた。

### 判旨

東京高裁は、第1審判決を破棄して自判した。

まず、「本件は、障害者のための就労継続支援事業所を運営していた被告人が、改正前の障害者自立支援法（現「障害者の日常生活及び社会生活を総合的に支援するための法律」）に基づく障害者の訓練等給付費に関し、就労継続支援等の提供をしなかった障害者に関する水増しをした請求をして給付費を不正に受給した詐欺の事案であるが、以下にみるとおり、原判決は、水増し分に係る給付費を含む給付費全額について詐欺罪の成立を認めたと解さざるを得ないところ、本件の事実関係の下では、水増し分に係る給付費についてのみ詐欺罪が成立するというべきであるから、原判決は、判決に影響を及ぼすことが明らかな法令の適用の誤りがあり、破棄を免れない。」とした上で、原審判示内容を検討する。

「改正前の障害者自立支援法に基づく訓練等給付費の制度の下においては、障害者に就労の機会を提供し必要な訓練等の便宜を提供するという就労継続支援に関し、本来は各障害者が事業者に訓練等の費用を払った上で市町村から直接給付費の支払を受ける仕組みであるところ、障害者等の便宜に鑑み、市町村は、給付費として障害者に支給すべき額の限度において事業者に支払をすることができるとされている。そして、事業者が行う請求は、各月に提出する請求書に、給付決定を受けている障害者ごとに提供した就労継続支援等の内容等を記載した介護給付費・訓練等給付費等明細書及び就労継続支援提供実績記録票等を添付するという態様で行われ、市における支給の決定も、障害者ごとに提供された就労継続支援等の内容等を審査して金額の算定が行われており、請求の態様及び金額の算定において、障害者単位の運用がされている。本件において、被告人は、就労継続支援等の提供をした障害者に関する明細書及び実績記録票等に加えて、就労継続支援等の提供をしなかった5名の障害者に関する内容虚偽の明細書及び実績記録票等を添付して水増し分を含む合計金額の支払を24回にわたって請求し、市は、障害者ごと

に提供された就労継続支援等の内容等について審査した上で給付費の金額の算定をして支給の決定をし、水増し分を含む合計金額を24回にわたって被告人の管理する預金口座に振込入金したものと認められる。そうすると、改正前の障害者自立支援法に基づき事業者が障害者に代わって支払を受けるという**訓練等給付費の制度の下において、障害者ごとに提供された就労継続支援等に関する資料を添付するという態様で請求がされ、障害者ごとに提供された就労継続支援等の内容等を審査して金額の算定がされる訓練等給付費について**、被告人が、就労継続支援等の提供をした障害者に係る給付費に、その提供をしなかった障害者に係る分を加えて金額を**水増しした内容虚偽の請求をし、水増し分を含む給付費の交付を受けたという本件事実関係の下では、詐欺罪は、内容虚偽の請求と因果関係のある就労継続支援等の提供をしなかった障害者に係る給付費について成立し、交付を受けた給付費全額について成立するものではない**というべきである。」とし、給付費全額について詐欺罪の成立を認めたものと解さざるを得ない原判決には法令の適用の誤りがあるとしたのである。

## 解　説

### 1　詐欺罪の損害額

　ドイツ法の影響の下、損害を**全体財産の減少**と解するのか、**個別財産の喪失**それ自体が損害であると考えるのかが争われてきた時期があった（ドイツでは、窃盗罪は所有権に対する罪であり、対象物を奪えば成立するのに対し、詐欺罪は全体財産に対する罪であり経済的損害の発生が要件として明示されている）。例えば、10万円相当の商品を50万円の価値があると欺き、10万円で販売する行為は、全体財産の減少を要求する説は、失った金銭と得た財物の経済的価値が等しい以上、損害は生じないとする。しかし、判例は、購入の動機の重要部分に欺罔が認められるとして、詐欺罪が成立すると考えているといってよい。10万円相当の商品を10万円で購入したのだから、詐欺罪で処罰すべき行為とまではいえないという考え方は、少なくとも現在の国民の意識の中では、少数意見であろう。「10万円の定価がはじめから示されていれば購入しなかった」と考えられる場合がかなり考えられる以上、詐欺罪が成立するのである。

　**相当対価**が支払われた事案について、欺罔行為があれば、財物の交付自体が損害であるとするか、損害を不要とするかは別にして、1項詐欺罪の成立を認める。形式的な刑法解釈論としても、相当対価を置いて盗んだり強取した場合には窃盗・強盗罪が成立するといわざるを得ない以上、同じ奪取罪として規定されている詐欺罪の成立には、全体財産の減少は不要と解する方が自然であろう。しかし、判例の詐欺罪の成否の判断においては、「50万円という虚偽の定

価を示すという欺罔行為がなければ、購入しなかったか否か」が、実質的に重要なのである。

そして、対価の一部が支払われた事案の**損害額**の算定においては、判例は、支払われたもの（額）を差し引かないとしてきた（最二小決昭34.9.28刑集13-11-2993、最一小判昭28.4.2刑集7-4-750）。2項詐欺罪についても、真実は自己の支配する会社への売却であることなどを秘し、根抵当権者を欺いて抹消登記を完了した場合には、根抵当権放棄の対価が相当額であっても、刑法246条2項の詐欺罪が成立するとしている（最三小決平16.7.7刑集58-5-309）。そこには、「本当のことを知ったら全額を支払わなかった可能性がある」という判断が入っているのである。

## 2　不正受給対策の重要性

現在、国からの各種補助金制度等、様々な公的給付・扶助等の制度が設けられ、その不正受給をいかに禁圧するかが重要な課題となっている。補助金・給付金等の不正取得等の行為については、刑法上の詐欺罪により対応すべき問題となると同時に、これらの制度の根拠法規には、不正取得等を処罰する独自の規定が置かれている例も多く、そこでは両者の関係をどのように解するかという問題が従来以上に顕在化してきた。

この問題に関しては、星周一郎教授が、法学会雑誌52巻2号197頁以下で、「不正受給罪と詐欺罪」と題して、統計データにも依拠しつつ、処罰の方法、範囲について詳細に論じられた。星周一郎教授は、不正な取得等の行為に対する処罰規定に関して、①「偽りその他不正の手段（または行為）」により、補助金や給付金の交付等を受ける行為を処罰する規定（補助金等適正化法29条1項や政党助成法43条等）と、②「偽りその他不正の手段」等により給付を受けるなどする行為を処罰するが、「刑法に正条があるときは、刑法による」旨を規定し、条文の文言上、補充規定である旨を明示している規定（生活保護法85条、国民年金法111条、特定障害者に対する特別障害給付金の支給に関する法律35条、児童扶養手当法35条、児童手当法31条、平成22年度等における子ども手当の支給に関する法律33条など）に大別される（金員ではなく手帳の不正受交付行為を処罰対象とするものもある（戦傷病者特別援護法30条、身体障害者福祉法47条など））。そして、補助金等適正化法が制定される以前から、補助金の不正取得に対する詐欺罪の成立は、判例において認められていたとされる（星・前掲論文200頁）。

## 3　不正受給と詐欺罪の成否

　確かに、有力な学説からの批判はあったものの、公からの不正受給行為についても、たとえ相当対価を支払ったにせよ本来配給を受けられない財物を取得した以上、詐欺罪が成立するとするのが判例である。最一小決昭和51年4月1日（刑集30-3-425）は、営農意思を持つ者に対してしか売却できない土地を、営農意思がないのにあるように偽って購入した行為について、**欺罔行為によって国家的法益を侵害する場合でも**、それが同時に、詐欺罪の保護法益である財産権を侵害するものである以上、当該行政刑罰法規が**特別法として詐欺罪の適用を排除する趣旨のものと認められない限り、詐欺罪の成立を認める**ことは、大審院時代から確立された判例であるとした。不当・過大な補助金の交付を受けた行為についての大判昭和8年2月2日（刑集12-11）、超過供出の事実がないのにあったかのように装って、食糧管理法上の超過供出報奨金の交付を受けたという事案に関する最一小判昭和32年1月31日（刑集11-1-394）などが、詐欺罪の成立を認めている（星・前掲論文200頁）。

　ただ、逆に言えば「当該行政刑罰法規が特別法として詐欺罪の適用を排除する趣旨のもの」であれば詐欺罪は成立しない。最判昭和27年12月25日（刑集6-12-1387）は、欺罔手段を用いて**旅券を不正取得**した事案に関して詐欺罪の成立を否定した。最高裁は、刑法157条2項の構成要件が、公務員に対し虚偽の申立を為し免状等に不実の記載をさせるだけで充足すると同時にその性質上不実記載された免状等の下付を受ける事実をも当然に包含するものと解されるからであるとした。法定刑をも参酌すると免状、鑑札、旅券の下付を受ける行為のごときものは、刑法246条の詐欺罪に問擬すべきではなく、刑法157条2項だけを適用すべきものと解するとしたのである。

　欺罔的手段を用いて**脱税**をすれば、人を欺罔して財産上の不法の利益を得るという点でいわゆる2項詐欺の構成要件に該当するようにみえるが、これは各種税法の違反に問われるに過ぎない（東京地判昭61.3.19刑月18-3-180参照。なお、不正還付請求は詐欺になる。）。脱税の場合も、まさに「詐欺罪の適用を排除する趣旨の特別法」が存在するから、詐欺罪の適用が排除されるのである。脱税は部分的には詐欺罪を構成するが、その定型的処理の必要性や「行為者にとっての誘惑性」等を顧慮して、通常の類型の脱税につき政策的に詐欺罪の適用を排除し、罰金を重視した刑を科することが明示されている（摘発の主体も国税査察官等である。）。逆に、このような規定が存在しない場合には、欺罔行為に基づく財物騙取がある限り、被害者が国であっても詐欺罪は成立する。

## 4　不正受給と損害額

　判例は、欺罔手段によって水増しした補助金等の交付を受けた場合には、その全額について詐欺罪が成立するとしてきた（大判昭11.7.8新聞4049-7）。

　これに対して、補助金等適正化法29条1項の不正受交付罪に関しては、補助金を水増しして請求したような場合、当該補助金全額について不正受交付罪が成立するとする(a)全額説と、過大交付を受けた部分についてのみ不正受交付罪が成立するとする(b)差額説とが対立してきた（星・前掲論文202頁）。前者は、詐欺罪に関する前述の判例の損害の考え方を不正受交付罪にあてはめるもので、補助金等不正受交付罪と詐欺罪の取扱いを別異にする必要は無いとするものといえよう。しかし、補助金適正化法を研究する学説では、従来から、差額説が有力に主張されていた（小滝敏之『補助金適正化法解説—補助金行政の法理と実務〔全訂新版〕』（2008年）390頁）。

　そして、最高裁は補助金等不正受交付罪について、**差額説**を採用するに至る。最二小決平成21年9月15日（刑集63-7-783）は、牛海綿状脳症（BSE）問題が生じたため畜産農家に補助金を交付することになったが、補助金の対象となる国産牛肉に加え、それ以外の又は実在しない牛肉を上乗せした合計量に対する補助金の交付を申請し、その交付を受けたという事案に関し、**補助金等不正受交付罪は、不正の手段と因果関係のある上乗せした牛肉に係る受交付額について成立し、交付を受けた補助金全額について成立するものではない**とした。補助金等に係る予算の執行の適正化に関する法律29条1項違反の罪（補助金等不正受交付罪）は、不正の手段と因果関係のある受交付額について成立し、因果関係についても、不正の手段の態様、補助金交付の目的、条件、交付額の算定方法等を考慮して判断されるとしたのである[1]。補助金交付の趣旨からは、補助金の対象となる国産牛肉に相当する額の交付は認めるべきなのである（さらに最三小決平21.11.16裁判集刑事298-603参照）。

　ただ、最二小決平成21年9月15日の調査官解説では、最高裁の判断は補助金不正受交付罪にのみ関わるものであり、詐欺罪の成立範囲についての結論を何

---

1) 星教授は、「差額説には、構成要件要素たる不正の手段と補助金等の受交付との間の相当因果関係の存在が必要であることを強調し、『仮に不正の手段が講じられても、もともと補助金等の交付を受ける資格のある事業に対して、正当な金額を受領した場合は、補助金等不正受交付罪を構成しない』と解すべきで、『正当に受給しうべき金額以上の過大交付を受けた場合には、当該超過部分についてのみ』犯罪が成立するとする見解と、『予算の不当支出による国庫の損失を防止しようとするものであるから、いかに不正の手段を講じても、結果において真実に交付すべき補助金等が交付された場合には、本罪を構成しないと解すべきである』として、損害の発生の有無に着目する見解とがある。ただし、両者は、同じことを別の角度から述べていると見ることもできる。そうであるとするならば、不正受交付罪と詐欺罪の保護法益に相違があり、それが成立範囲の解釈に影響を及ぼす、とされている点が注目される」としている（前掲論文203頁）。

ら示唆するものではないとされている（西野吾一・平21年最解（刑）369頁）。補助金等不正受交付罪においては、詐欺罪の場合のように、欺罔行為により被害者が錯誤に陥り財物を交付するという因果関係を要せず、不正手段により交付したという因果関係の存在で足りるので、両罪は構成要件の実質が異なっているとするのである。補助金実務に詳しい小滝教授の学説が採用されたといってよい。

ただ、詐欺罪に近似する補助金等不正受交付罪の成立する範囲について、①不正の手段と因果関係が認められる範囲に限り、②因果関係の判断方法に関しても、個々の事案の具体的事情を前提にして、不正の手段の態様、補助金交付の目的、条件、交付額の算定方法等を考慮して個別に判断していくという考え方は、詐欺罪の解釈にも影響を及ぼし得るものであった。

詐欺罪については、代金等の水増し請求について、詐欺罪の成立範囲に関し、交付を受ける物又は財産上の利益の不可分性等を理由として、なお全額説が通説的な立場である旨の紹介が見られたりする中、調査官解説も、最二小決平成21年9月15日の「射程」を慎重に限定しようとしていたように思われる。しかし、東京高判平成28年2月19日（判タ1426-41）は、詐欺罪の成否に「全額説」の考え方を持ち込んだのである。

### 5　詐欺罪を構成する水増し請求の損害額　本判決の意義

補助金等不正受交付罪に関する最決平成21年9月15日の判示が、詐欺罪に関する本件判決に影響したことは明らかである。本判決は、水増しの方法による本件の不正受給に関し、①障害者に就労の機会を提供し必要な訓練等の便宜を提供するという就労継続支援に関し、本来は各障害者が市町村から直接給付費の支払を受ける仕組みであるところ、障害者等の便宜に鑑み、市町村は、給付費として障害者に支給すべき額の限度において事業者に支払をすることができるとされているという制度趣旨を説明した上で、②事業者が行う請求は、各月に提出する請求書に、給付決定を受けている障害者ごとに提供した就労継続支援等の内容等を記載した介護給付費・訓練等給付費等明細書及び就労継続支援提供実績記録票等を添付するという態様で行われる、という請求の態様や、③市の支給決定も、障害者ごとに提供された就労継続支援等の内容等を審査して金額の算定が行われているという点を重視し、本来は各障害者がそれぞれ受領する給付費を事業者が代理受領しているという制度趣旨、障害者単位の運用がされている請求の態様及び金額の算定方法をみれば、本件は請求と給付が障害者ごとに対応していることが明確な事案であるということができ、それらの点から、本件の事実関係の下では、内容虚偽の請求と因果関係のある給付費は水増し分のみであって、交付を受けた給付費全額について詐欺罪は成立するもの

ではない」としたのである。

「水増し請求」という事案の特殊性も考慮しなければならないが、高裁判決で、詐欺的事犯における損害の捉え方において「差額説」的考え方が採用されたことは、重要なことといえよう。最二小決平成21年9月15日や最決平成21年11月16日の存在も併せて考えると、詐欺の損害概念、ひいては成立範囲について微妙な変化をもたらすことになるように思われる。

比較的新しい高裁判例の中にも、東京高判昭和54年6月13日（判時945-136）のように、不正請求を受けた労働基準監督署の係官等は、もし真実を知ったならば、請求金全額の支払を拒絶したのであり、被告人は、「社会通念上許容される範囲を逸脱する欺罔手段を用いて保険金を受領したもので、全体として違法性を帯び、取得した現金全額について詐欺罪が成立すると解するのが相当である」として、「全額説」を堅持しているように見えるものもある。しかし、東京高裁は、「もし真実を知ったならば、請求金全額の支払を拒絶した」と認定して、詐欺罪の成立を認めていることに注意しなければならない。全額説と差額説のいずれが妥当かは、事案によるのである。「何れの説が正しいか」という問題設定は誤りなのである。

## 6　欺罔行為の認定と損害の認定（詐欺罪の成立範囲を決めるもの）

我が国の詐欺罪の解釈においては、「損害」を詐欺罪の必須の要件とする必要はない。そして、最近の詐欺罪に関する判例の流れは、財産的侵害ではなく「騙す行為」そのものを処罰するようにも見える（本書135頁参照）。このような詐欺罪判例全体の流れの中では、詐欺罪の損害に関し、「差額説的限定解釈」を採用し、欺罔行為との因果性を強調する本判決は、異質の存在にも見える。しかし、本判決の提示した詐欺罪の限定解釈は、必ずしも判例の流れと矛盾するものではない。そして、判例は詐欺罪が「財産犯」であることを否定しているわけではない。

「損害」を一切考慮することなく、「交付自体が損害」という説明を形式的に徹底すると、「本当のことを知ったら売らなかったであろう場合」全てを詐欺罪で処罰することになる。しかし、判例には、医師と偽り適切な薬を販売した行為を不可罰とした時期もあり（大決昭3.12.21刑集7-772）、事案や規範意識の変化に応じ得る余地を残すべきである。具体的には、「欺罔行為の厳密な解釈」によって、被害者の錯誤が財産と実質的に全く関係のないものである場合を除くという解釈手法が考えられる。

ここで、本判決とは逆の「全額説」に立つように見える東京高判昭和54年6月13日も、前述のように、社会通念上許容される範囲を逸脱する欺罔手段を用いたことのみでは詐欺罪は認められず、「もし真実を知ったならば、請求金全

額の支払を拒絶した」としているのである。

　それに対して本件判決は、障害者ごとに提供された就労継続支援等の内容等を審査して金額が算定され、請求と給付が障害者ごとに対応していることが明確であり、内容虚偽の請求行為が詐欺罪を構成するのは「水増し分」のみであるとしたのである。被告人の不正請求が発覚しても、水増し分以外は支払うことになると判断されたといってよい。

　本判決が「全額説」を採用したからといって、「10万円相当の商品を50万円の価値があると欺き、10万円で販売する行為」を実質的に損害がないとして無罪にすべきとするものではない。「定価が50万円ではなく10万円であったとしても、商品を購入した」という人がいないとはいえないであろう。しかし「10万の定価がはじめから示されていれば購入しなかった」と考えられる場合が想定される以上、詐欺罪が成立すると考えられるのである。この、「騙されなければ交付しなかったか否か」という規範的評価こそが、詐欺罪の中核部分であり、社会の変化などに影響されて微妙に変化していくものである。大正期は、詐欺罪のみならず、財産犯全体の成立範囲が謙抑的に考えられていたが、最近は、悪質な詐欺事犯の影響もあり、判例も「欺罔行為」とその基礎となる重要事実について、拡大してきたようにも見える。ただ、詐欺事犯の発生状況とそれに対する国民の意識の変化によっては、逆の動きも起こり得る。特に、特別法が存在する場合等は、補助金等の趣旨とその国民への浸透度などを踏まえ、さらには現実に用いられた行為態様も踏まえて、具体的に吟味していく必要があるのである。

## ④ 組織的犯罪処罰法と組織詐欺罪
　　　最三小決平成27年9月15日（刑集69-6-721）

### Focus

　平成11年8月、「組織的な犯罪の処罰及び犯罪収益の規制等に関する法律」、「犯罪捜査のための通信傍受に関する法律」（いわゆる「通信傍受法」）及び「刑事訴訟法の一部を改正する法律」（「刑訴法改正法」）が成立し、同月18日に公布された。

　組織犯罪対策関連三法のうち、「組織的な犯罪の処罰及び犯罪収益の規制等に関する法律」は、3条1項は、「次の各号に掲げる罪に当たる行為が、団体の活動（団体の意思決定に基づく行為であって、その効果又はこれによる利益が当該団体に帰属するものをいう。以下同じ。）として、当該罪に当たる行為を実行するための組織により行われたときは、その罪を犯した者は、当該各号に定める刑に処する。」とし、**組織的詐欺罪**につい

て、「1年以上の有期懲役」の法定刑を定めたのである。組織的な態様又は団体の不正権益との関連で犯された場合には、刑法典上の詐欺罪が10年以下であるのに対し、20年の懲役刑まで科すことが可能となり、加重事由があれば30年まで重くすることが可能となったのである。

## 事 実

　　被告人は、株式会社Aの実質オーナーとして業務全般を統括掌理していたもの、Aは、会員制リゾートクラブであるB倶楽部の会員権販売等を共同の目的とする多数人の継続的結合体であって、その目的を実現する行為を組織により反復して行っていた団体であるところ、被告人は、Aの営業部門の統括責任者であるC並びにAの役員及び従業員と共謀の上、Aの活動として、Cらをその構成員とする組織により、真実はAが大幅な債務超過の状態にあり、施設利用預託金の5年後の返還及び付与された宿泊ポイントの未利用分の払戻しに応じる意思も能力もないのに、上記B倶楽部の施設利用預託金及び施設利用料の名目で金銭を詐取しようと考え、計144名の被害者に対し、Aの営業員及び電話勧誘員において、「預託金は5年後に戻ります。」「使い切れなかったポイントは現金で換金することが可能となっています。」などと嘘を言い、上記被害者らをして、施設利用預託金の5年後の返還及び付与された宿泊ポイントの未利用分の払戻しが確実に受けられる旨誤信させ、よって、上記被害者らから現金合計2億6,999万円余の交付又は振込入金を受けるなどした行為が、組織的詐欺罪に該当するとした。

　　原審も組織的詐欺罪の成立には、「団体の構成員全員が、指揮命令系統の末端に至るまで詐欺の故意を有し、詐欺行為の実行を目的として結合している必要はなく、団体の主要な構成員が上記のような結合体を構成していれば足りる」との法令解釈を示し、本件においては、Aの業務全体を統括掌理していた被告人に加えて、Cを始めとするAの主要な構成員につき、金銭詐取の故意を共有するに至ったと認定できる以降に行われた各行為は、Aという団体の意思決定に基づき、詐欺を実行するための組織により行われたと評価できるから、同旨の認定をしたものと解し得る第1審判決の認定は結論において正当であるとした。

　　弁護側は、組織的詐欺罪の成立を認めるためには、「団体の構成員全員が、自らその団体の活動に参加する意思を抱き、そのような構成員全員の意思が結合することで、犯罪組織を形成する必要がある」と主張して上告した。

判旨

最高裁は以下のように判示して、上告を棄却した。
「(1) 組織的犯罪処罰法3条1項は、犯罪に当たる行為が、団体の活動として、当該行為を実行するための組織により行われる場合は、継続性や計画性が高度であり、多数人が統一された意思の下に、指揮命令に基づき、あらかじめ定められた任務分担に従って一体として犯罪を実行するという点で、その目的実現の可能性が著しく高く、また、重大な結果を生じやすいなど、特に違法性が高いところ、詐欺を含む刑法の一部の罪については、このような形態で犯されることが多いにもかかわらず、その場合の法定刑として十分ではないと考えられたことから、このような犯罪を行った行為者を適正に処罰できるようにするため、刑法各条の加重類型を設けたものである。

(2) このうち、組織的詐欺罪は、刑法246条（詐欺）の罪に当たる行為が、団体の活動として、詐欺罪に当たる行為を実行するための組織により行われたとき、その罪を犯した者について成立する。

ア 組織的犯罪処罰法において『団体』とは、共同の目的を有する多数人の継続的結合体であって、その目的又は意思を実現する行為の全部又は一部が組織により反復して行われるものをいう（同法2条1項）。リゾート会員権の販売等を目的とする会社であって、Cを始めとする役員及び従業員（営業員、電話勧誘員ら）によって構成される組織により営業活動を行うAが『団体』に当たることについては疑問の余地がない。

イ そして、B倶楽部の施設利用預託金及び施設利用料を集める行為が、Aという団体の活動に当たること（Aの意思決定に基づく行為であって、その効果又はこれによる利益がAに帰属するものであること）は明らかである。

ウ そうすると、問題は、上記行為が、『詐欺罪に当たる行為を実行するための組織により行われた』ものかどうか、すなわち、**詐欺罪に当たる行為を実行することを目的として成り立っている組織により行われたといえるかどうか**に尽きることになる。原判決の認定によれば、被告人はもとより、Cを始めとするAの主要な構成員にあっては、遅くとも平成21年9月上旬の時点で、**Aが実質的な破綻状態にあり、集めた預託金等を返還する能力がないことを認識したにもかかわらず**、それ以降も、上記ア記載の組織による営業活動として、B倶楽部の施設利用預託金及び施設利用料の名目で**金銭を集める行為を継続した**というのである。**上記時点以降、上記営業活動は、客観的にはすべて『人を欺いて財物を交付』させる行為に当たることとなるから、そのような行為を実行することを目的として成り立っている上記組織は、『詐欺罪に当たる行為を実行するための組織』に当たることになった**というべきである。上記組織が、元々は詐欺罪に当たる行為を実行するための組織でなかったからといって、また、上記組織の中に詐欺行為に加担している認識のない営業員や電話勧誘員がいたからといって、別異に解すべき理由はない。

以上のとおり、本件各詐欺行為は、Ａという団体の活動として、詐欺罪に当たる行為を実行するための組織により行われたと認めることができる。これと同旨の判断を示して組織的詐欺罪の成立を肯定した原判決は正当である。」

## 解　説

### 1　組織的犯罪処罰法と組織的犯罪

　組織的犯行の刑を加重する理由は、団体の活動としてこれを実行するための組織により行われる場合、継続性や計画性が高度で、多数人が統一された意思の下で、指揮命令に基づき、あらかじめ定められた任務分担に従って、一体として犯罪を実行するという点で、その目的実現の可能性が著しく高く、また、重大な結果を生じやすい、あるいは、ばく大な不正の利益が生ずることが多く、特に悪質であって、違法性が高いと考えられるにもかかわらず、刑法の一部の罪については、その場合の法定刑としては十分でないと考えられたことから、組織的犯罪処罰法３条１項において、このような罪についての加重類型を設けたと説明される（三浦守他『組織犯罪対策関連三法の解説』81-2頁参照）。

　本条において処罰の対象となる組織的刑法犯は、刑法典上も処罰の対象となるものである。したがって、本条の新設によって処罰の対象となる行為が拡大されるものではなく、また、組織的犯行の法定刑を加重するものではあるが、その処罰の対象は個々の行為者であり、もとより組織的な犯罪を犯した団体を処罰する趣旨ではないとされている。団体、組織、あるいは共犯関係にない他の団体構成員の責任を行為者に負わせるものではないことは、いうまでもない。

　３条１項は、団体の活動として、当該罪に当たる行為を実行するための組織により行われたときに、その罪を犯した者に対する刑を、刑法に定める刑に比して加重するものであるが、加重の実質的理由は、反社会的勢力を意識したものが多い。

　常習賭博及び賭博場開張等図利は、実際に暴力団関係者等による事件が占める割合が高いし、殺人及び身の代金目的略取等も、組織的な形態で犯される事案や縄張り争いからの対立抗争の際の暴力団関係者による事案が実際にも発生し、原則として執行猶予を付することができない罪とするのが適当であるとされる。逮捕及び監禁、強要も、縄張り争いによる対立抗争や債権取立の際など、暴力団関係者等によって組織的形態で犯される例が典型的に想定され、恐喝も、暴力団等によって組織的な形態で犯される事案や不正権益に関連して犯される事案が典型的に想定される罪であり、実際に暴力団関係者等による事件

が占める割合が高い上、被害が高額に上る例も多いとされ、組織的な恐喝についても権利保釈の除外事由に該当するべきだとされた。建造物等損壊も、暴力団等によって組織的な形態で犯される例や不正権益に関連して犯される事案が典型的に想定される罪であり、実際に暴力団関係者等による事件が占める割合が高いことから、加重類型を設けたと解説されている（三浦他・前掲書83〜86頁）。

### 2　組織的詐欺罪の特色

　これに対し、詐欺罪は、悪徳商法等の組織的な形態で犯される事案が典型的に想定される罪であり、このような事案では、被害者が多数に上り、また被害額も多額になる場合が多く、実際の量刑も上限に近い事例があり、このような大規模な事案に対しては、刑法の法定刑は十分ではないと考えられるので、加重類型を設けたとされる。法定刑を1年以上の有期懲役とすることは、権利保釈の除外事由（刑事訴訟法89条1号）に該当することとなる。詐欺罪の場合には、暴力団対策という色彩が、比較的薄い点に特色があるといえよう。その意味では、暴力団組織を強く意識した本法の中では、少なくとも立法時は、「周辺的」存在だったのである。しかし、現実の組織的犯罪処罰法の運用を見ると、組織的詐欺罪が、まさに中心的存在となっている。

　平成26年の、検察における組織的犯罪処罰法の起訴人員409人のうち、組織詐欺罪は254人で最も多い。それに次ぐのが、犯罪収益隠匿の78人、次いで犯罪収益収受が38人である。組織的に行われた刑法犯に限ると、詐欺に次ぐのが、組織的恐喝の22人、組織的殺人の14人、組織的賭博の2人なのである。**図**にも示したように、詐欺が圧倒的な割合を占めるのである。本法制定当初は、立法の主眼であった暴力団関連犯罪の起訴の割合が高く、詐欺は賭博等に比較して、少数に過ぎなかった。それが、平成17年を境に一変し、詐欺が組織的犯罪処罰法適用の主役となっていった。

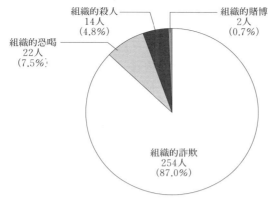

図　組織的犯罪処罰法起訴人員（平成26年）

### 3　組織的詐欺罪の主体

　本罪の主体は、刑法上の詐欺罪と異なることはなく、団体の構成員に限られない。ただ、詐欺罪に該当する行為が、①団体の活動として、②これを実行するための組織により行われた場合に、③その事実を認識して加功した者についてのみ刑を加重するのである。行為者が団体の構成員であるか否かは問題とならない。しかし、詐欺罪に該当する実行行為が「団体の活動」として行われなければならない。

　団体の活動は、3条において、「団体の意思決定に基づく行為であって、その効果又はこれによる利益が当該団体に帰属するものをいう。」と定義されている。

　問題は、「これを実行するための組織により行われた場合」に当たるか否かである。

　本件において、弁護側は、組織的詐欺罪の成立を認めるためには、「団体の構成員全員が、自らその団体の活動に参加する意思を抱き、そのような構成員全員の意思が結合することで、犯罪組織を形成する必要がある」と主張した。そのような解釈も、論理的には可能であるが、今回の立法の目的等からすれば、原判決が判示したように「団体の構成員全員が、指揮命令系統の末端に至るまで詐欺の故意を有し、詐欺行為の実行を目的として結合している必要はなく、団体の主要な構成員が上記のような結合体を構成していれば足りる」と解すべきであろう。構成員の一部が詐欺行為に加担していると認識していなかったとしても、また構成員全員の意思の結合が認められなくとも、組織詐欺の法定刑を加重することを正当化するだけの、組織的犯行の高度な違法性・危険性は認められよう。組織の中心部分の意識が結合されておれば、組織の末端部分

が、組織的詐欺の実行を行っていることを認識する必要は無い。

そして、最高裁は、「詐欺罪に当たる行為を実行するための組織により行われた」ものかどうか、「詐欺罪に当たる行為を実行することを目的として成り立っている組織により行われた」といえるかどうかについて、①主要な構成員が、実質的な破綻状態にあり、集めた預託金等を返還する能力がないことを認識した以降は、営業活動は、客観的には全て「人を欺いて財物を交付」させる行為に当たることとなり、②そのような行為を実行することを目的として成り立っている上記組織は、「詐欺罪に当たる行為を実行するための組織」に当たるとしたのである。組織が、元々は詐欺罪に当たる行為を実行するための組織でなく、また、組織の中に詐欺行為に加担している認識のない営業員や電話勧誘員がいたとしても、「詐欺罪実行を目的とする組織により行われたもの」なのである。

組織的詐欺罪も、故意犯であり、詐欺罪構成要件の主要部分に関する事実の認識に加え、詐欺行為が、団体の活動として行われるものであること及び当該罪の構成要件に該当する行為の実行のための組織により行われるものであることの認識がなければ、行為者に刑事責任は問い得ない。ただ、組織を構成する者の中に、「詐欺罪を実行することの認識」を欠く者がいても、それらを利用して詐欺罪を組織的に実行しようとする「刑事責任の対象となる者」に、全体として詐欺を実行していることの認識が認定できれば、故意非難は可能である。その場合には、一部に「詐欺行為に関与している」という認識を欠く者がいても、計画に参画している中心的構成者の故意の有無には影響し得ない。

このような解釈は、構成要件を不当に不明確にするものでも、過度に処罰範囲を拡げるものでもない。少なくとも、「団体構成員全員が明確な参加意思を持ち、構成員全員の意思が結合した場合」に限定することが、構成要件の範囲を明確化するものともいえない。

事情を知らない者を手足として使う組織が、本法の「組織的詐欺罪」の主体とはなり得ないというのは、明らかに不合理である。情を知らない多数人からなる組織を利用し、間接正犯形態により犯罪を実行する場合も、組織的詐欺罪は成立し得る。

# 第4講 偽造の罪

## ① 名義人の承諾と文書偽造罪と財産犯
横浜地判平成29年3月24日（WJ）

### Focus

　口座名義人の同意に基づきキャッシュカードを使用して現金自動預払機から現金を引き出す行為について、金融機関が事実上許容しない場合を除き、窃盗罪に該当しないとした判例である。この問題は、クレジットカードを名義人の同意を得て利用する場合に、詐欺罪が成立するという形で論じられることが多かった。

　そして本判決は、文書名義人の承諾がある場合には私文書偽造罪は成立せず、本件口座開設申込書等の文書も、文書の性質に照らして、名義人本人でなければ作成行使することができない文書と認められないので、その作成について名義人の承諾があった場合には、有形偽造には該当しないとした。

　しかし、同時に、生活保護受給者の同意を得て、それらの者になりすまし、通帳を詐取すれば、詐欺罪が成立することを認めていることに注意を要する。

### 事　実

　被告人Ｘは、多数の生活保護者を自己の経営する会社の「アパート」に居住させて、家賃を確実に徴収して利益を得ようと考え、生活保護受給者になりすまして金融機関から同人ら名義の預金通帳を詐取するなどした事案である。

　本件の公訴事実としては、(1)生活保護受給者になりすまして、金融機関から他人名義の預金通帳をだまし取った詐欺の事実、及びそれらの際に他人名義の口座開設申込書及び印鑑届を偽造行使した有印私文書偽造、同行使の事実、(2)不正に入手したＺ及びＣ名義のキャッシュカードを使用して現金自動預払機から現金を窃取した窃盗の事実、(3)口座名義人になりすまして金融機関において貯金を払い戻した詐欺の事実及びそれらの際に他人名義の払戻請

求書合計４通を偽造行使した有印私文書偽造、同行使の事実、(4) S市中央福祉事務所職員を欺罔して、生活保護法に基づき支給される被保護者の転居に伴う移送費の名目で金銭をだまし取った詐欺の事実であり、これらが訴因として示され、弁護人は、本件各公訴事実及び各罪の成立を争わなかった。

それに対し横浜地裁は、詐欺罪、有印私文書偽造、同行使罪、窃盗罪の成立を認め、Xに、懲役２年（執行猶予３年間）を言い渡した。

ただ、Ⅰ　他人名義の口座開設申込書を偽造し行使した行為につき、有印私文書偽造罪、同行使罪の成立を否定するとともに、Ⅱ　C名義のキャッシュカードを使用した窃盗の事実を認めるには合理的な疑いが残るとし、無罪を言い渡した。

**判旨**

Ⅰ　横浜地裁は、口座開設申込書、印鑑届及び本件請求書の各文書は、その作成について、本件各文書の名義人の承諾があったか、Xがその旨誤信していた疑いを払拭できないとし、「**一般的に、文書名義人の承諾がある場合には私文書偽造罪は成立しないが、例外的に、当該文書の性質に照らして、名義人本人でなければ作成行使することができない文書と認められる場合には、名義人の承諾があっても同罪が成立する**と解されるところ、本件申込書、本件印鑑届及び本件請求書は、いずれも、そのような文書とは認められないから私文書偽造罪は成立しない」と判示した。

「本件文書の受取人である本件組合が、本件申込書及び本件印鑑届について、その信頼の対象としているのは、基本的には、**名義人本人が各書面の記載内容に沿った口座開設ないし印鑑の届出の意思を有していることにある**と認められ、名義人本人が当該文書を作成すること自体が信頼の対象ないし基礎になっているとはいえない。そうすると、各書面については、名義人本人の承諾があれば文書に対する信頼が毀損されることはないといえるのであって、文書の性質上、名義人本人でなければ作成行使することができない文書であるとは解されない。

これに対し、検察官は、犯罪による収益の移転に関する法律の規定の下では、**金融機関における口座の開設において、口座名義人と、口座開設申込書及び印鑑届の作成者である口座開設申込人との一致が厳しく求められており、両者の同一性を偽ることは同法の定める厳格な本人確認手続を潜脱することとなり許されない**と主張する。……しかしながら、同法が、特定事業を行う際の本人特定事項の確認のために、**名義人本人が各書類を作成すること自体を要求しているとは解されず、顧客等に運転免許証等の本人確認書類を提出させる方法によることも許容している**と解される。実際、本件組合の取扱いにおいても、口座開設名義人に係る**本人特定事項の確認の際に、本件申込書及び本件印鑑届の作成者が誰かを質問、調査するなどの取扱いはされていない**。そうすると、検察官が指摘する金融機関における本人確認の重要性

Ⅱ　刑法各論

を踏まえても、各書面を実際に作成した者と各書面上の口座開設名義人の同一性を偽ることが、法律が求める本人確認手続を潜脱するものとまではいえない。」

さらに、「本件請求書は、本件組合に対し、貯金の払戻しを請求する旨の意思を表示する書面であり、本件組合では、払戻額が一定額を超える場合を除き、銀行届印を押印した払戻請求書と貯金通帳を窓口に提出することで、特段の本人確認手続を要さず、貯金の払戻しを請求できることとされており、本件請求書の作成者を確認するなどの手続がとられているとはうかがわれない。このような本件請求書の性質及び本件組合の貯金払戻手続における位置付けに照らせば、本件請求書が、文書の性質上、名義人本人でなければ作成行使することができない文書に当たらない。」と判示した。

Ⅱ　さらに横浜地裁は、C名義のキャッシュカードを使用した窃盗の事実に関し、「現金の引出しを金融機関が許容する場合としては、本件の証拠上、口座名義人と家族関係にある者が口座名義人の同意を得て行うという検察官指摘の場合に限定されるとは解されず、それ以外にも様々な場合が想定できる。その前提で、Cが、本件組合所定の手続に従って本件口座を開設した上で本件カードを取得し、Xに対して任意に預託したなどの経緯等をも踏まえて検討すると、口座名義人であるCの上記同意に基づく本件引出しについて、金融機関が事実上許容しないもの、すなわち、その意思に反するものであったとまでは認定できず、Xが本件カードを不正に入手して本件引出しに及んだとはいえない。そこで、本件引出しについては窃盗罪に該当しない」とした。

## 解　説

### 1　偽造罪と詐欺罪の類似性と保護法益の差異

公共の信用に関する罪である偽造罪と、個人の財産権の侵害である詐欺罪は、保護法益を異にする。しかし、欺罔行為の主要なものの一つが「偽造」であり、「欺罔行為といえるか否か」の客観的評価と、「偽造に当たるだけの公共の（社会的）信用の毀損が認められるか」の実質的基準には、強い関連性があるようにも思われる。本判決は、生活保護費引き出し行為に詐欺罪の成立を認めつつ、その前提としての「口座開設申し込み」の文書作成行為の有形偽造性を否定した。

本判決は、重大な社会的信用侵害の有無の基準を「名義人本人でなければ作成行使することができない文書と認められるか否か」に置き換えているといってよい。ただ、名義人でない者が作成することが許されないとは、「名義人が作成していないことを知れば、財産的処分をしない」ということに近い。ただ、詐欺罪の成否においては、被害者である金融機関の視点が重視されている

のに対し、偽造罪では、「文書の現実的機能」「文書に対する社会一般の視点」が重視されているといえよう。

本判決は、偽造罪の成否の判断においては、名義人本人が各書類を作成すること自体を要求しているとは解されず、顧客等に運転免許証等の本人確認書類を提出させる方法によることも許容されており、本件農協の取扱いにおいても、口座開設名義人に係る本人特定事項の確認の際に、本件申込書及び本件印鑑届の作成者が誰かを質問、調査するなどの取扱いはされていないこと等を根拠に、書面を実際に作成した者と各書面上の口座開設名義人の同一性を偽ることが、法律が求める本人確認手続を潜脱するものとまではいえないとした。

口座開設申し込み書とは別個に起訴された、口座を設けた後の「払戻し請求書」の作成は、特段の本人確認手続を要さず貯金の払戻しを請求できることとされており、払戻手続における位置付けに照らせば、払戻し請求書は、文書の性質上、名義人本人でなければ作成行使することができない文書には当たらないであろう。ただ、口座開設請求書は、その性格が異なるとも解し得る。そこで、同意を得てカードを用いた場合の偽造罪の成否の判断と、窃盗・詐欺罪の成否の判断は、どのように相違するのかを検討することにする。（後述5参照）。

### 2　名義人の同意と有形偽造

**有形偽造**とは、名義人でない者が**名義を冒用**して文書を作成する行為とされてきたが、近時は、「名義人と作成者の**人格の同一性に齟齬**が存在する場合」と説明されることが多くなった。

かつては、作成者の意義につき、実際の作成行為を行った者が作成者であるとする事実説と、文書の内容を表示させた意思の主体を作成者とする観念説とが対立するとされてきた。事実説を徹底すると、本人の承諾を得て秘書等が作成する場合まで有形偽造となりかねないとして、観念説が妥当だとされてきた。しかし、現在の判例は、「文書の実質的作成者と名義人」を確定し、その上で、「作成者と名義人の人格の同一性に齟齬が存在するのか」により、偽造の成否を判断している（前田雅英『刑法講義各論第6版』379頁）。

最一小決平成5年10月5日（刑集47-8-7）は、弁護士資格を有しない者が、実在する弁護士と同姓同名であることを利用し、同弁護士であるかのように装い、調査報告や弁護士報酬請求書を作成し、弁護士の肩書を付した署名を記載した事案につき、「弁護士資格を有しない被告人とは別人格の者であることが明らかである」として、名義人である「弁護士X」と作成者である弁護士資格のないXとの、人格の同一性の齟齬を認めた（ただ、自己が弁護士資格を有することを吹聴するために、弁護士業務と無関係の文書に関し「弁護士」の肩書

を付した場合は無形偽造にすぎない。）。弁護士業務に関連する書面につき「弁護士資格」を冒用し、しかも同姓同名の有名弁護士が実在したという事情があれば、別個の人格が想定される確率が高く、人格の同一性に齟齬が生じる。

　同様に、最二小決平成15年10月6日（刑集57-9-987）は、国際運転免許証の発給権限のない「国際旅行連盟」と名乗る団体が、国際運転免許証に酷似した文書を「国際旅行連盟」の名称を用いて作成した行為につき、「本件文書の名義人は『ジュネーブ条約に基づく国際運転免許証の発給権限を有する団体である国際旅行連盟』である」から、本件文書を作成した「国際運転免許証の発給権限を有しない国際旅行連盟」とは別人格であり、名義人と作成者の間の人格の同一性を偽るものであるとした。

　当該文書の名義の特定は、単にどのような名称で表記されているかではなく、当該文書の性質（弁護士の資格に関連した文書か）、文書の外観・機能（国際運転免許証に酷似しているか）なども併せて判断されることになる。

### 3　私文書偽造罪と名義人の承諾

　本判決は、私文書の場合、「文書名義人の承諾がある場合には偽造罪は成立しないが、例外的に、当該文書の性質に照らして、名義人本人でなければ作成行使することができない文書と認められる場合には、名義人の承諾があっても同罪が成立する」とする。確かに、観念説が通説とされ、名義人の事前の承諾があれば、名義の冒用には当たらず真正文書となるため、偽造罪は、原則として成立しないと説明されてきた。

　しかし判例は、交通事故の場合の**交通事件原票（反則切符）**の署名欄に、承諾を得て他人の氏名を記す行為につき、その文書の公共信用性は損なわれるとし、「その性質上、違反者が他人の名義でこれを作成することは、たとえ名義人の承諾があっても、法の許すところではない」として、私文書偽造罪の成立を認める（最二小決昭56.4.8刑集35-3-57、最一小決昭56.4.16刑集35-3-107。また、他人から依頼され**同人名義の試験の答案**を作成した事案に関する東京高判平5.4.5高刑集46-2-35）。

　文書には、その性質上、**自署性**が強く要求されるものがある。①交通事件原票の供述書はその内容が違反者本人に専属し、公の手続に用いられるという特殊な性格を持った文書であり、②簡易迅速な処理を目指す反則制度においては名義人と作成者の同一性が保証されることが重要だからである。

　名義人の承諾があれば、文書の作成主体の同一性についての偽りはなく、文書内容についての偽り、すなわち無形偽造にすぎないとする批判もあるが、他人名義の文書を作成する以上、いかに承諾を得ていても、人格の「齟齬」は生じている。ただ、全ての文書において、「人格の同一性」を厳密に要求する必

要がないため、名義人の同意がある場合には有形偽造とはならない例が生じる。しかし、交通事件原票や答案はもとより、本件で問題となった「口座開設申し込み書」でも、同意を得たとしても本人以外の氏名を記載することが、文書偽造罪の保護法益である公共の信頼は侵しているともいえるのである。問題は、私文書偽造として処罰に値するだけの「信頼の毀損」の有無の判定なのである。

### 4　名義人本人でなければ作成行使することができない文書

　「有形偽造と認めるだけの人格の同一性の齟齬」は、文書の性質ないしは機能から導かれるところの「当該文書に期待されている公共的信用の実体」を考慮して判断される。そして、その実質的基準を、本件判決は「名義人本人でなければ作成行使することができない性質の文書か否か」という形で表現しているともいえるのである。

　問題は、本件口座開設申込書が、「名義人本人でなければ作成行使することができない性質の文書」に該当するかにある。

　本判決は、①口座開設申込書等は代筆が明示的に許されていないものではなく、同組合の窓口等職員の面前で作成することが必要不可欠な書類でもないこと、②本件申込書等の機能は、基本的には、名義人本人が各書面の記載内容に沿った口座開設ないし印鑑の届出の意思を有していることを示す点にあり、名義人本人が当該文書を作成すること自体が信頼の対象ないし基礎になっているとはいえず、③名義人本人の承諾があれば文書に対する信頼が毀損されることはないといえるので、④文書の性質上、名義人本人でなければ作成行使することができない文書であるとは解されないとした。

　しかし、犯罪による収益の移転に関する法律が規定されている現在、金融機関における口座の開設において、口座名義人と、口座開設申込書及び印鑑届の作成者である口座開設申込人との一致が厳しく求められており、それを潜脱する行為は「偽造」となり得る。「名義人の同意があれば、原則として有形偽造は成立しない」とする命題は、それほど広い射程を有しない。

　ただ、横浜地裁は、金融機関における本人確認の重要性を認めた上で、犯罪による収益の移転に関する法律も、「名義人本人が各書類を作成すること自体を要求しているとは解されず、顧客等に運転免許証等の本人確認書類を提出させる方法によることも許容していると解される」とし、現場でも、本件申込書等の作成者が誰かを質問、調査するなどの取扱いはされていないとして、「各書面を実際に作成した者と各書面上の口座開設名義人の同一性を偽ることが、法律が求める本人確認手続を潜脱するものとまではいえない。」とし、本件書類は、「文書の性質上、名義人本人でなければ作成行使することができない文

書に当たらない。」と判示した。

　ただ前述のように、横浜地裁も、生活保護受給者の同意を得てそれらの者になりすまし、通帳を詐取する行為については、詐欺罪の成立は認めるのである。農協は、「本当のことを知ったら通帳を交付しなかった」からであろう。その一方で、口座開設申し込み書の名義人を偽っても、私文書偽造罪が保護する「文書の社会的信用」は、害されないとする。しかし、詐欺罪と偽造罪の罪質は、抽象的な「保護法益の差」ほど、乖離はしていないとみるべきようにも思われる。

## 5　名義人の同意と財産犯の成否

　本判決は、口座名義人の同意に基づきキャッシュカードを使用して現金自動預払機から現金を引き出す行為は、「金融機関が許容する場合」に当たるとして、窃盗罪に該当しないとした。名義人Cが、本件組合所定の手続に従って本件口座を開設した上で本件カードを取得し、Xに対して任意に預託したなどの経緯等を重視し、Cの同意に基づく引出しは、「金融機関が事実上許容しないもの、すなわち、その意思に反するものであった」とまでは認定できないとしたのである。ただ、Xが本件カードを「不正に入手して本件引出しに及んだ場合」には、窃盗罪の成立を認める。生活保護受給者の同意を得てそれらの者になりすまし、通帳を詐取すれば、詐欺罪が成立し、それと同時に取得した「キャッシュカード」も不正に取得したもので、詐欺の犯人自身の引き出し行為については、カード名義人の同意があろうと、財産犯の成立は否定できないとしていることに注意を要する。

　この点、最二小決平成16年2月9日（刑集58-2-89）は、クレジットカードの名義人に成り済まし同カードを利用して商品を購入する行為を詐欺罪に当たるとした。被告人は、Bのクレジットカードをaを介して入手した後、加盟店であるガソリンスタンドにおいて、本件クレジットカードを示し、名義人のBに成り済まして自動車への給油を申し込み、被告人がB本人であると従業員を誤信させてガソリンの給油を受けたという事案であるが、当該ガソリンスタンドでは、名義人以外の者によるクレジットカードの利用行為には応じないこととなっており、クレジットカードの会員規約上も、クレジットカードは、会員である名義人のみが利用でき、他人に同カードを譲渡、貸与、質入れ等することが禁じられていた。また、加盟店規約上、加盟店は、クレジットカードの利用者が会員本人であることを善良な管理者の注意義務をもって確認することなどが定められていた。最高裁は、このような事実関係の下では、「本件クレジットカードの名義人本人に成り済まし、同カードの正当な利用権限がないのにこれがあるように装い、その旨従業員を誤信させてガソリンの交付を受けた

ことが認められるから、被告人の行為は詐欺罪を構成する」とした上で、「被告人が、本件クレジットカードの名義人から同カードの使用を許されており、かつ、自らの使用に係る同カードの利用代金が会員規約に従い名義人において決済されるものと誤信していたという事情があったとしても、本件詐欺罪の成立は左右されない」と判示した。名義人から同カードの使用を許されており、かつ、利用代金が名義人において決済されるものであったとしても、詐欺罪は成立するとしたのである。

　かつて、下級審裁判例の中には、「クレジットカード・システムが私的な経済取引のためのシステムに過ぎず、それ自体強度の公的利益を含まない以上、名義の偽りのみの詐欺の成立を肯定してシステムを保護する必要はない。また、実質的な財産的法益侵害が発生していないのに財産犯として処罰するのは行き過ぎである」としたものもあった（東京地八王子支判平8.2.26刑裁資料273-130）。しかし、カードシステムの社会生活上の重要性が高まり、「カードに関する信用性の保護」の必要性が意識されるにつれ、詐欺罪の成立が認められるようになっていく。「クレジットカード制度は、カード名義人本人に対する個別的な信用を供与することが根幹となっているのであるから、カード使用者がカードを利用する正当な権限を有するカード名義人本人であるかどうかがクレジットカード制度の極めて重要な要素であることは明らかで、カード名義人を偽り自己がカード使用の正当な権限を有するかのように装う行為はまさに欺罔行為そのものというべきである」との規範的評価が定着し（東京高判平3.12.26判タ787-272）、最二小決平成16年2月9日に至るのである。

　もとより、偽造罪と詐欺罪を同一視することはできないが、本件の具体的犯行の計画性、反社会性に鑑みると、生活保護給付に際しての本人確認の重要性は、本人の明確・確実な同意がない限り、別人格が作成することの許されない文書と考えるべきようにも思われるのである。

## ② 公正証書原本不実記録罪の「虚偽の申立て」と暴力団排除
最一小判平成28年12月5日（刑集70-8-749）

### Focus

　暴力団の総長が不動産の所有者等になることを隠蔽するため、民事上は正規の契約を結んで所有権者となった被告人Xの名義で登記した行為が、暴力団排除の必要性の認識が定着する中で、電磁的公正証書原本不実記録罪及び同供用罪に該当するかが争われた。

　刑法157条1項の公正証書原本不実記載罪、2項の免状等不実記載罪

は、ともに虚偽の申立てをし、作成権限のある公務員を利用して重要な公文書に虚偽の内容を記載させる、いわば公文書偽造罪の間接正犯に当たる行為を罰する規定である。刑法157条の保護法益が問われた。

## 事実

　最高裁は、第１審判決及び原判決の認定並びに記録を基に、本件の事実関係を以下のようにまとめている。
　(1)　暴力団員であるＹは、平成23年夏頃から、茨城県内に松葉会の会合で使える会館を造ろうと考え、不動産仲介業を営むＣに対し、土地探し等を依頼していた。
　(2)　Ｙは、茨城県暴力団排除条例により自らは不動産業者と取引することができないと考え、取得する土地及び建物の名義人となってもらえる者を探していたところ、知人から紹介を受けて、Ｘに対し名義を貸してくれるよう依頼をし、Ｘはこれを承諾した。そこで、Ｘ、Ｙ及びＣは、協議の上、本件各土地の売買契約においてＸ又はＸが代表取締役を務めるＹ'社が買受名義人となり、Ｘ又はＹ'社名義で本件各土地の登記を申請することとした。
　(3)　本件各土地の取得等に必要な交渉、手続は、主にＣ及び同人から指示を受けた者が行ったが、本件売主らとの間の売買契約の締結に当たっては、ＸもＹ'社の代表取締役として、これに立ち会い、売買契約書等の作成を行ったほか、その場で売買代金全額を支払った。本件各売買契約はＹ'社名義で行われ、Ｙのためにすることは一切表示されず、本件売主らは、契約の相手方がＹ'社であると認識していた。なお、本件売主らは、Ｙとは一切面識がなかった。
　(4)　本件各土地について、本件公訴事実第１及び第２のとおり、本件各売買を原因とする本件売主らからＹ'社への所有権移転登記等がされたほか、本件建物について、本件公訴事実第３及び第４のとおり、所有者をＸとする表題登記及び所有権保存登記がされた。
　(5)　本件各土地及び本件建物の取得代金、登記費用など合計約１億2,000万円の費用は全て、Ｙが出えんした。
　第１審判決は、本件各登記は不実の記録に当たらないとして、無罪を言い渡したのに、原判決は、(1)　ＸとＹとの間において、真実は暴力団員であるＹが土地の所有権を取得するにもかかわらず、本件条例の適用を潜脱する意図の下にＹの存在を秘匿して、Ｙ'社を買受名義人として偽装する旨の合意が成立しており、(2)　Ｘは、本件各土地に関する契約の際こそ立ち会っているが、契約に至るまでの間の必要な交渉、手続等は、Ｙの意向に沿う形で、主にＣ等が行っており、Ｘは一切関与しなかったから、その実態は買受名義人を偽装した名義貸しであるとし、(3)　本件各土地の所有権は、本件売主ら

からY'社が買主となって本件各売買契約を締結した時に、XとYとの間の名義貸しの合意によって、本件売主らからY'社の名を借りたYに直接移転したものと認めるべきである。したがって、Y'社名義の本件各登記の申請は虚偽の申立てであり、当該登記は不実の記録であると判示した。

## 判旨

最高裁は、以下のように判示して、原判決を破棄した。

「電磁的公正証書原本不実記録罪及び同供用罪の保護法益は、公正証書の原本として用いられる電磁的記録に対する公共的信用であると解されるところ、**不動産に係る物権変動を公示することにより不動産取引の安全と円滑に資するという不動産登記制度の目的**を踏まえると、上記各罪の成否に関し、不動産の権利に関する登記の申請が虚偽の申立てに当たるか否か、また、**当該登記が不実の記録に当たるか否かについては、登記実務上許容されている例外的な場合を除き、当該登記が当該不動産に係る民事実体法上の物権変動の過程を忠実に反映しているか否かという観点から判断すべきもの**である。

そうすると、本件各登記の申請が虚偽の申立てに当たるか否か、また、本件各登記が不実の記録に当たるか否かを検討するにあたっては、本件各土地の所有権が本件売主らから、Yに直接移転したのか、それともY'社に一旦移転したのかが問題となる。

原判決は、本件は、Yの存在を秘匿して、買受名義人を偽装した名義貸しであるとし、その実態を踏まえて、本件各土地の所有権がY'社の名を借りたYに直接移転したものと認めるべきであるとした。

しかし、本件事実関係によれば、本件各売買契約における買主の名義はいずれもY'社であり、XがY'社の代表者として、本件売主らの面前で、売買契約書等を作成し、代金全額を支払っている。また、**XがYのために本件各売買契約を締結する旨の顕名は一切なく、本件売主らはY'社が買主であると認識していた**。そうすると、本件各売買契約の当事者は、本件売主らとY'社であり、本件各売買契約により本件各土地の**所有権は、本件売主らからY'社に移転したものと認めるのが相当**である。

原判決は、XとYとの間の合意の存在を重視するが、本件各売買契約における本件売主らの認識等を踏まえれば、上記合意の存在によって上記の認定が左右されるものではない。

また、本件事実関係の下では、民法が採用する顕名主義の例外を認めるなどの構成によって本件各土地の所有権がYへ直接移転したということもできない。

以上によれば、本件各土地の所有権が本件各売買を原因としてY'社に移転したことなどを内容とする本件各登記は、当該不動産に係る民事実体法上の物権変動の過程を忠実に反映したものであるから、これに係る申請が虚偽の申立てであるとはいえず、また、当該登記が不実の記録であるともいえない。」

## 解　説

### 1　本判決の意義　157条の解釈

　刑法157条1項の客体の**権利・義務に関する公正証書**とは、権利・義務に関する一定の事実を公的に証明する文書で、その原本のみが問題となる。代表例が、土地登記簿、建物登記簿であるが、戸籍簿、自動車登録簿等に加え、住民票（最一小決昭48.3.15刑集27-2-115）、外国人登録原票（名古屋高判平10.12.14判時1669-152）、小型船舶の船籍簿（最一小決平16.7.13刑集58-5-476）も含まれる。そして、本件で問題となった土地の登録ファイル（**電磁的記録**）に不実の記録をさせる行為も、典型といってよい。その他、自動車登録ファイル、特許原簿ファイル、住民基本台帳ファイル等に不実の記録をさせる行為が問題となる。

　本罪の実行行為は、公務員に対し**虚偽**の申立てをし、不実の記載・記録をさせることである。公務員は**情を知らないこと**が必要である（認識していれば公務員に156条（虚偽公文書作成罪）が成立する。）。自動車運転免許の更新申請の際に自己の住所につき虚偽の申立てをする行為（東京高判平4.1.13判タ774-277）等も本罪の実行行為に当たる。内容虚偽のほか、申立人の同一性を偽る場合も含む。いずれも重要部分において真実に反することを要する。さらに、**中間省略登記**は、登記自体として民事上有効であり、不実の記載に当たらない。

　**反社会的勢力との関連では**、執行妨害目的で、内容虚偽の条件付賃借権設定の仮登記の申請をし、登記簿原本にその旨の記載をさせる行為が不実記載に当たるとされた例があるが、内容の虚偽性については争いのない事案であったといえよう（鳥取地米子支判平4.7.3判タ792-232）。

　本件との関係で注目すべき下級審判例としては、実質的所有者とは別人の名義による自動車登録ファイルへの新規登録及び移転登録を電磁的公正証書原本不実記録・同供用に当たるとした東京地判平成4年3月23日（判タ799-248）がある。「自動車を所有している」という事実を隠すため、実質的な所有者本人とは別人の名義で登録を申請し、自動車登録ファイルにその旨を記載させた事案である。

## 2 自動車登録ファイルと不動産登録ファイル

それに対し、「実質的名義貸し」という意味では事案が類似しているが、本件で最高裁は、**虚偽**の該当性について、登記が当該不動産に係る民事実体法上の物権変動の過程を忠実に反映しているか否かという観点から判断され、暴力団員に土地の所有権を取得させる旨の合意があっても、民事実体法上の物権変動の過程を忠実に反映した登記であれば、「虚偽の申立て」ではないとした（最判平28.12.5刑集70-8-749）。

ここで、注意すべきなのは、本件が、前掲東京地判平成4年3月23日の判断を正面から否定するものではないという点である。

最高裁は、本判決において、電磁的公正証書原本不実記録罪及び同供用罪の保護法益は、公正証書の原本として用いられる電磁的記録に対する公共的信用であるとする。それは、自動車登録ファイルにも妥当する命題である。しかし、本件はあくまで、不動産登録ファイルを対象とした判断である。そこで、不動産に係る物権変動を公示することにより不動産取引の安全と円滑に資するという不動産登記制度の目的を前提に、不動産の権利に関する登記の申請が虚偽の申立てに当たるか否か、また、当該登記が不実の記録に当たるか否かを考えると、**登記実務上許容されている例外的な場合を除き、当該登記が当該不動産に係る民事実体法上の物権変動の過程を忠実に反映しているか否かという観点から判断すべきものである**ということになるのである。

東京地判平成4年3月23日が、自動車登録ファイルは第三者対抗要件とする民事登録としての性格のほかに、使用の実態等を把握する必要性という行政目的を達成するための行政登録としての性格を併せ持つものであるとし、この行政登録としての性格に徹すると、自動車登録は登録すべき事項の現況を公示することに意味があるとして、真の所有者とは別人が「所有者」であるとして登録することは、「登録時の現況を公示していない」という意味において不実登録に当たるとしているからである。一方、不動産登記制度においては、物権変動を登記によって外部に示すという役割は期待されているが、不動産の登記官に登記の実質的審査権がなく真実の権利を反映していない登記が実際に多く存在しており、動産と比べ不動産取引は頻繁ではなく、取引の相手方に慎重さを要求してもよいことなどの特徴が指摘されている。そのため、電磁的公正証書原本不実記録・同供用の成立に関しても、登記申請時の所有権者が正確に反映されることまでは要求できず、不動産の権利変動の過程が忠実に反映されていない場合に処罰されるにとどまるとの説明も存する（内田雅人・研修831号16頁参照）。

### 3 本件原審判断と暴力団排除の動き

　ただ、「不動産登録ファイル」に限定しても、本件原審は、最高裁とは異なる判断を示した。

　控訴審判決は、本件各土地について、XとYとの間において、真実は暴力団員であるYが土地の所有権を取得するにもかかわらず、後述の茨城県暴力団排除条例の適用を潜脱する目的で、Yの存在を秘匿し、Y'社を買受人として偽装する旨の合意が成立したと認定した上で、Xは、本件各土地に関する契約の際に立ち会っているものの、契約に至るまでの間の必要な交渉及び手続等は、Yの意向に沿う形で主にC等が行っており、Xは一切関与しておらず、その実体は買受名義人を偽装した名義貸しであるとしたのである。

　そして、本件各土地の所有権は、本件売主らからY'社が買主となって本件売買契約を締結した際、XとYとの間の名義貸しの合意により、本件売主らからY'社の名義を借りたYに直接移転したものと認めるべきであり、したがって、Y'社名義の本件各登記の申請は「虚偽の申立て」であって、本件各登記は「不実の記録」であるとした。

　茨城県でも、全国の暴力団排除の取組の中で、**茨城県暴力団排除条例**を定めて、平成23年4月1日から施行した。同条例18条が、茨城県内に所在する不動産の譲渡又は貸付けをしようとする者は、当該不動産の譲渡等に係る契約を締結する前に、当該契約の相手方に対し、当該不動産を暴力団事務所の用に供するものでないことを確認するよう努めなければならないとし、不動産が暴力団事務所の用に供されることとなることを知って、当該不動産の譲渡等をしてはならず、当該不動産が暴力団事務所の用に供されていることが判明したときは、速やかに当該不動産の譲渡等に係る契約を解除し、又は当該不動産を買い戻すよう努めなければならないと規定している。

　本件は、そのような状況にある茨城県において、県内に**松葉会**の会合で使える会館を造ろうと名義貸しで土地の所有権を取得し、その旨を登記した行為を、刑法157条で処罰しようとしたものと想定される。

　反社会的勢力への刑罰法規の適用に関しては、詐欺罪に関し、**最決平成26年3月28日**（刑集68-3-646）が、暴力団員であることを秘してのゴルフ場利用行為が刑法246条2項の詐欺罪に該当するという判断を示し、**最決平成26年4月7日**（刑集68-4-715）が、暴力団員であることを秘し、銀行の総合口座通帳及びキャッシュカードの交付を求める行為は、刑法246条1項の詐欺罪を構成するとしている。

　その意味で、反社会的勢力を排除するために法解釈が影響されているといえないことはないが、これらの判例も、詐欺罪の中心的要件である欺罔行為に関し、「**反社会的勢力であるかどうかは、本件局員らにおいてその交付の判断の**

基礎となる重要な事項であるというべきであるから、暴力団員である者が、自己が暴力団員でないことを表明、確約して上記申込みを行う行為は、詐欺罪にいう人を欺く行為に当たる」という解釈論を示して、処罰を認めるのである。

### 4 民法と刑法の概念の相対性

　この点、控訴審判決は、①直ちにYに移転するという所有権を、殊更X（Y'社）が一旦取得する意味は何もなく、②形式的に踏まれた法的手続は、取引の具体的態様を見れば、実体に合致しない解釈であるとし、③Xも、XやY'社が本件各土地の所有権を取得すると考えていたとみるのは無理があり、④Xが実際に果たした役割についてみても、契約に至る間の必要な交渉、手続等は、Yの意向に沿ったC等が行っており、Xは**一切関与**していなかったことなどを挙げて、所有権は売り主からYに移ったとしたのである。

　これに対し、最高裁は、刑法157条の保護法益が「公正証書の原本として用いられる電磁的記録に対する公共的信用」であることを前提として、「当該登記が当該不動産に係る民事実体法上の物権変動の過程を忠実に反映しているか否かという観点から判断すべき」との判断基準を採用する。そして、①本件各売買契約における買主の名義はいずれもY'社であること、②XがYのために本件売買契約を締結する旨の顕名は一切なく、③本件売主らはY'社が買主であると認識しており、④民法が採用する顕名主義の例外を認めるなどの構成によって本件各土地の所有権がYへ直接移転したということもできないことなどを指摘し、本件各土地の所有権は本件売主らからY'社に移転したと認定し、本件売主らからY'社に所有権が移転したとの登記上の記載は客観的な事実に反しないとしたのである。民事実体法の解釈論としては、原審の判断は不適切であったということにもなろう。

　最高裁は、不動産移転の登記に関連しては、登記に関する他の「保護すべき事情」を入れることなく、民事実体法上の原則のみに従って虚偽性を判断したのである。

　しかし、本件各土地の所有権の移転に限っても、刑法の条文解釈においては、民事上の権利関係に刑事上の観点を加味することはあり得る。例えば、財産犯の**他人性**も、基本的には、民法上の所有権の帰属により判断されるが、最終的には刑法上の概念である（前田雅英『刑法各論講義第6版』154頁）。損壊した建造物の他人性を、長期に及ぶ民事裁判上の所有関係の確定を待って判定するのは不合理で、損壊罪の成否は民事上の権利の有無と独立に判断されるとされた（最決昭61.7.18刑集40-5-438）。また、自己の口座に誤振込みがあった場合、民事上は口座名義人が銀行に対し、口座上の金額相当の**普通預金債権を取得する**（最判平8.4.26民集50-5-1267）が、誤振込と認識してその金銭を引

き出せば、銀行に対する詐欺罪が成立する（最決平15.3.12刑集57-3-322）。民事上は、誤振込みであっても口座名義人に普通預金債権が認められないと、銀行業務が困難になるなどの事情が考えられようが（なお、最判平20.10.10民集62-9-2361は、誤振込みの払戻しを受けることが、詐欺罪等の犯行の一環を成す場合であるなど特段の事情があるときは、権利の濫用に当たるとする。）、刑事上は、「誤振込分をそれと知りつつ引き出す行為が詐欺罪を構成するのか」という問題であり、銀行の占有する金銭を詐取したと解すべきなのである。

## 5 虚偽性の具体的判断

ただ、「他人性」「所有権」の概念の相対性を認めるとしても、その解釈の相違点は、それぞれの法目的や条文（構成）から説明できるものでなければならない。

そして、電磁的公正証書原本不実記録・同供用の不動産登記ファイルに関する保護法益を「**民事上の物件変動等を公示する不動産登記簿等の記録に関する公共の信用**」に求めることは、法概念の相対性を認めることと矛盾しない。民事上の権利の変動をそのまま公示するメリットは、十分考えられる。

問題は、本件のように、「暴力団員の購入を隠す『偽装』が含まれ得るとしても、法的に整った手続を踏んでいる以上、それを登記すること」のデメリットをどう考えるかである。そして、その際、重要なのは、最高裁も強調する、本件のような事案を「虚偽の申立て」でないとすることの、**取引関与者（本件でいえば「売主」）の不利益**である。本件売主らは、その面前で、売買契約書等を作成し、代金全額を支払い、XがYのために本件各売買契約を締結する趣旨は一切示されず、本件売主らはY'社が買主であると認識していた。このようにしてなされた登記が不実のものとされると、全く予想外の買主に対して登記移転義務を負担することになる危険がある。不動産登記制度が予定する「取引の相手方に要求し得る慎重さの程度」なども勘案して、個別事案ではなく、類型的に判断すべきであるが、現状においては、最高裁の示した線が妥当なものと思われる。

なお、本件では、上記の各土地上に建築された建物につき、所有者をXとする表題登記及び所有権保存登記の各登記申請をしたことがそれぞれ虚偽の申立てをしたことに当たり、当該各登記が不実の記録であるなどとして、Xに電磁的公正証書原本不実記録罪及び同供用罪が成立するという起訴がなされていたが、第一審判決は、本件建物については、新たに建築された建物であり、建築資金を全てYが出えんしたことなどから、完成と同時にYが所有権を原始取得したとして、電磁的公正証書原本不実記録、同供用の成立を認めている。原審でもこの判断に否定されていない。

また、暴力団排除という意味では、暴力団であることを隠して取引したことに関し、前述のように、詐欺罪の成立で対応し得る部分も考えられる。

# II 刑法各論

# 第5講 風俗秩序に対する罪

 刑法175条の「頒布」の意義と犯罪実行場所
最三小決平成26年11月25日（刑集68-9-1053）

### Focus

　ネット社会の進行の過程で、わいせつな情報・データが、家庭内そして青少年の世界に直接入り込んでくることにいかに対処するかが問題とされてきた。ネット社会の重要な特徴の一つは、「完全な国境を設けることができない」という点である。別の言い方をすれば、日本の刑事機関による規制には限界があるということである。わいせつ物規制は、その国の文化に規定され、多様性を有する。自由な性表現が許容されている国家のサイトを、厳しい規制の行われている国民が見ることができるという現実は、否定しがたい。

　刑法175条の扱う「わいせつ物」の中心は、文書・図画から動画映像に移行し、その媒体が、フィルムからビデオ、DVDに変化し、さらに動画ファイルに変わりつつある。画像ファイルを対価を払った者にダウンロードさせる行為は処罰し得るのか、とりわけ国外のサーバーに蔵置された、国外でアップロードされた動画ファイルをダウンロードさせた行為を処罰できるかが争われた。

### 事　実

　被告人Xは、Yらと共に株式会社Vの名義でインターネット上のアダルト動画配信サイトの運営に参画し、本件当時、V社の東京事務所に相当する株式会社D A 代表者として、同社の従業員らと共にわいせつな動画やゲームの企画、製作、顧客からのクレーム処理等に当たり、他方、アメリカ合衆国在住のYは、V社のニューヨーク事務所に相当するDF社の代表として、同社の従業員らと共にD社が制作して納品したわいせつ動画等を同国内に設置されたサーバコンピュータにアップロードするなどして、前記動画有料配信サイトを運営し、米国内のサーバコンピュータから日本国内の顧客を含む不特定かつ多数の者に対し、わいせつな映像の記録を、日本国内の不特定かつ

多数の者が有償でわいせつ動画を各自のコンピュータにダウンロードすることを認識しつつ、インターネットを利用して有料で配信し、さらに、わいせつな電磁的記録を頒布し、有償で頒布する目的で、東京都内の事務所で、DVD・ハードディスクにわいせつな動画データファイル・わいせつなゲームデータファイルを記録した電磁的記録を保管した等として起訴された事案である。

第1審は、本件行為を、刑法175条1項後段（平成23年改正後のもの）にいう電磁的記録その他の記録の「頒布」に該当するとした上で、サイト運営側は、配信サイトにアクセスしてダウンロードするという顧客の行為を介してわいせつ動画等を配信していたのであるから、ダウンロードするのは顧客の行為を利用したサイト運営側の行為という側面もあって実行行為の一部といえるし、そうでなくとも構成要件の結果に該当するから、国内犯とすることに問題はないとした。

弁護人は、①本国内の顧客がインターネット上のサイトからわいせつな電磁的記録を含むデータをダウンロードするのは、刑法175条1項後段にいう「頒布」には該当しないし、②ダウンロードに供するコンテンツを供給するための保管は同条2項にいう「頒布する目的」での保管には該当しないと主張して控訴した。さらに、③本件は、アメリカ合衆国内のサーバコンピュータに置かれたサイトの運営により、インターネットを通じて行われたものであるから、本件を国内犯として処罰することはできないとして控訴した。

これに対し原審は、以下のように判示して、控訴を棄却した。まず、顧客のダウンロードは、「受信」であってサーバ側の「送信」ではないから、刑法175条1項後段にいうわいせつな電磁的記録を「頒布」したとはいえないという主張に対しては、「刑法175条1項後段にいう『頒布』とは、不特定又は多数の者の記録媒体上に電磁的記録その他の記録を取得させることをいうところ、被告人らは、サーバコンピュータからダウンロードするという顧客らの行為を介してわいせつ動画等のデータファイルを顧客らのパソコン等の記録媒体上に取得させたものであり、顧客によるダウンロードは、被告人らサイト運営側に当初から計画されてインターネット上に組み込まれた、被告人らがわいせつな電磁的記録の送信を行うための手段にほかならない。被告人らは、この顧客によるダウンロードという行為を通じて顧客らにわいせつな電磁的記録を取得させるのであって、その行為は「頒布」の一部を構成するものと評価することができるから、被告人らは、刑法175条1項後段にいう「電気通信の送信によりわいせつな電磁的記録……を頒布した」というに妨げない。したがってまた、DVDの複製販売等のほか、前記のようなダウンロードに供することを目的として行うわいせつな電磁的記録の保管は、同条2項にいう「有償で頒布する目的」での保管に該当するから、被告人らが、サーバコンピュータのデータが破壊された場合に補充する目的でDVDやパソコンのハードディスクにわいせつな電磁的記録を保管した行為は、有償で頒布する目的で行うわいせつな電磁的記録の保管に該当するということ

ができる（念のために付言すれば、その保管は、日本国内の顧客らのダウンロードをも予定したものであるから、日本国内において頒布する目的があることは明らかである。）」とした。

さらに、刑法1条1項の解釈上、国内犯として処罰するには、主要な実行行為を日本国内で行う必要があり、本件のようにアメリカ合衆国内でサイトを運営し、日本国内の顧客がこれにアクセスしてダウンロードするにすぎない場合は国内犯として処罰できないという主張に対しては、「犯罪構成要件に該当する事実の一部が日本国内で発生していれば、刑法1条にいう国内犯として同法を適用することができると解されるところ、既にみたとおり、被告人らは日本国内における顧客のダウンロードという行為を介してわいせつ動画等のデータファイルを頒布したのであって、刑法175条1項後段の実行行為の一部が日本国内で行われていることに帰するから、被告人らの犯罪行為は、刑法1条1項にいう国内犯として処罰することができる。所論は、このように解すると、わいせつ画像等の規制がない外国に配信サーバを設置してサイトを運営する行為であっても、日本からアクセスされてダウンロードされれば、日本人、外国人であるとを問わず、我が国の刑法が適用されることになり、各国の規制との衝突が生じることになり不当であるという。しかし、実際上の検挙の可能性はともかく、我が国における実体法上の犯罪の成立を否定する理由はなく、所論のいう点は、前記のような解釈の妨げとはならない」とした。

弁護側は、改めて、サーバコンピュータから顧客のパーソナルコンピュータへのデータの転送は、データをダウンロードして受信する顧客の行為によるものであって、被告人らの頒布行為に当たらないし、配信サイトの開設、運用は日本国外でされているため、刑法1条1項にいう「日本国内において罪を犯した」者に当たらないから、わいせつ電磁的記録等送信頒布罪は成立せず、したがって、わいせつな動画等のデータファイルの保管も日本国内における頒布の目的でされたものとはいえず、電磁的記録有償頒布目的保管罪も成立しないとして、上告した。

### 判旨

上告棄却。最高裁は職権で、以下のように判示した。
「そこで検討するに、**刑法175条1項後段にいう「頒布」とは、不特定又は多数の者の記録媒体上に電磁的記録その他の記録を存在するに至らしめることをいうと解される。**
そして、前記の事実関係によれば、被告人らが運営する前記配信サイトには、インターネットを介したダウンロード操作に応じて自動的にデータを送信する機能が備え付けられていたのであって、顧客による操作は被告人らが意図していた送信の契機となるものにすぎず、被告人らは、これに応じて

サーバコンピュータから顧客のパーソナルコンピュータへデータを送信したというべきである。したがって、**不特定の者である顧客によるダウンロード操作を契機とするものであっても、その操作に応じて自動的にデータを送信する機能を備えた配信サイトを利用して送信する方法によってわいせつな動画等のデータファイルを当該顧客のパーソナルコンピュータ等の記録媒体上に記録、保存させることは、刑法175条1項後段にいうわいせつな電磁的記録の『頒布』に当たる。**また、前記の事実関係の下では、被告人らが、同項後段の罪を**日本国内において犯した者に当たる**ことも、同条2項所定の**目的を有していた**ことも明らかである。したがって、被告人に対しわいせつ電磁的記録等送信頒布罪及びわいせつ電磁的記録有償頒布目的保管罪の成立を認めた原判断は、正当である。」

## 解説

### 1　ネット社会とわいせつ概念

「インターネットにおいてはわいせつ画像の発信が野放しの状態になっているのであれば、そのような社会通念にしたがってインターネットにおける『わいせつ』概念を構成する必要が出てはこないであろうか」という指摘が出てくるのである（長谷部恭男「インターネットによるわいせつ画像の発信」法律時報69-1-126）。「インターネットを通じて入手されたその種の画像がすでに無数に日本国内に存在しているという事情は、一般国民のわいせつに対する考え方に大きな影響を与える可能性のあることをうかがわせるものである」という指摘も同様のものといえよう。「インターネットにおけるわいせつ情報を紹介する書物が一般書店で日常的に販売され、海外のわいせつな情報がきわめて容易に入手可能であることなどを考えると、わいせつ情報の流通をどのような根拠から処罰しなければならないのかが改めて問われるべきだろう」ともされた（園田寿『中山研一先生古希記念論文集—刑法の諸相』（1997）170～171頁。）。

確かに、どこまでが処罰の対象となるわいせつ物であるかは、国民の意識が決定するもので、今後も変化すると推測される。しかし、現時点では、現在の我が国の基準を用いて刑法の適用を考えなければならない。インターネットの発展が海外のわいせつ画像データの流入を伴いやすいこと、及びインターネットの発展が望ましいと考える人が多いことと、海外のわいせつデータを公然と陳列して利得を得る行為を正当化することとは全く別個の問題である。そして、インターネットによる自由な情報の流通は、必ずしも、海外の最もわいせつ表現の緩やかな国の基準に、日本が従わざるを得なくなってしまうということを意味しない（前田雅英「インターネットとわいせつ犯罪」ジュリスト1112号77頁以下）。

判例は、「性器や性行為そのものの露骨な写真の公然陳列を放置すべきか否か」という現時点の解釈論上の争点に関し、「将来インターネットでの流入を防ぎ得なくなるであろうから放置すべきである」とする立場を採用してはこなかった。

## 2　海外のサーバーに海外でアップロードした行為を処罰できるのか

　10年以上前から、本件で問題となった「国外サーバに国外でわいせつ情報をアップロードし、国内にいる者に陳列する行為」の可罰性は争われてきた（前田・前掲論文参照）。もとより、刑法175条の国外犯は処罰されないので、日本人が国外でわいせつ物を公然陳列しても罪には問われないことはいうまでもない。刑法175条の保護法益は、我が国における性風俗に関する国民の感情であり、日本人がポルノの解禁されている国等で専ら日本人の団体客を対象にわいせつ映画を上映しても、処罰されない。しかしながら、わいせつ画像データを、海外のサーバコンピュータに置いた場合の刑責は別個に考えねばならない。

　その当時から、犯罪構成要件の実行行為の一部が日本国内で行われたり、構成要件の一部である結果が日本国内で発生した場合に、刑法典を適用することについては争いがないとされてきた。そこで、日本国内から海外プロバイダーのサーバコンピュータにアクセスし、そこにわいせつ画像を記憶・蔵置させた行為には、刑法175条が適用され得る。「サーバコンピュータにわいせつ画像の情報を記憶・蔵置すること」という実行行為の重要部分が日本国内で行われたからである。インターネットの場合、ホームページ開設者が自己のパソコンから情報を送信すれば、それは確実かつ瞬時にプロバイダのサーバコンピュータに記憶・蔵置されるので、日本において行われる送信行為が、175条の結果発生に向けた実行行為の一部であるということは明らかであろう[1]。

## 3　わいせつ物頒布等の罪（刑法175条）の改正

　平成23年6月に刑法175条が一部改正され（同年7月14日施行）、「電気通信

---

[1] 18年前、ジュリスト誌上において「問題は、本件のように、海外で海外プロバイダーのサーバコンピュータにわいせつ画像を記憶・蔵置させた場合である。」として、以下のように論じた。「日本国内のインターネット利用者に再生・閲覧させる目的で、かつ、日本で会費等を徴収する態様が考えられる。この場合、175条の実行行為はすべて国外で完成している。しかし、国内にいる者が海外にいる者にわいせつデータやそれを掲載するホームページの画像データを送り、その者の手を経由して海外のサーバに蔵置し、アクセスの対価の支払いを日本国内の銀行口座に振り込ませて受け取ったりした場合などには、175条の正犯行為が国内で行われたと解しうる」（前田・前掲論文参照）。

の送信によりわいせつな電磁的記録その他の記録を頒布した」行為が処罰対象となることとなった。わいせつ電磁的記録の場合、わいせつ画像・音声データをダウンロードして、それを自己のコンピュータで視聴する形態が圧倒的であり、「頒布」の概念に該当するか否かが主たる争点となるのである。本件でも、まさに「頒布」の意義が問われた。

改正前の175条は、わいせつ物を頒布、販売、公然陳列と、販売目的の所持を処罰していたが、改正により、頒布と公然陳列と有償頒布目的の所持・保管に限定された。そして、電磁的記録に関して、**電気通信の送信による頒布**が追加された。**頒布**とは、不特定又は多数人に対して無償で交付することと解されてきたが、旧175条の文言からは、不特定又は多数人に対して販売以外の方法で交付することと解すべきであったといえよう。ただ、現行法の下では、**不特定又は多数人に交付すること**と解さざるを得ず、販売も含まれることになった。

そして、2項で問題となる**有償頒布**の概念は旧法の販売とは異なり、所有権の移転を要しない。電磁的記録の頒布とは、「物」の頒布とは異なり、**不特定又は多数人の記録媒体に電磁的記録を存在させること**である。

また、平成23年改正では、**わいせつな電磁的記録保管の罪**を設けるとともに、コンピュータ・ネットワークの形成や複写技術の発達により、わいせつ物の販売という所有権を移転させる方法によらなくとも、容易に、広範囲の者に同じ内容のわいせつ物やわいせつな電磁的記録を拡散させることが可能である以上、これらの罪の目的を、現行規定の「販売の目的」から「**有償で頒布する目的**」に改めた。

### 4　本判決の意義

最高裁が、「刑法175条1項後段にいう『頒布』とは、不特定又は多数の者の記録媒体上に電磁的記録その他の記録を存在するに至らしめることをいう」と明確に判断した意味は大きい。具体的事例を念頭に、「不特定の者である顧客によるダウンロード操作を契機とするものであっても、その操作に応じて自動的にデータを送信する機能を備えた配信サイトを利用して送信する方法によってわいせつな動画等のデータファイルを当該顧客のパーソナルコンピュータ等の記録媒体上に記録、保存させることは、刑法175条1項後段にいうわいせつな電磁的記録の『頒布』に当たる」としたのである。

この判断は、「刑法175条1項後段にいう『頒布』とは、有償、無償を問わず、不特定又は多数の者の記録媒体上に電磁的記録その他の記録を存在するに至らしめることを意味する」とする立法時の説明をそのまま採用したものともいえるが（杉山徳明＝吉田雅之・法曹時報64-4-844参照）、判例の規範的評価

が明示されたのである。

　形式的には、「顧客がダウンロードしたのであり、被告人は『データファイルを顧客のパーソナルコンピュータ等の記録媒体上に記録、保存させること』を行っていない」という上告趣意も成り立ち得るが、実質的に見れば、175条が処罰すべき典型例と考えてきた、送信元が顧客にメールでわいせつデータを送信する場合と全く変わらない。このような規範的評価が、本判決の中核部分なのである。そして、理論的には、原審の判示したように、顧客らのダウンロードは頒布行為の一部を構成するものなのである。本件被告人等は、顧客のアクセスとダウンロードを当然に予定しており、他人の行為を介してはいるものの、頒布を実行したといい得る。

　そして、このような実質的頒布概念を前提にすれば、国内でダウンロードさせるために国外でアップロードするための**コンテンツを供給するための保管**も、刑法175条2項にいう「頒布する目的」での保管には該当することは明らかなのである。

## 5　頒布行為の実質的解釈と犯罪地

　弁護人は、アップロードした配信サーバが米国内に設置されたものであり、わいせつデータ等は日本で製作されていたものの米国内でアップロードされていたので、被告人の行為を刑法1条1項にいう国内犯として処罰することは不可能であると主張した[2]。

　「犯罪地が国内である」といえるためには、構成要件に該当する行為と結果の一部が日本国内で生ずれば足りる。この点、本件第1審は、「刑法175条1項後段にいう電磁的記録その他の記録の『頒布』とは、不特定又は多数の者の記録媒体上に電磁的記録等を存在たらしめることをいうとして、本件行為を『頒布』に該当するとした上で、サイト運営側は、配信サイトにアクセスしてダウンロードするという顧客の行為を介してわいせつ動画等を配信していたのであるから、**ダウンロードするのは顧客の行為を利用したサイト運営側の行為という側面もあって実行行為の一部といえるし、そうでなくとも構成要件の結果に該当する**から、国内犯とすることに問題はない」とした。

　それに対し原審は、「犯罪構成要件に該当する事実の一部が日本国内で発生していれば、刑法1条にいう国内犯として同法を適用することができると解さ

---

[2]　刑法4条が、職権濫用罪、賄賂罪などの公務員犯罪につき国外犯についての適用を定めている（**公務員の国外犯**）。逆に、このような規定がない以上、国外での実行は処罰しないことになりそうである。ただ、本件事案は、実行行為が日本で行われたと認定し得る「国内犯」なのである。また、当時の立法者はサイバー犯罪のような事態を想定はしておらず、4条の解釈から本件について特定の結論を導くことには、無理がある。

れるところ、既にみたとおり、被告人らは日本国内における顧客の**ダウンロードという行為を介してわいせつ動画等のデータファイルを頒布した**のであって、刑法175条1項後段の実行行為の一部が日本国内で行われている」として、刑法1条1項にいう国内犯として処罰することができるとした。

最高裁も、ダウンロード操作に応じて自動的にデータを送信する機能を備えた配信サイトを利用して送信する方法によってわいせつな動画等のデータファイルを当該顧客のパーソナルコンピュータ等の記録媒体上に記録、保存させることが「頒布」だとし、刑法175条1項後段の罪を日本国内において犯した者に当たることは明らかであるとしたのである。**①問題となるデータファイルを国内で作成し、②国外に送信して国外でアップロードさせ、③国内での顧客のダウンロードにより国外から自動的に送信し、④データファイルを国内のコンピュータに記録、保存させた以上、国内犯**といってよい。

重要なのは、このような条文解釈以上に、原審が示した実質論である。「このように解すると、わいせつ画像等の規制がない外国に配信サーバを設置してサイトを運営する行為であっても、日本からアクセスされてダウンロードされれば、日本人、外国人であるとを問わず、我が国の刑法が適用されることになり、各国の規制との衝突が生じることになり不当である」という批判に対し、「実際上の検挙の可能性はともかく、我が国における実体法上の犯罪の成立を否定する理由はなく、所論のいう点は、前記のような解釈の妨げとはならない」としたのである。批判論は、各国の法規制との抵触の問題に加え、「海外のわいせつな情報がきわめて容易に入手可能である以上わいせつ情報の規制を考え直すべき」という刑事政策論に根ざす面がある。

もちろん、わいせつ概念は動いていくであろうが、現時点でも、日本では明らかにわいせつだと考えられるものについてまで、外国の規範を考慮して処罰を諦める必要はないし、本件の処罰がネット社会の潮流に逆行するものではないことも明らかであろう。

# 第6講 公務に対する罪

## ① 公務執行妨害罪と職務の適法性
東京高判平成27年7月7日（判時2318-154）

### Focus

公務執行妨害罪が成立するには、公務員の職務が適法なものでなければならない。本件の争点は、VがXを追ってまで謝罪を求める行為は、生活保護法27条の被保護者に対する指導や指示には該当せず、庁舎管理にも該当しないので適法な職務の執行ではなく、Xの行為は公務執行妨害罪を構成しないのではないかという点にある。

### 事実

　被告人Xが生活保護を受給する手続で、担当の区役所保護課保護第一係を訪れた際、第一係係長に向かって暴言を吐いたことから、生活保護世帯に係る法外援護事務の調査及び調整を担当する保護第六係の係長Vが、これを放置すれば職員が萎縮してXに対する保護の適正な執行ができなくなると判断するとともに、かねてから問題のある生活保護受給者に対しては保護課全体で対応しているので、直接の担当ではないが自らこの問題を是正しようと考え、Xに近付き、その発言の問題点を指摘し、謝罪を求めたところ、Xがこれを無視して移動していったので、Vがその後を追いながら更に謝罪の要求をした際、Xから肩を押されて倒れ、膝を床にぶつけたという公務執行妨害の事案である。

　一審が、Xの暴行を認定した上で、Vの行為は、生活保護を受給するための手続に来ていたXが、保護課職員を恫喝するような言動を繰り返していたことから、生活保護者に対する注意の一環として被告人に暴言を謝罪するよう求めたものであって、被告人がこれを聞き入れず、その場から立ち去ろうとしたため、Xに注意内容を伝えるべく、他の保護課職員らとXの後をついて回っていたのであり、これは許される職務執行であり、その執行に相当性を逸脱したような事情は全くないから、適法な職務行為に当たるとして公務執行妨害罪を認めた。

これに対し、Xは、Vの行為は適法な職務の執行とはいえないから、それに対する暴行も公務執行妨害罪を構成しない等と争って控訴したのが本件である。

### 判旨

東京高裁は、職務執行の適法性について、以下のように判示して、1審の結論を維持した。
「Vは、D区保護課保護第六係長の職にあるところ、生活保護世帯に係る法外援護事務の調査及び調整に関することという分掌事務に直接該当するものに限られず、当該事務を円滑に遂行するため、これを阻害する要因を排除ないし是正することも、相当な範囲にとどまる限り、本来の職務に付随するものとして、その適正な職務に含まれると解される」とし、(1)D区保護課では、被告人が、恫喝的な振る舞いをすることが問題になっており、Xが来庁した際には、恫喝的な言動をとった場合に係長らが被告人に注意していくことなどが話し合われたこと、(2)本件当日、Vが対応に当たっていた同係係長に向かって、「お前はずせ」あるいは「どけ」などとお前呼ばわりし、このような事態を放置すれば保護の適正な執行ができなくなるおそれがあると判断し、被告人は直接担当してはいないけれども謝罪を求めたこと、(3)その後、Xは職員らと口論になった後、来た道を引き返していき、Vもその後を追いながら、更に謝罪の要求をする中で、本件被害に遭ったことを認定し、「以上の事実を前提にすると、本件犯行当日の**Xの保護課職員に対する振る舞いは、Vが懸念するとおり、保護課職員を委縮させるなどして、保護の適正な執行を阻害するおそれのあるものであった**（なお、Xを直接担当するのは保護第一係であって、Vの所属する保護第六係ではないが、**各係の担当は区内部の事務処理上の分掌にとどまる上、上記のような振る舞いを放置しておけば、他の係の生活保護受給者の振る舞いにも影響しかねないことからすると、同じ保護課に所属する保護第六係の分掌事務をも阻害しかねない事態であったと認められる**）。したがって、これを是正するため、Xに対し、その言動の問題点を指摘し、謝罪を求めたVの行動は、Vの**本来的な職務に付随するもの**として、法令上の根拠を有すると認められる。また、Vを含めて10名近くの職員が、Xを追いかけながら謝罪を求め、エレベーターの発進を阻止する結果になったことなどからすると、Vらの行為にやや威圧的な面があったことは否めないものの、職員に対しこれまで恫喝的な態度をとってきたXを注意、説得する必要があったことに鑑みると、必要性、相当性を欠くものとまでは認められない。」として、Vの行為は、法令上の根拠を有する適法なものであったと認められるとした。

## 解　説

### 1　本判決の意義

　東京高裁は、**公務執行妨害罪によって保護される適正な職務には、分掌事務に直接該当するものに限られず、当該事務を円滑に遂行するため、これを阻害する要因を排除ないし是正することも、相当な範囲にとどまる限り、本来の職務に付随するものも含まれる**という規範を提示し、本件当日の被告人の振る舞いは、保護課職員を萎縮させて保護の適正な執行を阻害するおそれがあるものであったから、これを是正するため被告人に対し謝罪を求めた行動は、被害者の**本来的な職務に付随するもの**としたのである。そこで、公務執行妨害罪の成否は、「職務附随行為」に当たるか否かによることになる。

　(1)　**公務執行妨害罪の適正な職務は、具体的分掌事務に直接該当するものに限らない。**

　(2)　**事務を円滑に遂行するため、これを阻害する要因を排除ないし是正することも、相当な範囲にとどまる限り、本来の職務に付随するものに含まれる。**

　これを別の角度から整理すると、

　Ⅰ　Xに対し、謝罪を求めたVの行動は、Vの**本来的な職務に付随するもの**として、法令上の根拠を有する職務に当たる。

　Ⅱ　その職務行為の適法性は、①Vの行為は、法令上の根拠を有するだけでなく、②Xの振る舞いが、保護業務全般の適正な執行を阻害するおそれあるもので、Vの直接分掌する事務をも阻害しかねない事態であり、③Vらの行為にやや威圧的な面があったとしても、職員に対し恫喝的な態度をとってきたXを注意、説得する必要があり、必要性、相当性を欠くものとまでは認められないため、Vの職務には適法性がある。

として、Vの職務の適法性を認め、Xの行為は公務執行妨害罪を構成するとしたのである。

　Ⅱは、まさに実質的違法性の判断基準としての、比例原則を適用したものということになる。

### 2　「職務に該当するか」と「職務の適法性」

　刑法95条には、「適法な職務」という文言はないが、公務員の明らかに違法な活動に対して抵抗する行為は公務執行妨害罪を構成しないとされてきた（大判大7.5.14刑録24-605、大塚仁『刑法概説（各論）第3版増補版』563頁）。ただ、適法性不要説とされる学説も、公務員の職務執行行為と認められるものでなければならず、一般権限内の行為で「職務の執行」を認めるに必要なだけの

形式的要件を要求していたことに注意を要する（小野清一郎『新訂刑法講義各論第３版』20頁）。本件においても、Ⅰ　Ⅴの行為が公務員としての職務に当たるかと、Ⅱ　適法な職務執行に当たるかが吟味されなければならず、しかも両者は密接に結びついていることが示されているのである。

　そして、Ⅰは「該当するか」という側面が強く、Ⅱは総合的比較考量判断であるという色合いが濃い。従来、適法性判断は、Ⅰの面が意識されることも多く、また構成要件要素である以上、明確性・類型性が重視された嫌いがある。しかし**職務の適法性**は適法・違法の二者択一的な形式的判断ではない。本件判断でも示されているとおり、必要性・相当性を加味した総合的考量判断を含む。構成要件要素である以上、形式的・類型的に判断しなければならないといってみても、不可能なのである。そもそも、構成要件要素も多くの場合は、実質的・具体的に判断することが必要となる。

### 3　職務適法性の三要件

　一般に、公務の適法性には以下の３要件が必要だとされてきた。まず職務執行が、①当該公務員の**一般的・抽象的職務権限**に属することである。この点に関しては、争いはないが、これが欠ければ、そもそも職務といえないことになろう。既に、この要件の中に、Ⅰ　職務該当性と、Ⅱ　職務の適法性の混淆が見られるのである（それ自体は、不合理なことでも不当なことでもない。）。

　そして、②**具体的職務権限**に属することが必要だとされた。職務権限を具体的に認定すると、実質違法性判断が入り込まざるを得なくなる。本件でも、「**本来的な職務そのものではないがそれに付随するもの**」を問題にする。しかしそうなると、形式的な条文の解釈を超えて、本件Ｘの行為の「公務侵害性の具体的程度」「排除の必要性」、さらには「排除行為の相当性」までもが問題となってくるのである（その結果、この②の要件は次の③の要件との区別が難しくなる。）。

　最も実質的で重要な要件であるとされるのが、③**職務行為の有効要件である法律上の重要な条件・方式の履践**である。公務員の職務行為にはその有効要件として、一定の方式が要求されることが多く、このうち重要な部分を欠けば、刑法上保護に値しないとされるのである。ただ、何が重要部分なのかは規範的評価を伴う。学説は、任意規定か強行規定かで選別するとするものが有力であるが（大塚・前掲書565・566頁）、そのように形式的に処理することは難しい面がある。

　公務員の行為の違法性には、職権濫用罪等の犯罪を構成するもの、捜査の違法性の故に証拠排除される程度のもの、正当防衛が可能な「不正の侵害」と評価できるもの、さらには、行政法規の形式的な規定に反する場合など、種々考

えられる。公務員がごく軽い手続規定に違反した場合に、それに対する暴行・脅迫を常に許容しなければならないとするのは明らかに不合理である。本条の適法性は、**暴行・脅迫から厚く保護するに値する公務**という実質的基準で判別せざるを得ない。それ故、近時は**公務の要保護性**と称することが多いのである。

### 4 「職務の執行」における実質的判断

2で示したように、職務の適法性の判断は、「職務の執行」に該当するか否かの判断と併せて考えなければならない。

そもそも、公務とは、国又は地方公共団体の事務である。刑法95条1項にいう職務には、ひろく公務員が取り扱う各種各様の事務の全てが含まれると解されている（最一小判昭53.6.29刑集32-4-816）。ただ、「各種各様の事務」といっても、刑法95条が保護するに値する重要な事務に限られる。また、公法人には各種のものがあるが、その実質が公的性格の強いものの事務は公務として保護に値する。公務執行妨害罪で保護すべき公務は、権力的ないし非現業的公務に限るのかという点が、業務妨害罪における業務に公務を含むのかという観点とも絡んで、争われてきた（最大判昭41.11.30刑集20-9-1076）。平成18年から、公務執行妨害罪にも罰金刑が認められ、業務妨害罪と法定刑が全く同一になったことに留意しなければならない[1]。

そして、刑法95条の職務は、現実に執行中のものに限らず、**職務開始直前の執務と密接な関連を有する待機状態**も含むとされている（前田雅英『刑法各論講義第6版』436頁参照）。執行の直前・直後でも、公務員に暴行が加えられることにより、「公務」に影響は生じ得るからである。もとより、職務は抽象的にではなく具体的・個別的に捉える必要はある。公務執行妨害罪は、「暴行脅迫により公務員が事務を執行しにくくなること一般」を処罰する規定ではない。

しかし、最一小判昭和53年6月29日（刑集32-4-816）は、局長室で職務を中断してXに応対すべく立ち上がりかけた局長に対し、処分の不当性を主張しガソリンの空き缶を連打するなどの暴行を加えた行為につき、局長の職務は局務全般に関わるもので一体性・継続性を有する以上、刑法95条が成立するとした。そして、最決平成元年3月10日（刑集43-3-188）は、県議会の特別委員会で休息する旨の宣言をし退室しようとした委員長に対し、審議内容に不満を持つ者が暴行を加えた事案に関し、休息宣言後も、委員会の秩序を保持し、右紛

---

1) 判例は、公務所において公務員が職務上なすべき事務の取扱一切が公務だとしている（大判明44.4.17刑録17-601、最判昭24.4.26刑集3-5-637、最判昭51.5.21刑集30-5-615、最判昭53.6.29刑集32-4-816）。

議に対処するための職務を現に執行していたと判示している。確かに、委員会が紛糾している以上、その善後策を図る等、休息中にも保護に値する「職務」は十分考えられる（さらに、福岡高宮崎支判昭53.6.27判時912-110参照）。職務執行中に当たるかが、このように「実質的」に解釈される以上、職務に該当するか否かも、規範的評価と結びつかざるを得ないのである。

### 5　本来的な職務に付随するもの（職務の実質的解釈）

　東京高裁は、本件Xの振る舞いを是正するためXに対し謝罪を求めた行動は、直接的に所掌するVの**本来的な職務ではないが、これに付随するもの**として、法令上の根拠を有すると判示した。しかし、一方で、東京高裁は、各係の担当は区内部の事務処理上の分掌にとどまる上、本件当日のXの振る舞いを放置すると、Xを担当する保護第一係以外の係が担当している生活保護受給者の振る舞いにも影響しかねず、Vの所属する保護第六係の分掌事務をも阻害しかねない事態であったと認められるとも判示している。後者の「実質的侵害性認定」こそが、職務該当性判断の中心ともいえるのである。法令の解釈として、形式的に職務に該当するか否かが微妙な場合に、具体的事情を加味して「当該事案では職務に該当する」とすることは十分あり得る。

　そして、「形式的には職務には該当しないが、それに附随する行為だから刑法95条で保護する職務にあたる」とすることも十分合理的なことである。この点は、賄賂罪の解釈において、「職務に関し」を「公務員がその事項につき**具体的な事務分配を受けている場合**に限る」と形式的に解釈した上で、**一般的職務権限**の枠内であれば、当該公務員の職務の公正さに対する社会の信頼が害されるとし、さらに**職務密接関連行為**をも含むとして、「職務」の実質的解釈を行っていることと、ほぼ同様だといってよい（前田雅英『刑法各論講義第6版』483・484頁参照）。

　さらにいえば、本件で、直接分掌する（その意味で形式的に職務に該当する）事務そのものではないが、「それに附随した事務」と解し得るということと、「直接分掌する事務に実質的には影響するので職務に該当する」とする判断は、ほぼ重なるのである。

　ただこの点、最三小判昭和45年12月22日（刑集24-13-1812）が、公務執行妨害罪によって保護の対象となる職務の執行は、**抽象的・包括的に捉えられるべきものではなく、具体的・個別的に特定されていることを要する**としていることとの関係が問題となる。同判決は、「職務の執行を抽象的・包括的に捉え、しかも『職務ヲ執行スルニ当リ』を広く漠然と公務員の勤務時間中との意味に解するときは、公務の公共性にかんがみ、公務員の職務の執行を他の妨害から保護しようとする刑法95条1項の趣旨に反し、**これを不当に拡張し、公務員そ**

のものの身分ないし地位の保護の対象とする不合理な結果を招来することとなるを免れないからである」とした。

しかし、最三小判昭和45年12月22日は、「職務」の外延に関する判断を示したものではなく、「職務執行の一連一体性」に関する判断であることに注意を要する。具体的・個別的に特定された職務の執行の開始から終了するまでの時間と当該職務の執行と時間的に接着し一体的関係にあるとみることができる範囲内の職務行為に限って、公務執行妨害罪の保護の対象となるとし、駅の助役が、点呼終了後、助役室の執務につくため移動中の状態は含まれないとしたものなのである。

確かに、職務該当性と職務執行中といえるかは、無関係ではないが、後者においては「時間」の視点が重要な意味を持つ。さらに解釈上重要なのは、どの程度に「**具体的・個別的に特定されている**」ことまで要求するかなのである。判例も、「具体的・個別的に特定」を徹底して要求しているわけではない。一定の「一般的職務権限」を認めざるを得ないのである（東京高判昭56.6.1刑月13-6＝7-419参照）。

## 6　職務の適法性・要保護性判断の実質

職務の適法性が問題となるのは、「刑事司法」に関連する職務、特に警察官の職務の場合が圧倒的な割合を占めている。

そして、職務質問や所持品検査などの行政警察の部分も含め、捜査手法は多様であるが、その違法性（公務執行妨害罪の成否の限界）は、「比例原則」によって説明し得る。総合評価は、基本的には、Ⅰ　手段としての相当性（捜査が人権を侵害する程度）と、Ⅱ　捜査を必要とする要請（目的の正当性）の考量である。さらに、捜査を違法とすることにより生じる手続上のマイナス効果との比較考量が加わる。

Ⅰの中心は、被疑者の利益侵害の種類・程度である。侵害性の高いものは、強制捜査として分類され、法定の要件の明示が要請される。それに至らない場合でも、捜査の違法性判断にとって非常に重要な因子であることは変わらない。侵害性の高さは、有形力の程度のように量的に計りやすいものばかりではない。強制採尿事案で争われる、「人格の尊厳」のような「価値的なもの」も、考量される。

被疑者の同意の程度も、捜査手段の侵害性の大小と関連する。同意があるといっても、積極的な承諾がある場合から消極的認容にすぎない場合まで、幅（程度）が存在する。また、当初は自ら望んで協力していたが、長時間にわたる中で、意思が変わる場合もある。したがって、捜査の違法性を判断する際には、「同意があったか否か」の二者択一的判断ではなく、①捜査官からの圧力

の程度など当時の状況を前提とした同意の「程度」や、②捜査の流れの中で同意の「程度」に変化がなかったかなど、被疑者の意思を具体的に考慮し、用いられた捜査手法の侵害性の大小や、犯罪の重大性、捜査の必要性などと総合的に考量して、「相当性」を判断する必要がある。

Ⅱの中心は、問題となっている犯罪（構成要件）の重大性と嫌疑の程度である。そもそも、全犯罪類型ではなく重大なものに限定してその解決に用いるべき捜査方法もある。そして、その場であえて行わなければならない事情（必要性・緊急性）も、犯罪類型によって異なってくる。

その際には、「強制捜査なのか任意捜査なのか」という点も、相対的な存在でしかないことに注意しなければならない。警察官の職務の適法性の判断基準は、結局、捜査の適法性の一般基準、すなわち①被疑者の利益侵害の種類・程度、②事案の重大性・嫌疑の強さ、③当該具体的捜査の必要性・緊急性、④被疑者の同意の範囲・程度等の総合的考慮なのである。

## ② 公務員職権濫用罪
岐阜地判平成27年10月9日（判時2287-137）

### Focus

職権濫用罪の**保護法益**に関し、公務の公正さへの国民の信頼という**国家法益**と、職権濫用行為の相手方となる**個人法益**という二元的な理解が有力である（前田雅英他編『条解刑法〔第3版〕』540頁参照）。ただ、国家法益と個人法益のいずれを、どの程度重視するのかに関しては、憲法の公務員の位置づけの変化を踏まえて、徐々に個人法益が重視されるようになってきているが、判例・学説に微妙な変化がみられる。本判決が、**職権濫用行為の相手方の利益が実質的に害されたとみるべき程度の行為の存在を要する**とした点の意味を慎重に検討する必要がある。

### 事 実

本件は、裁判官による公務員職権濫用罪に関する**付審判請求事件**である。G地裁A支部の家事審判官（裁判官）である被疑者Xが、後見人であった弁護士Y（請求人）の職務に関する責任につき、被後見人甲との間で和解成立に向けた調整をする際、甲の長女丙の意向に過度に配慮し、Yの代理人である乙弁護士に対して、「懲戒」の文言に言及し、かつ、懲戒請求の除斥期間に関する裁判例の写しを乙に交付するなどして、和解金の支払いを促す発言をしたというものである。

成年後見人として活動した弁護士Yに対する家事審判官Xによる権限行使が公務員職権濫用罪に該当するかが争われた。特に、Xの発言がYに「義務のないことを行わせ（た）」（刑法193条）といえるかが争われた。

### 判旨

　G地裁は、以下のように判示して、Xには公務員職権濫用罪は成立しないとした。
　Xは、「A支部の家事審判官として甲の成年後見事件を担当しており、民法863条及び家事事件手続法施行前の家事審判法9条甲類21号等により、成年後見の事務を監督する一般的職務権限を有していたことが認められる。そして、家事審判官は、後見監督処分として後見事務について必要な処分を命じることができるところ、本件監督処分事件の監督処分として、辞任後の後見人である請求人に対して審問期日等に出頭させた上で事情を聴取することやその業務について報告書を提出させることも、その一般的職務権限に属し得ると解される。また、家事審判官が、辞任した後見人の職務に関する責任について被後見人との間で和解成立に向けた調整をすることも、現後見人が後見事務として行うべき被後見人の財産の回復を促す側面支援と評価し得る限りにおいて、その**一般的職務権限に属する**との解釈も成り立ち得る。」として、
　Xの行った本件各面談は、いずれも、家事審判官として、本件監督処分事件の一環として行ったものであり、その一般的職務権限に属し得る行為であるとみることができるとした上で、Xの「懲戒」の文言への言及の有無及びその内容を中心に、本件各面談における被疑者の発言内容について検討し、平成25年5月22日及び同月29日の乙弁護士との面談における発言については、「遅くとも請求人側から和解金額の減額の申し入れがあった時点以降は、丙の意向に過度に配慮し、必ずしも中立とは言い難い態様で和解に関与していたものと認められ、そのころには、被後見人の財産管理の適正化という本来的な目的は大幅に後退し、希薄化していたものと認められる」とし、後見監督の本来的な目的を逸脱し、かつ、手段としての相当性を欠くものとして裁量を逸脱した職権濫用行為に該当するとの嫌疑を否定し得ないとした。
　その上で、G地裁は、「公務員職権濫用罪は、公務の適正さに対する社会の信頼と、職権濫用行為の相手方となる個人の生命、身体及び自由等の利益を保護法益としていると解されることや、同罪は既遂のみが処罰の対象とされていることなどに鑑みると、人に『**義務のないことを行わせ**』たというためには、作為を強制するような場合でも、**職権濫用行為の相手方の利益が実質的に害されたとみるべき程度の行為の存在を要する**というべきであり、**準備行為にとどまるような場合はこれに当たらないと解すべきである。**」
　「これを本件についてみると、……平成25年5月22日及び同月29日におけ

る被疑者の各行為が職権濫用行為にあたり得るとしても、一件記録上、それらの時点においては、請求人において、弁護士賠償責任保険の契約保険会社に損害査定額を聴取するなどしてはいたものの、被疑者の要求に応じて50万円を支払った事実がないことはもとより、支払うべき現金等を実際に準備したとの事実も認められない。また、仮にこれらの日に請求人が50万円の支払いのために何らかの準備をしていたとしても、その当時の和解に向けた状況、すなわち、丙から本件貸付に係る債務残額が完済されたことを受けて再調整がなされていたところであり、最終的に支払うべき金額や支払時期等は未だ定まっていなかったということを踏まえると、請求人が行ったのは支払準備としても暫定的な措置であったに過ぎず、実質的な負担ないし不利益を伴うものでないから、その利益を実質的に害したとまではいえない。**よって、被疑者がその職権濫用行為により、請求人に『義務のないことを行わせ』たとは認められない。**」と判示した。

## 解説

### 1　国家法益と個人法益

**職権濫用の罪**は、公務員職権濫用罪（193条）、特別公務員職権濫用罪（194条）、特別公務員暴行陵虐罪（195条）と、後二者の結果的加重犯（196条）からなる。第2次世界大戦前は、公務員が職務熱心の余り犯す犯罪であるとされ寛大な扱いがなされてきたが、憲法上公務員が全体の奉仕者と明確に位置づけられ、1947年の刑法の一部改正で法定刑が引き上げられ、罪質が転換したとされる。

職権濫用罪の**保護法益**に関し、公務の公正さへの国民の信頼という**国家法益**と、職権濫用行為の相手方となる**個人法益**という二元的な理解が有力である（前田雅英他編『条解刑法〔第3版〕』540頁参照）。ここで、二元的とは、「いずれか一方の法益が害されても犯罪が完成する」という論理的可能性を含んでいる。しかし、「両者侵害が必要である」といえよう。戦前からの、「被害者の承諾が存在しても、職権濫用罪は成立する」という考え方は変わっていないし、判例の「その行為が職務違反となるか否かはいささかも被害者の意思如何にかかわりない」という判断は現在も維持されているように思われる（大判大15.2.25新聞2545-11）。

ただ、(イ)国家法益と(ロ)個人法益のいずれを重視するのかに関しては、判例・学説に微妙な変化がみられる。憲法の公務員の位置づけの変化を踏まえて、徐々に個人法益が重視されるようになってきている。本判決が、**職権濫用行為の相手方の利益が実質的に害されたとみるべき程度の行為の存在を要する**としたのもそのことを象徴するものともいえる。個人法益の侵害という「結果」を

重視したといえよう。

　ただ、「過度の『国家法益軽視』は許されない」という意味で、二元主義は現在でも維持すべきである。公務員の憲法上の地位の変化が国民の中に徐々に定着したことに加え、我が国の戦後刑法学の全体状況が刑法各論解釈全体の流れとして、個人法益重視に傾斜していったことは否定できない。しかし、国民にとって、「多くの国民に共通して関わる利益」としての国家法益の重要性は、基本的に変化していないといえよう。公的権力を握った者が正当にそれを行使することを常態とするから統治機構を国民が信頼し、社会生活が安定的に成り立つのである。

### 2　職権の濫用と国家法益

　また、この個人法益の重視は職権濫用罪の処罰範囲に関し、2つの逆行する影響を与えた。公務員の行為であっても、国民の人権が害された以上処罰するという面と、いかに公務の信頼を損ねようと個人に具体的な権利侵害がない以上処罰しないという面である。特に、個人法益に対する罪であるという点を強調し過ぎると、不当に処罰範囲を限定することになる点に注意を要する。「処罰が狭いほど正しい解釈である」とはいえない。現時点での国民の利益を「極大」にする法適用が要請されるのである。

　職権濫用罪における国家法益は、①**公務の客観的公正**が基本であることは問題ない。そして、公務員の国民に対する違法行為抑止という観点からは、②**公務の一般国民から見た公正らしい外観**の保護をも加えるべきだということになりやすい。厳密に法規に照らして考えるのではなく国民の目からみて違法不当な外観を有する行為はひとまず取り締まるべきだとするのである。しかし、**全く存在しない職権を仮装**した場合まで、職権濫用罪で処罰することには疑義がある。実は、本罪にとって「外観の信頼」は決定的なものではない。やはり客観的な公務が重要なのである。公務員という立場・地位になければできない行為を不正に行うことに対する国民の不信、そしてそれにより公務の信頼が揺らぐことこそが国家法益侵害の中枢なのである。それゆえ本条は、③**重大な人権侵害を行いやすい地位にある公務員**による、国民の権利侵害を防ぐための規定と解すべきであろう。そして④「公務は公正・正当に行われている」という**国民の信頼感の保護**を要求しているともいえる。

　ただ、職権濫用罪は、起訴される率が非常に低く、準起訴手続も十分には機能していない面があることに注意しなければならない。

## 3　本判決の意義

本判決は、以下のように判示して、公務員職権濫用罪の成立を否定し、本件請求を棄却した。

①家事審判官が、辞任した後見人の職務に関する責任について被後見人との間で和解成立に向けた調整をすることも、現後見人が後見事務として行うべき被後見人の財産の回復を促す側面支援と評価し得る限りにおいて、その一般的職務権限に属する。

②本件では裁判官（審判官）が、必ずしも中立とは言い難い態様で和解に関与していたものと認められ、Aの財産管理の適正化という本来的な目的は大幅に後退し、後見監督の本来的な目的を逸脱し、かつ、手段としての相当性を欠く場合には職権濫用行為に該当し得る。

③公務員職権濫用罪は、公務の適正さに対する社会の信頼と、職権濫用行為の相手方となる個人の生命、身体及び自由等の利益を保護法益としていると解されることや、同罪は既遂のみが処罰の対象とされていることなどに鑑みると、人に「義務のないことを行わせ」たというためには、作為を強制するような場合でも、職権濫用行為の相手方の利益が実質的に害されたとみるべき程度の行為の存在を要するというべきであり、準備行為にとどまるような場合はこれに当たらないと解すべきである。

本件において、最終的に支払うべき金額や支払時期等は未だ定まっておらず、被害者に実質的な負担ないし不利益を伴うものではないから、その利益を実質的に害したとまではいえないので「義務のないことを行わせ」たとは認められない。

## 4　結果犯か危険犯か

職権濫用罪は、義務なきことを行わしめ、行うべき権利を妨害するという**結果**が生じて既遂に達する。その意味では結果犯である（前田雅英『刑法各論講義第6版』470頁）。盗聴行為につき、権利行使の妨害に該当しないとした例がある（東京高決昭28.7.14東高刑時報4-1-17）。ただ、本条の権利を必ずしもそのように厳格に解する必要はない。ましてプライバシーの保護が重視されるようになってきている現在においては、権利の妨害に当たると解することは十分可能である。さらに、被害者に具体的な作為・不作為を強要しないで、事実上の不利益を甘受せしめる行為も権利を妨害したと評価し得る場合があり得る。

この点、日本共産党幹部宅電話盗聴付審判請求事件に関し、最三小決平成元年3月14日（刑集43-3-283）は、公務員職権濫用罪が成立するには、公務員の職務権限を濫用して行われたことを重視し、「公務員の不法な行為が職務とし

てなされたとしても、職権を濫用して行われていないときは同罪が成立する余地はなく、その反面、公務員の不法な行為が職務とかかわりなくなされたとしても、職権を濫用して行われたときには同罪が成立することがあるのである」として、本罪の成否は、権利妨害などの結果とは無関係に、「職権濫用の有無」で決まり、その意味で「危険犯的な構成」を採用しているようにも見える（出田孝一・最判解刑平成元年度103頁参照）。

　業務の妨害とは、現に業務妨害の結果の発生を必要とせず、業務を妨害するに足る行為をもって足りるとされ（最二小判昭28.1.30刑集7-1-128）、業務妨害罪を抽象的危険犯と解している（前田・前掲書141頁）。ただ、判例は、妨害の結果を発生させるおそれのある「行為」の存在を立証すれば足りるとしているのであり、「おそれのある状態」が認定できない限り無罪とするとはしていない。公務員職権乱用罪においても、「事実上の負担ないし不利益」の発生は要求しているのである（前掲最決平元.3.14）。

　業務妨害罪も、「その業務を妨害した者」と明示し、業務妨害罪の多くの判例は、妨害結果を認定しているが、業務妨害の「結果」は、多様で曖昧であり、その立証は困難な場合が考えられ、判例は「妨害の結果を発生せしむべき虞ある行為」の認定により、業務妨害罪が成立すると表現していると考えられる。その意味で、本判決が「結果犯」であることを明示したことは、当然のことともいえる。

　問題は、「権利妨害」ないし「事実上の負担ないし不利益」をいかに認定するかにある。この点、本判決は、作為を強制するような場合でも、職権濫用行為の相手方の利益が実質的に害されたとみるべき程度の行為の存在を要するというべきであり、準備行為にとどまるような場合はこれに当たらないと解すべきであるとして、「その当時の和解に向けた状況、すなわち、丙から本件貸付に係る債務残額が完済されたことを受けて再調整がなされていたところであり、最終的に支払うべき金額や支払時期等は未だ定まっていなかったということを踏まえると、請求人が行ったのは支払準備としても暫定的な措置であったに過ぎず、実質的な負担ないし不利益を伴うものでないから、その利益を実質的に害したとまではいえない。」とする判断は、Y側から見ると、公正であるべき裁判官とその権威の重みを考えた場合に、「過度に『実害』を要求しすぎている」とも考えられる。しかし、公務員の職務において、常に完璧な公正さを要求してその違背に刑罰権を持って臨むことは、公務制度を窒息させてしまう危険を孕む。本判決の結論は、そのような意味の国家法益も考慮したものと解される。

# 第7講 犯人蔵匿・証拠偽造罪

## ① 犯人隠避罪
最二小決平成29年3月27日（刑集71-3-183）

> **Focus**
> 刑法103条の犯人蔵匿等の罪は、捜査、審判及び刑の執行等、広義における刑事司法の作用を妨害する者を処罰するためのものである（最決平元.5.1刑集43-5-405）。刑事司法作用の妨害の実質的内容としては、捜査機関が犯人の身柄を確保することを妨害することが考えられるが、本罪の射程はそれに限定されない。**犯人の特定作用を妨害すること一般が問題**となる。そして特に「隠避」については、本罪に「刑事司法制度を害する行為で、犯人蔵匿（狭義）、証拠隠滅（偽造）、偽証には該当しないが処罰に値するもの」の受け皿的機能が、実務上期待されている側面がある。

### 事 実

（1）　Aは、平成23年9月18日午前3時25分頃、普通自動二輪車（以下「A車」という。）を運転し、信号機により交通整理の行われている交差点の対面信号機の赤色表示を認めたにもかかわらず、停止せずに同交差点内に進入した過失により、右方から普通自動二輪車を運転進行してきたBを同車もろとも路上に転倒・滑走させ、同車をA車に衝突させ、よってBに外傷性脳損傷等の傷害を負わせる交通事故を起こし、その後Bを同傷害により死亡させたのに、所定の救護義務・報告義務を果たさなかった。

（2）　被告人は、自ら率いる不良集団の構成員であったAから同人が本件事故を起こしたことを聞き、A車の破損状況から捜査機関が前記道路交通法違反及び自動車運転過失致死の各罪の犯人がAであることを突き止めるものと考え、Aの逮捕に先立ち、Aとの間で、A車は盗まれたことにする旨の話合いをした。

　Aは、前記(1)に係る各被疑事実により、平成24年7月8日通常逮捕され、引き続き勾留された。被告人は、その参考人として取調べを受けるに当たり、警察官から、本件事故のことのほか、AがA車に乗っているかどうか、

Ａ車がどこにあるか知っているかについて質問を受け、Ａ車が本件事故の加害車両であると特定されていることを認識したが、警察官に対し、「ＡがＡ車に実際に乗っているのを見たことはない。Ａは単車を盗まれたと言っていた。単車の事故があったことは知らないし、誰が起こした事故なのか知らない。」などのうそを言い、本件事故の当時、Ａ車が盗難被害を受けていたことなどから前記各罪の犯人はＡではなく別人であるとする虚偽の説明をした。

### 判　旨

「被告人は、前記道路交通法違反及び自動車運転過失致死の各罪の犯人がＡであると知りながら、同人との間で、Ａ車が盗まれたことにするという、**Ａを前記各罪の犯人として身柄の拘束を継続することに疑念を生じさせる内容の口裏合わせをした上、参考人として警察官に対して前記口裏合わせに基づいた虚偽の供述をしたものである。このような被告人の行為は、刑法103条にいう『罪を犯した者』をして現にされている身柄の拘束を免れさせるような性質の行為と認められる**のであって、同条にいう『隠避させた』に当たると解するのが相当である（最一小決平元.5.1刑集43-5-405参照）。したがって、被告人について、犯人隠避罪の成立を認めた原判断は、是認できる。」

### 解　説

#### 1　刑事司法作用の妨害

　刑法103条の犯人蔵匿等の罪は、平成28年に改正されたもので、罰金以上の刑に当たる罪を犯した者又は拘禁中に逃走した者を蔵匿し、又は隠避させた者を、3年以下の懲役又は30万円以下の罰金に処する。刑事司法作用の妨害を処罰する。

　この「犯人特定作用を中心とした刑事司法作用の妨害」の程度が、本罪の解釈の核心部分である。成立範囲を限定的に解釈する立場からは、「具体的な犯人特定作用が害されなければ処罰の必要はない」ということになるが、実務上は、可罰的程度に刑事司法作用を害するものであれば、具体的な刑事司法作用の妨害結果が認定できなくても構成要件に該当するとして運用されている。

　確かに、現実に、犯人蔵匿・隠避行為と犯人が特定できなかったことの因果性が認定される必要は無いであろう。類型的に刑事司法作用が害される態様のものであれば足りる。隠避等は、捜査を現実に妨害するという結果の発生は必要でなく、類型的妨害の可能性、すなわち「危険性」があればよいという解釈は、名誉毀損罪、業務妨害罪等とも共通するものといってよい。捜査官憲が被

蔵匿者の所在を知っていたとしても、蔵匿行為が存在すれば本罪は成立し得る（東京地判昭52.7.18判時880-110）。問題は、処罰に値する「危険性の具体性の程度」にある。

まず、犯人が既に死亡していた場合でも本罪は成立し得る（札幌高判平17.8.18判タ1198-118）。死亡していれば、「身柄確保を妨害すること」はあり得ないともいえるが、誰が犯人か分かっていない段階で捜査機関に対して自ら犯人である旨虚偽の事実を申告した場合には、犯人の発見を妨げる行為として捜査という刑事司法作用を妨害し、同条にいう「隠避」に当たるといえよう。

これに対し、**無罪や免訴の確定判決があった者**、公訴時効の完成、刑の廃止、恩赦、親告罪についての告訴権の消滅等によって**訴追・処罰の可能性のなくなった者**に関しては、本罪は成立しない。捜査機関が無用の捜査を行う必要性・可能性が低く、捜査機関による犯人の特定作業を混乱させないからである。死者の場合は、刑事司法作用が害される程度は小さくない。

また、既に犯人が逮捕された後に身代わりを犯人として名乗り出るような、「現になされている身柄の拘束を免れさせるような性質の行為」も隠避に当たる（後述最決平元.5.1刑集43-5-405）。既に逮捕勾留されている者につき、官憲が誤って逮捕勾留を解くに至らなければ「隠避させた」とはいえないと解すべきではない（なお、福岡地小倉支判昭61.8.5判時1253-143）。本罪の保護対象は、「身柄の確保」に限定した司法作用の保護のみを目的としたものと限定すべき必然性はない。真犯人が釈放されなかったとしても身代わり犯人に対する取調べや他の関係者の事情聴取など、捜査の円滑な遂行に支障を生じさせることは、刑事司法作用の妨害に当たるといえよう。

### 2 隠避概念の広さ

**蔵匿**するとは、官憲の発見、逮捕を免れるべき隠匿場所を提供して匿うことであり、その外延は、比較的明確であるように考えられている。ただ、例えば、犯人の利益のために、偽名等を用いて「犯人」と共に宿泊する行為は、匿うことに当たるか微妙である。犯人単独では宿泊しにくい場合に、ホテルの宿泊を可能とする行為は蔵匿といえそうであるが、東京高判平成17年9月28日（東高刑時報56-1〜12-59）は、①宿泊先のホテル等を決めたのは被告人でなく「犯人」であり、②被告人は宿泊の申込みの際、所定の用紙に偽名等を記載しているものの、「犯人」もフロントに同道しており、③宿泊代金の支払いも「犯人」が行っており、被告人がホテル等との間で宿泊契約を締結したという原判決の認定は誤りだとして、被告人が宿泊契約を締結して宿泊場所を確保したということはできず、「犯人蔵匿罪」とはならないとしたのである。蔵匿に当たるか否かも、具体的事実を踏まえた「解釈」が必要なのである。

ただ、東京高裁は、「客観的に宿泊者の特定、把握を妨げ、「犯人」の行方を捜査することを困難ならしめる行為と認められる」として、**犯人隠避**に当たるとした。**隠避**させるとは、蔵匿以外の方法で捜査機関による発見・逮捕を免れさせる全ての行為であるとされる（大判昭5.9.18刑集9-668）。逃走の資金を与えたり、捜査の動静を教える行為、さらには変装用具を与える行為等も隠避に当たる。犯人を告訴・告発しようとする者に圧力をかける行為も含まれ得る。
　ただ、隠避が非常に広い概念であるとしても、「処罰に値するだけのもの」でなければならない。指名手配を受けて逃走中の者の内妻の経営する店の買取り資金を工面するため、逃走者の依頼を受けて内妻に500万円供与する行為は、それによって逃走者が安心して逃走を続けることができたとしても、隠避とはいえない。蔵匿との対比においてそれと同程度に「官憲の発見を免れしむべき行為」つまり逃げ隠れさせる行為又は逃げ隠れするのを直接的に容易にする行為に限定される（大阪高判昭59.7.27高刑集37-2-377）。

### 3　虚偽の供述と隠避

　本件では、「犯人として身柄の拘束を継続することに疑念を生じさせる内容の口裏合わせをした上、参考人として警察官に対して口裏合わせに基づいた虚偽の供述をした」行為が問題となった。
　事実と異なる供述を捜査機関に対して行う行為は、犯人隠避罪に問擬されてきた。最近でも、神戸地判平成20年12月26日（裁判所 Web）は、被告人が、Bの顔面を殴打して傷害の罪を犯した者がAであることを知りながら、その処罰を免れさせる目的で、司法警察員に対しBが自己の過失により転倒したという虚偽の事実を申し立てた事案について、犯人隠避罪の成立を認めた。
　さらに、東京高判平成22年7月5日（東高刑時報61-162）は、C及びDと共謀の上、被害者に暴行を加えて同人を死亡させたものであるが、C及びDの処罰を免れさせる目的で、司法警察員に対し、被告人が単独で被害者に暴行を加えて死亡させた旨の虚偽の事実を申し立てて、C及びDを隠避したと判示した。そして東京高裁は、①被告人が「自分の単独犯行である」という虚偽の申告内容を含む自首をし、それに従って捜査が進められ、被告人の単独犯行であることを前提として被告人のみが起訴されて第1回公判期日が開かれ、②被告人及び弁護人は、事実関係はそのとおり間違いない旨述べて結審し、判決宣告期日が指定されたのであり、③その後に、被告人は、弁護人との接見においてC及びDの関与等について初めて供述し、弁護人が弁論再開を請求し、④第2回公判期日が開かれて被告人質問が実施された後、犯人隠避についての捜査が行われ同罪で起訴されたものであり、⑤死亡した被害者から真相が語られることのない性格の事案である上、被告人らが事前に詳細な口裏合わせを行ってい

たことも考慮すると、本件犯人隠避は、そのことが発覚せずに刑事司法作用を侵害する危険が極めて高かった類型の事案といえるとした。

### 4　最決平成元年5月1日

　捜査機関に虚偽の供述を録取させた場合、証拠偽造罪に該当する場合があるが（最決平28.3.31刑集70-3-58→本書206頁参照）、同罪に該当しない虚偽供述による捜査の妨害が、全て犯人隠避罪に該当するわけではない。隠避に当たる虚偽供述といえるか否かの基準の一つとして、本判決は、**刑法103条にいう「罪を犯した者」をして現にされている身柄の拘束を免れさせるような性質の行為**であることが必要であり、本件行為は、**犯人としてAの身柄の拘束を継続することに疑念を生じさせる内容の口裏合わせをし、その口裏合わせに基づいた虚偽の供述をしたもの**であるから隠避に当たるとした。

　この点に関し、最一小決平成元年5月1日（刑集43-5-405）は、暴力団幹部（若頭）Xが、組長Yが殺人未遂の被疑事実によって逮捕されたことを知り、Yをして同罪による訴追及び処罰を免れさせる目的で、その身代わり犯人を立てYを隠避させようと、組員Mに対し、あらかじめ入手していた拳銃とその実包を手渡した上、Yの身代わり犯人となるよう教唆し、Mは右拳銃を使用して前記殺人未遂事件を行った事実を申し立てたという事案に関し、犯人隠避罪の成立を認めた。

　最高裁は、「刑法103条は、捜査、審判及び刑の執行等広義における刑事司法の作用を妨害する者を処罰しようとする趣旨の規定であって（最三小判昭24.8.9刑集3-9-1440参照）、同条にいう『罪ヲ犯シタル者』には、犯人として**逮捕拘留されている者も含まれ**、かかる者をして現になされている身柄の拘束を免れさせるような性質の行為も同条にいう『隠避』に当たると解すべきである。そうすると、犯人が殺人未遂事件で逮捕拘留された後、被告人が他の者を教唆して右事件の身代わり犯人として警察署に出頭させ、自己が犯人である旨の虚偽の陳述をさせた行為を犯人隠避罪に当たる」としたのである。

　**身代わり犯人**を立てる行為は、捜査機関による発見逮捕を免らしめる典型的な行為であり、隠避に該当することは確立しているといってよい（最三小決昭36.3.28裁判集刑事137-493）。ただ、最決平成元年5月1日では、**真犯人逮捕後に身代わりを名乗り出る行為**が問題となった。

　刑法103条は司法に関する国家作用を妨害する重要な行為を処罰する趣旨であると解すべきで、単に身柄の確保に限定した司法作用の保護のみを目的としたものと限定的に解釈すべき実質的根拠はない。ただ、同罪を「危険犯」とし、国家作用の妨害結果は不要であるとすべきではなく、国家作用の「侵害」を認定すべきである。「真犯人が釈放されなかった」としても、身代わり犯人

に対する取調べや他の関係者の事情聴取など、捜査の円滑な遂行に支障を生じさせる「結果」を招いているとすれば、犯人が釈放される事態が生じなかったとしても、犯人隠避の罪責は免れない。

### 5　犯人の身柄拘束を免れさせる性質の行為

　最決平成元年5月1日が、「現になされている身柄の拘束を免れさせるような性質の行為も同条にいう『隠避』に当たる」としていることが、本判決の判断に強く影響していることは言うまでもない。本件は、犯人が身柄拘束中に、被告人が犯人と意思を通じて虚偽供述に及んだということも、最決平成元年5月1日と類似している。

　本判決は、同判決を踏まえて、具体的な事例についての判断を示したものといえようが、「身柄の拘束を免れさせるような性質」を掘り下げるという意味で、重要な判断が示されている。小貫補足意見は、「犯人の身柄拘束を免れさせる性質の行為」といえるためには、単に身柄拘束の可否を判断することに何らかの関連を有する供述というだけでは広範なものが含まれ、処罰の範囲を画することができないので、その**可否判断に直接ないし密接に関連した供述内容でなければならない。**」とし、本件供述では、事故時に犯人がA車を使用することが可能であったことが必須の捜査事項であったところ、被告人は、AはA車を盗まれたと言っていたと虚偽供述し、AはA車を使用することは不可能で、結局Aが本件事故車の運転者ではあり得ないことを供述したのであるから、「Aの身柄拘束を免れさせることに直接関わる虚偽供述内容といえよう」としている。

　そして、本件では、Aと口裏合わせをした上で、前記虚偽供述をした点も重要である。補足意見も、口裏合わせが行われれば、信用性チェックが困難になり、場合によっては虚偽供述の真実らしさを増幅させ、客観的に刑事司法作用を誤らせる危険性を有するものということができるとするとし、「口裏合わせの事実は、虚偽供述が隠避に該当するというための重要な考慮要素というべきである」としている。

　口裏合わせを伴う虚偽供述は、最決平成元年5月1日の「身代わり自白」に比し、刑事司法作用を害する程度が低いとも考えられないことはないが、本件虚偽供述が、「犯人の身柄の拘束を免れさせる性質の行為」に該当するとすることは、説得性のあるものといえよう。

## ② 参考人の供述調書作成と証拠偽造罪
### 最一小決平成28年3月31日（刑集70-3-58）

#### Focus

　宣誓した証人に関しては、偽証罪を設けて、虚偽の陳述をした場合を重く処罰する。それでは、宣誓しない証人や参考人が虚偽の供述をした場合はどうなるのであろうか。単に供述をしたのみならず、供述した内容を捜査官が書き取ったものに供述者が署名・押印して供述録取書を作成した場合、そして、積極的に虚偽内容の上申書などの供述書を作成・提出した場合はどうなるのであろうか。これらの行為が、偽証罪の構成要件に該当しないことは明らかである。そこで、それ以外の刑事司法に対する罪、具体的には、証拠偽造罪の成立が問題となる。

　ただ、参考人の虚偽供述といっても、①単に、知っている重要な事実を供述しなかったり、②虚偽内容の供述をしたにすぎない場合と、③**供述録取書を作成**せしめた場合、そして、④自ら虚偽内容の**供述書を作成**した場合とでは、かなり異なる。また、虚偽の内容にもいろいろなものが考えられる。少なくとも、証拠隠滅罪の保護法益の侵害の程度は、①②③④によりかなり異なる。そして、参考人等の「正しい供述」を刑罰をもって確保することの政策的合理性を加味して考えた場合、積極的に虚偽内容の供述書を作成して捜査を混乱させたような場合には、証拠偽造罪の可罰性を認める余地があるように思われる。そのような行為は、刑法104条の「証拠を偽造」する行為に該当すると解釈し得るのである。

#### 事 実

　被告人Xが、平成23年12月19日、Aと共に警察署を訪れ、同署刑事課組織犯罪対策係所属のB警部補及びC巡査部長から、暴力団員である知人のDを被疑者とする覚せい剤取締法違反被疑事件について参考人として取り調べられた際、A、B警部補及びC巡査部長と共謀の上、C巡査部長において、「Aが、平成23年10月末の午後9時頃にDが覚せい剤を持っているのを見た。Dの見せてきたカバンの中身をAがのぞき込むと、中には、ティッシュにくるまれた白色の結晶粉末が入った透明のチャック付きポリ袋1袋とオレンジ色のキャップが付いた注射器1本があった」などの虚偽の内容が記載されたAを供述者とする供述調書1通を作成し、他人の刑事事件に関する証拠を偽造した、という事案である。

　Aは、Xと相談しながら、Dが覚せい剤等を所持している状況を目撃した

という虚構の話を作り上げ、二人で警察署へ赴き、B警部補及びC巡査部長に対し、Dの覚せい剤所持事件の参考人として虚偽の目撃供述をした上、Xらの説明、態度等からその供述が虚偽であることを認識するに至ったB警部補及びC巡査部長から、覚せい剤所持の目撃時期が古いと令状請求をすることができないと示唆され、「適当に2か月程前に見たことで書いとったらええやん」などと言われると、これに応じて2か月前にもDに会ったなどと話を合わせ、具体的な覚せい剤所持の目撃時期、場所につきXの作り話に従って虚偽の供述を続けた。C巡査部長は、Aらと相談しながら具体化させるなどした虚偽の供述を、それと知りながら、Aを供述者とする供述調書の形にした。Aは、その内容を確認し、C巡査部長から「正直、僕作ったところあるんで」「そこは流してもうて、注射器とか入ってなかったっていう話なんすけど、まあ信憑性を高めるために入れてます」などと言われながらも、末尾に署名指印をした。

### 判旨

最高裁は、以下のように判示して、上告を棄却した。
「他人の刑事事件に関し、被疑者以外の者が捜査機関から参考人として取調べ（刑訴法223条1項）を受けた際、虚偽の供述をしたとしても、刑法104条の証拠を偽造した罪に当たるものではないと解されるところ（大判大3.6.23刑録20-1324、大判昭8.2.14刑集12-1-66、大判昭9.8.4刑集13-14-1059、最二小決昭28.10.19刑集7-10-1945参照）、その虚偽の供述内容が供述調書に録取される（刑訴法223条2項、198条3項ないし5項）などして、書面を含む記録媒体上に記録された場合であっても、そのことだけをもって、同罪に当たるということはできない。

しかしながら、本件において作成された書面は、参考人AのC巡査部長に対する供述調書という形式をとっているものの、その実質は、X、A、B警部補及びC巡査部長の4名が、Dの覚せい剤所持という**架空の事実に関する令状請求のための証拠を作り出す意図**で、各人が相談しながら**虚偽の供述内容を創作、具体化させて書面にしたもの**である。

このように見ると、本件行為は、**単に参考人として捜査官に対して虚偽の供述をし、それが供述調書に録取されたという事案とは異なり、作成名義人であるC巡査部長を含むXら4名が共同して虚偽の内容が記載された証拠を新たに作り出したもの**といえ、刑法104条の証拠を偽造した罪に当たる。したがって、被告人について、A、B警部補及びC巡査部長との共同正犯が成立するとした原判断は正当である。」

## 解　説

### 1　虚偽の供述をしただけでは証拠偽造に当たらない

　本件のように、参考人の捜査官に対する虚偽の供述（ないし供述を録取した書面）が刑法104条の証拠偽造罪の対象とする証拠となるかについては[1]、後述のように、学説の対立が見られる。

　ただ、判例上は、証拠隠滅罪における証拠とは、証人・参考人らの人証を含むが、その場合でも、証拠方法を意味するにとどまり、**証拠資料としての証人・参考人の供述そのものは、104条の証拠に含まれない**ことは、確立しているといってよい（大判大3.6.23刑録20-1324、大判昭8.2.14刑集12-1-66、大判昭9.8.4刑集13-14-1059、最二小決昭28.10.19刑集7-10-1945）[2]。

　その後の、下級審判例も、大阪地判昭和43年3月18日（判タ223-244）が、最高裁の判断を踏襲し、参考人に対して虚偽の供述を求める行為は証拠隠滅罪及びその教唆罪に該当しないとし、宮崎地日南支判昭和44年5月22日（刑月1-5-535）も、参考人が捜査官に対して虚偽の供述をすることは証拠隠滅罪を構成しないとしたのである。

　平成に入っても、千葉地判平成7年6月2日（判時1535-144）が、虚偽の供述内容が供述調書に録取された場合に証拠偽造罪の成立を否定する前提として、「他人の刑事事件に関し、被疑者以外の者が捜査機関から参考人として取調べ（刑訴法223条1項）を受けた際、虚偽の供述をしたとしても、刑法104条の証拠を偽造した罪に当たるものではないと解されるところ（最二小決昭28.10.19刑集7-10-1945）、その虚偽の供述内容が供述調書に録取される（刑訴法223条2項、198条3項ないし5項）などして、書面を含む記録媒体上に記録された場合であっても、そのことだけをもって、同罪に当たるということはできない」と判示した[3]。

　そして、上記判例と同一事案についての共犯者の罪責に関連して、千葉地判平成8年1月29日（判タ919-256）も、「刑法は虚偽供述を手段とする刑事司法作用の妨害については偽証、誣告等と犯人隠避に限って可罰性を認める趣旨で

---

[1]　この問題について、既に小論を発表させていただいたが（「参考人の虚偽供述と証拠偽造罪」研修574号8頁）、この度、この問題に関する本判例が出されたことを機に、再論させていただいた。その際には、小島吉晴検事が問題点を指摘され（「証人・参考人の虚偽供述の刑法的評価について」研修518号25頁）、加藤康榮検事が詳細な検討を加えられた記述（「参考人の虚偽供述と証憑湮滅罪の成否」研修526号87頁）を参考にさせていただいた。

[2]　最高裁は、「刑法104条の証憑の偽造というのは証拠自体の偽造を指称し証人の偽証を包含しないと解すべきである」とし、この判断は、昭和40年代まで、ほぼ異論のないものとされていたように思われる（中谷瑾子「刑法の判例」（ジュリスト増刊2号）177頁）。

あるとして否定説をとっている。

ところが、本判決は、参考人として供述調書に録取された事案について、刑法104条の証拠を偽造した罪に当たるとしたのである。虚偽の供述をした者が、その供述を録取した調書に署名・押印したものが、本罪の「証拠」に該当するというのであれば、虚偽の供述をすることを「証拠偽造」とすることと同じことになり、本判決は判例変更を行ったようにも見えるのである。

## 2  虚偽供述が証拠偽造に当たるとする学説

判例は、刑法は宣誓して虚偽の供述をした証人のみを特に偽証罪で処罰することとしたものであること等を根拠として、参考人が虚偽の供述をしたにすぎない場合は、証拠隠滅には当たらないとしてきた。

それに対し、中森博士は、虚偽の供述の取扱いについて、供述も証拠であるが、偽証罪（169条）との関係をどう考えるかが問題となるのであるとし、「判例は、虚偽の供述を書面にした場合には本罪の成立を認めるが（大判昭12.4.7刑集16-8-517、東京高判昭40.3.29高刑集18-2-126)、「他人に虚偽の供述をさせた場合には、偽証教唆が成立しうる」こととの関係で、本罪の成立を消極に解するようである（大判大3.6.23刑録20-1324、最二小決昭28.10.19刑集7-10-1945。同旨、平野・法セ228号40頁、前田541頁）。しかし、後者の場合、学説では、本罪の成立を可能とする見解も有力である（大塚598頁、大谷579頁）。偽証罪の成立は限定されていて刑も重いので、偽証にあたらない場合には本罪も成立しない、とは必ずしもいえないであろう。供述させた場合だけでなく、虚偽の供述そのものについても、同様のことがいいうると思われる」とされている（中森喜彦『刑法各論第3版』261頁）。

確かに、大塚仁博士は、「刑法104条の証憑湮滅罪は犯罪者に対する司法権の発動を阻害する行為を禁止しようとする法意に出ているものであるから、捜査段階における参考人にすぎない者も右法条にいわゆる他人の刑事被告事件に関する証憑たるに妨げなく、これを隠匿すれば証憑湮滅罪が成立するものと解すべきである」とした最三小判昭和36年8月17日（刑集15-7-1293）を引用し、104条の証拠は「物的証拠であると人的証拠であるとにかかわらない」とされていた（大塚仁『刑法概説（各論）第3版』598頁）。ただ、「参考人にすぎない者も右法条にいわゆる他人の刑事被告事件に関する証憑」に当たりうるとさ

---

3) 批判的な検討を加えたものとして、河村博「参考人が取調官に対し、積極的に虚偽内容の供述をし、これを録取した供述調書を作成させた場合と証拠偽造罪の成否（消極）」警察学論集48巻12号170頁、尾崎道明「参考人が被疑者に有利な虚偽の供述をし、これを録取した供述調書に署名・押印した場合における証拠偽造罪又は犯人隠避罪の成否」研修569号15頁がある。

れた趣旨は、「参考人が虚偽の供述をすれば証拠偽造に該当する」とする趣旨とは言い切れないように思われる。

### 3 「参考人の虚偽供述のみでは証拠偽造に当たらない」とする論拠

判例が、虚偽内容の供述を証拠偽造罪で処罰すべきではないとしてきた理由は、従来、次の４点に整理されてきた（前田・前掲論文・研修574号12頁以下参照。さらに判タ919-256と949-244の判例解説参照）。最も重要なものは、①証人に偽証させる行為も形式的には証拠の偽造に該当するが、偽証罪が存在する以上、偽証罪に問擬すれば足り、偽証罪は宣誓した場合に限って処罰するのに、宣誓しない参考人等の虚偽の証言まで、証拠隠滅罪で処罰する必要はないという点である。そして、②104条の「証拠偽造」は、不真正な証拠方法を作出することに限られ、証拠資料たる虚偽の供述は同条の証拠に含まれないとされている[4]。さらに、③偽証罪は、証人が裁判確定前に自白した場合に刑の減免が認められているのに（刑法170条）、証拠偽造罪にはそのような規定を欠くため、積極説を採用すると参考人がその旨自白した場合にアンバランスが生じる。また、④刑法105条の2は、自己若しくは他人の刑事事件の捜査・審判に必要な知識を有する者に面会を強請し、強談威迫の行為をした場合を１年以下の懲役又は20万円以下の罰金で処罰するのであり、証人・参考人に脅迫などを伴わずに虚偽の供述を働きかける行為を、２年以下の懲役が予定される証拠偽造罪の教唆とすることは不当だとも指摘されることがある[5]。

確かに、①（そして③も含め）に関しては、偽証罪と証拠隠滅罪との法定刑の軽重の差異を論拠とする点については、重い偽証の構成要件には該当しない「虚偽の供述をなす行為」でも、軽い証拠偽造罪の構成要件には該当する余地があるとの批判がある（大谷實『刑法各論新版第４版補訂版』606頁）。同様の発想から、③法定刑が重いので自白による減免規定を政策的に設けたとも考え得る（十河太朗「犯人蔵匿罪と証憑湮滅罪の限界に関する一考察」同志社法学239号117頁）[6]。

しかし、偽証罪が「１年以上10年以下の懲役」であるのに比し、証拠偽造は

---

4) ①については、形式的な説明であり、なぜ104条の「証拠」が証拠方法に限られ、証拠資料は除かれるのかという疑問が提起されている。

5) ただ、④の批判は、必ずしも決定的なものではないといえよう。刑法105条の2は、被害者・証人などに対するお礼参りの防止を目指した規定であり、証拠を隠すなどして刑事司法を害する行為を処罰する規定と単純に比較し得ないし、結論のアンバランスは絶対的なものではない。

6) そして、このような反論の説得性は、「偽証罪は各種偽造罪の後に規定されており、その規定の位置からみても、証拠隠滅罪の解釈に直接的な影響を与えるものと考えるべきではない」という形で、補強されているともいえよう。

「2年以下の懲役、罰金」にすぎない。そして、偽証罪は宣誓した場合に限って処罰するのであって、宣誓しない参考人等の虚偽の証言を、広く証拠隠滅罪で処罰することは、妥当ではないといえよう（前田雅英『刑法各論講義第6版』465頁）。

だからこそ、最高裁は、本判決においても、「他人の刑事事件に関し、被疑者以外の者が捜査機関から参考人として取調べを受けた際、虚偽の供述をしたとしても、刑法104条の証拠を偽造した罪に当たるものではないと解される」として、この範囲では判例を踏襲することを明言したのである。

### 4　参考人の供述の現実的理解

あらゆる参考人の虚偽供述を証拠偽造で処罰することは、少なくとも、現状の刑事司法手続を前提にする限り、妥当ではない。参考人は、身柄を拘束された者とは異なり、出頭・供述を拒む自由を有する。形式的には、「出頭を拒まず自ら供述した以上、虚偽の内容について処罰することは、なんら問題ない」とすることも、不可能ではない。しかし、参考人に事情を聞く際に、常に「虚偽内容の供述は刑法で処罰される」という前提で臨むことが、現実的だとは思われない。それは、証人、参考人の人権の問題以上に、捜査の実効性の問題なのである。

もちろん、積極説は、「重大な虚偽供述のみを処罰すれば足りるのであり、あらゆる微細な虚偽まで処罰するわけではないので、不当な影響は生じない」と考えるのであろう。また、「参考人が知っていた真実を述べなかったという消極的な虚偽だけでは処罰しない」とも考えていると思われる。しかし、「知らなかったのですか」という質問に「はい」と答える「積極的な虚偽供述」とで当罰性の差を設けることには、疑問を感じざるを得ない。そして、捜査機関に事情を聞かれる通常の参考人の側としては、「虚偽であれば処罰する」という原則が確立し、それに則った運用が進行すると、現状での捜査への協力が確保しにくくなることは明らかである。

やはり、類型的に考えれば「証人に偽証させる行為も形式的には証拠の隠滅に該当するが、偽証罪が存在する以上偽証罪の問題として処理すれば足りる。偽証罪の構成要件に該当しない偽証行為まで、証拠隠滅罪で処罰する必要はない」とせざるを得ないのである[7]。

判例が、証拠資料たる虚偽の「供述」は刑法104条の「証拠」に含まれないとしていたのも、実質的にはそのような視点から理解すべきであろう。証拠方法と証拠資料の区別に絶対的な重要性があるのではなく、証人（証拠方法）を隠す行為は証拠隠滅となるが、供述（証拠資料）は証拠偽造罪で処罰の対象とすべき「証拠」に含まれないと考えてきたように思われるのである。その基礎

には、供述（証拠資料）に一部虚偽が含まれていても、刑罰を用いてまで禁圧することは、刑事司法を動かしていく上で合理的でないという考えが存在してきたのである。もとより、証拠という言葉の解釈が直接的には論拠となろうが、その背後に存する実質論も軽視し得ないといえよう。

この点について、千葉地判平成8年1月29日（判タ919-256）の判文の中で、半田判事は、①刑法上、虚偽供述が明示的に処罰対象とされているのは偽証罪等に限られている、②虚偽供述には捜査・審判以外でなされるものや情状に関するものもあり、処罰の対象が広範で不明確になる、③宣誓のない証言や当事者尋問での虚偽供述を処罰するのは関係法規の趣旨に反するという点に加えて、④**取調べ等に弊害を及ぼすおそれがある**という点を明示的に挙げておられたのである。

### 5　虚偽の供述書の作成・提出と証拠偽造罪

しかし、単に虚偽内容を捜査官や裁判官に供述したにとどまらず、積極的に上申書等の供述書を作成し提出したような場合には、虚偽の証拠を作り出したものとして、証拠偽造罪を構成し得る。東京高判昭和40年3月29日（高刑集18-2-126）も、参考人として検察官から上申書の作成、提出を求められた者が、虚偽の内容を記載した上申書を作成して検察官に提出したときは、たとえ右文書の作成名義に偽りがなく、またその文書の作成が口頭による陳述に代えてなされた場合であるとしても、刑法104条にいう証拠を偽造し、使用したことになると解するとした[8]。

ここで、供述と供述書は、供述と供述録取書の場合と同様、実質的に差がないという批判が考えられる。しかし、供述書は、内容における明確性、確実性、再認の容易性、変更の困難性といった点で供述とは明らかに異なる。そして、偽証罪の規定の存在からは、単なる虚偽供述の証拠偽造罪該当性は排除されても、虚偽の上申書の提出の証拠偽造罪該当性の余地は残されている。自ら文書にした場合には、不真正の「証拠」を作出したと解釈しやすいのである。

この点に関連して、江家博士は、参考人の供述は、一般的には、偽証罪が特に宣誓を要件としている趣旨から処罰すべきではないが、参考人を偽作したような場合、すなわち、事実の見聞者でない者を見聞者のように仕立てて虚偽の

---

7）　必要的共犯の理論において、一方のみを処罰し当然予想される欠くことのできない他方を条文上処罰しない場合には、当然予想される他方は共犯としても処罰されないと解されている。立法者がその存在を当然認識したのに構成要件を設けなかったのだから、処罰しない意思を明示しているからである。それと類似した考え方として、証人・参考人の「供述」に関しては、偽証罪に該当し得ない部分は、立法者は、類型的に不可罰とするという政策的選択を行っていると解すべきなのである（尾崎・前掲論文21頁参照）。

供述をさせたような場合に限って処罰すべきであるとされた（江家義男『刑法各論』44頁）。確かに、104条で処罰するには、積極的に証拠を偽造したと評価する必要がある。ただ、「積極的な虚偽」を供述しただけでは、構成要件該当性は認められない。やはり、「積極的に虚偽の証拠を作出したといえる実行行為の有無」という観点が、重要である。確かに、証人・参考人の行為の証拠偽造罪の成否の判断に際しては、虚偽情報の捜査にとっての重要性の程度が問題となろう。その軽微なものは構成要件に該当し得ない。しかし、いかに重大な内容でも、供述しただけでは処罰しないとするのが、前述の「捜査の利益」からも妥当であるように思われる。それを超えて、**積極的に虚偽の証拠を作出したと類型的に括り得る場合に、構成要件該当性を認めうる**。そして、その類型的差異が、供述書作成行為の場合には存在するのである。

## 6　供述書と供述録取書

しかし、本判決で問題となったのは「供述録取書」であり、虚偽内容の供述録取書作成行為に証拠偽造罪の成立を認めたのである。ただ、実務上、証拠偽造罪の対象という視点からは、「供述調（録取）書」は、供述書とは明確に区別されてきた。

前述の千葉地判平成7年6月2日（208頁）は「参考人が捜査官に対して虚偽の供述をしたにとどまらず、その虚偽供述が録取されて供述調書が作成されるに至った場合、形式的には、捜査官を利用して同人をして供述調書という証憑を偽造させたものと解することができるようにも思われる。しかし、この供述調書は、参考人の捜査官に対する供述を録取したにすぎないものであるから（供述調書は、これを供述者に読み聞かせるなどして、供述者がそれに誤りのないことを申し立てたときは、これに署名押印することを求めることができる

---

8）「刑法第104条は、捜査裁判等国の刑事司法の作用が誤りなく運用されることを期して設けられた規定であることは明らかであるから『同条にいわゆる証憑とは、刑事事件が発生した場合捜査機関又は裁判機関において国家刑罰権の有無を断ずるに当り関係があると認められるべき一切の資料を指称し、あらたな証憑を創造するのは証憑の偽造に該当する』とした昭和10年9月28日の大審院判決（判例集14巻997頁）の趣旨に照らし、かつたとえば『民事原告である被告人の虚偽の請求を民事被告が認諾した旨記載した口頭弁論調書のようなものは、同被告人の犯罪の成否態様を判定する資料たるべき物的材料であることはもちろんであつて、右民事被告が情を知らない裁判所書記を利用しこのような虚偽の内容を有する口頭弁論調書を作成させるのは、いわゆる証憑を偽造したものとなすを妨げない』とした昭和12年4月7日の大審院判決（判例集16巻517頁）の旨意にかんがみるときは、所論のようにたとえ虚偽の内容を記載した文書の作成名義にいつわりがなく又その文書の作成が口頭による陳述に代えてなされた場合であるとしても、**本件のように参考人が虚偽の内容を記載した上申書を作成しこれを検察官に提出すれば、刑法第104条にいう証憑を偽造使用したことになると解するのが、判例にしたがい現実に即した妥当な解釈**といわざるを得ない。」

ところ、本件にあっても、被告人が供述調書を読み聞かされて誤りのないことを申し立て署名指印しているが）、**参考人が捜査官に対して虚偽の供述をすることそれ自体が、証憑偽造罪に当たらないと同様に、供述調書が作成されるに至った場合であっても、やはり、それが証憑偽造罪を構成することはあり得ない**ものと解すべきである」と判示したのである。

これに対しては、刑事訴訟法321条、322条が供述書と供述調書を同様に扱っていること等を根拠に「供述書と供述調書を区別するのは、形式的な議論にすぎず、説得力を欠くものといわざるを得ない」との指摘がある（尾崎前掲論文24-25頁）。大谷實博士も、「内容虚偽の供述調書に署名・押印する行為も、証拠の偽造に当たると解すべきである」と明言される（大谷・前掲書606頁）。

しかし、最高裁の本件決定は、「**その虚偽の供述内容が供述調書に録取されるなどして、書面を含む記録媒体上に記録された場合であっても、そのことだけをもって、同罪に当たるということはできない**」としたのである。現在でも、内容虚偽の供述調書に署名・押印する行為は証拠の偽造に当たらないという判断は維持されている。

ただ、供述録取書は、「供述そのもの」と「供述書」の中間に位置するものといってよい。そして、供述調書も、供述者が内容を確認して署名押印しており、その範囲で単なる供述にとどまる段階を超えた「実体」が形成されている面はある。しかし、類型的に見た場合、自ら積極的に作成する上申書の場合には、「証拠を偽造した」と言いやすいのに対し、調書の場合は、供述を確認したにすぎない受け身的色彩が濃いのである。**供述調書に虚偽があれば処罰するということは、実務的には、ほぼ「虚偽供述を処罰すること」と同義なのである。しかし、自らの意思内容を積極的に表示する供述書を作成する行為は、積極的な行為であり、証拠偽造罪の保護法益の侵害性も相対的に高く、その処罰が、証人・参考人の地位を害する危険性と捜査協力を萎縮させる程度は低いと考えられるのである**。そして本件は、形式は供述録取書であるが、実質的には**意思虚偽内容を積極的に表示する供述書を作成する行為と同視し得る事案**であった。

## 7 本件決定の意味

最高裁は、前述のように、他人の刑事事件に関し、被疑者以外の者が捜査機関から参考人として取調べを受けた際、虚偽の供述をしたとしても、刑法104条の証拠を偽造した罪に当たるものではないとして、従来の判例を踏襲することを明示した。

確かに、本件において作成された**供述録取書**について、刑法104条の証拠を偽造した罪に当たるとしたが（その範囲では、「供述録取書は供述そのものと

ほぼ同じなので、原則として証拠偽造にあたらない」とした千葉地判平成7年6月2日や千葉地判平成8年1月29日の判断を否定したもののようにも見えるが)、本判決は、これらの判例の結論を維持した上で、供述録取書の中の例外的なものについてのみ証拠偽造罪を認めたと解し得る。「**供述録取書の中でも供述書と同視し得るもの**」のみが、刑法104条の客体となり得るとしたと言ってよい。

　最高裁は、問題の書面が、AのC巡査部長に対する供述調書という形式をとっているものの、「その実質は、X、A、B、Cの4名が、Dの覚せい剤所持という**架空の事実に関する令状請求のための証拠を作り出す意図で、各人が相談しながら虚偽の供述内容を創作、具体化させて書面にしたもの**」とした。本件行為は、「単に参考人として捜査官に対して虚偽の供述をし、それが供述調書に録取されたという事案とは異なる」とする。すなわち、**作成名義人であるC巡査部長を含む被告人ら4名が共同して虚偽の内容が記載された証拠を新たに作り出したもの**といえるので、刑法104条の証拠を偽造した罪に当たるとしたのである。

　本件事案の中で重要なのは、①**新たな虚偽の書証（供述録取書）を創り出す意図の下に共同して行われた行為で、②警察官を含む4人の共謀により虚偽の供述内容を創作、具体化させ、③共同正犯者の一人であるC巡査部長が名義人である書面を作成したものである**という事実である。それ故に最高裁は、被告人ら4名が共同して虚偽の内容が記載された証拠を新たに作り出したものといえ、刑法104条の証拠を偽造した罪に当たると判示した。

　作成名義人であるC巡査部長が虚偽内容の調書を作成したのであるから、「虚偽の供述書を作成した」とも評価し得る面があることに注意しなければならない。

　この問題を考える上で重要なのは、「**いかに重大な内容でも、供述しただけでは処罰しないとするのが、「捜査の利益」からも妥当であるように思われる。それを超えて、積極的に虚偽の証拠を作出したと類型的に括りうる場合に、構成要件該当性を認めうる。そして、その類型的差異が、供述書作成行為の場合には存在するのである。**」という点である（研修574号14頁）。そうだとすると、供述書作成と同視し得るような、刑事司法に対する侵害性の高い供述録取書の作成行為も、証拠偽造罪に当たると解すべきである。本決定は、罪刑法定主義の観点から重要な、「証拠偽造罪の処罰の限界を画する具体的手掛かり」を示したものとしても意義を有する。

　「罪刑法定主義」「処罰範囲の明確性」を強調すると、①〜④の類型全てを、証拠偽造にするか、逆に全てを無罪とすることが合理的だということになりかねない。先に検討したように、供述そのものと供述録取（調）書の差は微妙であり、供述調書と供述書は更に差がないように見える。しかし実務上は、供述

調書と供述書の間に処罰の限界を求めることが妥当だということになってきていた。だが、現状の刑事司法手続の運用を前提とする限り、その答えは妥当なものとはいえない。供述録取書一般を証拠偽造罪の対象とすると処罰が拡大しすぎるし、本件のような供述録取書を不可罰とすべきではない。そして、「実質的に供述書を作成したのと同視し得る」といえるだけの事情を用いてその限界を画した判旨は、罪刑法定主義に反するような不明確なものとはいえないのである。

---

①虚偽の供述をしただけでは証拠偽造にあたらない。　　　（最決昭和28年10月19日）
②供述録取書は「供述」とほぼ同じなので、原則として証拠偽造に当たらない。
　　　　　　　　　　　　　（千葉地判平成7年6月2日、千葉地判平成8年1月29日）
③供述録取書でも実質的に供述書と同視し得る場合、証拠偽造罪になる。
　　　　　　　　　　　　　　　　　　　　　　　　　　　（最決平成28年3月31日）
④虚偽内容の供述書を作成した場合は証拠偽造となる。（東京高判昭和40年3月29日）

# III 刑事訴訟法

# 第1講 任意捜査と強制捜査―留め置き

東京高判平成22年11月8日（高刑集63-3-4）

## Focus

本件は、任意捜査としての留め置き行為の違法性（その結果得られた証拠の排除）が争われ、純粋な任意捜査と強制採尿令状の執行までの段階に分ける「二分論」を提唱し、本件留め置きの違法性を否定したものである。二分論に関しては、東京高判平成21年7月1日（判タ1314-302）も登場したが、実務上、その評価は分かれている。

## 事実

1　A警察官らは、平成22年2月5日午後3時50分頃、対向車線上で普通乗用自動車を運転する被告人の挙動等に不審事由があると認めたことから追尾し、同車を停止させて職務質問を行った。

A警察官らは、被告人について、前科照会により薬物関係の前歴があることが判明し、腕に真新しい注射痕があったことや、手が震える、足ががくがくする等の状況から、規制薬物使用の疑いを強め、尿の任意提出を求めた。これに対し、被告人は、当初は仕事や待ち合わせがあると言っていたのに、妊娠中の交際相手が出血したからすぐ行かなければならない等と説明を変えて提出を拒んだので、A警察官は、上記交際相手に電話して緊急事態でないことを確認するなどした上、被告人に対し尿の任意提出を求めたが応じなかったことから、午後4時30分頃、被告人に対して、強制採尿令状を請求するから待つように言い、令状請求のため一旦警察署に戻った。それまでの間、被告人が自車に乗り込もうとしたことから、A警察官は、待つように言ったが、立ち去らないよう身体を押さえ付けたりひっぱったりしたことはなかった。被告人は、後日出頭するから行かせてくれ等と言ったが、A警察官は、前記の説明状況、言動、前歴等から、被告人が後に警察署に出頭するとは思われなかったため強制採尿令状を請求することにした。

その後、被告人は、自車に近づき彼女のところに行きたいなどと言ったが、B警察官から尿の任意提出を促されるとこれを拒否し、午後5時前頃、自車運転席に乗り込んだ。そこで、他の警察官らが、近寄って説得するため、被告人車両の前方約2.5メートルにパトカーを駐車し、その後応援のため到着した別の警察官が被告人車両の後方約10メートルにパトカーを駐車

し、警察官3〜4名が被告人車両の周囲に1〜2メートル程度離れて待機するなどしていた。

被告人は、その後、降車することなく、自車運転席で携帯電話で話をしたり、たばこを吸ったりしていたが、同運転席から1メートル程度離れて待機するC警察官に対して、3回ほど「まだか」などと尋ねたが、C警察官が「待ってろよ」と答えると、それ以上、帰らせてくれ等と求めることはなかった。

午後7時頃、東京簡裁裁判官に対して強制採尿令状請求がされ、午後7時35分頃、同令状が発付された。D警察官は、午後7時51分頃、被告人に対し、上記令状を示した上病院に連行し、医師に依頼して、午後8時43分頃、カテーテルを用いた強制採尿手続が行われたという事案である。

2　原判決（東京地判平22.7.7）は、被告人に対する強制採尿に至る経緯を詳細に認定した上で、警察官は、職務質問の開始後、強制採尿令状の執行まで、強制にわたることなく任意に被告人を留め置いたと評価することができるから何ら違法、不当な点はないと判断して弁護人の主張を排斥し、被告人を求刑どおり懲役2年の実刑に処した。

これに対して、被告人は控訴し、原判決には、尿の鑑定書等の証拠能力を認めた点で訴訟手続の法令違反があるなどと主張した。

### 判旨

東京高裁は、捜索差押許可状が提示されるまでの約4時間にわたる留め置きについて以下のように判示した。

「本件におけるこのような留め置きの適法性を判断するに当たっては、午後4時30分ころ、B巡査部長が、被告人から任意で尿の提出を受けることを断念し、捜索差押許可状（『強制採尿令状』）請求の手続に取りかかっていることに留意しなければならない。**すなわち、強制採尿令状の請求に取りかかったということは、捜査機関において同令状の請求が可能であると判断し得る程度に犯罪の嫌疑が濃くなったことを物語るものであり、その判断に誤りがなければ、いずれ同令状が発付されることになるのであって、いわばその時点を分水嶺として、強制手続への移行段階に至ったと見るべきものである**。したがって、依然として任意捜査であることに変わりはないけれども、そこには、それ以前の純粋に任意捜査として行われている段階とは、性質的に異なるものがあるとしなければならない。」

そして、**純粋に任意捜査**として行われている段階については、職務質問を開始した経緯や、被告人の挙動、腕の注射痕の存在等から尿の任意提出を求めたこと等、何ら違法な点はない。時間も約40分間であって、特に問題とされるような物理力の行使があったようなことも、被告人自身述べていないのであり、この間の留め置きは、警察官らの求めに応じて被告人が任意に職務質問の現場に留まったものと見るべきであるから、そこには何ら違法、不当

な点は認められないとした上で、以下のように判示した。

「午後4時30分ころ以降**強制採尿令状の執行までの段階**について検討すると、同令状を請求するためには、予め採尿を行う医師を確保することが前提となり、かつ、同令状の発付を受けた後、所定の時間内に当該医師の許に被疑者を連行する必要もある。したがって、令状執行の対象である被疑者の所在確保の必要性には非常に高いものがあるから、**強制採尿令状請求が行われていること自体を被疑者に伝えることが条件となるが**、純粋な任意捜査の場合に比し、相当程度強くその場に止まるよう被疑者に求めることも許されると解される。これを本件について見ると、午後4時30分ころに、被告人に対して、強制採尿令状の請求をする旨告げた上、B巡査部長は同令状請求準備のために警察署に戻り、午後7時ころ東京簡易裁判所裁判官に対し同令状の請求をして、午後7時35分同令状が発付され、午後7時51分、留め置き現場において、これを被告人に示して執行が開始されているが、上記準備行為から強制採尿令状が発付されるまでの留め置きは約3時間5分、同令状執行までは約3時間21分かかっているものの、手続の所要時間として、特に著しく長いとまでは認められない。また、この間の留め置きの態様を見ると、前記C巡査部長ら警察官が駐車している被告人車両のすぐそばにいる被告人と約4、5メートル距離を置いて被告人を取り巻いたり、被告人が同車両に乗り込んだ後は、1、2メートル離れて同車両の周囲に位置し、さらに同車両の約2.5メートル手前に警察車両を駐車させ、午後5時35分ころからは、被告人車両の約10メートル後方にも別の警察車両を停め、その間、被告人からの『まだか。』などとの問い掛けに対して、『待ってろよ。』と答えるなどして、被告人を留め置いたというものであるが、このような経緯の中で、警察官が被告人に対し、その立ち去りを防ごうと身体を押さえつけたり、引っ張ったりするなどの物理力を行使した形跡はなく、被告人の供述によっても、せいぜい被告人の腕に警察官が腕を回すようにして触れ、それを被告人が振り払うようにしたという程度であったというのである。そして、その間に、被告人は、被告人車両内で携帯電話で通話をしたり、たばこを吸ったりしながら待機していたというのであって、この段階において、**被告人の意思を直接的に抑圧するような行為等はなされておらず**、駐車車両や警察官が被告人及び被告人車両を一定の距離を置きつつ取り囲んだ状態を保っていたことも、上記のように、強制採尿令状の請求手続が進行中であり、その対象者である被告人の所在確保の要請が非常に高まっている段階にあったことを考慮すると、そのために必要な最小限度のものにとどまっていると評価できるものである。加えて、警察官らは、令状主義の要請を満たすべく、現に、強制採尿令状請求手続を進めていたのであるから、捜査機関に、**令状主義の趣旨を潜脱しようとの意図があったとは認められない。**」

「以上によれば、被告人に対する強制採尿手続に先立ち、被告人を職務質問の**現場に留め置いた措置に違法かつ不当な点はない**から、尿の鑑定書等は違法収集証拠には当たらないとして、証拠能力を認め、これらを採用した原審の訴訟手続に法令違反はない。」

## 解説

### 1 任意同行の際の留め置き

　薬物事犯に関する「留め置き」の事例に関する論稿が目立つ。大澤裕「強制採尿に至る被疑者の留め置き」研修770号3頁以下、森本宏「採尿のための捜索差押許可状の請求と取調室への留め置き」『実例刑事訴訟法Ⅰ』36頁以下、吉田雅之「強制採尿令状の請求準備開始後における留め置きの適法性について」捜査研究755号23頁以下、吉田純平「覚せい剤使用事案における強制採尿に至るまでの留め置きの適法性が問題となった事例」捜査研究759号36頁以下等である。

　「留め置き」の問題は、強制採尿令状と結び付いて議論されることが多くなったが、もともと、「任意同行」において大きな問題となっていた。「任意」同行である以上、対象者の同意ないし承諾の有無（意思内容）が必要となる。ただ、同意といっても、積極的な承諾がある場合から、消極的認容にすぎない場合まで幅がある。また、当初は積極的に承諾していたが、その後の手続が進んでいく中で、消極的認容や拒否に変わる場合もある。任意同行の当初の段階であれば、警察署まで同行することについて積極的承諾がある場合はもちろん、消極的認容にすぎない場合でも許されるであろうが、段階が進み、被疑者の自由への制約が大きくなると、消極的認容では許されなくなり、さらには、積極的承諾があっても任意捜査としては許されない段階に至ると考えられる。したがって、任意捜査としての違法性は、①**事案の重大性・嫌疑の程度**、②**捜査の必要性・緊急性**等に対し、③**留め置き（説得）の時間の長さ**を踏まえた上で、④同意の有無という二者択一的判断ではなく、被疑者の意思を具体的に考慮して総合的に判断する必要がある[1]。

　この点、最決平6.9.16（刑集48-6-420）は、覚せい剤使用の嫌疑のあるXに対し、自動車のエンジンキーを取り上げるなどして運転を阻止した上、任意同行を求めて約6時間半以上にわたり職務質問の現場に留め置いた警察官の措置について、エンジンキーを取り上げた行為は、職務質問を行うため停止させる方法として必要かつ相当な行為であるのみならず、交通の危険を防止するため採った必要な応急の措置に当たるということができるとしたが、「その後Xの身体に対する捜索差押許可状の執行が開始されるまでの間、警察官がXによる運転を阻止し、約6時間半以上もXを本件現場に留め置いた措置は、当初は前

---

[1]　なお、被疑者の同意なしに限度を超えて留め置いた場合は、実質的な逮捕に当たり、違法とされた例がある（富山地決昭54.7.26判時946-137）。しかし、判例は逮捕に当たるとすることは少なく、任意処分の限界を実質的に判断している（最決昭59.2.29刑集38-3-479）。

記のとおり適法性を有しており、Xの覚せい剤使用の嫌疑が濃厚になっていたことを考慮しても、Xに対する任意同行を求めるための説得行為としてはその限度を超え、Xの移動の自由を長時間にわたり奪った点において、任意捜査として許容される範囲を逸脱したものとして違法といわざるを得ない」とした[2]。被疑者が任意同行の求めを拒否した場合、拒否の明確さにもよるが、捜査官が合理性のある範囲内で翻意させようと説得することは許容される。しかし、それにも限度があり、問題となっている犯罪と嫌疑の程度、被疑者の態度、現場の状況等によっても異なってくるであろうが、説得に応じる見込みがない状況のまま現場に留め置くことは許されない。しかし、薬物事犯で、自己使用などの嫌疑が濃厚で、しかも説得に応じない事案が多く登場してくるのである。

### 2　採尿令状請求後の留め置き

　警察署などに同行した後も、被疑者の同意があれば、取調べを続けることができるが、呼出しに応じて任意に出頭した者を取り調べる場合と同様、逮捕することなく警察署に留め置くには限度がある。まして、職質の現場に長時間留め置くことは、問題がある。しかし、尿の任意提出を拒む者を強制採尿の令状の発付を得て執行するまでの間留め置くことの適法性が問題となっていく。

　**東京高判平成20年9月25日**（東高刑時報59-1～12-83）は、Xの顔色が悪く、薬物使用者のようであることから、これを不審と認め、職務質問を開始し、被告人に運転免許証を提示させ、被告人車両及び被告人の所持品を検査したところ、法禁物は発見されなかったものの、その間の被告人らの言動、照会の結果判明した被告人の覚せい剤事犯の犯罪歴、被告人らの腕の注射痕様の痕跡などから、被告人らに対する覚せい剤使用の嫌疑を深め、警察署への任意同行と尿の提出を求めたが、被告人らはこれを拒んだ。そこで、強制採尿の手続に移行する必要があると判断し、午前5時47分頃令状請求の準備を開始すると同時に、警察官が10名以上臨場し、Xの説得を続けた。Xがそれを拒否し続けていたところ、午前8時14分頃、上記令状の発付を受けた警察官が本件現場に到着したが、Xが抵抗し、ようやく、午前9時10分頃、警察官が被告人に強制採尿令状を示し、医院に連行し医師がカテーテルを使用して被告人の尿を採取した事案に関し、「被告人に対する本件現場への留置きについてみると、当初は警察官職務執行法2条1項に基づく職務質問を行うために停止させる方法として必要かつ相当な行為として適法性を有していたこと、被告人の覚せい剤使

---

[2]　ただ、その結果得られた証拠を排除する程の重大な違法ではないとされていることに注意を要する。

用の嫌疑は濃厚になっていたこと、そのような嫌疑のある被告人については交通危険の防止という面からも自動車の運転を阻止する必要性があったことが認められるが、これらの事情を考慮しても、被告人が自車に閉じこもった行為は任意同行に応じない態度を示すものといえること、午前6時36分ころから39分ころにかけて自車を動かしたりクラクションを鳴らしたりした行為はその態度を一層明らかにしたものともいえること、被告人を本件現場に留め置いてから被告人に対する身体検査令状の執行が開始されるまでの間に約3時間経過していることに照らすと、その留め置き措置は、被告人に対する任意同行を求めるための説得行為としての限度を超え、被告人の移動の自由を長時間にわたって奪った点において、**任意捜査として許容される範囲を逸脱したものといわざるを得ない。**

しかし、上記のとおり、**職務質問開始から被告人の留め置きの当初にかけては違法な点はみられないこと**、警察官らは、被告人車両を警察官らやパトカーで取り囲み、被告人車両での移動を阻止したにとどまり、その間、被告人は車内で携帯電話を使用したりたばこを吸ったりしていたのであって、被告人車両の取り囲みは、被告人の身体に対する直接の有形力の行使ではないし、被告人の行動の自由を制約した程度はさほど強いものではなく、被告人を移動させないための必要最小限度の範囲にとどまるものといえること、警察官らは裁判所への令状請求手続を速やかに進めていること、発付を受けた令状の執行も適切に行っていること、これらの事情から警察官らに令状主義を潜脱する意図はなかったものと認められることなどに照らすと、**被告人を本件現場に留め置いた措置の違法性の程度は、いまだ令状主義の精神を没却するような重大なものとはいえない。**」と判示した。

そして、「被告人を本件現場に留め置いた点を一応違法とせざるを得ないと判断するものであるが、このように**覚せい剤使用の嫌疑が濃厚な被告人らにつき、警察官が令状請求の手続をとり、その発付を受けるまでの間、自動車による自由な移動をも容認せざるを得ないとすれば、令状の発付を受けてもその意義が失われてしまう事態も頻発するであろう。本件のような留め置きについては、裁判所の違法宣言の積み重ねにより、その抑止を期待するよりは、令状請求手続をとる間における一時的な身柄確保を可能ならしめるような立法措置を講ずることの方が望ましいように思われる**」と判示したのである。

### 3   二分論の登場

ここで示された「覚せい剤使用の嫌疑が濃厚な被告人らにつき、警察官が令状請求の手続をとり、その発付を受けるまでの間、自動車による自由な移動をも容認せざるを得ないとすれば、令状の発付を受けてもその意義が失われてし

まう」という問題意識は、裁判所でもほぼ共有されていったように思われる。

その結果、東京高判平成21年7月1日（判タ1314-302、前田雅英『刑事法最新判例分析』252頁参照）が、立法措置ではなく、解釈論により、この問題の解決を目指したのである。

薬物常習者特有の表情で態度に落ち着きがないXに職務質問し、前歴照会により覚せい剤事犯の前歴が判明し、スタンガン1個を発見したので、軽犯罪法違反の容疑で警察署への任意同行を求め、午後6時頃取調室に入ったのち、尿の任意提出を求めても応じないため、午後6時30分頃強制採尿令状を請求する準備に取りかかり、午後8時45分頃裁判所に令状を請求し、午後9時10分頃その発付を受け、午後9時28分頃Xに令状を示し、強制採尿のため病院に連行したという事案に関し、**純粋に任意捜査として行われている段階の留め置きと、強制採尿令状の執行に向けて行われた段階の留め置きを区別して判断すべき**とした。そして、令状請求の準備から令状発付までの約2時間40分の留め置きについては、①令状の執行に向けて対象者の所在確保を主たる目的として行われたものであって、②薬物使用の嫌疑の濃い対象者の所在確保の必要性は高く、令状請求によって留め置きの必要性・緊急性が解消されたわけではなく、③留め置きの態様も、説得を続けつつ留め置くためXの前に立ち塞がったり背中で押し返すといった受動的なもので、場所的な行動の自由が制約されるにとどまっていたし、④令状主義を潜脱する意図はなかったなどとして、いまだ**任意捜査**として許容される範囲を逸脱したとはいえないとしたのである。

そして、本件東京高判平成22年11月8日は、任意同行を求める説得の為の留め置きに関して、明示的に二分論を採用し、強制採尿令状の請求に取りかかった時点を分水嶺として、強制手続への移行段階に至ったと見るべきであり、依然として任意捜査ではあるが、純粋に任意捜査として行われていた段階とは性質的に異なるとし、同令状執行までの約3時間20分は特に著しく長いとまでは認められず、留め置きの態様も距離等を総合考慮して、違法な任意捜査ではないとした（さらに、東京高判平22.2.15東高刑時報61-1～12-31参照）。

## 4　最近の判例と二分論との捜査の違法性の判断構造

最近の例としては、**東京高判平成25年5月9日**（高検速報3492）が、午後3時35分頃、警察官A及びBが路上で被告人に対する職務質問を開始し、覚せい剤使用の嫌疑を抱いて、午後4時10分頃、警察官Dは、令状に基づく強制捜査を行うこととし、午後6時45分頃、強制採尿令状と被告人の身体に対する捜索差押許可状が発付され、午後7時頃、まだ甲信用金庫乙支店前路上にとどまっていた被告人に対し、身体に対する捜索差押許可状を提示し、所持品検査が実施された。その後の午後7時11分頃、強制採尿令状が被告人に提示された（被

告人は、令状が出されたことから、警察署で尿を出すなどと述べ、パトカーに乗って警察署に移動し、警察署で尿を提出した。）。

東京高裁は、違法な捜査に基づいて獲得された被告人の尿についての鑑定書を証拠として採用した違法がある等の主張に対し、「一般に、警察官が**令状請求の準備を始めてから令状の発付を受け対象者の面前に持参するまでにある程度の時間を要するのはやむを得ないところである。令状の執行を円滑に実施するためには、令状が到着するまでの間、対象者の所在確保の必要性が高い。**したがって、違法薬物事犯の任意捜査中、その嫌疑が相当高まった状況において、警察官が対象者に対し、**令状による強制捜査に移行する旨を告げた上で、令状が到着するまでの間立ち去らないよう強く求めるなどして対象者を一定の場所に留め置くことは、その時間と態様において相当なものである限り許容される。**」とし、「警察官の措置は、令状による捜査を円滑に実施するために必要最小限のものであったと評価することができるから、任意捜査として許容される範囲を逸脱したものとはいえない。」と判示した。留め置きの限界がより明確化したともいえる[3]。

職務質問や所持品検査などの行政警察活動の部分も含め、捜査手法は多様であるが、その個性は、比例原則の各要素に組み込まれ得る。総合評価は、基本的には、**Ⅰ　手段としての相当性**（捜査が人権を侵害する程度）と、**Ⅱ　捜査を必要とする要請**（目的の正当性）の衡量である。さらに、捜査を違法とすることにより生じる手続上のマイナス効果との比較衡量が加わる。

当該捜査が違法かについては、個々の捜査手法ごとに具体的に検討する必要がある。その際には、「強制捜査なのか任意捜査なのか」という分類は、あまり重要ではない。大切なのは、当該捜査が違法なのか否かの「相当性判断」であり、比例原則なのである。

一連の留め置き判例は、令状請求後は、類型的に、身柄を確保しておく必要

3）　そして**東京高判平成25年1月23日**（**刑事法ジャーナル39-128**）は、任意同行した被疑者に同令状を呈示するまで総計約6時間22分留め置いた措置について、①警察官らにより積極的に被告人らの意思を制圧するような行為等もなかったのであるから、警察官側の対応に違法な点は認められないとした上で、②強制採尿令状の発付まで約3時間38分、同令状が発付された旨を被告人に伝え、被告人が向島警察署に自ら向かうまでは約4時間5分、警察署で被告人に同令状を提示するまでには約4時間55分が経過しているが、強制採尿令状請求のためには採尿担当医師の確保が必要であること、被告人が任意同行に応じたため現場で令状の呈示がなされなかったことも考えると、時間経過が不当に長いとまではいえないこと、留め置きの態様は、現場を離れようとする被告人の進行を遮り戻そうとしているが、手を被告人の胸の前に出し、これに力を入れて制止したりしたという程度のもので、被告人も結局は警察官らの説得を受けて自主的に現場に戻ったと認められ、既に嫌疑が存在する中で令状請求の準備が開始された状況にあり、令状発付後は速やかに執行されなければ捜査上著しい支障が生じることが予想され、相当な嫌疑の下で被告人の所在確保の必要性が高まっているといえるから、現場に留まるよう説得を続けること自体は否定されるものでないこと等から、留め置きに違法はないなどとした。

性が高まることを肯定したものといえよう。判例上は、薬物事犯の特殊性から、任意捜査といっても、一定の条件の下で、強制捜査に近いものまで認められている。そして、**一個の捜査行為をも、それを分析して捉えることが合理的な場合があり、二分論はその例示にすぎない**といえよう。そして、二分論を形式的に理解し、**「令状請求すれば、捜査が適法となる」と考えることは許されない**。その後の留め置きの態様（被疑者に令状請求を行っていることの説明）、令状執行までの迅速性等を総合して判断する以外にはないのである。

# 第2講 「留め置き二分論」に消極的な判例

札幌高判平成26年12月18日（判タ1416-129）

## Focus

　第1講で見たように、留め置き行為の違法性（その結果得られた証拠の排除）に関して、「二分論」が、かなり定着していった。しかし、それに従わない裁判例も登場してくる。**「所論のような判断枠組みによって留め置きの適法性を判断すべきであるとは考えられない」**としたのである。二分論を正面から否定したようにも見える。少なくとも、捜査実務上非常に重要な論点に関して、高裁の判断が流動化しているのである。ただ、本判決は、**「本件留め置きの違法性の程度は、いまだ令状主義の精神を没却するほどに重大なものではないというべきである」**として、鑑定書及び覚せい剤について違法収集証拠であり証拠能力を欠くとした原審の判断を破棄し、差し戻している。

　任意捜査としてどこまでの留め置きが許されるかは、**①事案の重大性・嫌疑の程度**、**②捜査の必要性・緊急性**等に対し、**③留め置き（説得）の時間の長さ・その際に用いられた有形力の程度**を踏まえた上で、**④同意の有無**という二者択一的判断ではなく、被疑者の意思を具体的に考慮して総合的に判断する必要がある（最決平6.9.16刑集48-6-420参照）。

## 事実

　札幌高裁の認定した事実は以下のとおりである。

（1）　W警察本部地域部自動車警ら隊所属のA警部補、B巡査長及びC巡査は、パトカーで警ら中の7日午前2時08分頃に、S市所在のコンビニエンスストアの駐車場内で、駐車中の普通乗用自動車内にいた被告人Xを認め、職務質問を開始した。Xに対して運転免許証の提示を求めるなどしたが、特段の不審な点が認められなかったことから、数分間で職務質問を一旦終了した。

（2）　その後、A警部補らは、氏名照会によりXには覚せい剤取締法違反による逮捕歴があることが判明したことや、職務質問の際にXが多弁であったことなどから、覚せい剤使用の可能性があると考えて、午前2時20分頃に付近道路を走行中のX車両に停車を求め、A警部補が本件警察車両の助手席に、B巡査長が同車の助手席側後部座席にそれぞれ着席して、Xに対する職

務質問を開始した。
　Xは、所持品検査にも素直に応じ、Xのバッグの内ポケットに、比較的新しいと思われる血痕様のものが付着したティッシュペーパーの塊と注射器の包装袋が出てきた。そこで、その説明を求めたが、きちんとした説明がなく、A警部補とB巡査長は、Xが直前に覚せい剤を注射して使用したのではないかとの疑いを強め、Xに対し、任意採尿に応じるよう求めたが、Xがそれを拒んだため、A警部補がY警察署に応援要請をした。
　(3)　午前3時頃に至り、Y署薬物銃器課所属のE巡査部長が現場に臨場し、Xに対し、Y署への任意同行と尿の任意提出を求めたが、Xはそれを拒んだ。そこで、E巡査部長は、尿を強制採取させるための捜索差押許可状(以下「採尿令状」という。)を請求する方針を決定し、A警部補に対し、自分がY署に戻って令状請求の準備に入るので、A警部補らはXに対し任意採尿に向けた説得を続けるように依頼した。
　A警部補は、再び本件警察車両の運転席に乗り込み、B巡査長らと共に、Xに対し、警察署への任意同行と任意採尿に向けた説得を続けた。それに対し、Xは説得に応じなかったが、「強制なら諦めがつく。」などとも述べていた。
　午前3時30分頃に至り、A警部補は、一旦運転席から降り、B巡査長と入れ替わるようにして、助手席側後部座席に乗り込んだところ、Xは、助手席側後部座席の方向に移動し、本件警察車両の外へ出ようとしたが遂げられず断念した。
　Xは、その後も、複数回にわたり、「外の空気を吸いたい。」などと、本件警察車両の外に出たい旨の発言をしたことがあったが、A警部補らが、証拠となる物品を処分されると困るなどと説得すると、それ以上、強く訴えたり行動に出たりすることはなかった。
　その後、Xは、A警部補らに対し、「弁護士に電話をしたい。」などと言い出し、所持していた自己の携帯電話機を使用して、「たろうくん」と登録された通話先との間で、午前4時13分頃から約7分間にわたり通話したほか、「丙山じろう」と登録された通話先との間で、午前4時35分頃から約8分間及び午前4時54分頃から約24分間にわたり通話した。この間の通話中に、Xが、A警部補らに対し、通話相手と話をして欲しいと申し出て自己の携帯電話機を差し出したことがあったが、A警部補らは、通話相手が弁護士か否か分からないと述べて、申出を断った。
　(4)　A警部補らが任意同行と任意採尿に向けた説得を続けていた中、午前6時頃に至り、Xは、突然に、B巡査長の前に身を乗り出し、右腕を伸ばして助手席側後部座席のドアを開けた。これに対し、A警部補が、とっさにXの肩付近をつかむなどして、Xを制止した。さらに、A警部補が、運転席から降車して助手席側後部座席のドア付近に回り込み、開いていたドアからXの肩付近を押さえて制止し、Xに対し、元の座席に戻るよう求めたところ、Xは、運転席側後部座席に戻って着席した。

(5) Ｅ巡査部長らは、午前３時20分頃から採尿令状請求の準備を進め、午前７時頃に本件採尿令状が発付され、同令状に基づきＸをＺ病院に連行し、午前11時55分頃に、同病院内病室で、医師が医療用カテーテルを挿管してＸの膀胱内から尿を採取し鑑定用の約20ミリリットル分と予試験用の若干量を差し押さえた。その後の午後０時19分頃に、Ｘは、本件病室で、覚せい剤自己使用の被疑事実により緊急逮捕された。

(6) 午後３時25分頃に至り、同病院の看護師が、チャック付きビニール袋入りの覚せい剤様白色結晶粉末２袋と未開封のビニール袋入りプラスチック製注射器２本が入った封筒を発見、警察に通報し、捜査官は差押許可状の発付を受けた上、翌８日午前０時頃に、同令状に基づき白色結晶粉末等在中の封筒を差し押さえた。

原審札幌地裁は、Ｘが本件車両から降車する意思を明示した午前３時30分頃から本件採尿令状が執行された午前７時18分頃まで被告人を本件車両内に留め置いたというＡ警部補らの措置は、被告人の意思にかかわらず、その行動等の自由を強く制約したものとして、任意捜査の範囲を逸脱した違法なものであったとし、その後実施された強制採尿の結果収集された被告人の尿に関する鑑定書及び差押許可状によって差し押さえられた覚せい剤２包について、いずれも違法収集証拠であり証拠能力を欠くとして、証拠調べ請求を却下した。

検察の控訴に対し、札幌高裁は、原審がＸの証言を重視し警察官の発言を認定しなかった点などを相当でないとした上で、上記の事実を認定した上で、一連の手続の適法性について以下のように判示した。

### 判旨

札幌高裁は、本件現場における職務質問が適法に開始されたことが明らかで、Ｘは、Ａ警部補の求めに応じ一定の限度で捜査に協力する姿勢を示していたものであり、少なくとも当初は、本件警察車両内に任意にとどまっていたものと認められるし、Ｘについて、覚せい剤取締法違反による逮捕歴のあることが判明していたことに加え、比較的新しい血痕と思われるものが付着したティッシュ塊と注射器の包装袋が発見され、Ｘがそれらを隠そうとしたことなどから、Ｘに対する覚せい剤使用の嫌疑が濃厚となっていたことなどを踏まえると、採尿令状請求の準備が開始された後、それと並行してＸに対して任意採尿に向けた説得を続けるなどしたことが直ちに不当であるとはいえないとした上で、「Ａ警部補らは、**Ｘが、午前３時30分頃及び午前６時頃の２回にわたり、本件警察車両から降車しようとした際、有形力を行使してその行動を制止し、結果として、Ｘが本件警察車両から降車する意思を明示した午前３時30分頃から本件採尿令状が執行された午前７時18分頃まで約３時間50分にわたり、上記２回の有形力の行使を交えつつ、Ｘを本件警察車両内に留め置いたものであり、このようなＡ警部補の措置は、長時間にわ**

たりXの移動の自由を過度に制約したものとして、任意捜査の範囲を逸脱した違法なものであったと評価せざるを得ない。」とした。

そして、いわゆる「二分論」に関し、以下のように述べて、採用すべきではないとした。「本件のような留め置きの適法性を判断するに当たり、**留め置きが純粋に任意捜査として行われている段階**と、**採尿令状の請求準備に取り掛かってから執行までの段階**（以下『強制手続への移行段階』という。）とに分けた上、それぞれの段階に応じて適法性を検討すべきであり、強制手続への移行段階では、捜査機関において令状の請求が可能であると判断し得る程度に犯罪の嫌疑が濃くなっている状況にあり、令状の発付を受けた後、所定の時間内に強制採尿を行う医師の下に被疑者を連行する必要もあるため、被疑者の所在確保の必要性が非常に高まっており、相当な程度にわたり強く被疑者を留め置くことも許されると解されることを前提に、本件でも、Ｅ巡査部長らが採尿令状の請求準備を開始した後は、採尿令状の発付に向けてXの所在を確保するため、Xを留め置く必要性、緊急性が一層高まっていた旨指摘して、本件留め置きの適法性を基礎付ける主張の根拠としている。

しかし、**犯罪の嫌疑の程度は、採尿令状の請求準備を開始するか否かという警察官の判断により直ちに左右されるものでない上、本件において、その段階で、嫌疑を深めるべき新たな証拠や事実が発見されてもいないから、上記のような警察官の判断時点を境界として、許容される留め置きの程度に有意な違いが生じるものと解することは、必ずしも説得力のある立論ではないというべきであり、所論のような判断枠組みによって留め置きの適法性を判断すべきであるとは考えられない。**

しかも、Xが本件警察車両からの降車を申し出た理由が、『外の空気を吸わせて欲しい。』などというものであり、本件現場から立ち去る意思を明示したことがなかったことなどを考慮すると、本件警察車両からの降車を許すことにより、直ちにXの所在確保が困難になる状況にあったとはいえない。もっとも、Ａ警部補らは、Xの降車を制止した理由が、Xの所在確保のほかに、Xによる覚せい剤の投棄等の罪証隠滅行為を防止することにあったと述べており、実際にも、後にXが本件採尿令状の執行のために連行された病室内で、隠し持っていた覚せい剤等在中の封筒をベッドのフレーム付近に隠匿したことなどに照らすと、Xが覚せい剤を投棄するなどの罪証隠滅行為に及ぶおそれがあったことは否定できない。しかし、**Xの降車を許したとしても、警察官が、Xから離れることなく、その動静を厳重に監視することなどにより、罪証隠滅行為を防ぐことは可能であったと認められる。**したがって、Xの所在確保や罪証隠滅行為の防止の必要性を勘案しても、有形力を行使して、本件警察車両からの降車を許さなかった措置を正当化することはできないというべきである。」と判示した。

ただ、本件留め置きは違法なものであったとしても、鑑定書及び覚せい剤について、いずれも違法収集証拠であり証拠能力を欠くとした原裁判所の判断は、是認することができないとした。

「本件現場における**職務質問が適法に開始された上、X**は、当初、本件警

察車両内に任意にとどまっていたものと認められる。また、Xは、複数回にわたり本件警察車両の外に出たい旨の意思を表明し、2回にわたり実際に車外に出ようとする行動に出たことがあるものの、**本件現場から立ち去る意思を明示したことはなかったこと、任意採尿に応じる意向を示したことはなかったとはいえ、A警部補らに降車を制止された後も、所持品検査に応じたり、本件留め置きの終盤段階でも、B巡査長との雑談に応じたりしていたことなどに照らすと、Xの捜査拒否及び退去の意思が明確で、B巡査長やA警部補として、任意採尿に向けた説得や所持品検査等を継続することが相当でない状況に至っていたとはいえない。そして、午前3時30分頃の有形力の行使は、Xから身体を押されたA警部補が、踏ん張って動かなかったという受動的なものであり、午前6時頃の有形力の行使も、Xの降車を制止するため、その肩や腕をつかむなどしたというものであり、Xの意思を制圧するような強度のものであったとはいえない。さらに、A警部補らがXに携帯電話の使用を禁じたことがなく、Xは、午前4時13分頃以降、合計約40分間にわたり、外部にいる人物と通話している。その上、E巡査部長らは、本件現場における職務質問を開始した約50分後に、採尿令状を請求する方針を決定し、それに向けた準備を始めたことなどに照らすと、令状の発付と執行を待つ間に、Xを本件現場に留め置いたA警部補らにおいて、令状主義を潜脱する意図があったものとは認められない。以上によれば、本件留め置きの違法性の程度は、いまだ令状主義の精神を没却するほどに重大なものではない**というべきである。

　加えて、本件強制採尿が司法審査を経て発付された本件採尿令状によって適法に実施された上、同令状の請求手続にも違法はなかったこと、覚せい剤の差押えが司法審査を経て発付された差押許可状によって適法に行われている上、上記差押許可状が発付されるに至ったのは、Xがその意思に基づき本件覚せい剤等を病室内のベッドに隠匿し、捜査機関の関係者でない看護師がそれを発見したという事情が介在しており、本件留め置きと密接な関連性がないことなどを踏まえると、上記各証拠をXの罪証に供することが将来における違法捜査抑制の見地から相当でないともいえない。」とし、鑑定書及び覚せい剤について違法収集証拠であり証拠能力を欠くとした原審の訴訟手続には法令違反があるとして、原判決を破棄し、原裁判所に差し戻した。

## 解　説

### 1　二分論の形成

　第1講で見たように、薬物事犯の場合には、薬物の特性から証拠の確保を急ぐ必要性があり、尿の任意提出を拒む者を強制採尿の令状の発付を得て執行するまでの間、「留め置く」ことの必要性が高い。そのため、「任意捜査」として許されるぎりぎりの限界的な捜査が追求され、その結果、当該捜査の適法性が

争われてきた。

「二分論」は、①東京高判平成20年９月25日（東高刑時報59巻１～12合併号83頁）、②東京高判平成21年７月１日（判タ1314-302）、③東京高判平成22年11月８日（高刑集63-3-4）により形成されたといってよい（本書222～226頁参照）。

## 2　本判決の留め置きの違法性の判断

これに対し、本件判決は、Xが採尿令状の執行の際、病室内で隠し持っていた覚せい剤を隠匿したことなどに照らし、Xが覚せい剤を投棄するなどの罪証隠滅行為に及ぶおそれがあったことは否定できないとしつつ、Xが警察車両から降車することを許しても、直ちにXの所在確保が困難になる状況にあったとはいえず、**Xの降車を許したとしても、警察官が、Xから離れることなく、その動静を厳重に監視することなどにより、罪証隠滅行為を防ぐことは可能であった**と認められるとして、有形力を行使して、警察車両からの降車を許さなかった措置を正当化することはできないとした（この点は、同じく留め置きが違法（証拠排除するほどではない。）とした**東京高判平成20年９月25日**と、ニュアンスがかなり異なる。）。

ただ、①職務質問が適法に開始され、Xは警察車両内に任意にとどまっており、警察官等が、任意採尿に向けた説得や所持品検査等を継続することが相当でない状況に至っていたとはいえなかったとし、②有形力の行使は、Xから身体を押された警察官が、踏ん張って動かなかったという受動的なものや、Xの降車を制止するため肩や腕をつかむなどしたというものであり、Xの意思を制圧するような強度のものであったとはいえず、③Xに携帯電話の使用を許し、④令状の発付と執行を待つ間、Xを本件現場に留め置いたことには、令状主義を潜脱する意図があったものとは認められないとし、「本件留め置きの違法性の程度は、いまだ令状主義の精神を没却するほどに重大なものではない」と結論付けた。

違法収集証拠といえないという判断の根拠となった①～④の事情は、東京高判平成20年９月25日と類似するように思われる。また、留め置きを適法とした、**東京高判平成21年７月１日**、**東京高判平成22年11月８日**とも判断構造に質的に差異があるとは思われないのである。「二分論を採らない」とする点は、両判例と完全に対立するように見えるが、その実質的な判断を見ると、純粋な任意捜査段階についても分析を加え、その上で強制採尿令状の執行までの段階の適法性を論じている。Xが２回にわたり降車の意思を示したにもかかわらず、警察官がその肩や腕をつかむなどしたため降車することができなかった点が最も問題となるが、有形力の行使はXの意思を制圧するような強度のもので

あったとはいえず、令状の発付と執行を待つ間Xを本件現場に留め置いたことには、令状主義を潜脱する意図があったものとは認められないとして本件留め置きの違法性の程度は重大なものではないとしているのである。

確かに本判決の指摘するように、令状請求の準備に入ったか否かで、形式的に判断基準を分けることには疑問もある。「犯罪の嫌疑の程度は、採尿令状の請求準備を開始するか否かという警察官の判断により直ちに左右されるものでない」「本件において、その段階で、嫌疑を深めるべき新たな証拠や事実が発見されてもいないから、上記のような警察官の判断時点を境界として、許容される留め置きの程度に有意な違いが生じるものと解することは、必ずしも説得力のある立論ではない」という判旨は、一定の説得性がある。警察官が「令状請求できる」と思い込めば、より強い捜査手法が許されるというわけではないであろう。ただ、令状は裁判官が出すものであり、そこには客観的根拠が必要である。流動的な捜査の流れの中で、内部的ではあっても実務上形成された「令状請求の基準」を満たしていれば、令状請求を開始した時点で、類型的に、その執行に向けて身柄確保の必要性が高まると解し得るように思われる。

この点、溝端検事は、本件は、二分説を採用すれば、「任意捜査において許容される限度内にとどまるものと評価することも十分あり得た事案であったと考えられる」とされる（研修803号27-28頁）。「強制手続への移行段階においては、被告人が2回にわたり降車の意思を示したにもかかわらず、警察官がその肩や腕をつかむなどしたため降車することができなかった事実が認められる。しかしながら、既に採尿令状の請求準備に着手しており、採尿令状発付後、速やかに同令状を執行するため、被告人の所在確保の必要性が高い状況にあったところ、警察官の当該行為がいずれも被告人の行動に対処した受動的なものにすぎなかったこと、被告人が携帯電話を自由に使用することができたことなどに鑑みれば、本件においては、所在確保に向けた措置以外について被告人の自由が相当程度確保されており、被告人の所在確保に必要最小限度のものにとどまる限度において強制手段の程度に至らない有形力を行使して留め置きを継続したものと評価することもできると思われる」とされるのである。

ただ、「有形力を行使して、警察車両からの降車を許さなかった措置を正当化することはできない」という本判決と、溝端検事の「強制手段の程度に至らない有形力を行使した留め置き」という結論の差異は、二分説を採用するか否かというより、「令状執行の為に身柄を確保する必要性の高さ」の評価の差、さらには罪証隠滅のおそれの評価の差に寄るところが大きいように思われる。

溝端検事は、「速やかに同令状を執行するため、被告人の所在確保の必要性が高い状況にあった」ことを重視するのに対し、本判決は、「Xが警察車両から降車することを許しても、直ちにXの所在確保が困難になる状況にあったとはいえず、Xの降車を許したとしても、警察官が、Xから離れることなく、そ

の動静を厳重に監視することなどにより、罪証隠滅行為を防ぐことは可能であった」として、留め置きを違法としたのである。それ以外の考慮因子には、両者で大きな差はないといってよい。本判決も、留め置きに用いられた有形力が、「身体を押された警察官が、踏ん張って動かなかったという受動的なものや、Xの降車を制止するため肩や腕をつかむなどしたというものであり、Xの意思を制圧するような強度のものであったとはいえない」としているのである。

　この点、薬物事犯の重大性と薬物捜査の緊迫した状況を念頭に置くと、本件のような状況の下で、車両から降車することを許し、警察官がXから離れることなくその動静を厳重に監視すればよいとすることには、若干の疑問を禁じ得ない。「そうすることが望ましい」とはいえる。ただ、薬物事案であり逃亡や証拠隠滅の可能性の高さを勘案すれば、「完全に監視し得なかった場合には警察の落ち度であり、証拠が散逸してもやむを得ない」とは言い切れない。現に、本件Xは、捜査官に気付かれないように病院内で証拠隠滅を図っているのである。

# 第3講 いわゆる GPS 捜査の合憲性

最大判平成29年3月15日（刑集71-3-13）

## Focus

　捜査対象者の車に衛星利用測位システム（GPS）の発信器を取り付けた捜査の違法性について、裁判例の判断が分かれ、裁判所に判断の整理・統一が求められている中、平成29年3月15日に下された今回の大法廷判決は、捜査によるのプライバシー侵害の防止と迅速な真相解明の衡量において、従来より前者を重視する方向性を指し示したものといえよう。

　本判決は、「GPS 捜査の実質的な停止」をもたらした。警察庁は、本判決言渡し直後の3月16日に、各都道府県警に向け、検証許可状を取得して捜査する手法も含め、全ての GPS 捜査を控えるよう通達を出した。

## 事 実

　(1) 原判決（大阪高判平成28年3月2日）及び第1審判決（大阪地判平成27年7月10日、さらに同裁判所の平成27年6月5日付け決定）によれば、被告人が複数の共犯者と共に犯したと疑われていた窃盗事件に関し、組織性の有無、程度や組織内における被告人の役割を含む犯行の全容を解明するための捜査の一環として、平成25年5月23日頃から約6か月半の間、被告人、共犯者のほか、被告人の知人女性も使用する蓋然性があった自動車等合計19台に、同人らの承諾なく、かつ、令状を取得することなく、GPS 端末を取り付けた上、その所在を検索して移動状況を把握するという方法により GPS 捜査が実施された。

　(2) 第1審裁判所は、本件 GPS 捜査は検証の性質を有する強制の処分（刑訴法197条1項ただし書）に当たり、検証許可状を取得することなく行われた本件 GPS 捜査には重大な違法がある旨の判断を示した上、本件 GPS 捜査により直接得られた証拠及びこれに密接に関連する証拠の証拠能力を否定したが、その余の証拠に基づき被告人を有罪と認定した。

　(3) これに対し、原判決は、本件 GPS 捜査により取得可能な情報は GPS 端末を取り付けた車両の所在位置に限られるなどプライバシーの侵害の程度は必ずしも大きいものではなく、尾行や張り込みと併せて本件 GPS 捜査を実施する必要性が認められる状況にあったのであり、本件 GPS 捜査に重大な違法があったとはいえないとした。

## 判旨

「(1) GPS捜査は、対象車両の時々刻々の位置情報を検索し、把握すべく行われるものであるが、その性質上、公道上のもののみならず、個人のプライバシーが強く保護されるべき場所や空間に関わるものも含めて、対象車両及びその使用者の所在と移動状況を逐一把握することを可能にする。このような捜査手法は、個人の行動を継続的、網羅的に把握することを必然的に伴うから、個人のプライバシーを侵害し得るものであり、また、そのような**侵害を可能とする機器を個人の所持品に秘かに装着することによって行う点**において、公道上の所在を肉眼で把握したりカメラで撮影したりするような手法とは異なり、公権力による私的領域への侵入を伴うものというべきである。

(2) 憲法35条は、『住居、書類及び所持品について、侵入、捜索及び押収を受けることのない権利』を規定しているところ、この規定の保障対象には、『住居、書類及び所持品』に限らずこれらに準ずる私的領域に『侵入』されることのない権利が含まれるものと解するのが相当である。そうすると、前記のとおり、**個人のプライバシーの侵害を可能とする機器をその所持品に秘かに装着することによって、合理的に推認される個人の意思に反してその私的領域に侵入する捜査手法であるGPS捜査は、個人の意思を制圧して憲法の保障する重要な法的利益を侵害するものとして、刑訴法上、特別の根拠規定がなければ許容されない強制の処分に当たる**（最三小決昭和51年3月16日刑集30巻2号187頁参照）とともに、一般的には、現行犯人逮捕等の令状を要しないものとされている処分と同視すべき事情があると認めるのも困難であるから、令状がなければ行うことのできない処分と解すべきである。

(3) 原判決は、GPS捜査について、令状発付の可能性に触れつつ、強制処分法定主義に反し令状の有無を問わず適法に実施し得ないものと解することも到底できないと説示しているところ、捜査及び令状発付の実務への影響に鑑み、この点についても検討する。

GPS捜査は、情報機器の画面表示を読み取って対象車両の所在と移動状況を把握する点では刑訴法上の『検証』と同様の性質を有するものの、対象車両にGPS端末を取り付けることにより対象車両及びその使用者の所在の検索を行う点において、『検証』では捉えきれない性質を有することも否定し難い。仮に、検証許可状の発付を受け、あるいはそれと併せて捜索許可状の発付を受けて行うとしても、GPS捜査は、GPS端末を取り付けた対象車両の所在の検索を通じて対象車両の使用者の**行動を継続的、網羅的に把握することを必然的に伴うものであって、GPS端末を取り付けるべき車両及び罪名を特定しただけでは被疑事実と関係のない使用者の行動の過剰な把握を抑制することができず、裁判官による令状請求の審査を要することとされている趣旨を満たすことができないおそれがある**。さらに、GPS捜査は、被疑者らに知られず秘かに行うのでなければ意味がなく、事前の令状呈示を行

うことは想定できない。刑訴法上の各種強制の処分については、手続の公正の担保の趣旨から原則として事前の令状呈示が求められており（同法222条1項、110条）、他の手段で同趣旨が図られ得るのであれば事前の令状呈示が絶対的な要請であるとは解されないとしても、これに代わる公正の担保の手段が仕組みとして確保されていないのでは、適正手続の保障という観点から問題が残る。

　これらの問題を解消するための手段として、一般的には、実施可能期間の限定、第三者の立会い、事後の通知等様々なものが考えられるところ、捜査の実効性にも配慮しつつどのような手段を選択するかは、刑訴法197条1項ただし書の趣旨に照らし、第一次的には立法府に委ねられていると解される。仮に法解釈により刑訴法上の強制の処分として許容するのであれば、以上のような問題を解消するため、裁判官が発する令状に様々な条件を付す必要が生じるが、事案ごとに、令状請求の審査を担当する裁判官の判断により、多様な選択肢の中から的確な条件の選択が行われない限り是認できないような強制の処分を認めることは、『強制の処分は、この法律に特別の定のある場合でなければ、これをすることができない』と規定する同項ただし書の趣旨に沿うものとはいえない。

　以上のとおり、GPS捜査について、刑訴法197条1項ただし書の『この法律に特別の定のある場合』に当たるとして同法が規定する令状を発付することには疑義がある。GPS捜査が今後も広く用いられ得る有力な捜査手法であるとすれば、その特質に着目して憲法、刑訴法の諸原則に適合する立法的な措置が講じられることが望ましい。」

## 解　説

### 1　大法廷判決の背景としての治安状況

　2002年以降、日本の刑事司法システムが対応すべき犯罪状況は、大きく変容した。犯罪発生率は、この15年で2240から720に激減し、刑務所、刑事裁判所、留置施設の収容者・取扱い人員も半分以下になったのである。

　地裁の勾留請求却下率は16倍となり、凶悪犯罪の起訴率は約40パーセントを割り込んでいる。

　そのような中で、刑事司法の「謙抑的姿勢」が目立ちはじめた。治安が非常によくなった中で、捜査手法の許容範囲が、より限定されることになっても、「国民の不安感」の深刻化は相対的に低いように思われる。そもそも、捜査の違法性の評価そのものが、治安状況の動きと無関係ではあり得ない。後述の「覚せい剤が入っている疑いのある宅配便小包のX線検査を強制処分とした判例」も平成21年の9月末に登場してくる（→後述5参照）。

　一方で、GPS捜査も含めた新しい捜査手法、さらに広くは、科学技術の進

歩によるプライバシー侵害への不安感は高まっている。もちろん、防犯カメラのように、その有用性に比し人権侵害的事実が現実には少ないことにより、そのアレルギーが解消していった例もあるが、「顔認証」などの扱いによっては、評価も変化し得る。少なくとも「GPS捜査」に対する国民の不安は、現時点では、軽視できないのであろう。

そして、法理論的には、①下級審の対立の中でプライバシー重視の結論を選択した論拠と、②司法の役割に関する磁場の変化に注目する必要がある。すなわち、GPS捜査によるプライバシー侵害性についての憲法35条の解釈と、捜査の法的コントロールに関する「**司法と立法の役割分担に関するスタンスの変化**」が重要なのである。その当否は別として、捜査の違法性の限界を司法的観点からぎりぎりまで探求するという方向性を持っていたが、「三権分立の理念に立ち戻る司法謙抑主義＝立法による解決への傾斜」への変化が見られるのである。

## 2　先行する下級審裁判例

先行する下級審裁判例としては、(1)広島高判平成28年7月21日（WJ）、(2)名古屋高判平成28年6月29日（判時2307-126）(3)大阪高判平成28年3月2日（本件原審）の高裁判例を検討することが必要であろう。

(1)　広島高判平成28年7月21日（WJ）は、「本件GPS捜査は、広域を車で移動して窃盗を繰り返しているとうかがわれた被告人らに対し、その使用車両の車底部に磁石で発信器を装着することにより車両の所在を把握し、これを手がかりに捜査員が車両を尾行して張り込み、被告人らの行動を観察して犯跡の採証活動等を行うとともに、最終的には現行犯逮捕することを目的として開始されたものである。終期の定めはなく、最終的には被告人らが気付いて発信器を外すまで行われたが、その間、ほぼ当初の捜査目的どおりの捜査が実施されたと認められる。」とし、プライバシーを制約する面があることは否定できないが、①車両は、通常、公道を移動し、不特定多数の者の出入り可能な駐車場に駐車することが多いなど、公衆の目にさらされ、観察されること自体は受忍せざるを得ない存在であり、②車両の位置情報は、第三者に知られないですますことを合理的に期待できる性質のものではなく、一般的にプライバシーとしての要保護性は高くないとして、「本件のような類型のGPS捜査は、その性質上、法定の厳格な要件・手続によって保護する必要のあるほど重要な権利・利益に対する実質的な侵害ないし制約を伴う捜査活動とはいえず、刑訴法197条1項ただし書にいう強制の処分には該当せず、任意処分（任意捜査）と解するのが相当である。」とした。

(2)　これに対し**名古屋高判平成28年6月29日**（判時2307-129）は、前述の広

島高判とは異なり、本件GPS捜査は、GPS捜査が内包している**プライバシー侵害の危険性が相当程度現実化したものと評価せざるを得ないから、全体として強制処分に当たる**としたのである。ただ、尾行中に失尾したり、尾行開始に当たり住居地に車両がない場合に当該車両の位置を確認した上で尾行を行う目的に沿った運用がなされれば、プライバシーを大きく侵害する危険があるとまではいえないと判示していた。

（3）これらの判例に先行して、本判決の原審である**大阪高判平成28年3月2日**（判タ1429-148）は、「GPS捜査には重大な違法があったとはいえない」との判断を示した。これは、前述の広島高裁の判断に近いものといえよう。

大阪高判平成28年3月2日は、「本件で実施されたGPS捜査は、一連の窃盗事件の犯人らが移動のために使用する蓋然性があるものと認められた車両を対象に発信器を取り付け、警察官らにおいて、多数回連続的に位置情報を取得したというものであって、**これにより取得可能な情報は、尾行・張り込みなどによる場合とは異なり、対象車両の所在位置に限られ、そこでの車両使用者らの行動の状況などが明らかになるものではなく、また、警察官らが、相当期間（時間）にわたり機械的に各車両の位置情報を間断なく取得してこれを蓄積し、それにより過去の位置（移動）情報を網羅的に把握したという事実も認められないなど、プライバシーの侵害の程度は必ずしも大きいものではなかったというべき事情も存する**ところではある」とし、「弁護人が主張するように、これが強制処分法定主義に違反し令状の有無を問わず適法に実施し得ないものと解することも到底できない。」とした。

### 3　本件大法廷の判断

本件判決は、大阪高判平成28年3月2日の判断を否定し、GPS捜査について、「公道上のもののみならず、個人のプライバシーが強く保護されるべき場所や空間に関わるものも含めて、対象車両及びその使用者の所在と移動状況を逐一把握することを可能にする」とし、「個人のプライバシーを侵害し得るもの」で、「個人の所持品に秘かに装着することによって行う点において、公道上の所在を肉眼で把握したりカメラで撮影したりするような手法とは異なり、公権力による私的領域への侵入を伴う」ものとしたのである。

そして、憲法35条の保障対象には、「**私的領域に『侵入』されることのない権利**」が含まれるとし、「合理的に推認される個人の意思に反してその私的領域に侵入する捜査手法であるGPS捜査は、**個人の意思を制圧して憲法の保障する重要な法的利益を侵害**するものとして、刑訴法上、特別の根拠規定がなければ許容されない強制の処分に当たる」とし、現行犯人逮捕等の令状を要しないものとされている処分と同視すべき事情があると認めるのも困難であるか

ら、令状がなければ行うことはできないとした。

先に検討した高裁判例のうち、広島高判と大阪高判は、①GPS発信器によって得られる情報は車両の位置情報にとどまり、②公道や、一般に利用可能な駐車場といった場所を示すものと考えられ、③**相当期間にわたり位置情報を間断なく取得してこれを蓄積し、それにより過去の位置（移動）情報を網羅的に把握したような場合でなければ**、④位置情報を得ることは、プライバシーや移動の自由への制約になるとはいい難いとした。

これに対し、最高裁は、GPS捜査は、公道上のもののみならず、個人のプライバシーが強く保護されるべき場所や空間に関わるものも含めて対象者の所在と移動状況を逐一把握することを可能にし、「**個人の行動を継続的、網羅的に把握することを必然的に伴う**」から、個人のプライバシーを侵害し得るものであると断じたのである。この点が本判決の核心部分であるが、このような評価が国民の中に定着していくかについては、今後、慎重に見守る必要があろう。

同じくGPS捜査を「強制処分」と位置付けた名古屋高判も、「**その運用次第では、対象者のプライバシーを大きく侵害する危険性を内包する捜査手法である**ことは否定できない」としたにすぎない。そして、捜査の具体的実施状況が、具体的な終期を定めることなく開始されたものであることもあり、その開始の段階から、「GPS捜査が内包しているプライバシー侵害の危険性が相当程度現実化したものと評価せざるを得ないから、全体として強制処分に当たる」としたのである。

広島高裁、大阪高裁との結論の差はもとより、名古屋高判と最高裁の差異をもたらしたものは、プライバシー侵害の重みの評価の差である。大法廷は、「GPS捜査一般が『絶対的に』プライバシー侵害を伴う」とし、そして、それを、憲法35条の保障対象に含まれる、「**私的領域に『侵入』されることのない権利**」と位置付けたのである。

## 4 個別・具体的判断と類型的判断

憲法解釈の領域では、表現の自由のように「**比較衡量を許さない絶対的利益**」が認められ、刑事訴訟法解釈においても類似の発想が見られる。かつて、強制採尿に関し、人格の尊厳を侵すもので令状があっても許容し得ないという刑事訴訟法学説が多数を占めていたのである。そのような中で、最一小決昭和55年10月23日（刑集34-5-300）は、「強制採尿が捜査手続上の強制処分として絶対に許されないというべき理由はなく、被疑事件の重大性、嫌疑の存在、当該証拠の重要性とその取得の必要性、適当な代替手段の不存在等の事情に照らし、犯罪の捜査上真にやむをえないと認められる場合には、最終的手段とし

て、適切な法律上の手続を経てこれを行うことも許されてしかるべきであり、ただ、その実施にあたつては、被疑者の身体の安全とその人格の保護のため十分な配慮が施されるべきものと解するのが相当である。」とした。

また、通信傍受に関し、最三小決平成11年12月16日（刑集53-9-1327）は、通信傍受法の成立前に検証許可状に基づいて実施した電話傍受の事案を後に判断したものであるが、通信傍受の適法性に関し、「電話傍受を直接の目的とした令状は存していなかったけれども、一定の要件を満たす場合に、対象の特定に資する適切な記載がある検証許可状により電話傍受を実施することは、本件当時においても法律上許されていたものと解するのが相当である」としていたのである。

しかし学説上は、盗聴は、国家機関があらゆる情報を収得できるようにする行為であり、通信の秘密（憲法21条Ⅱ項後段）、思想・良心の自由（同法19条）に重大な制約をもたらし、令状審査の段階では、対象となる通信が未だ発生しておらず、その審査には予測という不確実な判断が入り込まざるをえず、また過去の行為の痕跡を収集するのではなく、行為者の現時点での意思内容を捕捉するものであるから、将来の事象についての情報収集を含むが、それは憲法13条、21条2項後段等に反するとされたのである（三島聡「盗聴法を解剖する」法セミ1999年11月号52頁以下）。

刑事裁判実務における捜査の限界・違法性の判断は、憲法違反性の有無で形式的に判断されるのではなく、上記2判例に示されたような、当該捜査によって侵害される法益と、捜査によって得られる真相究明によって国民にもたらされる利益との比較衡量を基本とするといってよい。

### 5　X線検査、写真撮影とプライバシー侵害性の程度

本判決では、「プライバシーを侵害し得る類型的捜査手法であること」が重視されている。

同じく、プライバシー侵害を伴う捜査手法である「令状なしに行う写真（ビデオ）撮影」については、最二小決平成20年4月15日（刑集62-5-1398）が、「捜査目的を達成するため、必要な範囲において、かつ、相当な方法によって行われたものといえ、捜査活動として適法なもの」であると判断した。プライバシー侵害を内包するものではあっても、「類型として強制処分に当たる」とはせず、①重大犯罪が問題となっており、②犯人の特定という重要な判断に必要な証拠資料を入手するためで、③公道上など、他人から容ぼう等を観察されること自体は通常受忍せざるを得ない場所での撮影なので、手段として相当であるとしていたのである。しかし、本判決は、GPS捜査は、「カメラで撮影したりするような手法」とはプライバシー侵害の程度が質的に異なるとしたとい

えよう。

　最二小決平成20年4月15日と本件の中間に、覚せい剤が入っている疑いのある宅配便小包のX線検査を強制処分とした最三小決平成21年9月28日（刑集63-7-868）が存在する。最高裁は、承諾を得ることなく荷物（小包）に外部からX線を照射して内容物の射影を観察した捜査方法について、「その射影によって荷物の内容物の形状や材質をうかがい知ることができる上、内容物によってはその品目等を相当程度具体的に特定することも可能であって、荷送人や荷受人の内容物に対する**プライバシー等を大きく侵害するものであるから、検証としての性質を有する強制処分に当たる**」としたのである。

　ただ、最決平成21年9月28日は、X線検査については、「検証許可状の発付を得ることが可能だったのであって、検証許可状によることなくこれを行った本件X線検査は、違法であるといわざるを得ない」と判示したのであり、検証令状をとっていれば、同検査を行うことは可能であった。

## 6　GPS捜査についての適法条件（今後の捜査活動への影響）

　それに対して本判決は、①GPS捜査は「検証」を超えた性質を有し検証令状にはなじまず、②令状により対象となる車両及び罪名を特定しただけでは被疑事実と関係のない使用者の行動の過剰な把握を抑制することができず、③秘かに行う同捜査に「事前の令状呈示」は想定できず、④事前の令状呈示に代わる公正の担保の手段が制度化されていないので、同捜査を適法化する令状が考えにくい。これらの問題を解消するため、実施可能期間の限定、第三者の立会い、事後の通知等が考えられるが、その内どのような手段を選択するかは、立法府に委ねられた問題で、立法を行わずに、現行刑事訴訟法下での「令状」を発付することには疑義があるとしたのである。

　本件補足意見は、GPS捜査一般を強制捜査とし、立法が行われない以上、それを用いて得られたものは全て証拠能力を欠くとすることは妥当ではないとしている。生命の侵害の危険を伴うような、ごく限られた極めて重大な犯罪の捜査のため、その必要性が極めて高く、対象車両の使用者の行動の継続的、網羅的な把握が不可欠であるような場合には、正当化される余地を認めるべきであるとする。これも非常に説得性のある議論ではあるが、「立法がなければ違法となる」とも解し得る全員一致の大法廷意見に対する反対意見のようにも見える。正当化の余地はほとんど無いであろう。捜査機関がGPS捜査を実施する可能性はなくなった。そして、本判決登場以前から、「職業的犯罪者集団」は捜査目的のGPS機器に注意を払い、かなりの部分が「回収」されてしまっていると聞く。捜査の現場では、他の新たな捜査手法を研究・模索していくべきであり、また、機器の利便性に頼りすぎることなく、伝統的な捜査方法を着

実に実施することも重要となろう。

　治安状況が良好な日本が、ICT 社会に移行した中で、「プライバシー侵害の大きな機器」の持つ、「人の視力や聴力を大きく超えた可能的情報把握力」を捜査機関が利用していくには、国民の視点から見た安心感を導く法的制約が必要であろう。ただ、それは、西欧近代法に由来する現行憲法・刑事訴訟法の採用している「強制か任意か」とか、「令状主義」という制度枠組みとは必ずしも整合しない。基本的には19世紀型の理念であり、現代社会の現象に完全に対応することは不可能なのである。その対応を、具体的な事案処理を通しての裁判に期待するのは、確かに酷である。一方で、従来の刑事法を超えた「テロからも国民を護り得る刑事システム」が要請され、他方で犯罪の国際化と刑事司法の国際連携が進む中で、「日本型の刑事司法」は変化していかざるを得ない。ただ、新しい捜査手法の許容範囲の限定を、それを全く想定していない「強制捜査」「令状」という道具で処理することは困難であるようにも思われる。

# 第4講 DNAサンプル採取目的を秘して行った行為の強制処分性

東京高判平成28年8月23日（高刑集69-1-16）

## Focus

　犯行現場に遺留された体液等からDNAサンプルが採取されてそのDNA型が判明すれば、警察のDNAデータベースと照合することにより、犯人を特定ないし絞り込むことが可能となる。令状を請求してDNA採取することが考えられるが、それが困難である場合には、任意捜査として行わざるを得ない。その方法としては、DNAが付着していると思われる同人の廃棄物・遺留物を収集するなど、様々なものがあり得るが、被疑者に捜査の対象とされていることを察知されると、罪証を隠滅されたり逃亡を招くことになり得るので、警察官としては、相手方にそのような事情を知られることなくDNAを取得する方法を選ばなければならない。

　本件では、窃盗事件の捜査に従事していた警察官が、犯行現場から採取されたDNAサンプルに係るDNA型が被疑者と一致するか否かを確認するため、任意捜査として、自己が警察官であることやDNA採取目的であることを秘して、お茶の入った紙コップを被疑者に手渡し、使用後の紙コップを回収し、そこから唾液を採取してDNA型鑑定を行った捜査手法が違法とされ、その結果得られたDNA型式に関する鑑定書について、違法収集証拠に当たるとしてその証拠能力を否定したのである。

## 事実

　被告人Xは、平成25年6月、工事現場仮設休憩所内に侵入し、現金約1,000円及びカップスープ1個等を窃取した行為に窃盗罪が認定されたが、本判決の争点は、建設会社作業所で発生した別の食品窃盗事件であった。犯人の唾液が付着していると思われる割り箸が遺留されていたが、DNAデータベースに一致するものがなかったことから、S県警察本部刑事部捜査第3課の手口係は、平成17年のDNAデータベース化後にDNAの鑑定対象になっていない者で、事件現場付近で建設中の仮設事務所から現金や菓子等を盗み、現場で食べ物を食べるといった犯行の手口等を基に犯人を絞り込んだ結果、その犯人がXであろうという目星をつけていた。

　そこで、当該窃盗事件の捜査を担当していたS県警察警察官D及びEは、

A川河川敷でテントを張って生活していたXのところに赴き、話を聞きたいと述べた上、河川事務所から入手した資料を見せるなどしながら周辺のホームレスについての話をし、その際、被告人に持参した紙コップで温かいお茶を勧め、被告人が飲んだ後、DNA採取目的を秘し、そのコップを廃棄するとしてDが回収し、その様子をEが撮影した上、押収品目録を交付することなく紙コップを領置した。そして、翌日、上記紙コップについて、S県警察本部刑事部科学捜査研究所長に対し、唾液付着の有無及びこれが付着している場合にはそのDNA型を鑑定事項とする鑑定嘱託が行われ、鑑定の結果、紙コップには唾液が付着していること及びそのDNA型が判明し、これが上記窃盗事件の遺留割り箸に付着していた唾液から検出されたDNA型と一致したので、Xに対する逮捕状が請求されて発付された。逮捕後、Xは、口腔内細胞を任意提出し、これについてDNA型鑑定が行われ、その結果等を記載した鑑定書が作成された。
　第1審は、①DNA採取目的を秘して被告人に使用したコップの管理を放棄させ、そこからDNAサンプル採取をすること自体は、なんら被告人の身体に傷害を負わせるようなものではなく、強制力を用いたりしたわけではないので高度の必要性と緊急性、相当性が認められる限りは、令状によらなくても違法であるとはいえない。そして、②本件においては、DNAサンプルの採取についての高度の必要性、緊急性が認められ、Dらが警察官であることを明らかにせず、採取目的を秘したとしても、積極的に虚偽の事実を述べたわけでもなく、相当性を欠いて違法であるとまではいえない。したがって、③DNAサンプルの採取手続に違法はなく、これを疎明資料として請求された逮捕状に基づく逮捕も違法とはいえないから、本件鑑定書が違法収集証拠として排除されることはないとしたのである。
　これに対し、弁護人は、DNA採取の捜査は違法であり、その結果得られた鑑定書は、違法収集証拠であり証拠能力がないから、その証拠能力を認めた原判決には、訴訟手続の法令違反があり、原判決が挙示するその余の証拠によっては、事実を認めることはできず、被告人は無罪であると主張して控訴した。

| 判　旨 |
| --- |

　東京高裁は、原判決が、「本件捜査方法は任意捜査の範疇にとどまる」とした点を批判し、以下のように判示した。
　「捜査において強制手段を用いることは、法律の根拠規定がある場合に限り許容されるものであるが、ここにいう強制手段とは、有形力の行使を伴う手段を意味するものではなく、個人の意思を制圧し、身体、住居、財産等に制約を加えて強制的に捜査目的を実現する行為など、特別の根拠規定がなければ許容することが相当でない手段を意味するものであると解される（最高

裁判所昭和51年3月16日第三小法廷決定）。」とし、Dらが「警察官だと名乗らなかった」ことは、関係証拠により優に認定できるとし、Dらが警察官であると認識していたとすれば、そもそもお茶を飲んだりしなかったXにお茶を飲ませ、使用した紙コップはDらによってそのまま廃棄されるものと思い込んでいたと認められるXの錯誤に基づいて、紙コップを回収したことが明らかであると認定し、「ここで、強制処分であるか否かの基準となる個人の意思の制圧が、文字どおり、現実に相手方の反対意思を制圧することまで要求するものなのかどうかが問題となるが、**当事者が認識しない間に行う捜査について、本人が知れば当然拒否すると考えられる場合に、そのように合理的に推認される当事者の意思に反してその人の重要な権利・利益を奪うのも、現実に表明された当事者の反対意思を制圧して同様のことを行うのと、価値的には何ら変わらないというべきであるから、合理的に推認される当事者の意思に反する場合も個人の意思を制圧する場合に該当する**というべきである（最決平成21年9月28日参照）。したがって、本件警察官らの行為は、被告人の意思を制圧して行われたものと認めるのが相当である。」とした。

次に、「警察官らの捜査目的がこのような個人識別のためのDNAの採取にある場合には、本件警察官らが行った行為は、なんら被告人の身体に傷害を負わせるようなものではなく、強制力を用いたりしたわけではなかったといっても、DNAを含む唾液を警察官らによってむやみに採取されない利益（個人識別情報であるDNA型をむやみに捜査機関によって認識されない利益）は、強制処分を要求して保護すべき重要な利益であると解するのが相当である」とし、「本件捜査方法は、強制処分に当たるというべきであり、**令状によることなく身柄を拘束されていない被告人からその黙示の意思に反して唾液を取得した本件警察官らの行為は、違法といわざるを得ない**」とした。

そして、Xから回収した紙コップについて、**領置**の手続が行われ、D作成名義の領置調書を作成した点について、本件唾液は、「使用した紙コップはDらによってそのまま廃棄されるものと思い込んでいたと認められる被告人が、錯誤に基づいて占有を警察官らに委ねた物であり、前者の遺留にも当たらないと解される。そうすると、本件においては、警察官らは、外形上被告人の意思に基づいて占有を取得したことから、領置の手続を取ったものであると解されるところ、この手続は、法が許容する領置の類型とはいえず、本件領置手続自体も違法と解するのが相当である」とした。

その上で、警察官らの違法な行為によって採取された被告人の唾液の鑑定結果を基に発付された逮捕状により逮捕された後に、Xが任意提出した口腔内細胞についてDNA鑑定をした結果を記載した**本件鑑定書の証拠能力**については、「本件鑑定書は、逮捕後被告人が任意提出した口腔内細胞についてDNA鑑定を行い、その結果明らかとなった被告人のDNA型を記載したものである。任意処分による鑑定資料の採取という経過をたどっているとはいっても、本件口腔内細胞の採取手続は、本件警察官らによる違法な唾液の採取に基づく違法な逮捕状の発付、その執行による違法な身柄の拘束下にお

いて行われたものであって、被告人のDNA型を明らかにするという同一の捜査目的のために、違法な身柄の拘束を直接利用して行われたものであるから、本件口腔内細胞の採取手続も違法を帯びるものと解するのが相当である」と判示した。

そして、「本件捜査方法は、上司とも相談の上、令状を取得した上で被告人から唾液を採取するという令状主義に則った方法を回避する目的で採用されたもの、すなわち令状主義を潜脱する目的で採用されたものであることが明らかである」とし、「令状による場合には、鑑定結果が出るまでの数日の間に本人がいなくなる可能性があるため不相当であると判断した」という説明に対しては、「捜査機関において、その間の被告人の所在の把握が可能でないとはいえず、鑑定結果が判明すれば、その情報を得て、被告人を緊急逮捕することも可能であったといえるから、Dが供述する理由は、令状取得を回避したことを許容する事情とはいえない」とした。

そして、「本件捜査方法は、上司とも相談の上、最初から令状主義を潜脱する目的で採用されたものであることが明らかである上、Dにおいて、本件捜査方法を採用したことを合理化するため、原審公判において**真実に反する供述、信用することのできない供述を重ねている**という事情も認められる。したがって、本件警察官らの行為は、原判決が指摘するように、なんら被告人の身体に傷害を負わせるようなものではなく、強制力を用いたりしたわけではないといっても、本件警察官らの行為及びこれに引き続く一連の手続には、令状主義の精神を没却する重大な違法があり、本件鑑定書を証拠として許容することは将来における違法捜査抑制の見地から相当でないというべきであるから、本件鑑定書については、違法収集証拠としてその証拠能力を否定すべきである」とし、そして、本件鑑定書を除くと、被告人を犯人であると認定することができないとし、原判決を破棄した（自判）。

## 解　説

### 1　強制処分の定義

判例は、「強制手段とは、有形力の行使を伴う手段を意味するものではなく、個人の意思を制圧し、身体、住居、財産等に制約を加えて強制的に捜査目的を実現する行為など、特別の根拠規定がなければ許容することが相当でない手段を意味するものである」としている（最三小決昭51.3.16刑集30-2-187、さらに最三小決平21.9.28刑集63-7-868、最大判29.3.15判タ1437-78）。「強制捜査は有形力の行使を伴うものとは限らない」とした上で、強制処分（捜査）を、①**個人の意思を制圧し**、②**身体、住居、財産等に制約を加えて**、③**強制的に捜査目的を実現する行為**など、④**特別の根拠規定がなければ許容することが相当でない手段**としている。

根拠規定がなければ許されない強制捜査と、規定がなくても許される任意捜査の区別は、重要であるが、任意捜査・強制捜査という概念が規範的概念であり、個々の捜査ごとに具体的検討を加えて実質的な判断を行わざるを得ないことに注意しなければならない。多くの場合、「令状の発付を待って行われなければ違法となるか否か」という形で、その限界が吟味される。

　判例の「強制処分」とは「特別の根拠規定がなければ許容できない手段」であり、その内容の中心を占めるのが、「強制的に捜査目的を実現する」ことであり、その「強制」の典型は、①「個人の意思を制圧するもの」と、②「個人の権利に制約を加えるもの」なのである。

　なお、①と②の関係につき、①は、相手方の意思に反する処分であるかどうかという個別的・具体的な判断を行うものであるのに対し、②は、処分の性質上、重要な権利・利益の制約を伴うものであるかどうかという**一般的・類型的な**判断を行うものであり、両者を区別して用いることが有用であるとの指摘もあるが、判断の類型性において①と②について質的差異があるとまではいえないであろう。

### 2　個人の意思の制圧

　「強制」の語義からは、抵抗を排除したり、目に見える形で明示の意思に反して行う処分が典型であるが、文字どおり、現実に相手方の反対意思を制圧するわけではない。GPS捜査は強制捜査とされたが（最大判平29.3.15→本書235頁）、意思を制圧したという側面より、個人の権利侵害性の重大性が重視されたように思われる。通信傍受も、通信傍受が強制処分であることは、立法により明確にされたが、それ以前から判例は強制処分とし、いかなる要件で許容されるのか、検証令状をいかに修正するかを論じてきた（最三小決平11.12.16刑集53-9-1327）。

　この点、写真撮影も、全てが強制捜査ではないが、望遠レンズによる居宅内の私生活の撮影のように、個人の意思に反してすることが許されないという意味で強制捜査となる場合と、刑事訴訟法218条による身柄拘束中の撮影のように、積極的に受忍義務を課したり直接強制を加える点で強制捜査となる場合とがあるとされてきた（香城敏麿『判解刑事編昭和51年度』72頁）。

　そのような中で、最大判昭和44年12月24日（刑集23-12-1625）は、憲法13条を根拠に、承諾なしに容ぼう等を撮影されない自由が存在することを認めた上で、捜査の場合には、承諾を得ない写真撮影が任意捜査として許される場合があるとし、その許容範囲として、①現行犯ないし準現行犯的状況が存在し、②証拠保全の必要性・緊急性があり、③写真の撮り方が手段の相当性の範囲内である場合を指摘している。①～③に加え「被疑事実の重要性」も考慮して、被

疑者の同意なしに行っても許容される写真撮影の限界が判定されることになる。そして、最二小決平成20年４月15日（刑集62-5-1398）は、写真撮影についても、犯罪・嫌疑の重大性、撮影の必要性、プライバシー侵害の程度等を総合的に考慮し、捜査目的を達成するため、必要な範囲において、かつ、相当な方法によって行われたものといえ、捜査活動として適法なものであるとした。

同意を得ずに権利を制約する捜査でも、全ての場合に根拠規定が必須なわけではなく、後述⑥の「侵害権利の質や侵害の程度」と捜査目的によっては、任意捜査となり得る。

### ３　合理的に推認される当事者の意思に反する場合

本件東京高判平成28年８月23日は、捜査官が、窃盗の犯行現場から採取されたDNAサンプルに係るDNA型が被疑者と一致するか否かを確認するため、任意捜査として、自己が警察官であることやDNA採取目的であることを秘して、お茶の入った紙コップを被疑者に手渡し、使用後の紙コップを回収し、そこから唾液を採取してDNA型鑑定を行ったという捜査手法について、「被告人の意思を制圧して行われたものと認めるのが相当である」とした（違法捜査に基づく証拠として、DNA型鑑定書等の証拠を排除している。）。

その理由として「**当事者が認識しない間に行う捜査について、本人が知れば当然拒否すると考えられる場合に、そのように合理的に推認される当事者の意思に反してその人の重要な権利・利益を奪うのも、現実に表明された当事者の反対意思を制圧して同様のことを行うのと、価値的には何ら変わらないというべきであるから、合理的に推認される当事者の意思に反する場合も個人の意思を制圧する場合に該当する**」と説明したのである。

しかし、「合理的に推認される当事者の意思に反する場合」を、特定の捜査手法に関してではなく、**当事者が認識しない間に行う捜査**一般につき、「個人の意思を制圧する場合に該当する」とした判示には、問題が存在する。

東京高裁の用いる、「合理的に推認される当事者の意思に反して行う場合」と、「本人が知れば当然拒否すると考えられる場合」は、実質的に、同じ内容を言い換えようとしたものと思われる。いずれにせよ、捜査機関が嫌疑の存在を認めている「被疑者」の視点に立って考えれば、人の犯罪行為に関連する自己の情報を捜査機関が取得することは、通常、望まない。そこで、目的を明示せずに証拠を収集することは、「本人が知れば当然拒否すること」になり、「合理的に推認される当事者の意思に反する処分」という結論になるように思われる。ただ、当事者が認識しない間に行われる捜査について、「合理的に推認される当事者の意思に反する捜査が違法である」ということを一般化すると、「相手に捜査目的であることを説明しない処分」が、個人の意思を制圧する場

合に該当する可能性がある。

もちろん、東京高裁も、「本人が知れば当然拒否すること」に加え「**拒否することが、社会通念上許容されること**」という実質的基準をも加味し、それに満たない捜査にとどまれば許容されると考えていると思われる。しかし、判決は、その実質的判断に関する手掛かりとなる説明を行っていない。確かに、「**現実に表明された当事者の反対意思を制圧**」して行ったと同視できるとしているので、「現に具体的に反対意思を制圧した場合と同視し得る」という基準が示されているように見えるが、本件事案がそのような基準にあたるだけの根拠を示す具体的説明はなされていない。

### 4　秘密録音

確かに、「現実に表明された当事者の**反対意思を制圧して行う処分**」は、強制と呼ぶべきであろう。しかし、捜査目的を明示せずに行う秘密録音や質問、写真撮影、さらに指紋収集などが、全て違法であるとはいえない。

そこで本判決は、秘密録音などに関する最高裁判例と抵触するのではないかと指摘されている（吉田雅之・研修824号26頁以下）。確かに、捜査官が、被疑者その他の関係者と会話をするに当たりその内容を、相手方に告げずに録音する**秘密録音**は、任意捜査とされている（松本時夫他編『条解刑事訴訟法』370頁）。通信の当事者のいずれかの同意がある場合には、捜査機関は、刑訴法197条1項に基づく任意処分として、捜査のために当該通信の傍受を行うことができる（三浦守他『組織的犯罪対策関連三法の解説』57頁）。しかし、一方当事者の同意があっても、秘密に録音される側から見れば、「合理的に推認される当事者の意思に反する捜査」とされる場合を含むことになろう（吉田・前掲論文27頁）。ただ、複数を殺害した強盗殺人事件や薬物輸入事件に関する嫌疑が非常に濃厚で、しかも、他の方法による証拠収集が困難で緊急性がある場合に、全ての秘密録音を排除することが合理的なのであろうか。合理的に推認される当事者の意思に反して行う場合であっても、少なくとも、前述の「当事者の反対意思を制圧して行うのと同視し得るような事情」等による限定が必要である。さらには、次項で述べる捜査による重要な権利・利益の侵害の有無、具体的な捜査手段としての相当性の総合的考量が必要であるように思われる。

確かに、「傍受について、対象となる通信・会話の当事者が知らない以上、反対することは考えられず、その意思を制圧することもないから、任意処分である」とする見解は不当である。「本人が知れば当然拒否すると考えられる場合に、そのように合理的に推認される当事者の意思に反してその人の重要な権利を奪うのも、現実に表明された当事者の反対意思を制圧して同様のことを行うのと、価値的には何ら変わらないとして、合理的に推認される当事者の意思

に反する場合も個人の意思を制圧する場合に該当する」(井上正仁『強制捜査と任意捜査(新版)』(有斐閣) 11頁) といえよう。

　しかし、「当事者の反対意思を制圧して同様のことを行うのと、価値的には何ら変わらない**場合もある**」のであり、「合理的に推認される当事者の意思に反する場合の一部は、個人の意思を制圧する場合に**該当し得る**」とは言い得るが、少なくとも、「秘密録音は、強制捜査である」という趣旨でなく、まして、それ以外の**当事者が認識しない間に行う捜査一般**に令状が必要だとするのは妥当ではない。

## 5　おとり捜査

　そして、「捜査目的を秘して全て行う処分を、強制によるものとして令状を要求すること」は、薬物に関するおとり捜査を任意捜査とした最決平成16年7月12日(刑集58-5-333)とも、整合性を欠く。おとり捜査は、「当事者がそれと認識していたら成り立たない捜査」であるが、①直接の被害者がいない薬物犯罪等の捜査において、②通常の捜査方法のみでは当該犯罪の摘発が困難である場合に、③機会があれば犯罪を行う意思があると疑われる者を対象に行うという条件の下で、適法とされた。しかし、相手方が捜査官であることを認識していれば、薬物を交付しようとはしないと推認されるから、「合理的に推認される当事者の意思に反する捜査」ということになりかねない。

　そもそも、多くの捜査には密行性が認められている。捜査の目的や手法・態様を全て明らかにしなければ、プライバシー権の侵害に当たるというのであれば、捜査することにより証拠は隠滅されて、真相究明は望めなくなる。また、被疑者がそのような情報を得れば逃亡することも十分考えられる。犯罪捜査という正当目的を有する捜査官に対し、捜査目的等の告知義務ないし説明義務を課すのは、犯罪の重大性や嫌疑が軽度で、緊急性が欠けるような場合に限られよう。

## 6　重要な権利・利益の制約の有無について

　本判決は、「警察官らの**捜査目的**がこのような個人識別のための**DNAの採取**にある場合には、本件警察官らが行った行為は、なんら被告人の身体に傷害を負わせるようなものではなく、強制力を用いたりしたわけではなかったといっても、**DNAを含む唾液を警察官らによってむやみに採取されない利益**(個人識別情報であるDNA型をむやみに捜査機関によって認識されない利益)は、強制処分を要求して保護すべき重要な利益であると解するのが相当である」とし、「本件捜査方法は、強制処分に当たるというべきであり、**令状によ**

ることなく身柄を拘束されていない被告人からその黙示の意思に反して唾液を取得した本件警察官らの行為は、違法といわざるを得ない」とした。

　しかし、個人識別情報であるDNA型を得るには、常に令状を要するとするわけにはいかない。個人識別情報である**指紋**の採取も、常に強制処分であり令状が必要だとは考えられていない。

　確かに、強制処分の限界を明確にするためには、権利侵害性の要件は、形式的・類型的に判断し、プライバシー侵害を伴うものは全て強制処分であるとすることは、望ましいといえないことはない。しかし写真撮影を見れば明らかなように、プライバシー侵害にも様々な程度があり、しかも侵害態様も多様である。現に本判決も、「身体に傷害を負わせるようなものか」、「強制力を用いたか」は意識している。さらには、嫌疑の程度なども捜査の違法性評価に影響せざるを得ないのである。

　もとより、同意を得て採取すればよいのであるが、そもそも問題は「同意を得て行った捜査か否か」が微妙な場合が多いということにある。捜査の現場では、物理力を行使する場合はもとより、明示の意思に反する処分は、原則として行わない。しかし、「令状を請求するほどではないので、『同意が得られた』と解し得る枠内に収まるよう『工夫』する」のである。その結果、本件のような形で唾液を得ることが考えられたといえよう。

## 7　領置の適法性要件

　捜査官は、被疑者その他の者が遺留した物又は所有者・所持者若しくは保管者が任意に提出した物は、これを領置することができる（刑事訴訟法221条）。領置は、物の占有を取得する唯一の任意捜査である。客体は、**遺留された物**と任意に提出された物に限られる。もっとも、一度占有を取得したら、強制的に占有を継続することができる。占有取得時は任意でなければならないが、領置した後は強制的な占有である。

　「遺留された物」とは、遺失物に限られず、自己の意思によって占有を放棄し、離脱させた物も含む。この点、最二小決平成20年4月15日（刑集62-5-1398）は、不要物として公道上のごみ集積所に排出されたごみも、捜査機関は法221条により遺留物として領置することができるとした。強盗殺人等被疑事件で、現金自動預払機により被害者の口座から多額の現金が引き出された際の防犯ビデオに写っていた人物が被告人と同一であるかを確認するため、警察官が、被疑者自宅付近のごみ集積所のごみ袋を回収して、そのごみ袋の中身を警察署内で確認し、防犯ビデオに写っていた人物が着用していたものと類似するダウンベスト等を領置したことについて、「**排出されたごみについては、通常、そのまま収集されて他人にその内容が見られることはないという期待があ**

るとしても、捜査の必要がある場合には、刑訴法221条により、これを遺留物として領置することができる」としたのである。被告人側は、廃棄したごみについて、第三者にのぞき見られてプライバシーを知られることまで許容しているわけではないから、捜査機関によるごみの回収は、プライバシーを侵害するものであって、強制処分に当たると主張したが、退けられた。

　それに対し、本件東京高判平成28年8月23日は、捜査官が、DNA採取目的であることを秘して、お茶の入った紙コップを被疑者に手渡し、使用後の紙コップを、そこから唾液を採取してDNA型鑑定を行う目的で回収し、当該紙コップにつき**領置の手続が行われたもので、領置調書を作成されたとしても、紙コップはそのまま廃棄されるものと思い込んでいたと認められる被告人が、錯誤に基づいて占有を警察官らに委ねた物であり、前者の遺留にも当たらない**ので、領置手続は、法が許容する領置の類型とはいえず、本件領置手続自体も違法であるとした。

　本判決の事案では、紙コップは警察官により処分されると認識して自ら手渡しているが、それはDNA情報取得を目的とした警察官の働きかけに起因するものである。東京高裁は、最二小決平成20年4月15日のように、自己の占有を離れた後の「ごみ」に関連するプライバシーに対する期待の保護の問題とは考えておらず、「錯誤に陥らせてコップを取得する一連の行為」と考え、**紙コップに係るプライバシーに対する期待は、強制処分を要求して保護すべき重要な権利・利益である**としたのである。

　本件判決は、鑑定書を違法収集証拠として排除した。「捜査方法を採用したことを合理化するため、原審公判において真実に反する供述、信用することのできない供述を重ねているという事情も認められる。したがって、本件警察官らの行為は、原判決が指摘するように、なんら被告人の身体に傷害を負わせるようなものではなく、強制力を用いたりしたわけではないといっても、本件警察官らの行為及びこれに引き続く一連の手続には、令状主義の精神を没却する重大な違法があり、本件鑑定書を証拠として許容することは将来における違法捜査抑制の見地から相当でないというべきであるから、本件鑑定書については、違法収集証拠としてその証拠能力を否定すべきである」としているのである。

　そこには、裁判官に、「不信の念を抱かせる警察官の供述・態度」が、大きく影響している。その点は、捜査の強制性にも色濃く投影している。その意味で、捜査官の側でも反省すべき点を多く含む判決である。ただ、そのことと、本判決が示した強制捜査の外延を示す規範の妥当性は別問題である。**当事者が認識しない間に行う捜査、本人が知れば当然拒否すると考えられる場合に、捜査目的を告げないで捜査する場合は令状が必要である**という基準は、余りに抽象的で曖昧である。

# 第5講 所持品検査の適法性

大阪高判平成28年10月13日（判タ1439-127）

### Focus

社会の変化は「マクロ」の世界であり、「ミクロ」の法解釈は、それ以外の因子に規定されることは、当然である。裁判官の価値観による差もないとはいえない。しかし、証拠を排除すべき「程度」の捜査の違法性が存在するか、別の角度から言えばどの程度「厳しい」捜査を行っても治安を維持すべきかは、勾留請求の却下率の変化などと並んで治安情勢を最も敏感に投影するように思われる（池田修・前田雅英『刑事訴訟法講義第6版』（2018年）141頁参照）。「捜査の違法性の判断形式・強制捜査と任意捜査の限界」「違法収集証拠排除」等の、判例における捜査法解釈の枠組みは昭和50年代に固まったといってよいように思われるが、平成20年台に入って、かなり変化しているように思われる。

### 事 実

本件公訴事実の要旨は、被告人Xが、⑴平成26年10月中旬頃から同月27日までの間に、京都府内、大阪府内、兵庫県内又はその周辺において、覚せい剤を自己の身体に摂取して使用し、⑵同月27日、京都市内所在のパチンコ店立体駐車場の屋上に駐車中の自動車内において、覚せい剤約1.136グラムを所持したというものである。

本件捜査の経過は、Xが、平成26年10月27日午後零時過ぎ頃、公訴事実⑵の立体駐車場の屋上において、知人から預かった車を修理中に、警察官Pから職務質問を受け、その際の所持品検査により、本件自動車内に置いていたXのポーチ在中のコーヒー缶内から覚せい剤が発見されて、覚せい剤所持の嫌疑で現行犯逮捕され、さらに、その後の身柄拘束中に、強制採尿令状によって差し押さえられたXの尿中から覚せい剤成分が検出された、というものである。

原審においては、①職務質問を開始したことの適法性、②所持品検査の違法性及びその程度、③それらを踏まえた本件覚せい剤及びXの尿に対する各鑑定書の証拠能力が争点となったが、原判決は、①職務質問を開始したことは適法であり、②Xの明確な拒否を無視してポーチを開披しコーヒー缶を取り出したことは、実質的な捜索行為を強制的に行ったもので違法であるが、

③缶の蓋を取り去り本件覚せい剤を発見するという最も重要な手続については、Xから明示又は黙示の承諾を得ており、Xに対する有形力を行使して意思を強く抑圧した形跡がうかがわれないことに照らせば、所持品検査に係る手続の違法は必ずしも重大であるとはいえないとして、覚せい剤及び尿の各鑑定書の証拠能力をいずれも認め、これらを証拠として採用した上、本件各公訴事実についてXを有罪と認定した。
　これに対し、弁護側から控訴がなされ、大阪高裁は、所持品検査に関する原判決の認定が、証拠を正しく理解しないか評価を誤った不合理なものであり、所持品検査の違法は重大であることなどを理由に、上記各鑑定書の証拠能力を否定して、原判決を破棄し、無罪を言い渡した。

## 判　旨

　1　大阪高裁は、職務質問を開始したことについては、「Xについて犯罪の中でも特に薬物事犯の疑いが生じていたとまではいえない」としつつ、警察官に声を掛けられた者が通常よりも緊張狼狽した不審な様子を見せれば、警察官が、その者は「警察官に知られたくない何らかの犯罪を犯しているのではないかとの疑い」を持つのは合理的といえ、Xの不審な様子を見て職務質問を開始したこと自体は、適法な措置であったとした。しかし、本件所持品検査は違法なものであるとした。
　2　①職務質問開始後、警察官Pの「ポケットの中のものを出してくれ。」との要請に対し、Xは、これに素直に応じ、ポケットの中のタバコなどを差し出した。その後、警察官Pは、着衣の上からXの身体を触り、ポケットの中に何もないことを確認した。②Xは、警察官Pから運転免許証の提示を求められたのに対し、真実は本件財布内に運転免許証を入れていたにもかかわらず、運転免許証を提示すれば、前科照会をされ、自分に覚せい剤事犯の前科があることが発覚してしまうことをおそれ、「今ここにはない。」と嘘をついた。③警察官PがXに対し、「車の方を確認させて欲しい。」と言うと、Xは、本件自動車は知人のものなので見せることはできないと言ってごまかそうとしたが、本件自動車の所有者が電話で車内を見せることを了承したので、Xも警察官Pが車内を見ることに同意した。④警察官Pは、助手席側の車内検索を開始して程なく、助手席にポーチとチャックで閉じられた財布があるのを発見し、財布がXのものであることを確認すると、「ほんなら見るで。」と言い、Xが「いや、ちょっとそれは困る、あかん。」と答えたのと同時くらいに、財布のチャックを開け、その中から運転免許証を取り出し、それがXのものであることを確認した。⑤さらに、警察官Pは、ポーチを見ていいか尋ねるとXは「あかん、触るな。」と答えたのでPは、「なんであかんの。」などと多少の説得は試みたものの、Xの承諾を得ないまま、本件ポーチのチャックを開いた。⑥Pは、本件ポーチ内に本件缶があるのを見つけ、その外見の古さから違和感を覚えてポーチから取り出し、本件缶には上部の

蓋が回転する細工が施されていることに気がついた。⑦警察官Ｐは、Ｘに対し、パトカーへ乗るよう促し、自ら本件ポーチと缶を持ってパトカーに移動した。Ｘはパトカーに乗ることについて口頭で多少抵抗したものの、最終的には、自らパトカーに移動した。⑧Ｘがパトカー運転席側の後部座席に座り、警察官Ｐがパトカー助手席側の後部座席に座ると、**Ｐは、本件缶の上部の蓋を取り外すのとほぼ同時くらいか取り外した後で、Ｘに対し「開けていいか。」などと言い、これに対し、Ｘは、既に本件缶の蓋が取り外されていたため、「もう開いてるやん」などと言って抗議した。**⑨Ｘは、Ｐに対し、勝手にＸの持ち物を開けたことに対して抗議したが、Ｐは、何が悪いのかという態度を示し、本件缶の中に何が入っているのか尋ね、さらに、本件缶の中に隠匿されていた覚せい剤入りのチャック付きポリ袋を見せて、これは何なのか尋ねたため、Ｘは、渋々それが覚せい剤であることを認めた。

そして、「原判決が認定するように、Ｘが本件缶の蓋を取り去ることについて明示の承諾をしたと認めるに足りる証拠はない」とした。

　３　本件所持品検査が例外的に許容される場合であったか否かについては、ア　Ｐが所持品検査を開始した当時の状況は、Ｘには『警察官に知られたくない何らかの犯罪を犯しているのではないかとの疑い』が認められたにすぎず、嫌疑は抽象的なものにとどまり、その程度も濃厚とは言い難いものであったから、所持品検査の必要性が高かったとはいえず、イ　Ｐが所持品検査を開始した当初、Ｘは、着衣の中の所持品検査に素直に応じ、Ｐが外側からポケットを触ることに抵抗することもなく、車内検索についても、いったんは拒否したものの、本件自動車の所有者が了解すると、素直にこれに応じており、パチンコ店駐車場屋上で自動車の修理をしていたのであるから、客観的に、Ｐらから逃走することが容易な状況にあったわけではなく、所持品検査に応じるよう説得していたのでは、その実効性が阻害されるおそれがあったとは認められないので所持品検査の緊急性があったとはいえないとした。

そして、ウ　チャック等で閉じられた財布等を開披し、その中を確認し、その在中物を取り出したＰの行為は、いずれも捜索に類似する行為である上、一連のものとしてみた場合には、自動車内にあるＸの所持品を手当たり次第に無断で検索しようとするもので、Ｘのプライバシーを侵害する程度の高い行為というべきであるとした。

そして、「本件においては、所持品検査の必要性は高くなく、その緊急性がない状況であるにもかかわらず、Ｘの承諾を得ないまま、捜索に類似し、かつ、Ｘのプライバシーを侵害する程度の高い行為が行われたのであるから、これらの所持品検査は相当な行為とは認め難く、職務質問に付随する所持品検査の許容限度を逸脱した違法なものというべきである。」と判示した。

　４　そして、所持品検査の違法性の程度及び各鑑定書の証拠能力については、**本件の所持品検査がその許容限度を逸脱する程度は大きい**といわざるを得ず、警察官Ｐは、**当初から、真摯に所持品検査に応じるよう説得する手間を省き、Ｘの承諾の有無にかかわらず、それらを検査しようとの意図のも**

と、Xが明示の拒絶をしても、それを無視して、検査に及んだといわざるを得ないとし、所持品検査の過程において、Xに対してパトカーに誘導した以外に**有形力を行使した形跡がないことを考慮しても、一連の所持品検査の違法の程度は、令状主義の精神を没却するような重大なものであった**というべきである。また、将来における違法な捜査の抑制の見地からしても相当でないというべきであり、本件覚せい剤の証拠能力は否定されるべきものであり、本件覚せい剤に関する鑑定書も同様に証拠能力を認めることはできないとした。

　また、本件覚せい剤の所持を被疑事実とする現行犯逮捕も違法というべきであり、Xの尿は、現行犯逮捕による身柄拘束状態を利用して差し押さえられているから、その差押えは、本件覚せい剤を違法に発見したことを直接利用してなされたものでそれ自体も違法というべきである。そして、Xの尿を差し押さえた違法の程度が、本件覚せい剤を発見した際の違法の程度よりも低減する特段の事情は存しないから、Xの尿を差し押さえた違法の程度も重大というべきである。したがって、Xの尿の鑑定書についても証拠能力は否定されるべきであるとした。そして、原審の訴訟手続には、判決に影響を及ぼすことの明らかな法令違反があるとして、原判決を破棄した。

## 解　説

### 1　所持品検査の適法性

　本件で問題となった所持品検査に関するリーディングケースである最三小判昭和53年6月20日（刑集32-4-670）は、①明文の規定はないが、所持品検査は、口頭による質問と密接に関連し、かつ、職務質問の効果を上げる上で必要性、有効性の認められる行為であるから、**職務質問に付随して行うことができる場合がある**とし、②任意手段である**職務質問の付随行為**として許容されるのであるから、所持人の承諾を得て行うのが原則であるが、③迅速適正にこれを処理すべき行政警察の責務に鑑みると、所持人の承諾がなくても、**捜索に至らない程度の行為は、強制にわたらない限り、所持品検査においても許容される場合があり**、④限定的な場合において、**所持品検査の必要性、緊急性、これによって害される個人の法益と保護されるべき公共の利益との権衡などを考慮し、具体的状況の下で相当と認められる限度においてのみ、許容される**としている。

　職務質問の要件を満たした上で、所持品検査の必要性・緊急性が存在することが必要であり、かつ、その手段が相当なものでなければならない。その判断に当たっては、具体的な検査の箇所や態様などから認められる個人の権利が侵害される程度と、疑われている犯罪の重大性、嫌疑の強さ、物件所持の疑いの強さ、その物件の危険性の強さなどから認められる公共の利益とを比較衡量し

て決定する必要がある。

## 2　判例における具体的「相当性」判断

　最判昭和53年6月20日と同じ年に出された最一小判昭和53年9月7日（刑集32-6-1672）は、本件と同様の覚せい剤所持に関する事案であるが、所持品検査を違法であるとしている。警察官が、覚せい剤の使用ないし所持の容疑がかなり強い者に所持品の提示を求めたところ、拒絶されたため、上衣の内ポケットに手を入れて所持品を取り出すと、覚せい剤がでてきたという事案に関し、覚せい剤の使用ないし所持の容疑がかなり濃厚に認められ、職務質問に妨害が入りかねない状況もあったから、所持品を検査する必要性ないし緊急性は認められるが、被告人の承諾がないのに、その上衣左側内ポケットに手を差し入れて所持品を取り出した上検査した行為は、一般にプライバシー侵害の程度の高い行為であり、かつ、その態様において捜索に類するものであるから、本件の具体的な状況のもとにおいては、相当でなく、職務質問に付随する所持品検査の許容限度を逸脱しているとした。

　ただ、同判決は、覚せい剤の押収手続について、「K巡査の行為は、職務質問の要件が存在し、かつ、所持品検査の必要性と緊急性が認められる状況のもとで、必ずしも諾否の態度が明白ではなかった被告人に対し、所持品検査として許容される限度をわずかに超えて行われたに過ぎないのであって、……右所持品検査に際し強制等のされた事跡も認められないので、本件証拠物の押収手続の違法は必ずしも重大であるとはいえない」として本件証拠物の証拠能力を認めていることに注意しなければならない。

　最三小決平成7年5月30日（刑集49-5-703）は、パトカーで警ら中、信号が青色に変わったのに発進しない自動車を認めた警察官が、運転していた被告人に対し職務質問を開始したところ、免許証を携帯しておらず、照会の結果覚せい剤の前歴が5件あること等が判明し、さらに、被告人のしゃべり方が普通と異なっていたこともあり、約20分間にわたり所持品や自動車内を調べたいなどと説得したものの、被告人はこれに応じようとしなかったため、被告人を自動車のそばに立たせた上、車内に乗り込み、自動車の内部を丹念に調べたところ、運転席下の床の上に白い結晶状の粉末の入ったビニール袋1袋が発見されたという事案に関し、被告人の任意の承諾がない限り、職務質問に付随して行う所持品検査として許容される限度を超えているところ、被告人の任意の承諾はなかったのであるから、その行為は違法であるとした。ただ、同判例は、所持品検査の違法性は重大なものではないとして、証拠排除を認めなかったのである（さらに、最決平15.5.26刑集57-5-620参照）。

### 3 本件所持品検査の違法性

　所持品検査に関しては、本判決も原審判決も共に、違法なものとしている。ただ、本件原審判決は、警察官がXの明確な拒否を無視してポーチを開披しコーヒー缶を取り出したことは、実質的な捜索行為を強制的に行ったもので違法であるが、コーヒー缶の蓋を取り去り本件覚せい剤を発見するという最も重要な手続については、Xから明示又は黙示の承諾を得ていること、警察官がXに対し有形力を行使してXの意思を強く抑圧した形跡がうかがわれないことに照らせば、所持品検査に係る手続の違法は必ずしも重大であるとはいえないとして、覚せい剤及び尿の各鑑定書の証拠能力をいずれも認めた。

　これに対し、本判決は、Xがコーヒー缶の蓋の取り去りを明示又は黙示に承諾したと認めることは、原判決が具体的に指摘する証拠をみても困難であり、原判決の認定は、証拠を正しく理解しないか評価を誤った不合理な認定といわざるを得ないと判断した。その上で、本件については、所持品検査の必要性は高くなく、その緊急性がない状況であったにもかかわらず、警察官は、Xの承諾を得ないまま、捜索に類似し、かつ、Xのプライバシーを侵害する程度の高い行為を行ったのであるから、職務質問に付随する所持品検査の許容限度を逸脱した違法なものというべきであり、かつ、その逸脱する程度は大きいと判断したのである。同じく所持品検査を違法としつつも、違法の量的評価の差は、結論においては、有罪と無罪という決定的な差を導く。

### 4 証拠排除

　本件では、覚せい剤所持罪の成否が争われ、Xが覚せい剤を正当な理由なく所持していたことは証明されている。刑訴法1条の「真相究明の要請」からは、捜査の違法に対し何らかの制裁を科すことは当然であろうが、「有罪」という事実は動かすべきでないようにも見える。判例も、かつては、「押収物は押収手続が違法であっても物其自体の性質、形状に変異を来す筈がないから其形状等に関する証拠たる価値に変りはない」としていたのである（最三小判昭24.12.13裁判集刑事15-349）。

　現行刑訴法施行後約30年を経て、前述の最一小判昭和53年9月7日（刑集32-6-1672）が、違法に収集された証拠物の証拠能力について、「事案の真相の究明も、個人の基本的人権の保障を全うしつつ、適正な手続のもとでされなければならないものであり、ことに憲法35条が、憲法33条の場合及び令状による場合を除き、住居の不可侵、捜索及び押収を受けることのない権利を保障し、これを受けて刑訴法が捜索及び押収等につき厳格な規定を設けていること、また、①憲法31条が法の適正な手続を保障していること等にかんがみると、証拠

物の押収等の手続に、憲法35条及びこれを受けた刑訴法218条1項等の所期する**令状主義の精神を没却するような重大な違法があり**、②これを**証拠として許容することが、将来における違法な捜査の抑制の見地からして相当でない**と認められる場合においては、その証拠能力は否定されるものと解すべきである」と判示した。

## 5  判例の排除基準の変化

　ここで注意しておかねばならないのは最一小判昭和53年9月7日は、具体的結論においては「職務質問の要件が存在し、かつ、所持品検査の必要性と緊急性が認められる状況のもとで、必ずしも諾否の態度が明白ではなかった被告人に対し、所持品検査として許容される限度をわずかに超えて行われたに過ぎないのであって、もとより同巡査において令状主義に関する諸規定を潜脱しようとの意図があったものではなく、また、他に右所持品検査に際し強制等のされた事跡も認められないので、本件証拠物の押収手続の違法は必ずしも重大であるとはいえないのであり、これを被告人の罪証に供することが、違法な捜査の抑制の見地に立つてみても相当でないとは認めがたいから、本件証拠物の証拠能力はこれを肯定すべきである」として、押収手続の違法を認めながらも証拠能力を認めたのである。

　具体的証拠「排除」は、最高裁においては、最二小判平成15年2月14日（刑集57-2-121）ではじめて認められた。同判決は、被疑者の逮捕手続において逮捕状の呈示がなく、逮捕状の緊急執行もされていない違法があり、これを糊塗するため、警察官が逮捕状に虚偽事項を記入し、公判廷において事実と反する証言をするなどの経緯全体に表れた警察官の態度を総合的に考慮すれば、本件逮捕手続の違法の程度は、令状主義の精神を没却するような重大なものであり、本件逮捕の当日に採取された被疑者の尿に関する鑑定書の証拠能力は否定されるとした。同判決では、捜査行為そのものの違法性の強さもさることながら、違法な捜査を隠すために、逮捕状に虚偽事項を記入したり、公判廷において事実と反する証言をするなどの点が重視されたように思われる。

　その後、最大判平成29年3月15日（刑集71-3-13）が、GPS捜査は令状がなければできない処分であるとして、本件GPS捜査に重大な違法があったとはいえず、それによって得られた証拠の証拠能力は否定できないとした原審の判断を、憲法及び刑訴法の解釈適用を誤ったものとした上、当該捜査によって直接得られた証拠及びこれと密接な関連性を有する証拠の証拠能力を否定した第一審判決を正当としたのである（前田・前掲捜査研究798-28以下）。

## 6　排除の具体的判断構造

　現在も、判例の「令状主義の精神を没却するような重大な違法」があり、「将来における違法な捜査の抑制の見地から相当でない」と認められる場合に排除すべきものとする基準が機能しているといってよい。そして、「重大な違法」と「違法捜査の抑制」との関係については、例外的な場合（将来用いられそうもない違法捜査等）を除き、重大な違法があれば違法捜査抑制の見地からも排除を相当とするのが通例であるため、実際の訴訟においては、重大な違法といえるか否かの判断が証拠を排除するか否かの結論に直結することが多い（池田・前田『刑事訴訟法講義第6版』（2018年）488頁）。

　問題は「重大な違法性」の判断形式・判断基準である。まず、手続に違法があれば排除するという考え方（絶対的排除説）は、真相の究明と適正手続の均衡点を求める作業においては、実践性を欠く。司法に対する国民の信頼の確保の観点と違法捜査の抑止の要請と、真相究明・犯罪抑止の要請の両者が最も「極大化」する調和点を求めなければならない。具体的には、手続違反の程度・状況・有意性・頻発性、手続違反と証拠獲得との因果性の程度、そして一方で事件の重大性、証拠の重要性、採証の必要性・緊急性等が挙げられる。

　言い換えれば、違法収集証拠を用いることにより、被疑者・被告人の人権を侵害し、刑事司法システムの公正さや正義を疑わせるおそれの程度と、その証拠を排除することにより、真実発見の利益を放棄し、刑事司法システムの運用コストを増大させる程度との比較衡量であり、具体的には、①違反した法規の重大性、②違反の態様の悪辣性、③被告人の利益を直接侵害した程度、④捜査官の法軽視の態度の強弱、⑤当該捜査方法が将来繰り返される確率、⑥当該事案の重大性とその証拠構造における当該証拠の重要性、⑦手続の違法と証拠収集との因果性の程度などが考慮されなければならない（池田・前田・前掲489頁）。

　そして、社会の「犯罪禁圧の要請」などの変化により、このような総合衡量は、この基準が微妙に動いてきているのである。

## 7　薬物捜査における証拠排除の具体的判断

　証拠排除に関する最高裁判例は、覚せい剤事犯に関するものに集中しているが、それらの多くの事案では、捜査手続に違法があるとしながらも、重大な違法とは認めず、証拠能力を肯定してきた。所持品検査に関連するものとしては、最二小決昭和63年9月16日（刑集42-7-1051）、最三小決平成7年5月30日（刑集49-5-703）、最一小決平成15年5月26日（刑集57-5-620）を挙げることができる。いずれも、それらの手続が違法であったとしながら、重大な違法とは

いえないとして、証拠排除を認めなかった。

そして、捜査の違法性を厳しく判断した最三小決平成21年9月28日（刑集63-7-868）も、宅配便の荷物を検証許可状によることなくX線検査した行為につき、違法であったとしながらも、警察官が、宅配便業者の承諾を得、検査対象を限定する配慮もしていて、令状主義を潜脱する意図がなかったことや、当該覚せい剤が、X線検査の結果以外の証拠も考慮して発付された令状に基づく捜索において発見されたことなどを指摘して、重大な違法があるとまではいえないとしていたのである。

所持品検査に関連して証拠を排除した下級審裁判例としては、所持品検査に応じるよう説得するために被疑者を長時間留め置いたことが違法とされた東京高判平成19年9月18日（判タ1273-338）や東京地判平成22年8月6日（判タ1366-248）等がある。そして、後者においては、「長時間にわたる留め置きの違法を糊塗するため、内容虚偽の疎明資料を作成した」ことが、証拠排除の判断にとって重い意味を持ったように思われる。

本件は、長時間の事実上の拘束もなければ有形力の行使も見られなかった事案である。そして、被疑者の完全な同意を得ることなく「缶の蓋を開披する行為」を、「令状主義の精神を没却する重大な違法」を伴うとまではいえないとした原審が、「具体的な犯罪の嫌疑が存在せず、所持品検査の必要性が高いわけでも、所持品検査の緊急性があるわけでもないのに、承諾のないまま、所持品の開披や在中品の取り出しなどの所持品検査を許容することにつながりかねない」として覆されたものである。

本件職質時の嫌疑の「具体性の程度」の評価、「免許証を持っていない」という虚偽発言と嫌疑の関係、そしてXの検査への同意の有無も、「規範的部分」を含む。これらについて、「厳しい視点でのぞまれても耐えうる捜査」を行うことが必要となろう。特に、開披を求める説得に関しては、その時間と態様について、十分に慎重に行う必要があろう。

大阪高裁の「排除の選択」には、「当初から、真摯に所持品検査に応じるよう説得する手間を省き、Xの承諾の有無にかかわらず、それらを検査しようとの意図のもと、Xが明示の拒絶をしても、それを無視して、検査に及んだといわざるを得ない」と断じている点が、大きく影響している。Pの行為は、「本件自動車内にある被告人の所持品を手当たり次第に無断で検索しようとするもの」と評価されたのである。

前述の最二小判平成15年2月14日（刑集57-2-121）も、捜査行為そのものの違法性の強さ以上に、違法な捜査を隠すために、逮捕状に虚偽事項を記入したり、公判廷において事実と反する証言をするなどの点が重視されていた。本件でも、Pら公判廷において逮捕手続書や捜索差押調書に、明示の承諾を受けて所持品検査を実施した旨記載したことも、違法性を高める因子として扱われる

ことになる。もとより、Ｐは「承諾を得た」と認識していたのであろうが、そのことを説明し得る証拠を準備しておくことが肝要である。そして、同意を得るための説明を丁寧に行い、被疑者への確認作業が重要であることはいうまでもない。

第5講 所持品検査の適法性

# 第6講 罪証隠滅のおそれと勾留請求却下

最一小決平成26年11月17日（判時2245-124）

## Focus

被疑者の勾留には、勾留の理由と必要性が存在しなければならない。**勾留の理由**とは、被疑者が罪を犯したことを疑うに足りる相当な理由（相当の嫌疑）があること及び刑事訴訟法60条1項各号に掲げる、①**被疑者が住居不定**のとき、②**被疑者に罪証隠滅のおそれ**があるとき、③**被疑者に逃亡のおそれ**があるときのいずれかに該当することである。

**勾留の必要性**とは、起訴の可能性（事案の軽重等）、捜査の進展の程度、被疑者の個人的事情（年齢、身体の状況等）などから判断した勾留の相当性である。勾留の必要性についても、裁判官が判断し得る。

ただ、勾留の理由が一応はあるにもかかわらず、勾留の必要性が否定されて、勾留状の請求が却下されることは、1パーセントも存在しなかった。しかし、最近、勾留請求の却下率が急上昇している。平成28年には、地裁では、8.5パーセントが却下されるに至っている（**図**参照）。

そのような中で、本件最高裁決定が出された。勾留請求を却下した原々審の裁判に誤りがあるとはいえないので準抗告は棄却を免れず、原決定を取り消し、準抗告を棄却したのである。

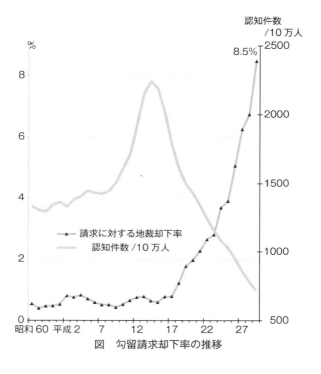

図　勾留請求却下率の推移

### 事　実

　本件被疑事実の要旨は、「被疑者は、平成26年11月5日午前8時12分頃から午前8時16分頃までの間、京都市営地下鉄烏丸線の五条駅から烏丸御池駅の間を走行中の車両内で、当時13歳の女子中学生に対し、右手で右太腿付近及び股間をスカートの上から触った」というものである。

　原々審は、**勾留の必要性がない**として勾留請求を却下した。これに対し、原決定は、「**被疑者と被害少女の供述が真っ向から対立しており、被害少女の被害状況についての供述内容が極めて重要であること、被害少女に対する現実的な働きかけの可能性もあることからすると、被疑者が被害少女に働きかけるなどして、罪体について罪証を隠滅すると疑うに足りる相当な理由があると認められる**」とし、勾留の必要性を肯定した。これに対して、被疑者側から特別抗告がなされた。

### 判　旨

　最高裁は、原決定を取り消し、準抗告を棄却した。

「被疑者は、前科前歴がない会社員であり、原決定によっても逃亡のおそれが否定されていることなどに照らせば、本件において勾留の必要性の判断を左右する要素は、罪証隠滅の現実的可能性の程度と考えられ、原々審が、勾留の理由があることを前提に勾留の必要性を否定したのは、この可能性が低いと判断したものと考えられる。本件事案の性質に加え、本件が京都市内の中心部を走る朝の通勤通学時間帯の地下鉄車両内で発生したもので、**被疑者が被害少女に接触する可能性が高いことを示すような具体的な事情がうかがわれないことからすると、原々審の上記判断が不合理であるとはいえない**ところ、原決定の説示をみても、被害少女に対する現実的な働きかけの可能性もあるというのみで、**その可能性の程度について原々審と異なる判断をした理由が何ら示されていない**。

そうすると、勾留の必要性を否定した原々審の裁判を取り消して、勾留を認めた原決定には、刑訴法60条1項、426条の解釈適用を誤った違法があり、これが決定に影響を及ぼし、原決定を取り消さなければ著しく正義に反するものと認められる。

よって、刑訴法411条1号を準用して原決定を取り消し、同法434条、426条2項により更に裁判をすると、上記のとおり本件について勾留請求を却下した原々審の裁判に誤りがあるとはいえないから、本件準抗告は、同法432条、426条1項により棄却を免れず、裁判官全員一致の意見で、主文のとおり決定する。」

## III 解説

### 1 勾留の理由と罪証隠滅のおそれ

本件最決平成26年11月17日では、罪証隠滅のおそれが否定された。具体的には、「本件が京都市内の中心部を走る朝の通勤通学時間帯の地下鉄車両内で発生したもので、被疑者が被害少女に接触する可能性が高いことを示すような具体的な事情がうかがわれないこと」からすると、原々審の、罪証隠滅のおそれが低いとした判断は、不合理であるとはいえず、原決定が「被害少女に対する現実的な働きかけの可能性もある」というのみで原々審の判断を覆したことには理由が示されていないとしたのである。

罪証は、被疑事実の証拠に限られず、検察官の起訴不起訴の判断や量刑において重要な意味を持つ事情に関する証拠も含まれる。罪証の隠滅とは、証拠を隠したり、共犯者と口裏合わせをするおそれなどが典型であるが、証人等に圧力をかけて供述を変えさせることも問題となる。

ただ、被疑者(被告人)には自分に有利になるように防御活動をする権利を有する。そこで、「許される防御活動」と「罪証隠滅行為」との限界が問題となる。もちろん、証人への圧力や、共犯者との通謀や連絡などの危険性が具体

的なものであれば、罪証隠滅のおそれがあるといえようが、それについても「程度」の評価の問題は残る。

　また、被疑者が犯罪事実を認めていれば、勾留して取り調べる必要性は低い。少なくとも、被疑者が犯罪事実を認めている場合は、種々の弁解をしている場合に比して罪証隠滅のおそれが低いとされることが多くなろう。他方、被疑者が犯罪事実を否認していること自体から罪証隠滅のおそれがあると解することは許されない。問題となっている犯罪の重大性、嫌疑の程度、供述態度等を慎重に衡量して、勾留の必要性が判断されることになる。そして、捜査機関の側で十分留意しておかねばならないのは、その衡量の実質的判断が、10年前までの規準から変化してきているという点なのである。

## 2　罪証隠滅のおそれの具体的認定

　勾留を認めるための「罪証を隠滅すると疑うに足りる相当な理由があるとき」とは、犯罪の成否や量刑に関する終局的判断を誤らせたり、捜査や公判を紛糾させたりするおそれがあるような、証拠に対する違法・不当な働きかけが、一定以上の確率で想定される場合である。罪証隠滅の態様の典型は、共犯者との通謀、証人（参考人）との通謀又は証人（参考人）に対する圧迫などである。物証の毀棄・隠匿も典型的な罪証隠滅行為である。しかし、被告人（弁護人）には、自己に有利な証拠を収集する権利があり、また被害の弁償、示談など情状を軽減するための行為に出ることも許されている（防御活動）。その意味で、被告人が共犯者と打合わせをしたり、証人として予定されている者から聞込みなどしたりすることを禁ずるわけにはいかないが、犯罪の嫌疑が濃い者自身が直接的に接触することは、相手方への不当な影響を及ぼすおそれのある場合が多いと考えられ、弁護人を通じてではなく被告人自らによる直接的な接触のおそれが強いときは、罪証隠滅のおそれがあると評価される可能性が高いと解してよいであろう。もとより、具体的な場合ごとに、真実の発見と被告人の防御権の尊重との調和という見地から、罪証隠滅行為に当たるか防御権の行使として許される範囲にあるものか慎重に検討する必要がある。

　この実質的判断は、問題となっている犯罪の重要性と、嫌疑の程度を基礎に、①客観的な罪証隠滅の余地（客観的可能性及び実効性）と、②被疑者の罪証隠滅の意図・意欲を推認させる事情を衡量して判断される（『条解刑事訴訟法第4版』148-150頁参照）。

　(1)　まず、①**罪証隠滅の客観的可能性**がなければ、罪証隠滅のおそれを問題にする必要はない。いかに被疑者に主観的に罪証隠滅に出る意図があっても、客観的に証拠に影響を及ぼし得なければ、罪証隠滅を論ずる必要はない。被害者の供述を変更させようとしても、被害者が警察官等に供述した後、既に死亡

しているような場合には、供述を変更させることは不可能であるし、また捜査機関によって押収されている証拠を毀棄したり隠匿したりすることも、不可能に近い。

また、証拠に対する具体的な働きかけが予想されても、それによって罪証隠滅の効果が生じる客観的可能性が必要である。終局的判断や公判審理（捜査過程）に不当な影響を及ぼすおそれがない行為であれば、勾留してそれを阻止することは許容されない。捜査機関が既に保全している証拠の質や量をも考慮して、想定される隠滅行為が犯罪事実の認定や量刑に重要な影響を及ぼすおそれがどの程度存在するかが判断されることになる。

(2) 次に、②**罪証隠滅の意欲・意図の程度**が問題となる。これが全く認められない場合には、罪証隠滅のおそれを理由に勾留すべきではない。ただ実際上は、客観的に罪証隠滅の余地が大きく、また罪証隠滅行為を容易に行い得る状況にあるときは、被告人が罪証隠滅の意図をもたないと、客観的に認定できる場合はほとんどないといえよう。勾留が認められず釈放され、他の者と接触すれば、罪証隠滅の意欲が湧く場合が生じることは強く推認される。被告人の主観的意図といっても、供述態度などから客観的に認定されなければならない。被告人が虚偽の弁解や客観的に明らかな事実と矛盾する供述を繰り返したり、あるいは追及されると供述を変転させたりしているような場合は、罪証隠滅の意図が推認される。逆に、被疑者が一貫して詳細な自白をし、真に反省悔悟した態度を示しているなどという状況は、被告人に罪証隠滅の意図のないことをうかがわせる根拠となり得る。

黙秘という供述態度からは、**罪証隠滅の意欲・意図**が強く推認される。確かに、黙秘している事実そのものを被告人に不利な資料として用いることは黙秘権の侵害になるように見えるが、率直な自白という供述態度が罪証隠滅の意図を否定する根拠になり得ることとの対比において、その反射的な不利益が黙秘した者に及ぶことは実際問題として否定できない。さらに、自らの氏名、住居、身上関係まで黙秘するという場合には、法秩序を無視する態度がうかがわれるとも考えられ、罪責を免れる意図のあることを推認することも許される。

(3) 「おそれ」の程度については、**単なる抽象的な危険性では足りず、確実性までは要求されないが、具体的な資料によって裏付けられた高度の可能性のあることを要する**とされるが、それは「規範的評価」であり、上記各要因について具体的に検討し、その結果を総合考慮して裁判官が、国民の規範意識を踏まえて決定するものなのである。そして、近時、治安状況の著しい改善の中で、「この程度の罪証隠滅のおそれでは、勾留という不利益を課すべきではない」という方向の、微妙な変化が生じてきているように思われる。

## 3 保釈と罪証隠滅のおそれ

　本件決定の翌日、最一小決平成26年11月18日（刑集68-9-1020）は、罪証隠滅のおそれを厳格に認定し、それが実質的に欠けるので保釈を認めるべきであるという注目すべき判断を示した。

　「家庭用電気製品の販売会社の取締役が、LED照明の製造会社やその販売会社の代表者ら4名と共謀の上、被害会社から仕入代金の先払い名目で金銭をだまし取ろうと考え、真実は、被告人が取締役を務める会社がLED照明の注文を受けた事実も、LED照明を製造して納品する意思もなく、かつ、被害会社から支払われる金銭は借入金の返済等に充てる意思であるのにその情を秘して虚偽の内容を申し述べ、LED照明7,600点（販売価格2億3,000万円余り）の注文書を交付するなどして、被害会社の代表取締役らをして、被害会社がその注文を受け、上記販売会社に仕入注文をして購入代金の一部を先払いすれば、上記製造会社がその資金で上記LED照明を製造して納品するものと誤信させて、上記販売会社に対し上記LED照明の仕入注文をさせ、よって、その購入代金の先払い分及び残金として、2回にわたり、合計2億3,000万円余りを上記販売会社名義の普通預金口座に振込入金させた」という事案であった。

　原々審は、最重要証人である被害会社の担当者に対する主尋問が終了した段階で、保証金額を300万円とし、共犯者その他の関係者との接触禁止等の条件を付した上で被告人の保釈を許可した。原々審は、**被告人と共犯者らとの主張の相違ないし対立状況、被告人の関係者に対する影響力、被害会社担当者の主尋問における供述状況等に照らせば、被告人がこれらの者に対し実効性のある罪証隠滅行為に及ぶ現実的可能性は高いとはいえないこと、本件における被告人の立場は、複数回の架空発注のうちの1件に発注会社の担当者として関与したにとどまること、被告人に対する勾留は既に相当期間に及んでおり、前述のような現実的でない罪証隠滅のおそれを理由にこれ以上身柄拘束を継続することは不相当であること**等を考慮して保釈を許可したものと理解される。

　これに対し、原決定は、「被告人は、**共謀も欺罔行為も争っているのである**から、共犯者らと通謀し、あるいは関係者らに働き掛けるなどして、罪証隠滅に出る可能性は決して低いものではない。そうすると、罪証隠滅のおそれは相当に強度というほかなく、被告人には刑訴法89条4号に該当する事由があると認められる。また、その罪証隠滅のおそれが相当に強度であることに鑑みれば、多数の証人予定者が残存する中にあって、未だ被害者1名の尋問さえも終了していない現段階において、**被告人を保釈することは、原審の裁量の幅を相当大きく認めるとしても、その範囲を超えたものというほかない**」として、保釈を認めた原々決定を取り消した。

　それに対し最高裁は、「原決定は、これまでの公判審理の経過及び罪証隠滅

のおそれの程度を勘案してなされたとみられる**原々審の判断が不合理であることを具体的に示していない**。本件の審理経過等に鑑みると、保証金額を300万円とし、共犯者その他の関係者との接触禁止等の条件を付した上で被告人の保釈を許可した原々審の判断が不合理であるとはいえないのであって、このように不合理とはいえない原々決定を、裁量の範囲を超えたものとして取り消し、保釈請求を却下した原決定には、刑訴法90条、426条の解釈適用を誤った違法があ」るとしたのである[1]。

　権利保釈に関する刑訴法89条は、保釈の請求があったときは、「被告人が罪証を隠滅すると疑うに足りる相当な理由があるとき」などの場合を除いては、これを許さなければならないとしている。そして本号に定める罪証隠滅のおそれも、刑訴法60条1項2号とほぼ同様に解される。もとより、具体的な手続段階に応じた判断は必要である。起訴前においては、事案の真相解明、起訴不起訴の決定のために証拠を収集保全という視点が重視され、起訴後も、手続の進行に応じて、証拠隠滅のおそれの評価は変化する。検察官請求証拠の全てに同意し、その取調べを終える段階では、罪証隠滅のおそれが減少したとみられる場合が多くなる。

　いずれにせよ、最高裁が、高裁の「罪証隠滅のおそれは相当に強度である」という判示にもかかわらず、保釈を認める判断を示した最高裁の規範的評価は、基本的に、最一小決平成26年11月17日と同様の方向性を持つものなのである。

---

[1]　最高裁は、「抗告審は、原決定の当否を事後的に審査するものであり、被告人を保釈するかどうかの判断が現に審理を担当している裁判所の裁量に委ねられていること（刑訴法90条）に鑑みれば、抗告審としては、受訴裁判所の判断が、委ねられた裁量の範囲を逸脱していないかどうか、すなわち、不合理でないかどうかを審査すべきであり、受訴裁判所の判断を覆す場合には、その判断が不合理であることを具体的に示す必要があるというべきである」という点を強調した。

# 第7講 接見交通の秘密性の確保と弁護活動

岐阜地判平成25年10月25日（裁判所 Web）

## Focus

　本件判例は、「事実」の欄に示された「接見交通」の実態と、それに基づく刑事司法の攪乱行為が、現実に行われているということを、裁判所が認定し、社会に対して明らかにした。裁判内容が、犯罪者の作成したシナリオどおり進行しかけたということの問題性もさることながら、そのような不正の指示の伝達が接見交通の場で、いとも簡単に行われてしまっている現実である。「遮蔽板の丸窓の穴を通しての文書の受け取り」など、留置の現場では、予想外の事実ではないかもしれないが、接見の場がこのような形で利用され得ることを認識し、現実に利用されていることを確認することは、刑事司法過程を考えていく上で非常に重要なことである。もとより、本件はごく例外的な弁護士による犯行であることは明らかである。しかし、「このようなことが、実際に接見の場に存在した」という事実は、広い意味での捜査の領域の中でも、特に最も激しい争いが展開されている接見交通の「合理的な制限」を考える際には、決定的な意味を持つ。「そのようなことをするかもしれない」という「推定」と、「実際にこのようなことが行われた」という事実とは、重みが質的に異なるのである。

## 事　実

　被告人Xは、G弁護士会に登録する弁護士であり、窃盗等により逮捕・勾留され、平成24年10月15日、窃盗、建造物侵入被告事件の被告人として岐阜地方裁判所に公判請求されたWの弁護人であったところ、

　別件被告事件の証人であるAに対し、真実は、別件被告事件のうちの一部の事件については、WがAと共謀して行ったにもかかわらず、Aがそれぞれ単独で犯行を行い、Wは関与していない旨の虚偽の証言をさせようと企て、Wと共謀の上、

　1　平成24年10月上旬、Wが勾留されていたK警察署の**留置施設面会室**において、Wと接見した際、同人から、「1人でやったと言うよりも、2人でやったと言った方が罪かるくなる気がした。なので、Wと言ってもあやしまれないし大丈夫だろうと思い言った。」「犯行は1人でやった。道具は全て捨

てた。」「Wとの犯行はしていません」（かぎ括弧内はいずれも原文のママ。以下同様）旨のAに虚偽の証言をさせるよう求める内容が記載されたC宛ての手紙を同**面会室に設置された遮蔽板の丸窓の穴を通して受け取り**、D及びEを介し、同年11月19日、K市所在のイオンモール敷地内において、前記手紙の写しをAに交付し、その頃、同人にこれを閲読させて、同手紙の記載どおりに虚偽の証言をするよう指示し、

　　2　同月30日、別件被告事件によりWが勾留されていたG拘置支所において、Wと接見した際、同人から、「俺や！お前チンコロするなよ。」「今からでも遅くないで、オレの言うとおり公判で訂正しろよ。」「犯行1人でやった。」「もうお前は判決でてるから証言かえても、パクられんから安心しろ。」「じっさいは全て1人でやり、モノについては全て川に流しましたと。」「ムショ行くはめになったら許さんし、1ヶ月おきに金払えよ。組の人間がお前のところに行くでその時。」「オレがパクられてもいずれは出てくる。その時きさまらは生き地獄をみるだろうっと言っとけ。チンコロしたままならな！全員公判によばれて俺の前で全て証言させられるでな。」「しっかりと、証言かえるなら、つじつま合わせてあるで、俺の弁ゴ人にTELしろ。」「そしたら先生とか俺の友人が教えてくれるようになっとるから。」「オレとかオレのまわりおこらしたら岐阜おれんで。ストップかけてるからお前ら大丈夫なんやでな。」「これ以上うらぎるな！うら切った奴から出所したらしまつしにぜったい行くでな。」旨のAに虚偽の証言をするよう求める内容等が記載された被疑者ノートを**宅下げにより受け取り**、F、D及びEを介し、平成25年1月7日、岐阜県K市の当時のE方において、同ノートの前記各記載部分を撮影記録した携帯電話機の画像をAに閲読させて、同ノートの記載どおりに虚偽の証言をするよう指示し、

　　3　平成24年12月下旬頃、岐阜市のS法律事務所において、前記拘置支所に勾留されているWから、「下手うったら許さん。」「チンコロは許される事ではない。しっかりと訂正するように。」旨記載されたA宛ての手紙等を郵送により受け取った上、平成25年1月24日、同拘置支所において、Wと接見した際、同人から、「5月16日～17日の犯行は1人でやりました。」「実は犯行を全て1人で行っており、Wとやったと人のせいにしていました。」「何故Wのせいにしたのかというと最初1人でやったと言ってましたが信じてもらえず、Wがうたがわれていたので、そのまま全てをWのせいにしました。警察や検事もWとやったというと、何故か信じてくれて、都合よく事が進んでいきました。現在その事が申し訳ないと思い訂正する事にしたのです。」「犯行道具などは全て川へ捨て（中略）ました。」「今までにWの弁ゴ人や、周りの人が自分に会ったり話をした事はありません。」旨のAに虚偽の証言をするよう求める内容が書き込まれたAの供述調書等の写しを宅下げにより受け取り、Eを介し、同年2月19日、岐阜県M市において、前記手紙等の写し及び前記供述調書等の写しをAに交付し、その頃、同人にこれらを閲読させ

て、その記載及び書き込みどおりに虚偽の証言をするよう指示し、
　よって、Aをして、前記各指示どおりに虚偽の証言をすることを決意させ、同月20日、岐阜地方裁判所第○○号法廷における別件被告事件の公判期日において、証人として宣誓したAをして、概要、Wとの共犯とされる全ての事件は、自分が1人で行ったもので、Wは関与していない旨の自己の記憶に反する虚偽の陳述をさせ、もって偽証を教唆したという事実で起訴された。

### 判旨

　岐阜地裁は、以上の公訴事実を、証拠に基づきそのまま認定し、偽証罪の教唆を認め、懲役3年を言い渡した（執行猶予4年）。そして量刑の判断の中で、以下のように判示した。
「1　本件は、弁護士である被告人が、私選弁護人を受任していたWに対する別件被告事件について、Wと共謀の上、同事件で共犯者とされたA及びB（以下2人併せて『Aら』という。）に対し、接見交通権を濫用する方法等で受領したW作成に係る文書等を渡すなどして、複数回にわたって、Wは関与していない旨偽証するよう働きかけ、別件被告事件の証人尋問において、Aらにそれぞれ虚偽の証言をさせたという偽証教唆の事案である。
　2　被告人及びWは、Wが接見等禁止の処分を受け、弁護人である被告人以外の者と接触ができない状況の下、接見交通権を濫用し、Aらに対し、捜査段階や自身の公判における供述を翻して偽証しなければ、その報復として生命・身体に重大な危害を加える旨の脅迫的な文言を交えつつ、偽証すべき内容を具体的かつ詳細に指示したW作成に係る複数の文書を、警察署の留置施設面会室の遮蔽板の丸穴を通して授受したり、Wが同様の内容を記載した被疑者ノートを宅下げにより授受したりした上、それらの偽証指示等を、複数回にわたり、関係者を通じるなどしてAらに伝えた。また、被告人は、Wの依頼に応じて、弁護人となろうとする者と偽って、警察署の留置施設に勾留中であったBと自ら接見した上、Wの上記指示を直接伝えてもいる。
　本件各犯行は、被疑者・被告人の人権を擁護し、**適正な防禦権を行使するために保障された弁護人の接見交通権等の弁護権を濫用**したものである上、**遮蔽板の丸穴を通じて偽証指示文書を授受**するなど、常軌を逸した大胆な手口を用い、かつ複数回にわたり多くの関係者を巻き込みつつ、数か月間にわたり行われており、その犯行態様は、前例を見ない極めて悪質なものというべきである。
　3　Aらは、いずれも既に有罪判決を受け、従前の供述を翻して偽証すればそれぞれの執行猶予が取り消されかねない立場にありながら、脅迫文言を含む文書等を通じて執拗な働きかけを受けて、逡巡しつつも、最終的には、偽証を決意し、別件被告事件の証人尋問において、Aは、Wの筋書きどおり具体的かつ詳細な偽証をし、Bにおいても、判示のとおり自己の記憶に反す

る供述をするに至っている。

Aらは、いずれも、別件被告事件の共犯者とされ、両名の供述は、同事件におけるWの犯人性立証の中心をなす重要な証拠であって、両名の偽証により、刑事司法作用が害される危険性が現に発生している。

4　被告人は、弁護士として基本的人権を擁護し、社会正義を実現することを使命とし、これに基づき、誠実に職務を行い、社会秩序の維持に努めるべき職責を負っていたのであって、依頼人から違法行為への協力を求められても、これを断固拒絶し、その実現を全力で阻止すべき立場にあった。にもかかわらず、被告人は、文書等に記載されたWの指示内容はもとより、弁護人である被告人の協力なくしてはその実現がおよそ不可能であることや、自らの違法行為への加担が、別件被告事件における判断のみならず、ひいては刑事司法全体に対する国民の信頼を害しかねないことを十分に認識しながら、Wの要求を拒否するどころか、これに迎合し、協力し続けて本件各犯行に及んでいる。被告人は、他の偽証教唆事件に比して、格段に重い責任非難を免れないというべきである。被告人は、Aらの偽証により自ら直接的な利益を受けることを企図したものではなく、粗暴で反社会的な人格を有するWから恨みを買いたくないという自己保身のため本件各犯行に及んだというのであって、その心情自体は理解し得ないものではない。しかし、元をたどれば、被告人は、Wとの初回接見時に、同人から、別件被告事件の証拠隠滅への協力を依頼され、軽率にもこれに応じたことなどから**弱みを握られ、同人を際限なく増長させ、自己保身を図らざるを得ない立場に追い込まれた**のであって、かかる犯行に至る経緯や安易な動機にもとより酌量の余地はない。

5　また、本件各犯行における役割を見ると、確かに、本件を主導したのは、偽証指示文書を大量に作成し、関係者への受渡しを要求するなどしたWであって、被告人は、Wから要求されたために加担したという側面はあるものの、Wは、勾留の上、接見等禁止の処分を受けており、本件各犯行は、弁護人である被告人の協力なしには到底実現し得なかった。しかも、被告人は、W作成に係る文書の単なる受渡し役にとどまらず、Bに会ったり、架電したりして、自ら偽証指示を伝えるなどして、本件各犯行のいわば実行行為の主要部分を担ってもいる。被告人は、本件各犯行において重要かつ不可欠な役割を果たしたというべきである。

6　以上によれば、被告人の刑事責任は、偽証教唆の事案の中では相当に重いというべきである。」

## 解　説

### 1　刑事司法システムの実像

本件は、「暴力団の絡んだ特殊な事案である」ともいえる。だから、判旨にあるように「弱みを握られ、同人を際限なく増長させ、自己保身を図らざるを

得ない立場に追い込まれた」とも考えられる。ただ、そうだとすれば、「暴力団に支配され得る、その意味では一般人に近い存在の弁護士が含まれている」ということも想定して、制度設計を考えなければならない。その意味で、従来の刑事訴訟法の世界で前提としてきた「弁護士像」は、一部修正をする必要があろう。もちろん、弁護士に対する懸念は、従来からもいろいろ言われてきてはいたが、それは、基本的には「推定」「うわさ」を基礎とするものが主であった。本判決のような形で、現実の事件の存在が認定されたことは、議論の次元を変えることになるのである。

　大阪地判平成23年4月12日（判タ1398-374）は、大阪地方検察庁検事であった被告人に対し、「平成21年7月13日、大阪地方検察庁において、大阪地方裁判所に公判係属中であったKらに対する虚偽有印公文書作成等被告事件の証拠であるフロッピーディスクについて、パーソナルコンピューターと高機能ファイル管理ソフトウェア等を使用して、同フロッピーディスク内に記録されていた「コピー〜通知案」と題する文書ファイルの更新日時「2004年6月1日、1：20：06」を「2004年6月8日、21：10：56」に改変するなどし、もって他人の刑事被告事件に関する証拠を変造した」という事実を認定し、証拠隠滅罪の成立を認めた。検事が重要証拠を改ざんしたとされるこの事件は、それまでの刑事訴訟法上の「検察官像」を、根底から覆すことになった。そして、捜査の録音録画に関する制度改正の流れにも、多大の影響を与えることになった。もとより、ごくごく例外的な検事の行為にすぎず、それで「捜査官一般」を語るべきではないことは明らかであった。しかし、それにより、制度や刑事司法の考え方までもが、深いところで大きく動いてしまったのである。

## 2　接見交通の基本的考え方

　刑訴法39条1項は、被疑者の弁護人は拘束された被疑者と立会人なく接見（面会）し、又は書類その他の物の授受をすることができると規定する（**接見交通権**）。弁護人と被疑者との接見が十分にできないと、弁護人選任権を保障した意味は薄れる。そして、最高裁は平成11年前後に、接見交通の自由を拡大する方向への判断を示しているのである（最大判平11.3.24民集53-3-514、最三小判平12.6.13民集54-5-1635）。

　捜査段階においても当事者主義（とりわけ、当事者対等主義・武器対等の原則）を強調する、いわゆる弾劾的捜査観を強調する立場に立てば、接見交通権の保障は必須の原理であり、捜査、公判を通じ、被疑者・被告人と弁護人とは、いつでも自由に、そして秘密性の確保された状態で接見する必要があるということになる。

　ただ、憲法38条1項の不利益供述の強要の禁止を実効的に保障するためどの

ような措置が採られるべきかは、基本的には捜査の実情等を踏まえた上での立法政策の問題に帰するものというべきであり、憲法38条1項の不利益供述の強要の禁止の定めから、身体の拘束を受けている被疑者と弁護人との接見交通権の保障が当然に導き出されるとはいえないのである（前掲最大判平11.3.24民集53-3-514参照）。

　そして、刑事訴訟法39条3項は、捜査機関は、**捜査のため必要があるときは、被疑者と弁護人等（弁護人又は弁護人となろうとする者）の接見の日時、場所等を指定すること（接見指定）ができる**と定めている。そこで、この規定が憲法に抵触しないか、具体的解釈問題としては、接見指定の必要性、方法が激しく争われてきた[1]。

　最大判平成11年3月24日（民集53-3-514）は、まさに、この争点に関し、「身体の拘束を受けている被疑者の弁護人依頼権を定める憲法34条前段の規定は、単に被疑者が弁護人を選任することを官憲が妨害してはならないというにとどまるものではなく、被疑者に対し、弁護人を選任した上で弁護人に相談しその助言を受けるなど**弁護人から援助を受ける機会を持つことを実質的に保障している**ものと解すべきである」として、接見交通を拡大する方向に舵を切った。ただ、同時に、刑訴法が「被疑者の身体の拘束を最大でも23日間（又は28日間）に制限していることなどにかんがみ、**被疑者の取調べ等の捜査の必要と接見交通権の行使との間で合理的な調整を図る必要**がある」としていることも十分認識しておく必要がある。

　捜査機関は、弁護人から被疑者との接見の要求があった場合、原則としていつでも接見の機会を与えなければならないが、現に被疑者を取調べ中であるとか、実況見分、検証等に立ち会わせている場合や、間近い時に取調べ等をする確実な予定があって、弁護人の申出に沿った接見を認めたのでは、取調べ等が予定どおり開始できなくなるおそれがある場合など、取調べ等の中断による捜査の支障が顕著な場合には、現在でも、弁護人と協議してできる限り速やかな接見のための日時等を指定し、被疑者が防御のため弁護人と打ち合わせることのできるような措置を採るべきである（最一小判昭53.7.10民集32-5-820、最三小判平3.5.10民集45-5-919参照）。判例は、捜査機関による指定権の行使に当たり、捜査の必要と接見交通権の行使との合理的な調整を図ることを要請しているのである。

　　1）　かつて、捜査機関は、捜査の便宜を重視して、弁護人との接見の日時等は別に発する指定書のとおり指定する旨を刑事施設の長に指示しておき（一般的指定）、具体的な接見日時を記した具体的指定書が交付されなければ接見ができないという運用が見られた。しかし、このような運用は、原則として自由であるべき弁護人の接見交通権を例外的に認めようとするものであるとして強く反対されたこともあって、その後、一般的指定は行われないこととなった。

### 3　接見の秘密性の過度の重視

　接見交通における被疑者・被告人と弁護人との情報交換や意思疎通行為は、必要があればいつでも自由に行うことをできる限り保障しなければならないが、それに加えて、その際の「秘密性」が強調される。接見交通の内容が当該被疑者・被告人及び弁護人以外の者、特に捜査機関に覚知されるようなことがあると、弁護権行使そのものに萎縮的効果が生じ、結果的に、弁護人からの有効な援助を受けられなくなるので、秘密性が保障される必要があるとされる（例えば、川崎英明「刑事弁護の自由と接見交通権」『小田中先生古稀記念論文集上巻』（2005年）24頁参照）。接見交通の内容が捜査機関等に漏れる可能性が少しでもあれば、弁護活動を萎縮させることになるとされるのである。このことは、刑事訴訟法が、立会人抜きの接見を認めることからいっても、当然のことであるように見える。

　しかし、接見交通権の秘密性に関して、接見の際に第三者の立会い等を許さないといった意味での秘密性が保障されるべきだということを超えて、接見内容そのものの秘密性を絶対視することは、誤りである。被疑者・被告人と弁護人間の口頭による接見の際の秘密性を、通信の秘密性ともからませて「聖域化」し、本件のような、弁護活動をチェックする可能性を排除することは、刑事司法にとって健全なことではない。また、携帯電話やパソコンを持ち込んで接見することについての弁護人と捜査機関の対立も生じてきているようであるが、その問題を考える際には、弁護士が接見交通権を濫用し、それらの器機を悪用する可能性も含めて、慎重に考えていくべきである（なお、鹿児島地判平20.3.24判時2008-3、福岡高判平23.7.1判時2127-9参照）。

　前述したように、弁護士の「違法な接見活動」の存在が明らかにされることは少ない。そして、マスコミは、捜査機関の違法行為については、実に華々しく報道するが、弁護士の非行についての扱いは実に控えめである。しかし、本判決が示したように、少なくとも裁判所に認定されるという形で、接見の場でこのような犯罪行為が行われているのである。

　しかし、当事者主義のシステムの下、弁護士が国民から信頼されないことになると、刑事司法は崩壊する。そして、最近は、法曹界内部でも、弁護士の数の増加などに伴う「質の低下」への危惧感が急速に高まっている。刑事システムの一翼を担う弁護士として国民の信頼を得るには、弁護士倫理の高唱だけでは不十分である。「弁護士が正しく活動する」と国民から評価される制度が必要なのである。

## 4　捜査活動に対する防御

　弁護人は、被疑者の権利を守るため、被疑者と接見して法的な助言を与えたり、被疑者に有利な証拠を収集したりするほか、捜査段階における手続の違法・不当を主張するなどして、違法な手続からの救済を図る。

　ただ、先述の、「当事者主義」や「弾劾的捜査観」を徹底すると、被告人にとって有利な結論になりさえすればよいということになりかねない。それがさらに行きすぎると、不利な証拠は隠してもよいということにもなる。確かに、証拠隠滅罪においては、自己の犯罪に関する証拠を隠滅しても不可罰とされ、その論拠として防御権の範囲内であるという説明が行われる。しかし、国民全体のために真相の解明を目指す刑事司法制度において、そのように当事者主義を徹底することはできない。被疑者・被告人の人権を守りつつ真相の解明に資するためには、当事者主義を原則としながらも、防御権の範囲を超えた場合や、真相の解明を過度に阻害することになる場合には、制限を受けることを是認せざるを得ない。

　例えば、自己の犯罪の証拠を他者に依頼して隠滅させる行為は、防御権の範囲を超え、証拠隠滅教唆罪が成立する（最一小決昭40.9.16刑集19-6-679）。弁護人が被疑者に証拠隠滅を慫慂（しょうよう）する行為も違法である。確かに、弁護活動・防御活動と捜査の妨害との限界は、実際にはかなり微妙である。接見交通に関する争いも、結局は、捜査の妨害にならない範囲で、最大限に被疑者の人権を確保するためのものであったということを再確認すべきである。

　接見交通の場における真相の究明と被疑者の権利のバランスを考える際に重要なのが、図である。検挙人員1に対し、何件検挙されたかの変化を示したものである。第二次世界大戦直後には、1人検挙すれば、1.5件の検挙が認められた。その後取調べ技術の向上などにより、徐々に検挙件数の割合が増え、平成に入ると、検挙人員の2.5倍以上の事件が解決されるようになった。しかしその後、状況は急転して、昭和20年代の検挙人員1人当たり1.5件に低下したのである。その低下の転換点には、前述の接見交通を拡げた平成11年の最高裁判決が存在するが、それのみが低下の、単独・直接的な原因であるとは考えられない。それに先行する形で、当番弁護士制度等が定着し、被疑者段階での弁護人選任が拡がり、法曹界全体が、接見交通の自由化の方向に展開していったことが、実質的な理由であろう。そして、そのような動きの根底には、捜査機関の被疑者に対する不当な取調べの事案が、社会に広く報道されていった事実があることを、十二分に認識すべきである。

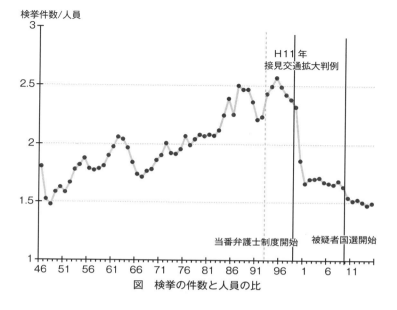

図　検挙の件数と人員の比

## 第8講 抽象的事実の錯誤と訴因変更の要否

東京高判平成25年8月28日（高刑集66-3-13）

### Focus

　本件では、許可なしにダイヤモンド原石を輸入する認識で、輸入禁制品である覚せい剤を輸入した行為の罪責が争われた。捜査官の視点としては、覚せい剤（少なくとも違法薬物）の認識があるものとして立件したにもかかわらず、「ダイヤモンド原石の認識」と認定されるに至った事情を分析することも重要であろうが、本講では、故意論（錯誤論）と訴因変更の問題に絞って検討する。

### 事　実

　(1)　被告人Xは、氏名不詳者らと共謀の上、平成23年5月22日（現地時間）A国所在のB空港において、覚せい剤599.5グラムが隠し入れられたボストンバッグを持って成田国際空港行きの航空機に搭乗し、同月23日、同ボストンバッグを持って同空港に到着し、成田国際空港内の東京税関成田税関支署C旅具検査場において、同支署税関職員の検査を受けた際、関税法が輸入してはならない貨物とする前記覚せい剤を携帯しているにもかかわらず、その事実を申告しないまま同検査場を通過して輸入しようとし、同職員に前記覚せい剤を発見されたため、これを遂げることができなかったという事案である。Xは、ボストンバッグの隠匿物を覚せい剤と認識しておらず、ダイヤモンドの原石であると思っていたと主張した。
　検察官は、本件について、被告人が、隠匿物が覚せい剤等の違法薬物であると認識した上で氏名不詳者と共謀の上、営利の目的で本件覚せい剤の密輸入に及んだものとして、覚せい剤取締法違反及び関税法違反（輸入してはならない貨物の輸入罪（関税法109条3項、1項、69条の11第1項1号））の罪で起訴した。
　(2)ア　これに対し1審は、Xが、ボストンバッグに隠匿されている物がダイヤモンドの原石であると誤信していた可能性を排斥できず、覚せい剤密輸入の故意を認定するには疑問の余地があるため、覚せい剤取締法違反罪は成立しないとした。
　ただ、Xは、輸入してはならない貨物である覚せい剤ではないものの、少なくとも税関で申告する必要のあるダイヤモンド原石であるとは認識して、

税関で申告せずに密輸する行為に及んだとし、ダイヤモンド原石を無許可で輸入する罪と輸入してはならない貨物である覚せい剤を輸入する罪とは、ともに通関手続を履行しないでした貨物の輸入行為を処罰の対象とする限度において、その犯罪構成要件は重なり合っているので、Xは、税関長の許可を受けないでダイヤモンド原石を輸入する意思で、輸入してはならない貨物である本件覚せい剤を輸入しようとしたことになるから、本件輸入貨物が輸入してはならない覚せい剤であるという重い罪については故意を欠く以上その成立は認められないが、両罪の構成要件が重なり合う限度で軽い貨物を無許可で輸入する罪の故意及び同限度での氏名不詳者らとの共謀が成立し、貨物の無許可輸入罪（未遂：関税法111条3項、1項1号、67条）が成立するとした。

イ また、訴因変更の手続を行わずに無許可輸入罪を認定することは許されず、仮に訴因変更が不要であるとしても不意打ちに当たるので許されないとする弁護人の主張に対しては、関税法上の輸入してはならない貨物である覚せい剤の輸入罪と貨物の無許可輸入罪の犯罪構成要件は後者の限度で重なり合っているのであるから、訴因変更は要しないし、また、被告人自身がダイヤモンド原石を密輸する意思であった旨明確に供述しているなどの訴訟経緯に鑑みれば、本件において無許可輸入罪を認定することが被告人の防御の利益を損なうものではないとした。

(3) 弁護人は、以下の2点を争って控訴した。

ア まず、ダイヤモンド原石の無許可輸入罪と禁制品である覚せい剤の輸入罪の間では構成要件の重なり合いが認められないというべきであるから、1審判決には、上記最高裁決定及び関税法の解釈適用に誤りがあり、そして、イ 1審判決は、起訴状記載の公訴事実が営利目的での覚せい剤の輸入及び関税法上の禁制品である覚せい剤の輸入であったのに対し、訴因変更手続を経ることなく、ダイヤモンド原石の無許可輸入の事実を認定した点において、訴訟手続の法令違反がある、と主張した。

## 判旨

東京高裁は、まず無許可輸入罪の故意の有無に関しては、関税法「**111条の無許可輸入罪と109条の禁制品輸入罪とは、ともに通関手続を履行しないでした貨物の密輸入行為を処罰の対象とする限度において、犯罪構成要件が重なり合っている**」ものと解することができる」と判示した。

そして、**訴因変更の要否**に関しては以下のように判示した。

「そこで検討すると、この点に関し、原判決は、原審弁護人の同旨の主張に対し、関税法上の輸入してはならない貨物である覚せい剤の輸入罪と貨物の無許可輸入罪の犯罪構成要件は後者の限度で重なり合っているから、訴因変更は要しないものと解され、また、被告人自身がダイヤモンド原石を密輸

入する意思であった旨明確に供述しているなどの訴訟経緯に鑑みれば、本件において無許可輸入罪を認定することが被告人の防御の利益を損なうものではないと説示している。上記判断は、当裁判所も相当としてこれを是認できる。

　これに対し所論は、上記最高裁決定で問題となったのは実体法上の錯誤論であり、構成要件の重なり合いが認められるとしても、手続法上の問題である訴因変更が不要となるという論理的帰結が導かれるわけではないから、原判決の上記判断には誤りがある、という。しかしながら、原判決の上記説示は、**禁制品輸入罪と無許可輸入罪の犯罪構成要件が後者の限度で重なり合っているから、いわゆる縮小の理論によって原則として訴因変更は不要とした上で、被告人の弁解を踏まえた訴訟経緯に照らしても訴因変更を要しないと説示したもの**と理解できる。所論は、原判決を正解しないものである。」

　「また所論は、無許可輸入罪の成立については、本件の公判前整理手続においては何ら問題とされず、第1回公判期日から第3回公判期日までそのまま公判審理が行われたという経過からして、訴因変更がされずに無許可輸入罪が認定されたことにより、被告人は、無許可輸入罪の成立を想定した防御方法を選択する機会や情状に関する主張、立証の機会が奪われるという具体的な防御上の不利益を被った、という。しかしながら、所論の指摘する事情が訴因変更の要否の判断に影響を及ぼすものとは解されない。確かに、原審記録上、原審弁護人において、第3回公判期日までに、無許可輸入罪の成否やその成立を前提とした情状に関する主張、立証を検討した形跡は見受けられず、特に無許可輸入罪の成否については判例上明確な判断が示されていない法律問題を含んでいたことに鑑みれば、不意打ち防止の観点からは、これを検討する十分な機会を与えるのが相当であったとはいえるものの、本件の証拠関係、特に被告人の弁解内容からして、その弁護人として全く予想できない法律問題であったとはいえない上、原審裁判所が第4回公判期日に職権により弁論を再開し、当事者にそのような主張、立証の機会が与えられていることに照らせば、原審の訴訟手続に違法とすべき瑕疵があるともいえない。

　弁護人はその他るる主張するが、いずれも採用できない。論旨は理由がない」。

## 解　説

### 1　抽象的事実の錯誤

　「故意とは構成要件事実の認識（認容）」とされ、それが欠ければ犯罪は成立しないが、異なる犯罪事実を認識していても、抽象的事実の錯誤として、両構成要件が重なり合う範囲で軽い罪の故意が認められると説明されてきた。本件も、無許可輸入罪と禁制品輸入罪が「重なり合う」か否かが最大の争点である。

抽象的事実の錯誤の問題の実質は、「成立を認めようとする犯罪類型の故意が成立するには、どの程度の認識が必要か」という故意論と、「その故意に具体的に生じた結果を帰責し得るか」という主観的帰責が問題となる。ただ、圧倒的に前者が中心であり、さらにその前提として、故意の存否を吟味すべき犯罪類型をいかに特定するかが問題となる。

　行為が何罪の構成要件に該当するかは、客観的結果と主観的故意の双方を総合して判断される。本件では、客観的には実行されている「禁制品輸入罪」の故意が認定できず、「ダイヤモンド原石の無許可輸入」という故意内容を基に、それに相応する「無許可輸入罪」が、現に生じた事象によっても認定し得るかを問う作業を行う。成立可能な犯罪が複数想定される場合には、その内から最も重いものを選ぶことになる。

### 2　判例の考え方—最一小決昭和54年3月27日（刑集33-2-140)

　判例は、法定的符合説を採用しているとされるが、「抽象的事実の錯誤はすべて故意が否定される」という形式的な考え方を徹底せず、構成要件が異なっても、**両者が同質的なもので重なり合う場合にはその限度で軽い罪の故意犯の成立を認める。**

　問題は、①いかなる場合に「同質的で重なり合う」といえるのかと、②重なりあった場合にいかなる犯罪の成立を認めるのかという点であり、これに関し、現在最も重要な意義を有するのが、本判決も引用している**最一小決昭和54年3月27日（刑集33-2-140)** である。

　被告人Ｘは、営利の目的で覚せい剤を本邦に輸入しようと共謀し、タイ国内で購入した麻薬であるジアセチルモルヒネの塩類である粉末約90グラムを覚せい剤と誤認して携帯し、(1)飛行機で本邦内にこれを持ち込み、もって麻薬を**輸入**し（麻薬輸入罪と覚せい剤輸入罪はともに10年以下の懲役）、(2)税関長の許可を受けないで、輸入禁制品である麻薬を、当時は輸入禁制品ではなかった覚せい剤と誤認して**輸入**したという事案である。

　第1審・原審は、(1)麻薬輸入罪の共同正犯に該当するが、犯情の軽い覚せい剤を輸入する意思で犯したものであるから、刑法38条2項、10条により、覚せい剤取締法の覚せい剤輸入罪の共同正犯の罪の刑で処断するとし、(2)無許可で覚せい剤を輸入する意思で輸入禁制品である麻薬を輸入したとして、軽い無許可輸入罪の成立を認めた。

　これに対し、最高裁は(1)について、麻薬と覚せい剤は、濫用による保健衛生上の危害防止の観点から、取締りの対象とされているが、その取締は、麻薬取締法及び覚せい剤取締法により各別に行われている。ただ、「両法は、その取締の目的において同一であり、かつ、取締の方式が極めて近似していて、輸

入、輸出、製造、譲渡、譲受、所持等同じ態様の行為を犯罪としているうえ、それらが取締の対象とする麻薬と覚せい剤とは、ともに、その濫用によってこれに対する精神的ないし身体的依存（いわゆる慢性中毒）の状態を形成し、個人及び社会に対し重大な害悪をもたらすおそれのある薬物であって、外観上も類似したものが多いことなどにかんがみると、**麻薬と覚せい剤との間には、実質的には同一の法律による規制に服しているとみうるような類似性がある**というべきである」とし、Xは、覚せい剤輸入罪を犯す意思で、麻薬輸入罪を実現した本件の場合、「**両罪は、その目的物が覚せい剤か麻薬かの差異があるだけで、その余の犯罪構成要件要素は同一であり、その法定刑も全く同一である**ところ、前記のような麻薬と覚せい剤との類似性にかんがみると、この場合、**両罪の構成要件は実質的に全く重なり合っているものとみるのが相当であるから、麻薬を覚せい剤と誤認した錯誤は、生じた結果である麻薬輸入の罪についての故意を阻却するものではない。**」とした。

　(2)に関しては、通関手続を履行しないで貨物を輸入した行為について、関税法は輸入禁制品である場合には関税法109条1項・4項（5年以下の懲役）、一般輸入貨物の場合には同法111条1項・4項（3年以下の懲役）によって処罰しているが、「密輸入にかかる貨物が覚せい剤か麻薬かによつて関税法上その罰則の適用を異にするのは、覚せい剤が輸入制限物件（関税法118条3項）であるのに対し麻薬が輸入禁制品とされているだけの理由による」のであり、「覚せい剤を無許可で輸入する罪と輸入禁制品である麻薬を輸入する罪とは、ともに**通関手続を履行しないでした類似する貨物の密輸入行為を処罰の対象とする限度において、その犯罪構成要件は重なり合つているものと解するのが相当である**」とし、Xは、覚せい剤を無許可で輸入する罪を犯す意思であったというのであるから、輸入禁制品たる麻薬であるという重い罪となるべき事実の認識がなく、輸入禁制品輸入罪の故意を欠くものとして同罪の成立は認められないが、「両罪の**構成要件が重なり合う限度で軽い覚せい剤を無許可で輸入する罪の故意が成立し**同罪が成立するものと解すべきである。」とした。

### 3　抽象的事実の錯誤論と故意論

　**最決昭和54年**の判旨で、最も注目すべき点は、(1)の犯罪行為について、**現に実行された麻薬輸入罪の故意を認めた点**なのである。重い麻薬輸入罪を犯した場合に、重い後者の罪を認めた。麻薬輸入罪の認識があると認定できたからである。最高裁は、麻薬輸入罪と覚せい剤輸入罪は別の法律に規定された、その意味で完全に別個の構成要件であるにもかかわらず、覚せい剤輸入の認識があれば麻薬を輸入する罪の故意が認められるとした。従来の抽象的事実の錯誤論では、両罪が実質的に重なり合うのであれば、本件1審・原審のように犯情の

軽い覚せい剤輸入罪が成立することになる。しかし、このように、両罪の類似性が認められる場合には、別罪の認識であっても、**成立した罪の故意が認定できる**のである。

　この最高裁の**実質的故意論**は、学説からの強い批判を受けることなく定着し、「麻薬ではなく覚せい剤だと思っていても故意に麻薬を輸入した罪が成立する」という結論が定着した。その結果、「故意とは構成要件要素の認識である」という形式的説明が見直されざるを得なくなった。構成要件の認識に代えて、「不法・責任事実の認識」、「不法事実の認識」という形で、故意を実質的に理解する見解が有力化した。

　ただ、覚せい剤であると誤認しているにもかかわらず、現に実行された麻薬輸入罪の故意を認めるためには、①取締の目的が同一であり、②取締の方式が極めて近似し、③輸入、輸出、製造、譲渡、譲受、所持等同じ態様の行為を犯罪としているうえ、④取締対象の麻薬と覚せい剤とは、その濫用による精神的・身体的依存の状態を形成し、個人及び社会に対し重大な害悪をもたらすおそれのある薬物である点でも同様であり、⑤外観上も類似したものが多いことなどから、⑥**実質的には同一の法律による規制に服しているとみうるような類似性**が必要であるとしたのである。

## 4　「構成要件の重なり合い」の意味

　この点を捉えて、本件における弁護人は、「上記最高裁決定の事案は、覚せい剤と誤信して麻薬を輸入したというものであり、覚せい剤と麻薬は、ともに身体に有害な違法薬物であり、物理的な形状や輸入することの社会的意義も共通しているのであって、上記最高裁決定は、この点を前提として、「類似する貨物の密輸入行為を処罰の対象とする限度」において、例外的に構成要件の重なり合いを認めたものと解すべきであり、一般的な無許可輸入と禁制品の輸入行為との間に構成要件的重なり合いを認めたわけではなく、本件において被告人が誤信していたダイヤモンド原石と覚せい剤とは、物理的な形状や性質も、輸入にかかる社会的意義もまったく異なるから、構成要件の重なり合いを認めた上記最高裁決定の規範をそのまま適用することはできない」と主張したと、本判決は判示している。確かに、ダイヤモンド原石と覚せい剤とは、外観も、輸入の社会的意義も全く異なるので、説得力のある主張に見える。

　しかし、この主張は、**最決昭和54年**の(1)事実について、生じた犯情の重い罪の故意の認定に必要な両犯罪の「**類似性**」と**最決昭和54年**の(2)事実について、軽い無許可輸入罪の成立を認めることに必要な「**構成要件の重なり合い**」を混同したもので、妥当ではない。**最決昭和54年**は、密輸入にかかる貨物が覚せい剤か麻薬かによって関税法上その罰則の適用を異にするのは、覚せい剤が輸入

制限物件であるのに対し麻薬が輸入禁制品とされていることによるのであり、覚せい剤を無許可で輸入する罪と輸入禁制品である麻薬を輸入する罪とは、「**通関手続を履行しないでした類似する貨物の密輸入行為**」の処罰という意味で犯罪構成要件が重なり合っているとしたものであり、この点は、**最一小決昭和61年6月9日（刑集40-4-269）**でも確認され、確立した判例となっている（安廣文夫・昭和61年最判解説（刑）88頁参照））。本件東京高裁も、その判断を維持したものといえよう。

### 5 訴因変更の要否

本件では、弁護側が、禁制品輸入罪で起訴したにもかかわらず無許可輸入罪で有罪判決を言い渡すには、訴因変更が必要であり、さもなくば「不意打ち」に当たると主張したが[1]、東京高裁は、禁制品輸入罪と無許可輸入罪の構成要件は、後者の限度で重なり合っていることから訴因変更は不要であり、被告人自身がダイヤモンド原石を密輸する意思であった旨明確に供述しているなどの訴訟経緯からすれば、無許可輸入罪を認定することが被告人の防御の利益を損なうものではないと判断した。

審理の中心は訴因であり、その存否を巡って当事者の攻防が行われるのであるから、訴因外の認定は原則として許容されない。しかし、訴因事実と認定事実との間で微弱な齟齬が生じた程度であれば、当事者にとっても予測不可能なことではないし、訴訟経済を考えても、常に訴因変更が必要であるとするのは合理的でない。訴因事実と認定事実との食い違いがどの程度になれば訴因変更が必要になるか、その判断基準は何かが問題となる。この基準として、**訴因の同一性**という概念が用いられることがある[2]。

訴因とは、基本的に構成要件に該当する具体的犯罪事実そのものであるとする判例の考え方（具体的事実記載説）によれば、法律構成に変化がなくても、

---

1) 弁護人は、「禁制品については許可を得て輸入することが観念できないから、禁制品輸入の事実と無許可輸入の事実について一般的、抽象的に対比を行った場合、許可を得て貨物を輸入したなどと主張する機会が奪われるという被告人の防御上の不利益が生じる」と主張した。ただこれに対する東京高裁の、「禁制品は許可を得て輸入することが観念できないから、禁制品輸入の事実は、通常は貨物の密輸入の事実であるといえ、隠匿していた貨物の輸入について許可を得ていたという主張をすることはおよそ観念し難いから、禁制品輸入の事実と無許可輸入の事実を対比した場合、所論の指摘するような不利益が現実に生じるとは考えられない」という指摘は、説得性を有する。

2) ただ、訴因の理解についてどのような考え方を採用するとしても、訴因が審判対象の範囲を画定する機能と被告人の防御の保障のための機能を併せ有する（いわば表裏の関係にある）ことには争いがないから、訴因事実と認定事実との間で訴因の同一性が欠けても、必ずしも審判対象の範囲を動かす必要はなく、実質的に被告人の防御に差し支えがない場合には、訴因変更の必要はないとして、この原則は修正される。

具体的事実が変われば、訴因変更が必要であり、逆に、法律構成が異なっても、具体的事実が変わらなければ、訴因変更の必要はないことになる。問題はどの程度の事実の変化があれば訴因変更が必要となるかである。具体的事実が僅かに変わっただけで直ちに同一性が失われるわけではなく、審判対象の範囲の画定と被告人の防御という観点を考慮しつつ、社会的・法律的意味合いを異にするだけの事実の変化があったかどうかを実質的に考察しなければならない。

　構成要件が異なるような事実の変化があれば、多くの場合は訴因変更が必要となり、実質的観点から訴因変更の要否が判断されることになるが、当初の訴因に包摂されているような場合には、「大は小を兼ねる」の原則（縮小認定の理論）により、訴因変更は不要である[3]。

　本件の場合、禁制品輸入罪と無許可輸入罪の構成要件は、通関手続を履行しないでする貨物の密輸入行為という限度で共通しており、後者が「一般輸入貨物」の輸入行為を対象とするのに対し、前者は「輸入してはならない貨物」の輸入行為を対象とし、これに当たる場合には重く処罰するという意味で、特別法・一般法の関係にあるといってよい（前述**最決昭54.3.27参照**）。実体法と完全に同一ではないが、ダイヤモンド原石を密輸入すると誤信していたという被告人の弁解を前提としたとしても、許可を得ないで貨物を輸入するという軽い無許可輸入罪の認識がある以上、その貨物が覚せい剤という輸入してはならないものに当たるという刑の加重要件を認識していなかっただけであるから、被告人の利益を考えても、訴因変更を要請する実質的理由は認められない。形式的に重なり合う軽い罪を認めるという、いわゆる縮小認定の例といえる。

　また、本件では、公判前整理手続において無許可輸入罪の成否が議論されていなかった点が、「無許可輸入罪を認定して被告人を有罪とすることは、不意打ちに当たる」という実質的根拠となっているようである。確かに、当初から、無許可輸入罪の成否も視野に入れて訴訟が進行した方が望ましいであろうが、本判決も指摘するように、弁護人にとっては全く予想できない法律問題であったわけではない。さらに、原審裁判所が第4回公判期日に職権により弁論を再開し、当事者にそのような主張、立証の機会が与えられていることが指摘されており、「違法とすべき瑕疵」があるとはいえないとした本件判断は妥当である。

---

3) 縮小認定の理論（「大は小を兼ねる」という考え方）によれば、殺人の訴因に対し傷害致死（仙台高判昭26.6.12高判特報22-57）や同意殺人（最二小決昭28.9.30刑集7-9-1868）を認定すること、殺人未遂の訴因から傷害（最二小決昭28.11.20刑集7-11-2275）、傷害から暴行を認定することも可能である（最二小決昭30.10.19刑集9-11-2268）。さらに、強盗から恐喝（最二小判昭26.6.15刑集5-7-1277）、強盗致死から傷害致死（最二小判昭29.12.17刑集8-13-2147）への縮小認定も可能である。また、酒酔い運転の罪の訴因に対し、酒気帯び運転の罪を認定することも可能である（最三小判昭55.3.4刑集34-3-89）。

# 第9講 税関の検査によって得られた証拠と令状主義

最三小判平成28年12月9日（刑集70-8-806）

## Focus

本件は、主として憲法35条の問題であるが、刑事法的に見ても非常に興味深い議論に関連している。

本件の主要な争点は、「令状に基づかない本件検査によって得られた『証拠』は、違法な手段によって得られたもので証拠能力を欠くことになるか」というものである。そして、裁判所は、本件検査が、捜査のための手段として行われたものでないから、令状を必要とせず、その結果得られた証拠は証拠能力を有するとしたのである。その意味で、「全く問題のない判決」といってよいように見える。

しかし、①本判決も引用する川崎民商事件に関する最大判昭和47年11月22日は、「行政手続にも憲法31条以下の適正手続の保障が及ぶ」ということを示したという側面が重視されてきたともいえる（白取祐司『刑事訴訟法第8版』(2015) 106頁）。行政的な介入であれば令状主義の埒外にあると言うわけではない。むしろ、行政目的の手段でも、重大な侵害を伴う検査などについては「原則として」令状が必要だということになるようにも思われるのである。さらに、②そもそも行政的な介入と刑事手続とは、形式的に峻別できるのかが、問題となる。たとえば、警職法の職務質問は、あくまでも行政警察作用であるという理解が否定され、「職務質問の法的性格は、行政警察活動であるとともに、司法警察活動でもある」と解されるようになってきているとされる（白取・前掲書105・106頁）。そして、③刑事捜査の違法性（ひいてはその捜査によって得られた証拠の違法性の程度）を規定する「比例原則」の内実を考える上でも、行政作用の比例原則の議論は参考になるのである。

Ⅲ 刑事訴訟法

## 事 実

最高裁は、原判決の認定及び記録を、以下のようにまとめた。

東京税関で郵便物の検査等を担当していた税関職員は、平成24年8月21日、郵便事業株式会社東京国際支店内にあるEMS・小包郵便課検査場において、イラン国内から東京都内に滞在する外国人に宛てて発送された郵便物

につき、品名が分からなかったことなどから輸入禁制品の有無等を確認するため、本件郵便物の外装箱を開披し、ビニール袋の中にプラスチック製ボトルが2本入っているのを目視により確認した。両ボトルにつき検査を行ったところ、覚せい剤反応があったため、同出張所の審理官に、本件郵便物を引き継いだ。

同審理官は、本件郵便物を鑑定室に持ち込み、ボトルの外蓋、内蓋を開け、中に入っていた白色だ円形固形物を取り出して重量を量り、その様子を写真撮影するなどした後、上記固形物の破砕片からごく微量を取り出し、麻薬試薬と覚せい剤試薬を用いて仮鑑定を行ったところ、陽性反応を示したため、同税関調査部を通じ、同税関業務部分析部門に鑑定を依頼し、同調査部職員は、上記固形物の破片微量を持ち帰った。同審理官は、本件郵便物を同出張所内の鑑定室に保管していたが、前記鑑定の結果、覚せい剤であるとの連絡を受けて、同税関調査部に対し、摘発事件として通報した。

同通報を受け、同税関調査部の審議官は、同月24日、差押許可状を郵便事業株式会社職員に提示して、本件郵便物を差し押さえた。そして、郵便物検査によって取得された証拠である本件郵便物内の覚せい剤及びその鑑定書等の証拠により、被告人は、覚せい剤輸入罪で有罪とされた。

控訴審でも有罪となったのに対し、弁護人は、郵便物に対して行われた各検査等は、郵便物を破壊し、その内容物を消費する行為であり、プライバシー権及び財産権を侵害するものであるところ、捜査を目的として、本件郵便物の発送人又は名宛人の同意なく、裁判官の発する令状もなく行われたもので、関税法上許容されていない検査であり、憲法35条が許容しない強制処分に当たるから、本件郵便物検査によって取得された証拠である本件郵便物内の覚せい剤及びその鑑定書等の証拠能力は否定されるべきであるのに、これらの証拠能力を認めた第1審判決・原判決の判断は、関税法、刑訴法の解釈を誤り、憲法35条に違反する等として上告した。

## 判旨

上告棄却。
「平成24年法律第30号による改正前の関税法76条は、郵便物の輸出入の簡易手続を定めるものであるが、同条1項ただし書において、税関長は、簡易手続の対象となる郵便物中にある信書以外の物について、税関職員に必要な検査をさせるものとすると定め、同条3項において、郵便事業株式会社(現行法では日本郵便株式会社)は、当該郵便物を税関長に提示しなければならないと定めている。そして、平成23年法律第7号による改正前の関税法105条1項は、税関職員は、同法等の規定により職務を執行するため必要があるときは、その必要と認められる範囲内において、郵便物を含む外国貨物等について検査すること(同項1号)及び郵便物の輸出入の簡易手続における検

査に際して見本を採取すること（同項3号）ができると定めている。

これらの規定は、**関税の公平確実な賦課徴収及び税関事務の適正円滑な処理という行政上の目的**を、大量の郵便物について簡易、迅速に実現するための規定であると解される。そのためには、**税関職員において、郵便物を開披し、その内容物を特定するためなどに必要とされる検査を適時に行うことが不可欠**であって、本件各規定に基づく検査等の権限を税関職員が行使するに際して、裁判官の発する令状を要するものとはされておらず、また、郵便物の発送人又は名宛人の承諾も必要とされていないことは、関税法の文言上明らかである。

ところで、**憲法35条の規定は、主として刑事手続における強制につき、司法権による事前抑制の下に置かれるべきことを保障した趣旨のものである**が、**当該手続が刑事責任追及を目的とするものではないとの理由のみで、その手続における一切の強制が当然に同規定による保障の枠外にあると判断することは相当でない。**

しかしながら、本件各規定による検査等は、前記のような行政上の目的を達成するための手続で、**刑事責任の追及を直接の目的とする手続ではなく、そのための資料の取得収集に直接結び付く作用を一般的に有するものでもない**。また、**国際郵便物に対する税関検査は国際社会で広く行われており、国内郵便物の場合とは異なり、発送人及び名宛人の有する国際郵便物の内容物に対するプライバシー等への期待がもともと低い**上に、郵便物の提示を直接義務付けられているのは、検査を行う時点で郵便物を占有している郵便事業株式会社であって、発送人又は名宛人の占有状態を直接的物理的に排除するものではないから、その権利が制約される程度は相対的に低いといえる。また、**税関検査の目的には高い公益性**が認められ、大量の国際郵便物につき適正迅速に検査を行って輸出又は輸入の可否を審査する必要があるところ、その内容物の検査において、発送人又は名宛人の承諾を得なくとも、具体的な状況の下で、上記目的の実効性の確保のために**必要かつ相当と認められる限度での検査方法が許容されることは不合理といえない**。前記認定事実によれば、税関職員らは、輸入禁制品の有無等を確認するため、本件郵便物を開披し、その内容物を目視するなどしたが、輸入禁制品である疑いが更に強まったことから、内容物を特定するため、必要最小限度の見本を採取して、これを鑑定に付すなどしたものと認められ、**本件郵便物検査は**、前記のような**行政上の目的を達成するために必要かつ相当な限度での検査であった**といえる。このような事実関係の下では、裁判官の発する令状を得ずに、郵便物の発送人又は名宛人の承諾を得ることなく、本件郵便物検査を行うことは、本件各規定により許容されていると解される。このように解しても、憲法35条の法意に反しないことは、当裁判所の判例（最大判昭47.11.22刑集26-9-554、最大判平4.7.1民集46-5-437）の趣旨に徴して明らかである。

そして、前記認定事実によれば、本件郵便物検査が、犯則事件の調査あるいは捜査のための手段として行われたものでないことも明らかであるから、これによって得られた証拠である本件郵便物内の覚せい剤及びその鑑定書等

の証拠能力を認めた第1審判決及びこれを是認した原判決の判断は正当である。」

## 解説

### 1　本件検査とプライバシー権・財産権侵害　成田新法大法廷判決

　本判決は、川崎民商事件大法廷判決（最大判昭47.11.22刑集26-9-554）を踏まえて[1]、その20年後に出された成田新法大法廷判決（最大判平4.7.1民集46-5-437）を踏襲したものといってよい。昭和53年に新東京国際空港の安全を確保するため、過激派集団の出撃の拠点となっていたいわゆる団結小屋の使用禁止を命ずることができること等を内容とするいわゆる成田新法が公布、施行され、運輸大臣に、昭和54年、Xに対し、成田新法3条1項に基づき、空港の規制区域内に所在するX所有の通称「横堀要塞」を、1年の期間、3条1項の1号の用（多数の暴力主義的破壊活動者の集合の用）又は2号の用（暴力主義的破壊活動等に使用され、又は使用されるおそれがあると認められる爆発物、火炎びん等の物の製造又は保管の場所の用）に供することを禁止する旨の処分を行った。同判決に係る訴訟は、Xが、運輸大臣に対し、昭和54年ないし58年及び昭和60年に出された団結小屋使用禁止命令の取消しを請求するとともに、国

---

1）　川崎民商事件に関する最大判昭47年11月22日は、「特に行政手続と憲法35条との関係について、画期的な新判断」を示したと評されたものである（判タ285-141解説）。
　　収税官吏が所得税確定申告調査のため帳簿書類等の検査をしようとするに際し、被告人が「何回来るんだ、だめだ、だめだ、事前通知がなければ調査に応じられない」等と大声をあげたり収税官吏左上腕部を引張るなどし、もって右検査を拒んだ事案に関するもので、1、2審とも、昭和40年改正前の所得税法63条、70条10号違反の罪の成立を認めた。
　　それに対する上告審において、大法廷は、「**憲法35条1項の規定は、本来、主として刑事責任追及の手続における強制について、それが司法権による事前の抑制の下におかれるべきことを保障した趣旨であるが、当該手続が刑事責任追及を目的とするものでないとの理由のみで、その手続における一切の強制が当然に右規定による保障の枠外にあると判断することは相当ではない。**」とし、刑事手続以外にも憲法35条の適用があることを明言したのである。そして、原審が、憲法35条は刑事手続に関する規定であって直ちに行政手続に適用されるものではない旨判示した点は、解釈を誤ったものというほかはないとしつつ、後述のように、具体的事案を踏まえれば、原判決の結論自体は正当であるから、この点の憲法解釈の誤りが判決に影響を及ぼさないとも判示した。この判断に関し、憲法学の領域では、「最高裁は、35条・38条は行政手続にも及ぶ（適用される）ことを原則的に認め」たと評価されている（芦部・高橋『憲法5版』238頁）。
　　ただ、質問検査権については、①刑事責任の追及を目的とする手続ではないこと、②実質上、刑事責任追及のための資料の取得収集に直接結びつく作用を一般的に有するものではないこと、③強制の度合が低く、直接的・物理的な強制と同視すべき程度に達していないこと、④租税の公平な徴収等の公益目的を実現するために実効性のある検査制度が不可欠であることを理由に、違憲ではないと判示したことも確認しておく必要がある。

に対し、慰謝料等として500万円等の支払を求めたものである。そして、Xは、団結小屋使用禁止命令を違憲無効であると主張し、その中で、本件処分は憲法35条に違反すると争った。

　これに対し、最高裁大法廷は、最大判昭和47年11月22日を引用して、「憲法35条の規定は、本来、主として刑事手続における強制につき、それが司法権による事前の抑制の下に置かれるべきことを保障した趣旨のものであるが、当該手続が刑事責任追及を目的とするものではないとの理由のみで、その手続における一切の強制が当然に右規定による保障の枠外にあると判断することは相当ではない」としつつ、「**しかしながら、行政手続は、刑事手続とその性質においておのずから差異があり**、また、行政目的に応じて多種多様であるから、**行政手続における強制の一種である立入りにすべて裁判官の令状を要すると解するのは相当ではなく、当該立入りが、公共の福祉の維持という行政目的を達成するため欠くべからざるものであるかどうか、刑事責任追及のための資料収集に直接結び付くものであるかどうか、また、強制の程度、態様が直接的なものであるかどうかなどを総合判断して、裁判官の令状の要否を決めるべきである。**」とした。

　そして、「本法3条3項は、運輸大臣は、同条1項の禁止命令をした場合において必要があると認めるときは、その職員をして当該工作物に立ち入らせ、又は関係者に質問させることができる旨を規定し、その際に裁判官の令状を要する旨を規定していない。しかし、右立入り等は、同条1項に基づく使用禁止命令が既に発せられている工作物についてその命令の履行を確保するために必要な限度においてのみ認められるものであり、その立入りの必要性は高いこと、右立入りには職員の身分証明書の携帯及び提示が要求されていること（同条4項）、右立入り等の権限は犯罪捜査のために認められたものと解釈してはならないと規定され（同条5項）、刑事責任追及のための資料収集に直接結び付くものではないこと、強制の程度、態様が直接的物理的なものではないこと（9条2項）を総合判断すれば、本法3条1、3項は、憲法35条の法意に反するものとはいえない。」としたのである。

　最高裁は、令状の要否は、行政手続における強制の一種である立入りの内、公共の福祉の維持という行政目的を達成するため欠くべからざるものであるかどうか、刑事責任追及のための資料収集に直接結び付くものであるかどうか、強制の程度、態様が直接的なものであるかどうかなどを総合判断して決めるべきとした。既に使用禁止命令が発せられている工作物について、その命令の履行を確保するために必要な限度のもので必要性は高く、強制の程度、態様が直接的物理的なものではないことを重視したものといえる。

## 2　比例原則の内実

　本判決も含め、捜査の領域のみならず、行政上の目的を達成する場合でも、重大な人権侵害を伴う処分には、適正な手続的配慮が必要となるという認識は定着した。その意味で憲法や刑事法の世界で、広い意味の「比例原則」が作用することは争いがない。そして、処分の目的が刑事なのか行政なのかという二分論的処理は、機能しなくなったのである。

　ここで、渥美博士の以下の指摘を、改めて認識する必要がある（渥美東洋『全訂刑事訴訟法』2版2009年25・26頁）。

　「プライヴァシー権の存否、侵害の有無は、第4修正、日本では憲法33条と35条に照らして決定される。一方では、干渉の強度、他方では、他から干渉を受けないとの期待の有無・程度の双方を要因としたマトリックス（測定基準表）によって、権利の侵害の有無が決定される。権利とはその基礎に権利の保障を受け、侵害されないとの期待があるときに認められるものだからである。〔中略〕公道での写真撮影、CCTV（閉路式TV）による監視、国境警備活動、道路検問、刑罰法規違反、とりわけ行政法上定められた刑罰法規違反の予防と摘発、防止に伴う即時介入、公道での行動の監視、尾行など多くの法執行活動の可否、限界を画すときに基準となるのが、先述した測定基準表である。従来、行政法学では、警察比例の原則と呼ばれたり、刑事法や憲法の分野では「強制」か「任意」かという大雑把な基準で扱われて来た問いである。

　プライヴァシー権を憲法33条、35条に基づいて認めることになると、先述の測定基準表に従って、具体的事例ごとに権利の有無と権利の侵害の有無、正当な権利への制限の要件が何であるかを「解釈」しなくてはならない。

　ここで、いくつかの重要な法執行活動について、その要件と権利の有無と侵害の有無を考慮し、解釈する。必要性と相当性が大きな基準となる国境警備にあっては、侵入・侵害者の攻撃力の大きさに応じてそれを抑制する強制力の行使が許されることにも周到に対応すべきは、もちろんのことである。対象者の侵害の大小に相当した強制力が許されることに加えて、有形力の強弱の程度に応じて、「相当理由」「不審事由」等の段階的な理由の強弱が認められるのも、また、当然のことである（いわゆる均衡（比例）の原理）。」

## 3　本判決の意義

　本件は、その具体的考量を示した。税関の検査は、刑事責任の追及を直接の目的とする手続ではなく、そのための資料の取得収集に直接結び付く作用を一般的に有するものでもないということを踏まえた上で、①国際郵便物に対する税関検査は国際社会で広く行われており、国際郵便物の内容物に対するプライ

バシー等への期待はもともと低く、②発送人又は名宛人の占有状態を直接的物理的に排除するものではないから、その権利が制約される程度は相対的に低いし、③税関検査の目的には高い公益性が認められ、大量の国際郵便物につき適正迅速に検査を行って輸出又は輸入の可否を審査する必要があるとし、④具体的な状況の下で、上記目的の実効性の確保のために必要かつ相当と認められる限度での検査方法が許容されることは不合理といえないとしたのである。

その上で、具体的な検査態様を検討し、⑤税関職員らは、輸入禁制品の有無等を確認するため、本件郵便物を開披し、その内容物を目視するなどした後、輸入禁制品である疑いが更に強まったことから、必要最小限度の見本を採取して、これを鑑定に付すなどしたものと認められ、⑥行政上の目的を達成するために必要かつ相当な限度での検査であったとしたのである。

ここでは、**関税の公平確実な賦課徴収及び税関事務の適正円滑な処理という行政上の目的**が重視されている。大量の郵便物について簡易、迅速に実現する必要があるので、令状制度になじまないといえよう。

### 4 令状主義と比例原則

刑事の捜査においても、この点は基本的に同じで、検査しなければならない必要性が本件と類似するような事案であれば、すなわち重大な罪名で嫌疑が非常に濃く、他に方法がないというような場合には、「令状」を要する強制捜査ではなく、任意捜査にする余地もあり得るのではないかということが問題となってきた（最三小決平21.9.28刑集63-7-868参照）。

ただ、刑事訴訟法解釈においては、このような「憲法的利益考量」に行く前に、現に存在する「具体的規定の解釈」が必要である。職務質問の際の有形力の行使、所持品検査、自動車検問等の問題を見れば明らかなように、警察官職務執行法等の「条文解釈」も重要なのである（池田・前田『刑事訴訟法講義第5版』95頁以下参照）。

しかし、要件が「明確である」と解されている強制捜査でも実質的法益衡量が不可避であることも認識しておく必要がある。逮捕や捜索・押収などの典型的な強制捜査でも、具体的捜査行為・付随行為の適法性は実質的に判断されている。そして、最高裁が示した、任意捜査における有形力行使の限界としての「必要性、緊急性などをも考慮した具体的状況のもとでの相当性」の判断は、「捜査一般」の適法性に関する相当性判断の「資料を整理する視点」として最も骨格となる部分といえる。

職務質問や所持品検査などの行政警察の部分も含め、警察活動における「侵害的処分」は多様であるが、その限界は、やはり比例原則の各要素に組み込まれ得る。総合評価は、基本的には、手段としての相当性（捜査が人権を侵害す

る程度）と、捜査を必要とする要請（目的の正当性）の衡量である。さらに、捜査を違法とすることにより生じる手続上のマイナス効果との比較衡量が加わる。

　当該捜査が違法かについては、個々の捜査手法ごとに具体的に検討する必要があるが、強制処分と比例原則に関しては、最三小決平成11年12月16日（刑集53-9-1327）が、電話傍受を直接の目的とした令状は存していなかったけれども、通信傍受は「検証」として適法とした判断が参考になる。①電話傍受は検証としての性質をも有し、②傍受の要件の充足につき事前審査可能で、③検証許可状の記載で対象通話、電話回線、方法・場所、期間を限定・特定し得るし、第三者の立ち会いなどの条件を付し得るとした上で、検証許可状による場合、法律や規則上、通話当事者に対する事後通知の措置や通話当事者からの不服申立ては規定されておらず、その点に問題があることは否定し難いが、電話傍受は、これを行うことが犯罪の捜査上真にやむを得ないと認められる場合に限り、かつ、前述のような手続に従うことによって初めて実施され得ることなどを考慮すると「傍受すべき通話に該当するかどうかが明らかでない通話について、その判断に必要な限度で、当該通話の傍受をすることは、同法129条所定の『必要な処分』に含まれると解し得る」としているのである。

# 第10講 DNA型鑑定

最一小判平成30年5月10日（刑集72-2-141）

## Focus

　DNA型鑑定とは、人の細胞内に存在するDNA（デオキシリボ核酸）の塩基配列を鑑定対象として個人識別を行うための手法である。近時、供述証拠収集に関する「制限」が問題とされる中、物的・客観的証拠の重要性が意識され、DNA型鑑定結果の証拠としての重要性は増すばかりである。

　ただ、科捜研が採用する「DNA型鑑定」の信用性に疑いがあれば、議論の前提が崩れることになる。その意味で、本件原審である大阪高判平成29年4月27日（判時2364-105）は、捜査実務にとって重い課題を指摘した無罪判決であった。それに対する最高裁の判断が、本判決である。

## 事　実

　本件公訴事実の要旨は、被告人Xは、正当な理由がないのに、平成27年2月22日午後9時41分頃、堺市内の他人が看守するマンションに、1階オートロック式の出入口から住人に追従して侵入し、その頃、1階通路において、不特定多数の者が容易に認識し得る状態で、自己の陰茎を露出して手淫し、引き続き、2階通路において、同様の状態で、自己の陰茎を露出して手淫した上、射精し、もって公然とわいせつな行為をしたというものである。

　被告人Xは犯人との同一性を争ったが、第1審判決は、本件の現場で採取された精液様の遺留物について実施されたO医科大学医学部教授S医師によるDNA型鑑定（以下「S鑑定」という。）に従い、①本件資料は、犯人が犯行の際に遺留した精液であり、②そのDNA型はXに由来するものであって、Xの精液であることが認められる。また、③Xが犯人として射精する以外に被告人の精液が現場に遺留されるような理由は見当たらないとして、Xを犯人と認めて、公訴事実どおりの犯罪事実を認定し、Xを懲役1年に処した。

　第1審判決に対し、Xが事実誤認を理由に控訴したところ、原判決は、本件資料が混合資料である疑いを払拭することができず、S鑑定の信用性には疑問があり、Xと犯人との同一性については合理的疑いが残るとして、事実誤認を理由に第1審判決を破棄し、Xに対し無罪の言渡しをした。

Ⅲ　刑事訴訟法

## 判旨

　検察側の上告に対し、最高裁は、以下のように判示して、原判決を破棄し、控訴を棄却した。

「(1)　犯人は、帰宅した住人に追従して、オートロック式の出入口から本件マンションに侵入し、自己の陰茎を露出して手淫しながら、1階通路から階段で2階通路に上がり、上記住人方の玄関前まで後を追った。上記住人は、手淫している犯人に気が付き、玄関ドアを閉めて、110番通報した。間もなく臨場した警察官が現場の実況見分を実施したところ、上記住人方の玄関ドア下の通路上に液状の精液様のたまりを発見し、専用綿棒を使って本件資料を採取した。

(2)　捜査段階で、〇府警**科捜研**が実施した鑑定（以下『科捜研鑑定』という。）では、本件資料が付着した綿球部分から1か所を切り取り、精液検査により、多数の精子を認めた一方、精子以外の特異な細胞が見当たらず、また、STR 型検査等により検出された15座位の STR 型とアメロゲニン型が被告人の口腔内細胞のものと一致した。

(3)　S 鑑定は、本件資料が付着した綿球部分から2か所を切り取り、科捜研鑑定とは別のキットを使って抽出した3つの DNA 試料液について、STR 型検査等を実施したところ、それぞれ14座位の STR 型とアメロゲニン型が科捜研鑑定と一致したものの、1座位で、科捜研鑑定と合致する2つの STR 型に加え、これと異なる3つ目の STR 型を検出した。これについて、S 鑑定は、15座位の STR 型の検出状況等から、本件資料は1人分の DNA に由来し、被告人の DNA 型と一致する、上記1座位で検出された3つ目の STR 型は、男性生殖細胞の突然変異に起因すると考えられ、他者の DNA の混在ではないとした。

　原判決は、一般には、資料が1人分の DNA に由来すれば、1座位に3種類以上の STR 型が出現することはないのに、S 鑑定で、上記1座位において、3種類の STR 型を検出し、かつ、本件資料がマンションの通路上という他者の DNA の混合があり得る場所で採取されたことから、**2人分以上の DNA が混入している疑いが生ずる、S 鑑定が本件資料に他人の DNA が混合した疑いがないとしたのは、刑事裁判の事実認定に用いるためのものとしては十分な説明がされていない**、とする。

　しかしながら、S 鑑定は、本件資料から抽出した3つの DNA 試料液の分析結果に基づいて、15座位で、それぞれ1本又は2本の STR 型のピークが明瞭に現れ、かつ、そのピークの高さが1人分の DNA と認められるバランスを示していると説明するところ、1座位で3つ目の STR 型が検出された点に関する上記説明を含め、その内容は専門的知見に裏付けられた合理的なものと認められる。

　これに対し、原判決は、本件資料が混合資料であるとすれば、混合した STR 型の種類や量によっては、外観上多くの座位で1人分の DNA に由来するように見える形で、もととなる型とは異なる STR 型が出現する可能性が

ある、というが、S鑑定人が原審の証人尋問でその可能性を否定しているのに対し、原判決の根拠となる専門的知見は示されていない。そして、原判決は、S鑑定で被告人のSTR型と完全に一致したのは14座位であったことの推認力に限界があると指摘する一方、S鑑定が、**上記15座位で現れたSTR型のピークと高さを分析した結果に基づいて、本件資料が１人分のDNAに由来すると説明した点については、特に検討していない。**

さらに、原判決は、科捜研鑑定についても、混合資料の一部が当初のオリジナルなSTR型以外の形式で再現されたものである可能性が否定できない、S鑑定と科捜研鑑定の結果が食い違っているから、本件資料が精子であるとの前提が確実に成り立つかどうかも疑問である、という。しかしながら、本件資料が採取された経緯、その保管及び各鑑定の実施方法には問題がないこと、上記のとおり、科捜研鑑定の精液検査で精子が確認され、S鑑定と科捜研鑑定の結果がほとんど一致していることを踏まえると、本件資料に犯人の精子以外の第三者のDNAが混入した可能性は認め難い。結局、原判決は、**S鑑定が本件資料を１人分のDNAに由来するとした理由の重要な点を見落とした上、科学的根拠を欠いた推測によって、その信用性の判断を誤ったというべきである。**」

## 解　説

### 1　DNA型鑑定と無罪判決

　最近の刑事判決において、DNA型鑑定が証拠として提出されているにもかかわらず、無罪とされたものが目立つ。例えば、奈良地判平成29年12月21日（WJ）は、当時生後５か月の被告人の長女に暴行を加え死亡させたとして懲役８年が求刑された傷害致死事件であるが、無罪とされた。また、那覇地判平成29年10月27日（WJ）も、懲役17年が求刑された殺人事件において、捜査機関の「被害者の右手指の爪付近から採取した資料から被告人のDNA型が検出されており、被告人の頸部の傷は、被告人が首を絞めた際に、被害者から抵抗されてできたひっかき傷である」との主張が退けられている。そして、宇都宮地判平成29年10月20日（WJ）も、求刑懲役７年の強姦、強盗未遂被告事件について、被害者の着衣の付着物のDNA型式と被告人のそれが一致したことが重要な証拠とされたが、「本件着衣は適切な封印のない状態で７月31日から８月17日までの間、警察署及び科学捜査研究所において保管されていたことになり、封印の状態から付着物の同一性を認めることはできない」として無罪が言い渡されている。

　科警研、科捜研が行っている現在のDNA型鑑定技術では、「約４兆７千億人に１人」という確率で個人識別を行うことができるとされており、そのこと自体には異論は存在しないといえよう。しかし、「DNA型式が一致すれば有

罪とできる」というわけではないことは、いうまでもない。他の証拠と同様、重要性、関連性等の挙証が必要であり、被疑者資料、遺留資料、関係者資料の採取手続の妥当性、鑑定書等の信用性が十二分に担保されていなければならない（DNA型鑑定資料の採取等における留意事項について（通達）」（平成28年12月1日付け警察庁丁鑑発案1246号等））。

ただ、そのような注意を払ったとしても、そもそも科捜研が採用する「DNA型鑑定」の信用性に疑いがあれば、議論の前提が崩れることになる。その意味で、本件原審である大阪高判平成29年4月27日（判時2364-105）は、捜査実務にとって重い課題を指摘した無罪判決であった。ただ、その疑念は、本件最高裁判決で払拭されることになったのである[1]。

## 2　現在捜査機関が用いるDNA型鑑定

現在、主として用いられているSTR型検査法とは、人間の23対（両親から受け継ぐので46本）の染色体の中で、15か所の4塩基配列の繰り返し部位と性別に関するアメロゲニン座位に着目して解析し[2]、2つの資料のDNA型（4塩基配列の繰り返し）が一致すれば、両資料は同一人に由来するものと推定するものである。身体的特徴や病気に関する情報を含まない部位に限って利用している[3]。

平成15年8月から導入した、9か所のDNA型及び性別に関するアメロゲニン座位の型を検出するSTR型検査法では、日本人で最も出現頻度が高いDNA型の組合せの場合で、約1,100万人に1人という確率で個人識別を行うことが可能となった。そして、平成18年11月には、新たに6座位を追加して15座位のSTR型とアメロゲニン座位の型を検出するSTR型検査法を導入し、現在、日本人で最も出現頻度が高いDNA型の組合せの場合で、約4兆7千億人に1人という確率で個人識別を行うことが可能となっている。

かつての同一性認定のための証拠の主役であった**血液型**は、ABO式に加

---

1) 昭和41年に起きた「袴田事件」で死刑が確定したが、平成26年に静岡地裁の再審開始決定が言い渡された（静岡地決平26.3.27判時2235-113）。確定判決が犯行時の着衣と認定した「5点の衣類」の血痕について、弁護側推薦のH筑波大教授の「袴田さんのものでも、被害者のものでもない」とのDNA型鑑定の信用性を認めたものである。しかし、平成30年5月11日、東京高裁はH教授の鑑定について「一般的に確立した科学手法とは認められず、有効性が実証されていない」「鑑定データが削除され、検証も不能だ」として、信用性を否定し、確定判決が採用したDNA型鑑定を前提に、再審開始決定を取り消した。

2) 性染色体上のアメロゲニン座位は性別により長さが異なることから、その長さの違いを利用して性別を判定する指標として用いられている。

3) 岡田薫「科学捜査の歴史と現実——科学捜査の先進国から後進国へ」警察学論集60-11-4～26参照。

え、MN 式、Q 式、E 式、Rh 式等の分類が用いられるようになり、精度が高まっていったとはいうものの、同一性の識別能力はかなり低いものであった。その意味で、**DNA 型鑑定のみで犯人性を認定することも十分可能**であろう。反対証拠の存在可能性も含めた慎重な吟味は、当然必要であるが、DNA 型鑑定を構成要素とする唯一の間接事実がその犯人性を優に推認させ、これを揺るがす事実や証拠がないような場合には、DNA 型鑑定のみによる有罪認定も許される（岡田雄一他『科学的証拠とこれを用いた裁判の在り方』（法曹会）138頁以下。田辺泰弘「DNA 型鑑定について」研修716号61頁）。

現在、STR 型検査を補完するものとして、科警研・科捜研では、**Y-STR 型検査法**も実施されている。男性のみに存在するY染色体上の16か所の塩基の繰り返し回数を解析するもので、男性に由来する血液、唾液、精液、毛根鞘、筋肉、爪、皮膚などを資料とする。さらに、1つの細胞に多数存在するミトコンドリア中のDNAの塩基配列（母親から受け継ぐ）の繰り返し回数ではなく、塩基配列そのものを解析する、**ミトコンドリアDNA 検査法**も科警研において実施されている。STR 型鑑定の感度ではDNA型を検出できない微量、古い資料（毛髪、白骨など）も解析可能だとされている。

### 3　第三者のDNAの混在の可能性

原審大阪高裁は、資料が1人分のDNAに由来すれば、1座位に両親からの2種類を超えて3種類以上のSTR 型が出現することはないはずなのに、S 鑑定では、1座位において3種類のSTR 型が検出されており、2人分以上のDNAが混入している疑いが残るとし、S 鑑定は刑事裁判の事実認定に用いるためのものとしては説明が十分なものとはいえないとした。そして、本件資料がマンションの通路上という他者のDNAの混合があり得る場所で採取されたことも、重視したのである。

民事の**血縁鑑定**の場面では、1座位の型が不一致であったとしても、突然変異が生じた可能性もあり、それだけで直ちに血縁関係が否定されるわけではない。突然変異の出現率を勘案し、前述の、**Y-STR 型検査法**や**ミトコンドリアDNA 検査**を併用するなどしてデータを総合考慮して血縁関係を否定するだけの矛盾の有無を判定する。

しかし、刑事の同一性識別においては、1つの座位に本来あり得ない3種類以上のSTR 型が検出された以上は、本件現場資料に2人分以上のDNAが混入しているとの疑いがあり、証拠として使用し得ないとした。そして、S 鑑定の対象とした資料に第三者のDNAが混入していた疑いがある以上、科捜研鑑定でも混合資料の一部がオリジナルな型以外の型で再現された可能性を否定できないとして、結局、両鑑定とも信頼性を欠くとしたのである。

しかしS鑑定人は、原審において、本件現場資料の15座位中の1座位で、本来あり得ない第三のSTR型が検出されてはいるが、他の14座位からは3種類以上のSTR型が検出されていない事実を強調し、仮に他人のDNAが混合しているとすると、14座位全てが一致する別人が存在することになるが、そのようなことは考えられないので、本件現場資料は1人分由来と見るべきであると説明した。そして、本件現場資料である精子のもとになる精原細胞は、一定割合で一反復単位分抜けたDNA型のものが形成されることがあり、本件STR型はそのような変異により生じたものと考えられると説明していたのである。

### 4　鑑定人の反論に対する原審の見解

　これに対し大阪高裁は、S鑑定人の説明を敷衍（ふえん）していくと、「15座位中の14座位の一致が認められれば、同一性を肯定し得る」ということになってしまい、「15座位全てについての一致を要する」としてきた現在のDNA型鑑定の運用を否定することになるとしたのである。
　そして、説明の前提にある、「混合した資料に含まれる型の全てが同様に検出される」との考え方についても、明確な根拠が示されていないとした[4]。また、変異が起きる可能性の指摘についても、それはさほど高いものではなく、他に変異が起きたことを示す積極的根拠がないのに、変異が起きたと断ずることはできないとしたのである。
　その上で、大阪高裁は、S鑑定が混合資料に基づくものであるとの疑いを払拭することができず、被告人が犯人であることについて合理的疑いが残るとして、被告人を無罪とした。
　確かに、現在広く行われているSTR型検査法に関しては、「同一性識別の場面では、型が『明確に矛盾する座位』が15座位中に1つでもあれば同一性が否定される」と考えられている。しかし、15座位中の一部に『何らの型も検出できなかった座位』がある場合は、型が検出された他の座位については、対照者の型と一致している場合には、これを同一性肯定の方向で判断資料として用いる余地はあるとされている（岡田雄一他・前掲書121頁参照）。さらに、変異により、1座位について、対応しないSTR型が出現しても同一性は認め得る余地はあり得るのである。

---

　4）　仮に本件現場資料が混合資料であるとすれば、混合した資料の数や量次第では、微量のため検出されなかったり、あるいは、重複のため存在が強調されるSTR型が生じるなどして、外観上、1人分に由来するように見えるDNA型が検出される可能性を否定できないとしたのである。

## 5 最高裁の判断

　S鑑定は、一貫して、15座位中の1座位で検出された3つ目のSTR型は、男性生殖細胞の突然変異に起因すると考えられ、他の14座位のSTR型の完全な一致状況から、本件資料は1人分のDNAに由来するもので、他者のDNAの混在ではないと主張した。

　この主張は大阪高裁には認められなかったのであるが、最高裁は、S鑑定の説明を、「1座位で3つ目のSTR型が検出された点に関する上記説明を含め、その内容は専門的知見に裏付けられた合理的なものと認められる」としたのである。

　最高裁は、原判決が、「本件資料が混合資料であるとすれば、混合したSTR型の種類や量によっては、外観上多くの座位で1人分のDNAに由来するように見える形で、もととなる型とは異なるSTR型が出現する可能性がある」とした点に関し、「S鑑定人が原審の証人尋問でその可能性を否定しているのに対し、原判決の根拠となる専門的知見は示されていない」と断じたのである。複数の科学的な説明の中で「何れが妥当であるか」に関して、裁判官が判断することは可能である。しかし、その論拠は示さなければならない。その際に「疑わしきは被告人の利益に」ということで、「処罰を否定する結論に繋がる証拠評価が常に正しい」とすることはできない。

　大阪高裁は、S鑑定で被告人のSTR型と完全に一致したのは14座位にすぎないので「同一性」の推認力に限界があると批判することは可能であるが、そうであるならば、「15座位中の1座位で検出された3つ目のSTR型は、男性生殖細胞の突然変異に起因すると考えられ、他の14座位のSTR型の完全な一致状況から、本件資料は1人分のDNAに由来する」という、専門家であるS鑑定人の反論に、同じようなレベルでの検討を加える必要があったといえよう。最高裁が、「**15座位で現れたSTR型のピークと高さを分析した結果に基づいて、本件資料が1人分のDNAに由来する**と説明した点については、**特に検討していない**」と判示した点が、本判決における核心部分なのである。

　さらに、原判決が、「科捜研鑑定についても、混合資料の一部が当初のオリジナルなSTR型以外の形式で再現されたものである可能性が否定できない」、「S鑑定と科捜研鑑定の結果が食い違っているから、本件資料が精子であるとの前提が確実に成り立つかどうかも疑問である」とした点に関しても、本件資料採取の経緯、保管及び各鑑定の実施方法には問題がないこと、科捜研鑑定の精液検査で精子が確認され、S鑑定と科捜研鑑定の結果がほとんど一致していることを挙げて、本件資料に犯人の精子以外の第三者のDNAが混入した可能性は認め難いと断定したのである。

　本件判断により、現在行われている、**STR型検査法**と、資料採取、保管及

び各鑑定の実施方法によれば、「一定の場合に変異が生じ得ること」を含め、刑事司法上肯認し得るものであることが確定したものといってよい。ただ、捜査機関の反省点としては、法廷において、科学的正当性を、より分かりやすく示すよう工夫することも必要であったように思われる。

DNA型鑑定の方法については、既に、最二小決平成12年7月17日（刑集54-6-550）が、DNA型鑑定の一つの方法であるMCT118DNA型鑑定[5]について、「本件で証拠の一つとして採用されたいわゆるMCT118DNA型鑑定は、その科学的原理が理論的正確性を有し、具体的な実施方法も、その技術を習得した者により、科学的に信頼される方法で行われたと認められる。したがって、右鑑定の証拠価値については、その後の科学技術の発展により新たに解明された事項等も加味して慎重に検討されるべきであるが、なお、これを証拠として用いることが許される」と判示していた。科学的研究についても、様々な立場に基づくものがあり得るわけだが、最高裁が、本件のような形で、科捜研を中心とした捜査機関のDNA型鑑定に基本的な理解を示したことは重要である。

## 6 DNA型式データベース化の重要性

平成17年9月からは、警察において鑑定記録がデータベース化され（DNA型記録取扱規則）、鑑定件数も増加している。犯罪抑止にとって犯罪者指紋のデータベース化が効果があるということは、異論のないところであろう。そして、DNA型式のデータベースも、犯罪捜査に大きな貢献をすることは疑いない。プライバシー侵害の危険を除去した上での、データベースの拡大が期待されるところである。

指紋に関しては、法的に、その採取が強制的に認められている。刑訴法218条3項で、身体の拘束を受けている被疑者の指紋若しくは足型を採取し、身長若しくは体重を測定し、又は写真を撮影することは、裸にしない限り令状なしでできるとしているからである。身体の拘束を受けている者の指紋は採取できるが、指紋を採取することには、人権侵害を伴うので、慎重な取り扱いがなされなければならない。それでは、条文に記載されていないDNA型を収集することはどこまで許されるのか。

刑事訴訟法218条2項の拡張的な解釈が一切許されないというわけではな

---

5) 第1番目の染色体のMCT118の部位に、16個の塩基が一組になって繰り返し並んでいる部分があり、その繰り返し回数の違いを調べる方法である。このMCT118DNA型鑑定については、いわゆる足利事件（幼女のわいせつ誘拐殺人事件）に関する宇都宮地判平成22年3月26日（判時2084-157）などで問題が指摘されたため、現在は、それに代わる現在のSTR型鑑定（15種の型同時検出）等が用いられることになった。

く、合理的な範囲内で裁判所を説得できるようなものであれば、判例として機能していくことも考えられないことはない。ただ、GPS捜査に関する、最大判平成29年3月15日（刑集71-3-13）などを見ると、プライバシーへの配慮が強く要請されるであろう。

　218条3項でなぜ強制的に指紋を採取できることとしているのかについての根拠に関する文献は非常に少ないが、実質的な論拠は、被疑者の同一性を確認するために必要だからであり、必要性・緊急性が高く相当なものであれば、「強制的な採取」も不可能ではないということであろう。

　ただ、DNA型のデータベース化といっても、人のDNAそのものが対象ではないことには留意しておく必要がある。データベース化するのは、DNAの型である。サンプルは、基本的に破棄することになろう。将来、当該サンプルから新しい情報が得られるかもしれないが、国民に与える人権侵害の不安とのバランスをどのように採るのかという問題である。もちろん、二者択一的議論ではなく、サンプルの管理を厳重なものにすれば、国民が納得するということもある。データベースを誰がどのように管理するか、現在の指紋システムのような管理でいいのか。それから、個人情報保護の流れの中で、新たにデータベース化することが合理的なのかどうかということは、議論しながらコンセンサスを得ていかなければいけないということなのだと思う。

　供述証拠より客観的・科学的証拠を重視していく必要性が高まる中、どこまでDNA型式のデータベース化を進めるかは、非常に重要な課題ではあるが、現時点ではあくまで立法論の枠を出ないものとして、検討を積み重ねるべきであろう。

# 第11講 違法収集証拠排除と違法な自白から得られた二次証拠

東京高判平成25年7月23日（判時2201-141）

## Focus

　供述証拠を収集する手続に重大な違法がある場合、それが自白であるときは、多くは、任意性に疑いがあるという理由で証拠能力が否定されることになると考えられる（刑事訴訟法319条）。ただ、供述証拠についても、その違法性の有無・程度は、非供述証拠に関する違法収集証拠排除法則と、基本的には同様に考えるべきであろう。

　ただ、自白の証拠排除が問題となる場合、明白な条文上の根拠のない違法収集証拠排除法則によって判断するよりも、条文上の根拠があり、判例の集積も多い任意性の有無を判断基準とする方が、判断が明確になり、説明も容易になるであろう。ただ、本件のような違法な**「利益誘導」による供述から得られた二次的証拠の評価に当たっては、正面から違法収集証拠排除法則を用いられる**のである。

## 事実

　覚せい剤が押収されるに至った経緯に、「覚せい剤所持では逮捕も家宅捜索もしない、ここだけの話にするから教えてくれないかなどとする説得」があった場合に、任意性を欠く自白から得られた二次証拠も排除すべきかが争われた。

　原判決は、B警部補らの取調べは、黙秘権を侵害する違法なものであるばかりか、B警部補らは、自らの行為の違法性を認識しており、問題の被告人供述は任意性を欠くとした上で、本件覚せい剤は、問題の被告人供述を一つの疎明資料として発付された捜索差押許可状に基づいて発見押収されたものであり、第一次的証拠である問題の被告人供述と密接な関連性を有することは否定できないが、問題の被告人供述がなされた取調べの時間は長くて一時間半程度であり、暴行や脅迫も用いられておらず、違法性の程度は高くない上、事案の重大性、証拠の必要不可欠性等一切の事情を併せて考えると、本件捜索差押手続に令状主義の趣旨を潜脱するような重大な違法があるとは認められず、将来における違法捜査抑止の観点から証拠排除することが相当ともいえないので、第二次的証拠である本件覚せい剤や鑑定書等の関連証拠には、証拠能力があるとした。

## 判旨

東京高裁は、弁護人の控訴に対し、以下のように判示した。

「(1) Ｘから問題のＸ供述を引き出したＢ警部補らの一連の発言は、利益誘導的であり、しかも、少なくとも結果的には虚偽の約束であって、発言をした際のＢ警部補らの取調べ自体、Ｘの黙秘権を侵害する違法なものといわざるを得ず、問題のＸ供述が任意性を欠いていることは明らかである。

(2) また、……本件覚せい剤は、問題のＸ供述を枢要な疎明資料として発付された捜索差押許可状に基づき、いわば狙い撃ち的に差し押さえられている。さらに、原判決の覚せい剤所持の事実に関する証拠の標目に掲げられた『捜索差押調書』、『写真撮影報告書』、『鑑定嘱託書謄本二通』及び『鑑定書二通』は、いずれも本件覚せい剤に関する捜索差押調書、写真撮影報告書、鑑定結果等の証拠であり、問題のＸ供述と密接不可分な関連性を有すると評価すべきである。しかも、弁護人が正当に指摘するとおり、虚偽約束による供述が問題となる本件においては、その供述を得られた取調べ時間の長さや暴行、脅迫の有無を検討要素とする意味はなく、捜査官が利益誘導的かつ虚偽の約束をしたこと自体、放置できない重大な違法である。

(3) 確かに、本件全証拠によっても、Ｂ警部補らが、当初から虚偽約束による自白を獲得しようと計画していたとまでは認められないが、少なくとも、被告人との本件覚せい剤のありかを巡るやり取りの最中には、自分たちの発言が利益誘導に当たり、結果的には虚偽になる可能性が高いことは、捜査官として十分認識できたはずである。現に、Ｂ警部補らは、『事件としては成り立たない。』（Ｂ警部補）あるいは『違法ということを重々承知しております……』（Ｃ巡査）と証言し、違法性の認識があったことを自認している。

(4) そうすると、Ｂ警部補らの違法な取調べにより直接得られた、第一次的証拠である問題の被告人供述のみならず、それと密接不可分の関連性を有する、第二次的証拠である本件覚せい剤、鑑定嘱託書、鑑定書及び捜索差押調書をも違法収集証拠として排除しなければ、令状主義の精神が没却され、将来における違法捜査抑制の見地からも相当ではないというべきである。」と判示した。

## 解説

### 1 自白法則と排除法則の関係

供述証拠を収集する手続に重大な違法がある場合、それが自白であるときは、実務的には、まず、任意性判断において「違法排除」の視点を広げて問題を処理することが検討されることになるであろうが[1]、それを超えて正面から証拠収集の重大な違法性が問題になる場合は、供述証拠・非供述証拠に共通す

る違法収集証拠排除法則を用いることになるように思われる。

　この点、東京高判平14年９月４日（判時1808-144）は、捜査段階における９泊10日にわたる宿泊を伴う取調べが、任意捜査として許容される限界を超えた違法なもの[2]であるとした上、その取調べによって得られた上申書とこれに引き続く逮捕・勾留中に得られた自白の証拠能力につき、「自白を内容とする供述調書についても、証拠物の場合と同様、違法収集証拠排除法則を採用できない理由はないから、手続の違法が重大であり、これを証拠とすることが違法捜査抑制の見地から相当でない場合には、証拠能力を否定すべきである」として、証拠能力を否定した。この判決は、違法な取調べによる自白についても全て違法収集証拠排除法則で判断するかのように判示しているが、自白については、手続の違法が供述内容の真実性に影響するため、任意性の有無を判断基準としても、証拠排除の結論が導かれたものと思われる。

　本件のような「利益誘導」による供述のような場合は、その供述自体の評価は、**自白法則によるしかない。しかし、任意性を欠くとして違法とされた供述から得られた二次的証拠をどのように扱うかは、違法収集証拠排除法則を用いられる**のである。

## 2　二次的証拠の排除の相当性

　不任意の自白に基づいて発見押収された二次的証拠物に関しては、**大阪高判昭和52年６月28日（刑月9-5＝6-334）**が重要である。

　①爆弾材料の窃盗と爆弾１個による派出所爆破等に加え、②別の爆弾２個の製造・所持で起訴されたが、原判決は、①は有罪としたが、②については無罪を言い渡した。その理由について、原判決は、自白は、捜査官が被告人の拒否を無視して違法に取調べを続行し、偽計、約束や利益誘導により心理的強制を加えて得られたもので、任意性を欠く疑いがあり、その自白に基づき発見押収された爆弾２個に関して作成された検証調書や鑑定書等も、任意性に疑いのある自白に直接由来するもので、いずれも証拠能力を欠くから、②に関する被告

---

1）　弁護人との接見交通権が極端に制限された違法な状態で得られた供述について、最決平元年１月23日（判時1301-155）は、自白の任意性を問題にして、それを肯定している。ただ、接見制限の場合も、違法の程度が被告人の弁護人選任権の重大な侵害に当たるような場合には、違法収集証拠排除の見地から、その間になされた自白の証拠能力が否定されることもあり得るのである。

2）　身柄拘束に、令状主義に違反するような重大な違法がある場合には、その拘束中に得られた供述の証拠能力は、原則として否定されるべきである（池田・前田『刑事訴訟法講義第６版』494頁）。もっとも、違法な身柄拘束中に作成された供述調書であるとしても、それのみによって直ちに排除すべき違法があるとはいえない（最判昭27.11.25刑集6-10-1245）。

人の公判廷の自白には補強証拠がないとしたのである。

それに対して、**大阪高判昭和52年6月28日**は、原判決を破棄して事件を1審に差し戻したが、その理由として、②に関する自白は、捜査当局に知られておらず取調べの対象ともなっていない事件を被告人が自発的に明らかにしたもので、①に関し違法な取調べの結果得られた自白があったとしても、それと②に関する自白との間には法律上の因果関係があるとは直ちに認められないから、原判決には事実誤認があるとした（中谷雄二郎・百選9版166頁参照）。

その中で、大阪高裁は「『**不任意自白なかりせば派生的第二次証拠なかりし**』**という条件的関係がありさえすればその証拠は排除されるという考え方**[3)] **は広きにすぎるのであって、自白採取の違法が当該自白を証拠排除させるだけでなく、派生的第二次証拠をも証拠排除へ導くほどの重大なものか否かが問われねばならない**」とした。この点は、現在でも実務上の規範となっているといえよう。そして、この排除効の及ぶ範囲（**排除相当性**）の実質的判断基準を提示したのである。

---

Ⅰ　自白獲得手段の人権侵害の程度[4)]が大きければ大きいほど、その違法性は大きく、派生的第二次証拠も排除の必要性が高まる[5)]。

Ⅱ　自白獲得手段の違法性が決定的でない場合の派生的第二次証拠については、その違法性と真相究明という公共の利益と比較衡量して、排除の相当性が判断される[6)]。

Ⅲ　Ⅱの場合には、派生的第二次証拠が重大な犯罪行為の解明にとって必要不可欠な証拠である場合には、証拠排除の波及効は及ばない。

Ⅳ　派生的第二次証拠が、違法に得られた供述と密接不可分とまではいえず、適法な資料からも導けるような場合には、証拠排除の波及効は及ばない[7)]。

Ⅴ　当初から、計画的に違法手段により採取した自白に基づき第二次証拠の獲得を狙ったような特段の事情があれば、派生的第二次証拠にまで証拠排除の波及効が及ぶ。

---

3) 大阪高裁は、刑事訴訟法学説を踏まえ、「アメリカ合衆国においては、かねて違法に収集された証拠は「毒樹」として排除されるのみならず、それに基づいて得られた派生的第二次証拠 (derivative evidence) もいわゆる『毒樹の果実』(the fruit of the poisonous tree) として排除されるべきではないかとして、その排除されるべき第二次証拠の範囲が問題とされて来た」とした上で、「わが国においても近時これらについて学説上しばしば論じられているところである。かように違法収集証拠の排除法則、その適用範囲、ことに『毒樹の果実』排除理論は、アメリカ合衆国において発展して来たものであるが、これをわが国に導入するにあたっては、その法理論面にのみ目を奪われるだけでなく、わが国の法制と、その背景となっているわが国社会の実情にも十分配慮を尽し、わが国の刑事訴訟法との適合に考慮を払いつつ、その妥当とする領域を確定していかなければならない」と判示している。

そして、大阪高裁は、具体的事実を踏まえ、本件ではこの特段の事情はなく、自白獲得手段の違法性と②の爆弾の製造、所持事犯の法益の重大性を比較衡量すれば、事件の自白に基づき発見押収された爆弾2個に関する検証調書等は排除されるべきではないと判示したのである。

### 3 取調べの在り方について　本判決の実質的論点

本判決において、東京高裁は、①X供述を引き出したB警部補らの一連の発言は、利益誘導的で、結果的には虚偽の約束であって、取調べ自体、X の**黙秘権を侵害する違法なもの**といわざるを得ず、**任意性を欠いていることは明らか**であるとしている。この点は、原審も同様の判断をしている。

ただ、東京高裁は、②本件覚せい剤は、①の供述を枢要な疎明資料として発付された捜索差押許可状に基づき、いわば**狙い撃ち的**に差し押さえられており、**供述と密接不可分な関連性**を有すると評価されるとした。

原審が、第二次証拠を排除しなかった理由は、「他方で、被告人に対する前記取調べは約1時間半程度であり、その中で、B警察官らによる違法な取調べが行われたこと、その際、暴行や脅迫が用いられていないことに照らすと、**取調べの違法性の程度は高くない。** 加えて、**覚せい剤所持事案の重大性、覚せい剤所持事案において証拠物（覚せい剤）が証拠として必要不可欠であること**など、本件に現れた一切の事情を併せて考えると、本件覚せい剤が**証拠能力のない供述と密接に関連することを考慮してもなお、本件覚せい剤及びこれに関する鑑定書等については、その収集手続に重大な違法があるとまではいえない。**」

---

4）　大阪高裁は、「①強制、拷問、脅迫等による自白のように主に人権擁護の見地からのもの、②約束、偽計等による自白のように虚偽排除の見地からのもの、③別件勾留の違法利用等による自白のように憲法31条の適正手続保障の見地からのものがある」とする。

5）　大阪高裁は、自白獲得手段が、拷問、暴行、脅迫等で乱暴で人権侵害の程度が大きい場合には、不任意自白のみならずそれに由来する派生的第二次証拠も排除されねばならないが、直接的人権侵害を伴うなどの乱暴な方法によらず、虚偽自白を招来するおそれのある手段や、適正手続保障に違反する手段による場合には、自白が排除されれば、違法な自白獲得手段の抑止の要求は一応満たされるので、第二次証拠まで社会的利益を犠牲にしてまで排除すべきではないと判示している。

6）　その実質的論拠として、刑事訴訟法1条の、真相解明と適正手続の保障との調和の視点を挙げる。

7）　また、「不任意自白という毒樹をソースとして得られた派生的第二次証拠に証拠の排除効が及ぶ場合にあっても、その後、これとは別個に任意自白という適法なソースと右派生的第二次証拠との間に**新たなパイプが通じた場合には右派生的第二次証拠は犯罪事実認定の証拠とし得る状態を回復するに至る**」と解されるが、被告人が、原審公判廷で、終始②の事実や前記爆弾2個との関係を任意に自白していたから、上記爆弾が「派生的第二次的証拠であっても、原審公判廷における任意自白により犯罪事実認定の証拠とし得る状態を回復しているものと認められる」と判示している。

とし、「本件捜索差押手続には、令状主義の趣旨を潜脱するような重大な違法があるとまではいえず、将来における違法捜査抑止の観点から得られた証拠を排除することが相当であるともいえない」というものであった。

これに対し東京高裁の、「第二次的証拠をも違法収集証拠として排除しなければ、令状主義の精神が没却され、将来における違法捜査抑制の見地からも相当ではない」という結論を導く上で重要なのは、**虚偽約束による供述が問題となる本件では、取調べ時間の長さや暴行、脅迫の有無を検討要素とする意味はなく、利益誘導的かつ虚偽の約束をしたこと自体、重大な違法であるとした点**である。それに加えて、捜査官が、取調べ時から、自分たちの発言が利益誘導に当たり、結果的には虚偽になる可能性が高いことが十分認識できたはずで、違法性の認識があったことを自認しているという点も重視されているといえよう。

1、2審の結論の差を導いたのは、①利益誘導的かつ虚偽の約束をした取調べの違法性の程度の評価がまず考えられる。1審も「任意性を否定するだけ『違法性』の存在」は認めているが、取り調べ時間も勘案して、第二次証拠を排除するほどの違法性は欠けると判断した。それに対し2審は、「**虚偽約束」の違法性は決定的で、取調べ時間の長短など関係ない**とした。そこには、捜査官に「廉直性」「倫理性」を強く求める考え方が示されている。**令状主義の精神、将来の違法捜査抑制の見地においては、もともと捜査官の「背信性」が重視されていること**に注意しなければならない。最高裁が、実際に証拠排除を認めた数少ない例である最二小判平成15年2月14日（刑集57-2-121）も、逮捕手続の違法に加え、警察官がこれを糊塗しようとして虚偽の証言をしたことなどに表れた警察官の態度を総合的に考慮し、令状主義の精神を没却するような重大な違法があるとしたのである。

### 4　第二次証拠の排除相当性判断構造

現在でも、大阪高判昭和52年6月28日の示した、関連証拠の排除相当性の実質的判断基準は妥当と思われる。それを一般化すると下記のようなものとなろう（なお、最二小判昭61.4.25刑集40-3-215参照）。

| 第二次証拠の排除相当性判断構造 |
| --- |
| Ⅰ　第一次証拠に関する捜査手法の人権侵害の程度 |
| Ⅱ　真相究明にとっての必要性の程度 |
| Ⅲ　第一次証拠と第二次証拠の関連性の程度 |
| Ⅳ　第一次証拠以外の適法な資料から導けるか否か |
| Ⅴ　捜査官の意図・計画性 |

第二次証拠の排除に関する**関連性**の判断に関しては、任意性を欠く自白の事案ではないが、最三小決平成21年９月28日（刑集63-7-868）が、宅配便の荷物を検証許可状によることなくＸ線検査した行為につき、検査自体は違法であったとしながらも、警察官らが、宅配便業者の承諾を得、検査対象を限定する配慮もしていて、令状主義を潜脱する意図がなかったことや、当該覚せい剤が、Ｘ線検査の結果以外の証拠も考慮して発付された令状に基づく捜索において発見されたことなどを指摘して、重大な違法があるとまではいえないとして証拠排除しなかった。

　Ⅰ警察官らは、荷物そのものを現実に占有し管理している宅配便業者の承諾を得た上で本件エックス線検査を実施し、Ⅱ本件エックス線検査が行われた当時、本件会社関係者に対する宅配便を利用した覚せい剤譲受け事犯の嫌疑が高まっており、更に事案を解明するためには本件エックス線検査を行う実質的必要性があったこと、Ⅴその際、検査の対象を限定する配慮もしていたのであって、令状主義に関する諸規定を潜脱する意図があったとはいえないこと、Ⅳ本件覚せい剤等は、司法審査を経て発付された各捜索差押許可状に基づく捜索において発見されたものであり、その発付に当たっては、本件エックス線検査の結果以外の証拠も資料として提供されたものとうかがわれることなどの諸事情にかんがみれば、本件覚せい剤等は、本件エックス線検査と上記の関連性を有するとしても、その証拠収集過程に重大な違法があるとまではいえず証拠能力を肯定することができるとした。

　そして、前述最判平成15年２月14日も、本件逮捕手続の違法の程度は、令状主義の精神を没却するような重大なものであり、本件逮捕の当日に採取された被疑者の尿に関する鑑定書の証拠能力は否定されるとしつつ、同鑑定書が疎明資料とされた捜索差押許可状に基づく捜索により発見され、差し押さえられた覚せい剤及びこれに関する鑑定書は、その覚せい剤が司法審査を経て発付された令状に基づいて押収されたものであり、同許可状の執行が別件の捜索差押許可状の執行と併せて行われたものであることなどを考慮すると、関連性は密接なものといえず、証拠能力は否定されないとされているのである。

# 第12講 捜査状況報告書の証拠能力

最一小決平成27年2月2日（判時2257-109）

## Focus

　伝聞証拠とは、具体的には、「公判期日における供述に代わる書面」及び「公判期日外における他の者の供述を内容とする供述」である。体験者の供述する内容の事実（要証事実）は、原則として体験者自らの公判廷における供述によって認定すべきであるとされる（刑事訴訟法320条1項）。

　法廷外の供述は、利害の対立する反対当事者による尋問（反対尋問）によるチェックがなく、また、公判廷での証言と異なり、宣誓し偽証罪に問われるというおそれもなく、さらに、裁判所が供述時の供述者の態度状態を観察することもできないので、真実性の担保が弱い。供述内容の正確性を評価する上では、事実認定をする裁判所が供述者の態度等を直接観察することも重要であるとされるのである。

　さらに、裁判員裁判においては、公判廷で当事者のやりとりを直接見分して評価することの重要性が高まった。書面による評価以上に、「分かりやすい」ということは疑いない。捜査機関においては、これまで考えられてきた以上に、直接主義の要請は強まることに留意しておかねばならない。

　しかし、伝聞証拠であるからといって、多くの場合は「真実」につながるものであり、さらに証人の直接の尋問が時間的・経済的に大きな負担となり、場合によっては不可能となることも考えられる。さらに、証人の記憶が弱まったり、証人の行方不明・死亡といった事態も十分あり得るから、伝聞証拠を証拠とせざるを得ない場合がかなり存在するといえよう。

　ただ、要証事実を立証しようとする場合は伝聞法則の適用を受けるが、そのような供述がされたこと自体を立証しようとする場合には、そのような危険性がないから、伝聞法則は問題とならない。伝聞証拠か否かは要証事実との関係によって定まる。そして、当該証拠が、要証事実を証明するためのものか、証明を補助する資料に過ぎないのか微妙な場合がある。

## 事実

　被告人Xが、港湾施設管理運営のための調査業務に従事していた県職員に暴行を加え、その職務の執行を妨害した。そこで、公務執行妨害罪で起訴された事案である。
　Xは暴行行為を一貫して否認していた、検察官は、第1審の公判において、被害状況あるいは目撃状況につき被害者及び目撃者に動作等を交えて再現させた様子を撮影した写真が、撮影状況や指示内容に関する説明付きで添付された捜査状況報告書2通を、「被害者指示説明に基づく被害再現状況等」あるいは「目撃者指示説明に基づく犯行目撃状況等」を立証趣旨として、証拠調べ請求した。弁護人は、本件各書証について、いずれも不同意との意見を述べ、それぞれの作成者である警察官2名の証人尋問が実施された。そして、証人尋問終了後、検察官は、本件各書証につき、刑事訴訟法（以下「刑訴法」という。）321条3項による採用を求めた。これに対し、弁護人は、いずれも同法321条1項3号所定の書面であり、異議がある旨の意見を述べた。しかし、第1審裁判所は、捜査状況報告書2通を上記立証趣旨のまま、刑訴法321条3項のみにより採用して取り調べた上、判決書の「証拠の標目」欄に、証人である被害者と目撃者の各公判供述を掲げ、捜査状況報告書2通は記載せず、判示事実を認定して被告人を有罪とした。
　被告人が控訴し、本件各書証は、いずれも再現されたとおりの犯罪事実の存在を要証事実とするもので、刑訴法321条1項3号所定の要件を満たす必要があるにもかかわらず、これを満たしていないから、証拠能力を有しないとして、訴訟手続の法令違反を主張した。
　これに対し原判決は、後述の最二小決平成17年9月27日（刑集59-7-753）を前提としつつ、「原審の証拠採用及び証拠の標目の項の記載からすれば、**本件各書証添付の各写真及びそれらについての説明は被害状況及び目撃状況それ自体を立証する趣旨のものではなく、それらの状況自体は別途証人尋問において立証を求め、それらの状況が立証された際にその状況をより理解しやすくするための資料**として、本件各書証が採用されたものと認められる。要するに、原審は、本件各書証添付の各写真及びそれらについての説明を、被害状況及び目撃状況それ自体を立証する証拠として採用していないものと認められる。そうすると、本件各書証を刑事訴訟法321条3項により採用した原審の訴訟手続には何ら違法な点はない。」と判示した。
　これに対し、被告人が上告し、控訴審と同様の主張を行った。

## 判旨

　最高裁は、以下のように判示して、上告を棄却した。
　「弁護人の上告趣意のうち、捜査状況報告書の証拠能力に関して判例違反

をいう点は、原判決が、第１審判決の証拠の標目に同報告書が掲げられておらず、また、証拠の標目に掲げられた証拠によって判示事実を認定することができる旨判示しているから、原判決の結論に影響のないことが判示自体において明らかな事項に関する判例違反の主張であり、その余は、憲法違反、判例違反をいう点を含め、実質は単なる法令違反、事実誤認の主張であって、刑訴法405条の上告理由に当たらない。

なお、所論に鑑み上記捜査状況報告書の証拠能力について検討すると、記録によれば、同**報告書は、警察官が被害者及び目撃者に被害状況あるいは目撃状況を動作等を交えて再現させた結果を記録したものと認められ、実質においては、被害者や目撃者が再現したとおりの犯罪事実の存在が要証事実になるもの**であって、原判決が、刑訴法321条１項３号所定の要件を満たさないのに同法321条３項のみにより採用して取り調べた第１審の措置を是認した点は、違法であるが、その違法は原判決の結論に影響を及ぼすものではない。」

## 解説

### 1 　直接主義への傾斜の認識（伝聞法則の例外の考え方）

　裁判員制度の定着は、証拠能力に関する考え方にも実質的な影響を与えている。公判廷での的確な心証形成が一層強調され、公判中心主義への傾斜が、予想以上に加速されているように思われる。証拠能力に関する考え方においても、今後「直接主義」をより重視する解釈となっていくことを念頭に置いた証拠収集が必要となる。

　そこで、伝聞証拠の問題性を十二分に認識し、さらに、裁判員裁判における直接主義のメリットも考慮した上で、伝聞証拠であっても使用しなければならない必要性を衡量し、排除すべき証拠の範囲を確定する必要がある。刑訴法も、書面及び証言それぞれの性質に応じ、具体的かつ詳細に「使用可能な伝聞証拠」の範囲を規定している。

　まず、①伝聞証拠の排除によって利益が守られるべき当事者がその利益（反対尋問権）を放棄すれば、伝聞証拠にも証拠能力を認め得る。刑訴法326条による同意書面がそれに当たる。

　次に、②既にある程度の「反対尋問による供述の正確性のチェックのテスト」を受け、又はその機会を与えられた供述を内容とする書面、具体的には公判準備又は公判期日における被告人以外の者の供述録取書・裁判所（裁判官）の検証調書と、反対尋問を考えることが無意味な被告人の供述書・供述録取書は、ほぼ無条件に証拠能力が認められている。

　そして、刑訴法321条１項は、③伝聞証拠ではあるが、反対尋問による

チェックに代替し得る程度の高い信用性を保障する事情（信用性の情況的保障）があり、伝聞証拠を用いる必要性が高い場合には証拠能力が認められる。伝聞証拠を用いる必要性とは、伝聞証拠しか証拠がない場合（伝聞証拠の唯一性）や、原供述者が死亡したり行方不明になったりして公判廷に喚問できない場合（あるいは原供述者の喚問が著しく困難であったり、原供述の再現が期待できない場合などである。ただ、この要件を満たすことは非常に難しく、特に刑訴法321条1項3号により、証拠能力が認められることが少ないことは、捜査を進める際の「大前提」となっているといえよう。

そして、④検証調書のように、性質上公判廷で反対尋問のテストを行うことが極めて困難なものについては、反対尋問を経ていないというだけで排除すべきではないとして、「作成の真正」の立証を条件として証拠能力が認められている（刑訴法321条3項）。

## 2 実況見分調書の証拠能力

捜査機関が強制処分として行う検証の結果を記載した書面に加え、任意処分として行う検証の結果を記載した書面、いわゆる実況見分調書も、書面の性質としては検証調書と変わらないから、321条3項の「書面」に含まれる（最判昭35.9.8刑集14-11-1437）。記載内容の正確性は令状に従って行われたことによって担保されるわけではないし、同じ捜査機関が職務として作成した検証調書と実況見分調書とで取扱いを異にすべき理由は見出し難い。

検証又は実況見分に際しては、目撃者、被害者、被疑者等を立会人として、その**指示説明**を求めることが、明文の規定はないが一般に認められている。立会人の指示説明は、その内容が証拠となるものではなく、それを手掛かりとして検証等を行ったものと考えられるから、検証の結果と一体のものとして、必要最小限度のものは、本項により証拠能力を認めることができる（最二小判昭36.5.26刑集15-5-893）。

指示説明（現場指示）は、実況見分等の対象を特定するための立会人の説明であり、実況見分の趣旨（事件との関連性）を示す限度で証拠能力が認められるにすぎず、指示説明の内容の真実性を証明するものではない。指示説明を超えた立会人の事件に関する説明は、**現場供述**といわれ、その内容の真実性を証明する供述証拠として用いるのであれば、第三者の供述の場合は法321条1項3号により証拠能力の有無を判断することになる。第三者の場合には法321条1項3号の要件を満たすことは考え難いから、その者の証人尋問が必要となる。

### 3 犯行再現実況見分調書

　本件で問題となった**捜査状況報告書**のように、捜査段階で被疑者に犯行状況を動作で再現させ、その経過と結果を警察官がまとめた**犯行再現実況見分調書**（あるいは同様の写真撮影報告書等）が証拠調べ請求されることが多くなってきていた。本件のように、**被害者**に被害状況を再現させた経過と結果を記載した被害再現実況見分調書（あるいは同様の写真撮影報告書等）は、実況見分調書の性質を有するとも解し得るし、一方で犯行状況を立証するための証拠としても用いるのであれば、刑訴法326条の同意がない以上は、刑訴法321条3項の要件のみでなく、刑訴法321条1項3号の要件を満たす必要がある。ただ、一般的には後者のうちの供述不能の要件を満たす事態は考え難い。問題は、この両者のいずれであるかを、いかに判別するのかにある。文書の客観的内容に加え、立証の際の用い方を総合して判断されなければならない。

　同様の問題は、**被疑者**の再現した被害者との位置関係や体勢等を立証する**犯行再現実況見分調書**に関しても問題となる。実況見分調書の性質を有するように見えて、犯行状況を立証するための証拠として用いるのであれば、自白としての扱い、すなわち実況見分調書としての法321条3項の要件のみでなく、刑訴法322条1項の要件（任意に犯行再現を行ったこと）が必要となる。

　この点、**最二小決平成17年9月27日**（刑集59-7-753）は、電車内で隣に座った女性の臀部を触るなどした痴漢行為に関する事案（大阪府公衆に著しく迷惑をかける暴力的不良行為等の防止に関する条例違反）につき、被告人が被疑者として犯行状況を再現した結果を警察官が記録した写真撮影報告書と被害者が被害状況を再現した結果を警察官が記録した実況見分調書の証拠能力に関し、非常に重要な判断を示した（拙稿『刑事法最新判例分析』303頁参照）。

　第1審判決が、本件両書証をいずれも証拠の標目欄に掲げ、これらを有罪認定の証拠にし、原審も両書証も含めた証拠を判断の資料にして有罪を言い渡したのに対し、弁護人が本件両書証を証拠採用し、取り調べたのは違法であるなどとして上告した。

　最高裁は、「本件両書証は、捜査官が、被害者や被疑者の供述内容を明確にすることを主たる目的にして、これらの者に被害・犯行状況について再現させた結果を記録したものと認められ、立証趣旨が『被害再現状況』、『犯行再現状況』とされていても、**実質においては、再現されたとおりの犯罪事実の存在が要証事実**になるものと解される。このような内容の実況見分調書や写真撮影報告書等の証拠能力については、刑訴法326条の同意が得られない場合には、同法321条3項所定の要件を満たす必要があることはもとより、再現者の供述の録取部分及び写真については、**再現者が被告人以外の者である場合には同法321条1項2号ないし3号所定の、被告人である場合には同法322条1項所定の**

要件を満たす必要があるというべきである」とし、本件両書証は、いずれも刑訴法321条3項所定の要件は満たしているものの、各再現者の供述録取部分については、いずれも再現者の署名押印を欠くため、その余の要件を検討するまでもなく証拠能力を有しない。また、本件写真撮影報告書中の写真は、記録上被告人が任意に犯行再現を行ったと認められるから、証拠能力を有するが、本件実況見分調書中の写真は、署名押印を除く刑訴法321条1項3号所定の要件を満たしていないから、証拠能力を有しないのである。

## 4 本決定の意義

本件原審判決は、この最二小決平成17年9月27日（刑集59-7-753）を十分に意識した上で、本件各書証添付の各写真及びそれらについての説明は、「被害状況及び目撃状況それ自体を立証する趣旨のもの」ではなく、それらの状況自体は別途証人尋問において立証を求め、それらの状況が立証された際に、「状況をより理解しやすくするための資料」として、本件各書証が採用されたものと認定し、本件各書証を刑訴法321条3項により採用した原審の訴訟手続には何ら違法な点はないとしたところ、最高裁により「原判決が、刑訴法321条1項3号所定の要件を満たさないのに同法321条3項のみにより採用して取り調べた第一審の措置を是認した点は、違法である」とされたのである。

原審は、捜査状況報告書2通は再現されたとおりの犯罪事実の存在を要証事実とするものであり、刑訴法321条1項3号書面の要件を満たす必要があるという弁護側の主張に対し、

「本件では、**原審において、原審検察官は、立証趣旨を「被害者指示説明に基づく被害再現状況等」とする捜査状況報告書及び立証趣旨を「目撃者指示説明に基づく犯行目撃状況等」とする捜査状況報告書の証拠調べを請求した**。その内容を見るに、いずれの捜査状況報告書も、本件被害場所において、被害者であるA及び目撃者であるBが本件被害当時に実際に乗車していた自動車を使用して、被告人運転車両と被害者乗車車両との位置関係、被告人が被害者乗車車両の運転席に座っているBに話しかけた状況、その後、助手席側に回り込んで被害者に話している状況、被告人が助手席側の開けられていた窓から腕を車内に入れて被害者のネクタイを鷲摑みにする状況、被害者が被告人の手を払っている状況、被告人が窓から手を抜いた後被害者と話している状況等につき、順次写真撮影がされ、……写真10枚［と］……写真12枚が各説明文付きで添付されている。原審弁護人は、本件各書証について、いずれも証拠とすることに不同意との意見を述べ、それぞれの捜査状況報告書の作成者である警察官の証人尋問が実施された。そして、それぞれの証人尋問終了後、原審検察官は、本件各書証につき、いずれも刑事訴訟法321条3項により取り調べられたい旨の

意見を述べ、これに対し、**原審弁護人はいずれも異議を述べたが、原審は、提示命令により本件各書証の記載内容を確かめた上、これらを証拠として採用して取り調べた。その上で、原判決は、原判示事実を認定する証拠としては、本件各書証を証拠の標目の項に掲げず、被害状況及び目撃状況を認定する証拠としては、原審証人A及び同Bの各公判供述を掲げ、これにより原判示事実を認定している**ものである。

以上のような原審（1審：筆者注）の証拠採用及び証拠の標目の項の記載からすれば、本件各書証添付の各写真及びそれらについての説明は**被害状況及び目撃状況それ自体を立証する趣旨のものではなく**、それらの状況自体は別途証人尋問において立証を求め、それらの状況が立証された際にその状況をより理解しやすくするための資料として、**本件各書証が採用されたものと認められる**。要するに、原審は、本件各書証添付の各写真及びそれらについての説明を、被害状況及び目撃状況それ自体を立証する証拠として採用していないものと認められる。そうすると、**本件各書証を刑事訴訟法321条3項により採用した原審の訴訟手続には何ら違法な点はない**」
としたのである[1]。

しかし、弁護側が証拠採用について不同意の意見を述べている以上、**捜査状況報告書**を証拠として採用するのではなく、再現写真の部分のみを被害者等の

---

1) 原審判決は、「所論は、(1)被告人は、身長155センチメートルであり、助手席の窓を約15センチメートル開けた状況では、被告人の手が助手席に座っている被害者の胸倉まで届かない、(2)被害者とBは、本件犯行について、被告人が左右どちらの手を差し入れてきたか、どちらの手で胸倉を掴んだか分からないと供述するが、被害者は助手席で、Bは運転席で、被告人の手が被害者の胸倉を掴むのをそれこそ目と鼻の先で見ているのであるから、その手が左右どちらであったかわからないなどということはあり得ない、(3)本件各書証では、被害者もBもどちらの手が差し入れられたか分からないと**指示説明**しているのに、その再現では左手だけの写真が添付されており、また、被告人役の警察官は、被告人よりも明らかに身長が高いのであるから、その再現は出鱈目というほかなく、その証拠価値は全くない、というのである。

そこで検討するに、(1)の点は、被告人が犯行を再現した状況が写真撮影されており、それらによれば、被告人の手が助手席に座っている被害者の胸倉にまで届かないように見えるが、原判決も説示するとおり、被告人の立ち位置によっては、被害者の胸倉まで手を伸ばすことは十分に可能であると認められ、被告人において、本件犯行が不可能であったということにはならない。(2)の点も、原判決が説示するとおり、一瞬のことで左右どちらの手であったか分からなかったとしても不自然ではなく、また、被害者とBが虚偽供述をするのであれば、どちらの手で掴んだのかという点は容易に口裏合わせができるものと思われるのであり、被害者及びBが、どちらの手で掴んだか分からないと供述する点は、被害者及びBの各供述の信用性を高めこそすれ、その信用性を揺るがせる事情ではない。(3)の点は、原判決は、本件各書証を証拠の標目の項に掲げておらず、有罪認定の証拠として用いていないことが明らかであり、本件各書証によって原判示事実を認定したものではなく、原判決の事実認定を攻撃する主張としては意味がない」としている。しかし、**捜査状況報告書**をこのような形で用いるのであれば、**被害状況及び目撃状況それ自体を立証する趣旨**と見られることを意識する必要があろう。

証人尋問の際に、しかも、証人から被害状況等に関する具体的な供述がされた後、その供述を明確化するために証人に示して尋問を行うにとどめなければならないといえよう。あくまでも、証人尋問の実施が重要なのであり、その際に、再現写真等を利用することは、許容されるのである。

## 5　犯行再現写真の使用方法と証拠能力

　被害者の証人尋問において、捜査段階で撮影された被害者による被害再現写真を示すことは、一定の範囲で許容される。**最一小決平成23年９月14日（刑集65-6-949）**は、電車内における痴漢行為に関する事案において、実務上重要な判断を示している。

　第１審で、被害者の証人尋問が実施され、検察官は、痴漢被害の具体的状況、痴漢犯人を捕まえた際の具体的状況、犯人と被告人の同一性等について尋問を行い、動作を交えた証言を得た後、被害状況等を明確にするために必要であるとして、捜査段階で撮影していた被害再現写真を示して尋問することの許可を求めた。弁護人は、写真によって証言のどの部分が明確になるかということが分かるように尋問することを求めたが、写真を示すこと自体には反対せず、裁判官は、再現写真を示して被害者尋問を行うことを許可した。そこで、検察官は、被害再現写真を示しながら、個々の場面ごとにそれらの写真が被害者の証言した被害状況等を再現したものであるかを問う尋問を行い、その結果、被害者は、被害の状況等について具体的に述べた各供述内容は、再現写真のとおりである旨の供述をした。第１審判決は、主として被害者の証言により、被告人の電車内での強制わいせつ行為を認定し、原判決も、本件被害再現写真を、独立した証拠として扱うかどうかを明確にすることなく漫然と調書に添付することは相当ではないとしつつ、第１審の措置には判決に影響を及ぼすような訴訟手続の法令違反はないと判断した。

　弁護側は、このような写真を尋問に用いて記録の一部とすることは伝聞証拠について厳格な要件を定めていることを潜脱する違法な措置であるなどとして上告した。

　これに対し最高裁は「検察官は、証人（被害者）から被害状況等に関する具体的な**供述が十分にされた後に、その供述を明確化するために証人が過去に被害状況等を再現した被害再現写真を示そうとしており、示す予定の被害再現写真の内容は既にされた供述と同趣旨のもの**であったと認められ、これらの事情によれば、被害再現写真を示すことは**供述内容を視覚的に明確化するため**であって、証人に不当な影響を与えるものであったとはいえないから、第１審裁判所が、刑訴規則199条の12を根拠に被害再現写真を示して尋問することを許可したことに違法はない」として、上告を棄却した。

痴漢事件などにおいては、被害者に対する公判廷での尋問が非常に重要な意味を持つ。一方、性的犯罪の被害者に対する弁護士の尋問は、しばしば指摘されるように、直接的に侵害を受けた被害者の「傷口に塩を擦りこむ」がごとき側面もあり、被害者が供述しやすいように、できる限りの工夫がなされなければならない。また、供述内容が、表現をぼかして曖昧なものとなる懸念もある。その意味で、公判廷において、再現写真を用いて、尋問を行うことは、非常に有用なことである。

　ただ、ここで重要なのは、被害再現写真を示しながら検察官が尋問を行ったが、それは被害の状況等について具体的に述べた各供述内容が再現写真のとおりである旨を確認するものであったという点である。

　本件の**最決平成27年2月2日**も、**証人から被害状況等に関する具体的な供述が十分にされた後に、その供述を明確化するために被害再現写真を示して尋問することは適法である**としたのである。このような形で示すものであっても、そのことを念頭に再現写真を用意することは真相の究明にとって、重要である。このような地道な努力は、直接主義を重視することと、全く矛盾するものではないのである。

# 判例索引

大判明45.6.20刑録18-896 ················ *114*
大判大3.6.23刑録20-1324 ······ *207, 208, 209*
大判大3.12.3刑録20-2322 ················ *119*
大判大4.2.9刑録21-81 ··················· *121*
大判大4.3.18刑録21-309 ················· *144*
大判大4.5.21刑録21-663 ················· *123*
大判大14.1.22刑集3-921 ··················· *98*
大判大15.2.25新聞2545-11 ················ *196*
大判昭3.3.9刑集7-173 ····················· *98*
大判昭3.7.14刑集7-490 ·················· *121*
大決昭3.12.21刑集7-772 ················· *155*
大判昭5.9.18刑集9-668 ·················· *203*
大判昭7.6.15刑集11-859 ················· *147*
大判昭7.10.10刑集11-1519 ··············· *121*
大判昭8.2.2刑集12-11 ··················· *152*
大判昭8.2.14刑集12-1-66 ··········· *207, 208*
大判昭9.8.4刑集13-14-1059 ·········· *207, 208*
大判昭9.10.19刑集13-1473 ················ *25*
大判昭10.9.23刑集14-938 ················ *121*
大判昭12.2.27新聞4100-4 ················ *119*
大判昭12.4.7刑集16-8-517 ··············· *209*
最大判昭24.5.18刑集3-6-772 ··············· *67*
最三小判昭24.8.9刑集3-9-1440 ············ *204*
最三小判昭24.12.13裁判集刑事15-349 ······ *259*
最三小判昭26.5.8刑集5-6-1004 ············ *147*
仙台高判昭26.6.12高判特報22-57 ·········· *287*
最二小判昭26.6.15刑集5-7-1277 ··········· *287*
最大判昭26.7.18刑集5-8-1491 ············· *123*
最一小判昭26.9.20刑集5-10-1937 ············ *79*
最二小判昭26.12.14刑集5-13-2518 ·········· *145*
最二小判昭27.6.6刑集6-6-795 ············· *114*
最二小判昭28.1.23刑集7-1-30 ··········· *91, 94*
最二小判昭28.1.30刑集7-1-128 ············ *199*
最一小判昭28.4.2刑集7-4-750 ············· *151*
東京高決昭28.7.14東高刑時報4-1-17 ······· *198*
最二小決昭28.9.30刑集7-9-1868 ··········· *287*
最二小決昭28.10.19刑集7-10-1945
 ····························· *207, 208, 209*
最二小決昭28.11.20刑集7-11-2275 ········· *287*

最二小判昭29.10.22刑集8-10-1616 ········· *147*
最二小判昭29.12.17刑集8-13-2147 ········· *287*
広島高判昭30.9.6高刑集8-8-1021 ·········· *144*
最二小決昭30.10.19刑集9-11-2268 ········· *287*
最三小判昭30.10.25刑集9-11-2295 ··········· *61*
名古屋高判昭31.10.22高裁特報3-21-
 1007 ······································ *94*
最三小判昭31.12.11刑集10-12-1605 ········· *129*
最一小判昭32.1.31刑集11-1-394 ··········· *152*
最二小決昭34.9.28刑集13-11-2993 ········· *151*
東京高判昭34.12.7高刑集12-10-980 ········· *88*
最二小判昭35.11.18刑集14-13-1713 ········ *123*
最三小決昭36.3.28裁判集刑137-493 ······ *204*
最二小判昭36.5.26刑集15-5-893 ··········· *315*
最三小判昭36.8.17刑集15-7-1293 ·········· *209*
東京地判昭36.9.13判時280-22 ············· *121*
大阪地判昭40.2.25下刑集7-2-230 ·········· *121*
東京高判昭40.3.29高刑集18-2-126
 ································· *209, 212*
最一小決昭40.9.16刑集19-6-679 ··········· *278*
最大判昭41.11.30刑集20-9-1076 ··········· *123*
大阪地判昭43.3.18判タ223-244 ············ *208*
宮崎地日南支判昭44.5.22刑月1-5-535 ······ *208*
最大判昭44.12.24刑集23-12-1625 ·········· *248*
最一小判昭45.1.29刑集24-1-1 ·············· *15*
最三小判昭45.6.23刑集24-6-311 ··········· *129*
最三小決昭45.7.28刑集24-7-585 ············ *24*
神戸地判昭45.12.19判タ260-273 ············ *66*
最三小判昭45.12.22刑集24-13-1812 ········ *192*
最三小判昭46.11.16刑集25-8-996 ··········· *60*
最大判昭47.11.22刑集26-9-554 ············ *291*
最一小決昭48.3.15刑集27-2-115 ··········· *173*
東京高判昭48.8.7高刑集26-3-322 ·········· *121*
最三小判昭50.11.28刑集29-10-983 ··········· *61*
最三小決昭51.3.16刑集30-2-187 ··········· *247*
最三小判昭51.3.16刑集30-2-146 ············ *87*
札幌高判昭51.3.18高刑集29-1-78 ··········· *49*
最一小判昭51.4.1刑集30-3-425 ············ *152*
大阪高判昭52.6.28刑月9-5=6-334
 ································· *307, 310*

321

| | |
|---|---|
| 東京地判昭52.7.18判時880-110 …………… *202* | 東京高判平5.2.1判時1476-163 …………… *121* |
| 最三小判昭53.6.20刑集32-4-670 ………… *257* | 最一小決平5.10.5刑集47-8-7 …………… *166* |
| 最一小判昭53.6.29刑集32-4-816 ………… *191* | 名古屋地判平6.1.18判タ858-272 ………… *115* |
| 最一小判昭53.7.10民集32-5-820 ………… *276* | 最三小決平7.5.30刑集49-5-703 …… *258*, *261* |
| 東京高判昭53.8.8東高刑時報29-8-153 …… *65* | 千葉地判平7.6.2判時1535-144 …… *208*, *213* |
| 最一小判昭53.9.7刑集32-6-1672 … *258*, *260* | 名古屋地判平7.6.6判時1541-144 ………… *40* |
| 最一小決昭54.3.27刑集33-2-140 ……… *283* | 東京地判平7.10.9判時1598-155 …………… *88* |
| 東京高判昭54.6.13判時945-136 ………… *155* | 福岡高那覇支判平7.10.26判時1555- |
| 東京地判昭54.8.10判時943-122 ………… *115* | 140 ………………………………………… *121* |
| 最三小判昭55.3.4刑集34-3-89 ………… *287* | 千葉地判平8.1.29判タ919-256 …… *208*, *212* |
| 最一小決昭55.10.23刑集34-5-300 ……… *240* | 東京地判平8.6.26判時1578-39 …………… *65* |
| 最二小決昭56.4.8刑集35-3-57 ………… *167* | 最二小判平8.9.20刑集50-8-571 ………… *106* |
| 最一小決昭56.4.16刑集35-3-107 ……… *167* | 最二小決平9.7.10刑集51-6-533 …………… *11* |
| 東京高判昭56.6.1刑月13-6＝7-419 …… *193* | 大阪地判平9.8.20判タ995-286 …………… *83* |
| 東京高判昭57.7.13判時1082-141 ………… *88* | 最一小判平10.4.23判タ972-151 ………… *106* |
| 最三小決昭58.9.13判時1100-156 ………… *73* | 名古屋高判平10.12.14判時1669-152 …… *173* |
| 最三小決昭59.4.27刑集38-6-2584 ……… *121* | 最大判平11.3.24民集53-3-514 …… *275*, *276* |
| 最三小決昭59.7.3刑集38-8-2783 ………… *73* | 青森地弘前支判平11.3.30判時1694- |
| 大阪高判昭59.7.27高刑集37-2-377 …… *203* | 157 ………………………………………… *121* |
| 東京高判昭59.10.4判タ550-292 ………… *118* | 最三小決平11.12.16刑集53-9-1327 |
| 最大判昭60.10.23刑集39-6-413 …………… *5* | …………………………………… *241*, *295* |
| 福岡地判昭61.3.3判タ595-95 …………… *121* | 最二小決平12.2.17刑集54-2-38 …… *124*, *125* |
| 福岡地判昭61.3.24判タ595-96 …………… *121* | 札幌高判平12.3.16判時1711-170 ………… *101* |
| 最二小判昭61.4.25刑集40-3-215 ……… *310* | 札幌地小樽支判平12.3.21判時1727- |
| 最一小決昭61.6.9刑集40-4-269 ……… *286* | 172 …………………………………… *54*, *95* |
| 福岡地小倉支判昭61.8.5判時1253-143 …… *202* | 最三小判平12.6.13民集54-5-1635 ……… *275* |
| 最一小決昭62.3.12刑集41-2-140 … *124*, *125* | 最二小判平12.7.17刑集54-6-550 ………… *303* |
| 大阪高判昭62.7.10高刑集40-3-720 ……… *82* | 最二小決平12.12.20刑集54-9-1095 ……… *50* |
| 東京地判昭62.9.16判タ670-254 …………… *21* | 最二小判平13.2.7刑集55-1-1 ……………… *50* |
| 東京高判昭62.12.21判時1270-159 ……… *118* | 富山地判平13.4.19判タ1081-291 ………… *115* |
| 大阪地判昭63.7.21判時1286-153 ………… *121* | 広島高松江支判平13.10.17判時1766- |
| 東京地判昭63.7.27判時1300-153 ………… *98* | 152 …………………………………………… *66* |
| 最二小決昭63.9.16刑集42-7-1051 ……… *261* | 東京高判平14.3.13東高刑時報53-1～ |
| 最三小決平元.3.14刑集43-3-283 ……… *198* | 12-31 ……………………………………… *88* |
| 最一小決平元.5.1刑集43-5-405 …… *201*, *204* | 東京高判平14.9.4判時1808-144 ………… *307* |
| 最二小決平2.2.9判時1341-157 …………… *32* | 最一小決平14.9.30刑集56-7-395 ………… *124* |
| 東京高判平2.2.21判タ733-232 ………… *100* | 最二小判平15.2.14刑集57-2-121 |
| 大阪高判平3.3.22判タ824-83 …………… *50* | ……………………………… *260*, *262*, *310* |
| 最三小判平3.5.10民集45-5-919 ………… *276* | 最一小決平15.5.26刑集57-5-620 ………… *261* |
| 東京高判平3.12.26判タ787-272 ………… *170* | 最二小決平15.10.6刑集57-9-987 ………… *167* |
| 東京高判平4.1.13判タ774-277 ………… *173* | 最一小判平15.12.11刑集57-11-1147 ……… *4* |
| 東京地判平4.1.23判時1419-133 …………… *94* | 最二小決平16.2.9刑集58-2-89 ………… *169* |
| 鳥取地米子支判平4.7.3判タ792-232 …… *173* | 札幌地判平16.3.17裁判所 Web ………… *54* |
| 最二小決平4.11.27刑集46-8-623 …… *121*, *123* | 最一小決平16.3.22刑集58-3-187 |
| | ………………………………… *25*, *27*, *145* |

| | |
|---|---|
| 奈良地判平16.4.9判時1854-160 ………… | *114* |
| 最三小決平16.7.7刑集58-5-309 ………… | *151* |
| 最一小決平16.7.12刑集58-5-333 ……… | *67, 86* |
| 最一小決平16.7.13刑集58-5-476 ………… | *173* |
| 最二小判平16.10.13判タ1174-258 ……… | *107* |
| 最二小判平17.3.29刑集59-2-54 ………… | *114* |
| 最二小決平17.9.27刑集59-7-753 …… | *316, 317* |
| 東京高判平17.9.28東高刑時報56-1～ | |
| 12-59 ……………………………………… | *202* |
| 最一小決平17.11.15刑集59-9-1558 ……… | *49* |
| 最二小決平17.11.25刑集59-9-1819 ……… | *6* |
| 最二小決平19.3.26刑集61-2-131 ………… | *49* |
| 東京高判平19.6.1高検速報3340 ………… | *67* |
| 最一小決平19.7.2刑集61-5-379 ………… | *121* |
| 最三小決平19.7.17刑集61-5-521 | |
| ……………………………………… | *135, 136, 146* |
| 東京地判平19.8.10判タ1251-112 ……… | *136* |
| 東京高判平19.9.18判タ1273-338 ……… | *262* |
| 最一小決平20.2.29判タ1265-154 ……… | *107* |
| 最三小判平20.3.4刑集62-3-123 ………… | *26* |
| 東京高判平20.3.11東高刑時報59-1～ | |
| 12-12 ………………………………………… | *145* |
| 鹿児島地判平20.3.24判時2008-3 ……… | *277* |
| 最二小決平20.4.15刑集62-5-1398 | |
| ……………………………………… | *241, 249, 252* |
| 最二小判平20.4.25刑集62-5-1559 …… | *71, 74* |
| 東京高判平20.5.19東高刑時報59-1～ | |
| 12-40 ………………………………………… | *122* |
| 最一小決平20.5.20刑集62-6-1786 ……… | *62* |
| 東京高判平20.7.17東高刑時報59-1～ | |
| 12-69 ………………………………………… | *69* |
| 東京高判平20.9.25東高刑時報59-1～ | |
| 12-83 ………………………………………… | *222* |
| 神戸地判平20.12.26裁判所 Web ………… | *203* |
| 大阪高判平21.1.20判タ1300-302 ………… | *13* |
| 東京高判平21.3.6高刑集62-1-23 ……… | *136* |
| 東京高判平21.3.12高刑集62-1-21 … | *122, 124* |
| 東京高判平21.5.25判時2049-150 ………… | *74* |
| 東京高判平21.7.1判タ1314-302 ………… | *224* |
| 最二小決平21.9.15刑集63-7-783 ………… | *153* |
| 最二小決平21.9.28刑集63-7-868 | |
| ……………………………………… | *242, 262, 294, 311* |
| 最三小決平21.11.16裁判集刑事298-603 | |
| …………………………………………… | *153* |
| 最一小決平21.12.8刑集63-11-2829 ……… | *75* |
| 東京高判平22.2.15東高刑時報61-1～ | |

| | |
|---|---|
| 12-31 ………………………………………… | *224* |
| 最一小決平22.5.31刑集64-4-447 ………… | *91* |
| 東京高判平22.6.9判タ1353-252 ………… | *115* |
| 東京高判平22.7.5東高刑時報61-162 …… | *203* |
| 東京地判平22.7.7判時2111-138 ………… | *121* |
| 最一小決平22.7.29刑集64-5-829 | |
| ……………………………………… | *135, 136, 146* |
| 東京高判平22.8.6判タ1366-248 ………… | *262* |
| 東京高判平22.11.8高刑集63-3-4 ……… | *218* |
| 大阪地判平23.4.12判タ1398-374 ………… | *275* |
| 福岡高判平23.7.1判時2127-9 …………… | *277* |
| 最一小判平23.7.7刑集65-5-619 …… | *121, 130* |
| 最一小判平23.9.14刑集65-6-949 ………… | *319* |
| 最大判平23.11.16刑集65-8-1285 ………… | *104* |
| 東京高判平24.1.18判時2199-142、判タ | |
| 1399-368 ……………………………………… | *2* |
| 最三小決平24.1.30判時2154-144 ………… | *116* |
| 奈良地判平24.6.22判タ1406-363 ………… | *95* |
| 最一小決平24.7.24刑集66-8-709 ………… | *112* |
| 最一小決平24.11.6刑集66-11-1281 …… | *80, 88* |
| 東京高判平24.12.18判時2212-123 ……… | *63* |
| 東京高判平25.1.23刑事法ジャーナル | |
| 39-128 ……………………………………… | *225* |
| 東京高判平25.4.12東高刑時報64-1～ | |
| 12-103 ……………………………………… | *119* |
| 最三小決平25.4.15刑集67-4-437 ………… | *96* |
| 東京高判平25.5.9高検速報3492 ………… | *224* |
| 東京高判平25.6.20高刑集66-3-1 …… | *106, 108* |
| 札幌高判平25.7.11裁判所 Web …………… | *35* |
| 東京高判平25.7.23判時2201-141 ………… | *305* |
| 東京高判平25.8.1高検速報3503 ………… | *81* |
| 東京高判平25.8.28高刑集66-3-13 ……… | *280* |
| 東京高判平25.10.8高刑集66-3-42 ……… | *108* |
| 最一小決平25.10.21刑集67-7-755 ……… | *33* |
| 岐阜地判平25.10.25裁判所 Web ………… | *271* |
| 最一小決平26.3.28刑集68-3-646 ………… | *138* |
| 最一小判平26.3.28刑集68-3-582 …… | *133, 139* |
| 最三小判平26.4.7刑集68-4-715 …… | *137, 146* |
| 大阪地判平26.7.4判タ1416-380 ………… | *126* |
| 最二小判平26.11.7刑集68-9-963 ………… | *22* |
| 最一小決平26.11.17判時2245-124 ……… | *264* |
| 最一小決平26.11.18刑集68-9-1020 ……… | *269* |
| 最三小決平26.11.25刑集68-9-1053 ……… | *179* |
| 札幌高判平26.12.18判タ1416-129 ……… | *227* |
| 最一小決平27.2.2判時2257-109 ………… | *312* |

最二小決平27.2.3刑集69-1-1 ……… *102, 105*
名古屋高判平27.4.16高検速報766 ………… *80*
最二小判平27.5.25判時2265-123、判タ
　1415-77 …………………………… *70*
東京高判平27.7.7判時2318-154 ………… *187*
最三小決平27.9.15刑集69-6-721 ………… *156*
岐阜地判平27.10.9判時2287-137 ………… *194*
東京高判平27.10.30判タ1421-146 ………… *50*
東京高判平28.2.19判タ1426-41 ……… *148, 154*
大阪高判平28.3.2判タ1429-148 ………… *239*
福岡地久留米支判平28.3.8判時2338-
　118 ………………………………… *89*
名古屋地判平28.3.23判時2363-127 ………… *89*
最三小決平28.3.24刑集70-3-1 ………… *77*
最一小決平28.3.31刑集70-3-58 ………… *206*
名古屋地判平28.4.18裁判所Web …… *89, 90*
最一小決平28.5.25刑集70-5-117 ………… *43*
広島高岡山支判平28.6.1 WJ ………… *8*
名古屋高判平28.6.29判時2307-129 ……… *238*
最三小決平28.7.12刑集70-6-411 ………… *91*
広島高判平28.7.21 WJ ………………… *238*
東京高判平28.8.23高刑集69-1-16 ……… *244*
福岡地判平28.9.12判時2363-133 ………… *89*
名古屋高判平28.9.21 WJ ……………… *89*
大阪高判平28.10.13判タ1439-127 ……… *254*
東京高判平28.11.4 WJ ………………… *29*
名古屋高判平28.11.9 WJ ……………… *90*
最一小判平28.12.5刑集70-8-749 ………… *170*
最三小判平28.12.9刑集70-8-806 ………… *288*
福岡高判平28.12.20判タ1439-119 ……… *89*
最大判平29.3.15刑集71-3-13
　……………………………… *235, 260, 304*
横浜地判平29.3.24 WJ ………………… *163*
最二小決平29.3.27刑集71-3-183 ………… *200*
最二小決平29.4.26刑集71-4-275 ………… *56*
大阪高判平29.4.27判時2364-105 ………… *299*
福岡高判平29.5.31判タ1442-65 ………… *87*
宇都宮地判平29.10.20 WJ ……………… *298*
那覇地判平29.10.27 WJ ………………… *298*
最大判平29.11.29刑集71-9-467 ………… *15*
最三小決平29.12.11刑集71-10-535 ……… *84*
奈良地判平29.12.21 WJ ………………… *298*
最一小判平30.3.22刑集72-1-82 ………… *141*
最一小判平30.5.10刑集72-2-141 ………… *296*

**著者略歴**
前田雅英（まえだ　まさひで）
1949年　東京都に生まれる
1972年　東京大学法学部卒業
1975年　東京都立大学法学部助教授
2003年　東京都立大学法学部長
現　在　日本大学大学院法務研究科客員教授
　　　　内閣情報セキュリティ本部員。中教審、中医協等の委員のほか、法と精神医療学会会長、警察政策学会会長等を歴任。

**主要著書**
『刑法総論講義第7版』（東京大学出版会）、『刑法各論講義第7版』（東京大学出版会）、『条解刑法第3版』（弘文堂）、『刑事訴訟法講義第6版』（東京大学出版会）など。

### 刑事法判例の最前線

令和元年7月1日　初　版　発　行
令和2年2月1日　初版3刷発行

著　者　前　田　雅　英
発行者　星　沢　卓　也
発行所　東京法令出版株式会社

| | | |
|---|---|---|
| 112-0002 | 東京都文京区小石川5丁目17番3号 | 03(5803)3304 |
| 534-0024 | 大阪市都島区東野田町1丁目17番12号 | 06(6355)5226 |
| 062-0902 | 札幌市豊平区豊平2条5丁目1番27号 | 011(822)8811 |
| 980-0012 | 仙台市青葉区錦町1丁目1番10号 | 022(216)5871 |
| 460-0003 | 名古屋市中区錦1丁目6番34号 | 052(218)5552 |
| 730-0005 | 広島市中区西白島町11番9号 | 082(212)0888 |
| 810-0011 | 福岡市中央区高砂2丁目13番22号 | 092(533)1588 |
| 380-8688 | 長野市南千歳町1005番地 | |

〔営業〕TEL　026(224)5411　FAX　026(224)5419
〔編集〕TEL　026(224)5412　FAX　026(224)5439
https://www.tokyo-horei.co.jp/

Ⓒ MASAHIDE MAEDA Printed in Japan, 2019
本書の全部又は一部の複写、複製及び磁気又は光記録媒体への入力等は、著作権法上での例外を除き禁じられています。これらの許諾については、当社までご照会ください。
落丁本・乱丁本はお取替えいたします。
ISBN978-4-8090-1401-7